陈兴良作品集

篆刻：魏璟岳

自选集

陈兴良 著

走向哲学的刑法学

北京大学出版社
PEKING UNIVERSITY PRESS

图书在版编目(CIP)数据

走向哲学的刑法学/陈兴良著.—北京：北京大学出版社，2018.3
ISBN 978-7-301-29115-3

Ⅰ.①走… Ⅱ.①陈… Ⅲ.①刑法—研究—中国 Ⅳ.①D924.04

中国版本图书馆 CIP 数据核字(2017)第 328610 号

书　　　名	走向哲学的刑法学 Zouxiang Zhexue de Xingfaxue
著作责任者	陈兴良　著
责 任 编 辑	王建君　焦春玲
标 准 书 号	ISBN 978-7-301-29115-3
出 版 发 行	北京大学出版社
地　　　址	北京市海淀区成府路 205 号　100871
网　　　址	http://www.pup.cn　http://www.yandayuanzhao.com
电 子 信 箱	yandayuanzhao@163.com
新 浪 微 博	@北京大学出版社　@北大出版社燕大元照法律图书
电　　　话	邮购部 62752015　发行部 62750672　编辑部 62117788
印 刷 者	北京中科印刷有限公司
经 销 者	新华书店
	650 毫米×980 毫米　16 开本　24.5 印张　370 千字 2018 年 3 月第 1 版　2021 年 12 月第 2 次印刷
定　　　价	78.00 元

未经许可，不得以任何方式复制或抄袭本书之部分或全部内容。
版权所有，侵权必究
举报电话：010-62752024　电子信箱：fd@pup.pku.edu.cn
图书如有印装质量问题，请与出版部联系，电话：010-62756370

"陈兴良作品集"总序

"陈兴良作品集"是我继在中国人民大学出版社出版"陈兴良刑法学"以后,在北京大学出版社出版的一套文集。如果说,"陈兴良刑法学"是我个人刑法专著的集大成;那么,"陈兴良作品集"就是我个人专著以外的其他作品的汇集。收入"陈兴良作品集"的作品有以下十部:

1. 自选集:《走向哲学的刑法学》
2. 自选集:《走向规范的刑法学》
3. 自选集:《走向教义的刑法学》
4. 随笔集:《刑法的启蒙》
5. 讲演集:《刑法的格物》
6. 讲演集:《刑法的致知》
7. 序跋集:《法外说法》
8. 序跋集:《书外说书》
9. 序跋集:《道外说道》
10. 备忘录:《立此存照——高尚挪用资金案侧记》(增补版)

以上"陈兴良作品集",可以分为五类十种:

第一,自选集。自1984年发表第一篇学术论文以来,我陆续在各种刊物发表了数百篇论文。这些论文是我研究成果的基本载体,具有不同于专著的特征。1999年和2008年我在法律出版社出版了两本论文集,这次经过充实和调整,将自选集编为三卷:第一卷是《走向哲学的刑法学》,第二卷是《走向规范的刑法学》,第三卷是《走向教义的刑法学》。这三卷自选集的书名正好标示了我在刑法学研究过程中所走过的三个阶段,因而具有纪念意义。

第二,随笔集。1997年我在法律出版社出版了《刑法的启蒙》一书,这是一部叙述西方刑法学演变历史的随笔集。该书以刑法人物为单元,以这些刑法人物的刑法思想为线索,勾画出近代刑法思想和学术学派的发展历史,对于宏观地把握整个刑法理论的形成和演变具有参考价值。该书采用了随笔的手法,不似高头讲章那么难懂,而是娓娓道来亲近读者,具有相当的可读性。

第三,讲演集。讲演活动是授课活动的补充,也是学术活动的一部分。在授课之余,我亦在其他院校和司法机关举办了各种讲演活动。这些讲演内容虽然具有即逝性,但文字整理稿却可以长久的保存。2008年我在法律出版社出版了讲演集《刑法的格致》,这次增补了内容,将讲演集编为两卷:第一卷是《刑法的格物》,第二卷是《刑法的致知》。其中,第一卷《刑法的格物》的内容集中在刑法理念和制度,侧重于刑法的实践;第二卷《刑法的致知》的内容则聚焦在刑法学术和学说,侧重于刑法的理论。

第四,序跋集。序跋是写作的副产品,当然,为他人著述所写的序跋则无疑是一种意外的收获。2004年我在法律出版社出版了两卷序跋集,即《法外说法》和《书外说书》。现在,这两卷已经容纳不下所有序跋的文字,因而这次将序跋集编为三卷:第一卷是《法外说法》,主要是本人著作的序跋集;第二卷是《书外说书》,主要是主编著作的序跋集;第三卷是《道外说道》,主要是他人著作的序跋集。序跋集累积下来,居然达到了一百多万字,成为我个人作品中颇具特色的内容。

第五,备忘录。2014年我在北京大学出版社出版了《立此存照——高尚挪用资金案侧记》一书,这是一部以个案为内容的记叙性的作品,具有备忘录的性质。该书出版以后,高尚挪用资金案进入再审,又有了进展。这次收入"陈兴良作品集"增补了有关内容,使该书以一种更为完整的面貌存世,以备不忘。可以说,该书具有十分独特的意义,对此我敝帚自珍。

"陈兴良作品集"的出版得到北京大学出版社蒋浩副总编的大力支持,收入作品集的大多数著作都是蒋浩先生在法律出版社任职期间策划出版的,现在又以作品集的形式出版,对蒋浩先生付出的辛勤劳动深表谢意。同时,我还要对北京大学出版社各位编辑的负责认真的工作态度表示感谢。

是为序。

陈兴良

2017年12月20日

谨识于北京海淀锦秋知春寓所

前　言

1999年出版了我的第一部自选集《走向哲学的刑法学》，2008年又出版了第二部自选集《走向规范的刑法学》，2018年将出版第三部自选集《走向教义的刑法学》。此次，将三部自选集纳入"陈兴良作品集"同时出版。各部自选集出版时间相距10年左右，加上第一部自选集向前延伸的10年时间，是我跨度长达30年的刑法学研究黄金时代的研究成果的荟萃。而三部自选集的书名，也正好反映了这三个时期我的刑法学研究的主题。

从《走向哲学的刑法学》到《走向规范的刑法学》，这两个书名恰如其分地反映出我的第一次学术转向。

《走向哲学的刑法学》是从1988年开始到1998年为止，我在刑法哲学研究上学术努力的一个总结。1988年5月，我获得博士学位，完成了专业学习，开始从事刑法学的学术研究。这个时期的学术成果主要体现为刑法哲学三部曲：《刑法哲学》(中国政法大学出版社1992年版)、《刑法的人性基础》(中国方正出版社1996年版)和《刑法的价值构造》(中国人民大学出版社1998年版)。在这三部专著的创作过程中，我陆续发表了一些论文，这些论文是三部著作的精髓之所在。将这些论文结集出版，可以明显地看出我在这一时期对刑法哲学的学术兴趣。

以1997年《刑法》修订为契机，我开始从刑法哲学转向规范刑法学，同样出版了三部具有代表性的著作：《刑法疏议》(中国人民公安大学出版社1997年版)、《本体刑法学》(商务印书馆2001年版)和《规范刑法学》(中国政法大学出版社2003年版)。这对我来说是一次重大的学术调整。从1988年到1999年，我国刑法学研究正处于恢复期，尽管围绕着我国1997年《刑法》和司法解释展开了以服务于司法实践为主旨的刑法学研究，但受到苏俄刑法学传统制约，当时的刑法学研究尚处在一个较低的学术水平。以1997年《刑法》修订为起点，在立法发展的同时，也开始了一个理论更新的进程。对于我来说，《刑法疏议》一书可以说是一个标志，从刑法哲学的研究，转而回到对刑法的注释，这本身就是一种学术关注点的转移。

在《刑法疏议》一书的前言中，我对这种学术兴趣的转移作了以下注解："本书是我独自撰著的第一部严格意义上注释法学的著作。此前，我的学术兴趣主要在于刑法哲学，志在对刑法进行超越法律文本、超越法律语境的纯理论探讨，先后出版了《刑法哲学》、《刑法的人性基础》、《刑法的价值构造》等著作。当然，我从来不认为法学是纯法理的，也没有无视法条的存在。我总认为，法理虽然是抽象的与较为恒久的，但它又必须有所附、有所载荷，而这一使命非法条莫属。因此，对法条的研究是法学研究中不可忽视也不可轻视的一种研究方法，只不过它的研究旨趣迥异于法哲学的研究而已。中国是一个具有悠久的注释法学传统的国度，以《唐律疏议》为代表的以法条注疏为形式的法学研究成果是中华法律文化传统的主要表现形式。现在，我国不仅哲学研究基础薄弱，纯正的注释法学的研究同样后劲不足。《刑法疏议》一书力图继承中国法律文化传统，以条文注释及其详解的方法对刑法进行逐编逐章逐节逐条逐款逐项逐句逐词的注释，揭示条文主旨，阐述条文原意，探寻立法背景，详说立法得失。"上述论断，确实是我在写作《刑法疏议》一书时的心境的真实写照。未曾想，这一学术兴趣的转移，开始了我另一段学术生涯。

《本体刑法学》与《规范刑法学》的写作，正是循着这一思路而展开的规范刑法研究。在这一研究过程中，《本体刑法学》一书具有独特的意义。在方法论上，本书开辟了刑法法理学的研究领域——一种不依附于法条的刑法法理研究。在犯罪论体系上，本书构架了罪体—罪责的独到体系，在《规范刑法学》一书中进一步发展为罪体—罪责—罪量这样一个三位一体的犯罪论体系。尤其是，《本体刑法学》一书以一种体系性叙述的方式，对刑法知识进行了教科书式的整理。从《刑法哲学》到《本体刑法学》，对于我来说，是一个重大的学术转折。曲新久教授在评论我的这一学术转折时，采用了"回归"一词，我以为是妥帖的："《本体刑法学》可以说是理论超越之后的一种朴素的回归——返璞归真，是刑法理论的一次软着陆，从批判教科书体系出发最终又回到教科书体系，不是刑法理论向教科书的简单回归，而是通过教科书体系实现刑法知识的新积累与新提升,历史可能真的是在否定之否定中发展。"①正是在否定之否定的历史循环发展过程中,我回归到规范刑法学研究。当然,这里的规范刑法学已经不是20世纪80年代苏俄刑法学的简单重复,而是努力重构大陆法系的刑法学术话语的一种自觉行动。尽管《本体刑法学》一书想"为读者提供理论刑法学的独具个性但又溶入学术公共话语的体系化知识全景"②,但这种文本式的知识叙述只是一种学术个案,对于刑法学的方法论转型来说,作用还是有限的。

如果说,《走向哲学的刑法学》书名中的"哲学"一词,是指刑法学的研究方法,即力主将哲学方法引入刑法学,由此提升刑法学的理论层次。那么,《走向规范的刑法学》书名中的"规范"一词,具有双重含义,一是在规范刑法学意义上使用的"规范"一词,以此与《走向哲学的刑法学》书名中的刑法哲学相对应,表明本书是我在规范刑法学这一学术领域的成果汇集。在这个意义上,规范是指刑法规范,它是刑法学研究的对象,以此为内容的刑法学就是规范刑法学。二是在学术规范意义上使用的"规范"一词,以此反映我对刑法知识的规范化的渴望。我国传统的刑法学知识存在过多的政治化、意识形态化的遮蔽,因而容易混同于政治话语。我在《刑法哲学》一书的后记中指出的专业槽的命题,实际上是对规范的刑法知识的另一种表述。其实,建立刑法专业槽,意味着对刑法学术性的追求,这种刑法学术性的表现就在于学术话语的建立。在《刑法理论的三个推进》一文中,我曾经指出:"以往的刑法理论中,政治意识形态垄断了话语权,这种刑法理论是一种政治话语的重复。而刑法理论的发展,就是要终结政治话语在刑法理论中的垄断地位,形成刑法理论自身的话语,这种话语是自主的、自足的、自立的,因而具有科学性。这种刑法理论话语的改变,不仅是学术关注点的转移,而且是理论叙述语言的创新,理论叙述方法的创新。"③这段话是我在写作《本体刑法学》一书过程中生发的感想、感触与感悟,也是我对刑法知识的规范化的认识。规范化的刑法知识之生成,存在"破"与"立"两个方面。正如曲新久教授深刻地

---

① 曲新久:《刑法哲学的学术意义——评陈兴良教授从〈刑法哲学〉到〈本体刑法学〉》,载《政法论坛》2002年第5期。
② 蔡道通:《理论与学术的双重提升——评陈兴良教授〈本体刑法学〉》,载《法制与社会发展》2002年第1期。
③ 陈兴良:《刑法理论的三个推进》,载《人民法院报》2001年2月9日,第3版。

指出的那样,哲学思维方式恰恰是"破旧"之利器:"陈兴良教授运用哲学方法打破意识形态的话语垄断与霸权——现在和今后的很长一段时间内,哲学尤其是哲学方法依然是打破意识形态话语的有力武器——恢复知识的客观性与中立性,做出了突出贡献,《刑法哲学》的最大学术价值和意义就在于此。"[①]因此,刑法哲学研究在更大程度上具有学术革命的功用,但知识建设还是有待于规范刑法学的方法。在知识建设中,我们要充分认识到刑法知识的超文化性、跨国界性的特征,引入与借鉴大陆法系的刑法知识,作为我国规范刑法知识的基本平台。在此基础上,再学习英美俄以及其他国家的刑法知识,并加以本土化的改造,这才是我国刑法学的出路。离开了整个人类的刑法知识文化的历史传承,以为能够独创一套知识体系,这是完全虚幻的,最终不可能实现。因此,刑法知识的规范化应怀着开放心态结合本土国情而达成。

从《走向规范的刑法学》到《走向教义的刑法学》,是我的第二次学术转型,也可以说是一次学术提升。如果说,《走向规范的刑法学》中的"规范",更多的是强调了研究对象的具象性,因而完成从对抽象的刑法理念的研究到对具象的刑法规范的分析。那么,《走向教义的刑法学》中的"教义",就不仅是一种规范,甚至也不仅仅是一种方法,而且是一种信仰。这里的教义,也可以理解为教义学,即刑法的教义学。从这个意义上说,教义的刑法学也就是刑法的教义学,是法教义学的一个重要分支。在我国刑法学界,教义也称为信条,具有一定的宗教意味。我认为,无论是教义还是信条,都具有一种先验性,它是以某些先验于我们的知识前见而构成的。这些知识前见形成了一个学术话语系统,成为刑法研究的知识来源,在此基础上我们"接着说"。同时,它又是一种分析工具,利用这种工具,我们可以对现行刑法规范进行有效的法理分析。从"规范"到"教义",尽管研究对象没有改变,但研究方法已经发生了性质上的变化。可以说,刑法的教义学研究才真正使刑法学成为一门规范科学。

刑法学走向教义学,这是以德日刑法知识的大量引进为前提的。在过去

---

① 曲新久:《刑法哲学的学术意义——评陈兴良教授从〈刑法哲学〉到〈本体刑法学〉》,载《政法论坛》2002年第5期。

学术封闭的年代,我国的刑法理论研究只能停留在总结司法实践经验的基础上,其理论层次相对还是较低的。尤其是,在这种学术的"自说自话"的年代,刑法理论的成长是极为缓慢的。而引入德日刑法学,为我们打开了一扇通向世界的窗户,为我国刑法学术与世界接轨提供了可能的条件。由此,我国的刑法学术研究不再自外于世界的学术潮流,而是汇入世界性的刑法学术潮流。因此,对于刑法的教义学研究来说,必须经历的两个步骤是:学习和消化。学习是引入德日的刑法知识,引入的方法包括翻译介绍和对外交流。消化是实现德日刑法知识的本土化,利用刑法的教义学方法,对我国刑法进行研究。在这当中,刑法教义学的学术启蒙显得十分重要。

在教义刑法学研究中,我个人较为满意的学术成果是以下三部专著:《教义刑法学》(中国人民大学出版社2010年版)、《刑法的知识转型(学术史)》(中国人民大学出版社2012年版)和《刑法的知识转型(方法论)》(中国人民大学出版社2012年版)。值得说明的是,《刑法的知识转型(方法论)》是我2007年出版的《刑法知识论》一书的升级版,在这两部专著之间具有替代关系。因此作为知识转型的一种努力,我从2000年开始致力于刑法方法论的探究,尤其是对我国刑法学的苏俄化特征的描述以及去苏俄化的倡导,引入大陆法系犯罪论体系的不遗余力地疾呼。尽管传统的学术力量具有巨大的历史惯性,要想改变十分困难,但毕竟要有人站出来说"不",否则历史将永远重复、停顿而没有发展。

如果说,《教义刑法学》一书侧重于对德日刑法知识的介绍,那么《刑法的知识转型(学术史)》一书就是对我国刑法学术地基的一种清理,而《刑法的知识转型(方法论)》一书则是对我国刑法方法论的一种探讨。正是在《教义刑法学》一书中,我提出了"走向教义学的刑法学"这个命题。如果说"走向教义学的刑法学"是一个目标,那么,刑法的知识转型就是达至这一目标的途径。"刑法的知识转型"是我提出的一个重要命题,它与"走向教义学的刑法学"这个命题一起,成为近年来我的一种学术目标和学术标签。

收录在《走向教义的刑法学》一书中的是采用教义学方法,对刑法相关理论问题进行分析的论文,也是近年来我在刑法教义学研究领域的学术成果。其中,《刑法教义学方法论》一文,刊登在《法学研究》2005年第2期,是我国最早讨论刑法教义学的论文。该文曾经编入《走向规范的刑法学》一书,这次重新收入《走向教义的刑法学》一书,使之回复到一个应然的位置,也成为我的刑法教义学研究的起始之作。同时,对其他两部自选集的若干论文也作了适当的调整。例如,在《走向哲学的刑法学》一书中,增加了《法学:作为一种知识形态的考察——尤其以刑法学为视角》一文,是我对刑法知识形态进行论述的第一篇论文。该文发表在2000年,时间上接近于《走向哲学的刑法学》的时代,也可以说是在刑法哲学思考基础上,对刑法知识进行整体性认知的起始之作,将该文收入《走向哲学的刑法学》一书更为妥当。此外,在《走向规范的刑法学》一书中增添了《刑法机能的话语转换》和《转型中的中国犯罪论体系》两篇论文。从三部自选集收录的论文来看,似乎《走向哲学的刑法学》和《走向规范的刑法学》两部书的内容更偏向于学理性;而《走向教义的刑法学》则更注重对刑法规范的教义学诠释,而不是对刑法教义学原理的论述。之所以如此安排,是因为我在《教义刑法学》一书中已经对刑法教义学原理进行了专题性的讨论。在此基础上,我认为更为重要的是借助于这种刑法教义学的分析工具,对我国刑法中的理论问题进行教义学的阐述,以此形成我国本土的刑法教义学知识。这当然只是一种预期,但我愿意在这个方向上继续努力。

三部自选集的重新出版,对于我来说,是一个对自己的刑法学术生涯的总结,而不是终结。尽管一个人的学术生命是有限的,在历史的坐标上,我们所能起到的只是一种过渡的作用。但我还是认为,在正确的学术道路上前行,才是一种不负使命的学术追求。

是为前言。

陈兴良

2007年11月5日一稿

2017年3月21日增写

谨识于北京海淀锦秋知春寓所

目 录

论刑法哲学的价值内容和范畴体系 ……………………………… 001
刑法哲学研究论纲 ………………………………………………… 013
作为一种知识形态的考察
　　——尤其以刑法学为视角 ………………………………… 023
刑法的人性基础 …………………………………………………… 051
刑法的价值构造 …………………………………………………… 063
刑法机能二元论 …………………………………………………… 075
从政治刑法到市民刑法
　　——二元社会建构中的刑法修改 ………………………… 095
罪刑法定的当代命运 ……………………………………………… 139
罪刑均衡的理论建构 ……………………………………………… 199
罪刑均衡的价值蕴涵 ……………………………………………… 209
刑法公正论 ………………………………………………………… 223
犯罪价值论 ………………………………………………………… 259
论意志自由及其刑法意义 ………………………………………… 283
论人身危险性及其刑法意义 ……………………………………… 295
主观恶性论 ………………………………………………………… 307
刑罚存在论 ………………………………………………………… 323
论刑罚权及其限制 ………………………………………………… 333
刑罚目的二元论 …………………………………………………… 343
刑事政策视野中的刑罚结构调整 ………………………………… 353

论刑法哲学的价值内容和范畴体系*

刑法哲学,是对刑法所蕴涵的法理提升到哲学高度进行研究的一门学科。刑法哲学作为刑法学的基础理论,对于刑法学的深入发展具有重要意义。在我国刑法学领域,刑法哲学尚是一块有待开垦的处女地。为推动刑法哲学研究,本文拟对刑法哲学的价值内容和范畴体系这两个基本问题略作探讨,就正于我国刑法学界。

一、刑法哲学的价值内容

在现代哲学中,价值问题越来越受到人们的关注,成为哲学研究中的一个最具诱惑力的问题,以至于形成所谓价值哲学。价值问题同样引起法学界的重视,英国法学家彼得·斯坦和约翰·香德认为,一切法学家都只不过是用各种各样的方式,描述法律能够在什么程度上实现社会秩序、公平、个人自由这些基本的价值而已。[①] 显然,法律价值也应该是法学充分关注的问题之一。

那么,刑法的基本价值何在呢?

法是以调整个人与社会的冲突为己任的。这种个人与社会的冲突,在某种意义上可以说是个人与国家之间的冲突。从刑法的意义上说,犯罪是个人对社会的一种侵害,而刑罚是社会为防卫自身的生存条件而对犯罪人的一种制裁。因此,个人与社会的这样一种冲突关系,表现在刑法中,就是犯罪与刑罚之间的关系。罪刑关系作为刑法的调整对象,表现出双重的属性:立足于已然之罪,刑罚应该是一种报应;而立足于未然之罪,刑罚应该是一种预防。报应与预防的

---

* 本文原载《法学研究》1992年第2期。

① 参见〔英〕彼得·斯坦、约翰·香德:《西方社会的法律价值》,王献平译,中国人民公安大学出版社1990年版,第35页。

关系及其解决,成为刑法哲学的基本问题。刑法哲学的一切命题都由此展开,并且为此服务。可以说,它是刑法哲学的逻辑起点,也是刑法哲学的逻辑归宿,刑法的价值就蕴涵在这一问题之中。

(一) 公正

公正,也称公平、正义,源出于拉丁语 Justitia,系由 Jus 一词演化而来。公正是法的本性,法是公正的象征。尽管在古希腊时期就有恶法(不公正的法)是不是法的争论,并不乏对此持肯定态度的人,但一般的人论及法的时候,总有一种神圣感,这种神圣感盖源自法的公正性。刑法涉及对公民的生杀予夺,因而公正性更是它的生命,更值得我们重视。公正作为刑法的首要价值,就是说,刑法中的一切问题都应当让位于公正性,刑法哲学的一切原理都应当立足于公正性。刑法,应当成为具有公正性的刑法;刑法哲学,应当成为思考刑法的公正性的理论。离开这一根本命题,刑法哲学就丧失了它的生命力。当然,刑法的公正性问题并不是一个经验哲学的命题,公正性的标准及其判断是一个与社会密切相关的问题。并且,刑法的公正性本身也不是绝对的、抽象的,而是相对的、具体的,受制于一定的社会物质生活条件。

古希腊哲学家亚里士多德把正义划分为"普遍的正义"和"特殊的正义",亚氏又把"特殊的正义"分为"分配正义"和"平均正义"两种。"分配正义"为数量相等,"平均正义"为比值相等。亚氏所说的分配之公平,相当于按需分配:形式上不平等,实质上平等;而平均之公平则相当于按劳分配:形式上平等,实质上不平等。在刑法中,也有这两种公平:按照已然之罪确定刑罚,即报应,相当于按劳分配,是一种平均之公平,按照未然之罪确定刑罚,即预防,相当于按需分配,是一种分配之公平。报应是刑罚一般化,根据社会危害性分配刑罚;社会危害性大则重判,社会危害性小则轻判。预防是刑罚个别化,根据人身危险性分配刑罚;人身危险性大则重判,人身危险性小则轻判。这两种刑法公正的标准显然存在冲突。那么,我们究竟按照什么标准来衡量刑法的公正性呢?亚里士多德指出:"公正平等为二极端之中道,则公平为之中道亦宜。"①公正不仅为二极端之中道,而且也是两种公正标准之中道。因此,我们认为,报应与预防都体现了某种公正性:报应是个人的公正性,预防是社会的公正性,两者应

---

① 〔希腊〕亚里士多德:《伦理学》,向达、夏崇璞译,商务印书馆1933年版,第101页。

该统一而不是相互排斥,这也正是我们所主张的罪刑关系二元论的基本原理。①

刑法的公正性有立法公正、审判公正与行刑公正之分。在这三者中,立法公正是基础,没有立法公正就根本谈不上刑法的其他公正性。正如马克思指出:"如果认为在立法者偏私的情况下可以有公正的法官,那简直是愚蠢而不切实际的幻想!既然法律都是自私自利的,那么大公无私的判决还能有什么意义呢?法官只能够丝毫不苟地表达法律的自私自利,司法只能够无条件地执行它。在这种情形下,公正是判决的形式,但不是它的内容,内容早被法律所规定。"②立法的公正性主要表现在刑事禁止性规范的合理性上。也就是说,只有对那些确有必要禁止的行为,才能在刑法上规定为犯罪,并予以刑罚处罚。由于社会经济、政治和社会生活的变化,某一行为过去认为是犯罪的,现在其社会危害性已经消灭,甚至有利于社会;或者过去不认为是犯罪的,现在却对社会具有较大的危害性。在这种情况下,刑事立法应当及时进行废、改、立,以便跟上社会发展的步伐,保持立法的公正性。审判公正,首先需要有公正的法官。根据马克思的观点,在法的适用领域,存在着普遍与个别之间的矛盾,而解决这一矛盾,使个别案件的审理符合立法普遍精神的契机或中介,便是运用法律进行具体判断的结合。因此,要把法律所体现的自由理性精神具体融解和贯彻到个别案件的公正审理之中,就需要公正不阿、精通法律、维护法治尊严的法官。③审判公正,更为重要的还在于统一法度,保障公正处刑。至于行刑公正,则主要表现在犯罪人的行刑处遇上,例如行刑的个别化、开放化与社会化等。当然,最为重要的是将犯人当做人,尊重犯人的人格,维护犯人合法正当的权利。

(二) 谦抑

谦抑,是指缩减或者压缩。④ 刑法的谦抑性,又称为刑法的经济性或者节俭性,是指立法者应当力求以最小的支出——少用甚至不用刑罚(而用其他替代措施),获取最大的社会效益——有效地预防和抗制犯罪。

---

① 参见陈兴良、邱兴隆:《罪刑关系论》,载《中国社会科学》1987 年第 4 期。
② 《马克思恩格斯全集》(第 1 卷),人民出版社 1960 年版,第 178 页。
③ 参见李光灿、吕世伦主编:《马克思恩格斯法律思想史》,法律出版社 1991 年版,第 66 页。
④ 参见甘雨沛、何鹏:《外国刑法学》(上册),北京大学出版社 1984 年版,第 175 页。

犯罪作为一种社会现象,其产生原因是十分复杂的。对于犯罪这种社会疾患,应当寻找社会的救治办法。而且,犯罪不可能通过刑罚予以消灭,而只能尽可能地将其控制在不危及社会的根本生存条件这一社会可以容忍的限度之内。刑罚作为抗制犯罪的主要法律手段,兼具积极与消极的两重性。正如德国著名刑法学家耶林指出:"刑罚如两刃之剑,用之不得其当,则国家与个人两受其害。"① 因此,那种迷信刑罚的威慑力,尤其是迷信重刑对未然之犯罪的遏制效果以及对已然之犯罪人的矫正功能的观点,是不足取的。

刑法的谦抑性表现在:对于某种危害社会的行为,国家只有在运用民事的、行政的法律手段和措施仍不足以抗制时,才能运用刑法的方法,亦即通过刑事立法将其规定为犯罪,处以一定的刑罚,并进而通过相应的刑事司法活动加以解决。犯罪与刑罚是紧密相连的一对范畴,犯罪是刑罚的导因,而刑罚则是犯罪的后果。因此,动用刑法手段解决社会冲突,应当具备以下两个条件:其一,危害行为必须具有相当严重程度的社会危害性;其二,作为对危害行为的反应,刑罚应当具有无可避免性。相当程度的社会危害性主要是根据社会价值标准作出判断。而所谓刑罚之无可避免性,则是指立法者对于一定的危害行为,如果不以国家最严厉的反应手段——刑罚予以制裁,就不足以有效地维持社会秩序。一般来说,具有下列三种情况之一的,就说明不具备刑罚之无可避免性:①无效果。所谓无效果,就是指对某一危害行为来说,即使规定为犯罪,并且处以刑罚,也不能达到预防与抗制之效果。②可替代。所谓可替代,就是指对于某一危害行为来说,即使不运用刑罚手段,而运用其他社会的或者法律的手段,例如道德教育,民事或者行政制裁,也足以预防和抗制这一危害行为。③太昂贵。所谓太昂贵,是指通过刑罚所得到的效益要小于其所产生的消极作用。在以上三种情况下动用刑法,就是刑罚不具有无可避免性,因而,刑法应当谦抑。

在西方发达国家,当今实现刑法谦抑的主要途径在于:非犯罪化与非刑罚化。非犯罪化与非刑罚化作为一种国际思潮应当引起我们的重视,但不可照搬到中国来。非刑罚化并非中国当前面临的根本问题。由于中国传统的重刑观念的影响,认为只有生命刑、自由刑才是刑罚,而在思想上把其他财产

---

① 林山田:《刑罚学》,台北商务印书馆1985年版,第127页。

刑、资格刑排斥于刑罚概念之外的现象还十分严重。因此，中国的当务之急是削减死刑，逐渐实现轻刑化，即大幅度地降低刑罚量，才是当前中国实现刑法谦抑的主要途径。当然，非犯罪化和非刑罚化思潮所强调的犯罪的相对性观念、刑法的不完整性观念、刑罚的经济性观念和刑法手段的最后性观念，仍然值得我们借鉴。①

（三）人道

人道，与人性是同义词。刑法的人道性是指刑法的制定与适用都应当与人的本性相符合。应当指出，人道本身也是一个历史的范畴，每一个历史时期，都有与之相适应的人道标准。从我们今天的眼光看，古代与中世纪的刑法是极为残酷的。对此，贝卡里亚作了猛烈的抨击。随着时代的发展，刑法的人道化已经成为历史发展的必然趋势，并且成为国际社会的共识，基于此，国际社会还先后通过了一些旨在保护人权的国际公约。

刑法的人道性，立足于人性。而人性的基本要求乃是指人类出于良知而在其行为中表现出的善良与仁爱的态度和做法，即把任何一个人都作为人来看待。因此，刑法的人道性的最基本也是最根本的要求可以归结为如下命题：犯罪人也是人。作为人，犯罪人也有其人格尊严，对于犯罪人的任何非人对待都是不人道或者反人道的。应该说，我国刑法是人道的，没有规定任何残酷的与侮辱人格的刑罚。随着社会的进步、经济的发展，我国刑法应该进一步人道化，这主要表现在削减死刑、限制无期徒刑，大量地运用自由刑的替代措施等。

刑法的人道性，在更广泛的意义，也是更重要的意义上还表现在对公民个人自由的尊重，使无辜者不受刑事追究。彼得·斯坦、约翰·香德指出："在刑事法庭上，只要对刑法的干涉范围究竟如何存在一丝疑问，人们就会要求法庭将个人自由价值观放在第一位。任何行为，只要对社会构成危害，刑法就可以予以禁止。但是，刑法必须对此事先加以精确的规定，这一点是至关重要的。"②因此，在刑法中实行严格的"法无明文规定不为罪、法无明文规

---

① 参见黎宏、王龙：《论非犯罪化》，载《中南政法学院学报》1991年第2期。
② 〔英〕彼得·斯坦、约翰·香德：《西方社会的法律价值》，王献平译，中国人民公安大学出版社1990年版，第177页。

定不处罚"的罪刑法定主义原则,也应当是刑法的人道性的必然要求。在这方面,我国现行刑法还存在不足之处。由于类推制度的存在,使得我国刑法中的罪刑法定原则的实际价值大打折扣。个别单行刑事法律实行刑法时间效力的"从新兼从重原则",是对国际上公认的"从旧兼从轻原则"的明显违背。所有这些,都在一定程度上有悖于刑法的人道性,亟待改善。

公正、谦抑、人道,现代刑法的三大价值目标,构成刑法的三个支点,也是刑法哲学应当贯穿的三条红线。

二、刑法哲学的范畴体系

如果说,价值内容是刑法哲学的血肉;那么,范畴体系就是刑法哲学的骨架。因此,没有范畴体系,刑法的价值内容就无从依附。范畴体系相对于价值内容来说,虽然属于形式的东西,但这丝毫也不能否认范畴体系的重要性。

(一) 范畴

在哲学中,范畴是主体的思维掌握客观世界普遍的或本质的联系的关节点或支撑点。任何一门科学,都是由一系列特有的范畴而形成的一张认识之网。在这个意义上,笔者同意以下观点:范畴及其体系是人类在一定历史阶段思维发展水平的指示器,也是各门科学成熟程度的标志。我国刑法学界有人对刑法学的一些基本范畴作了初步探讨,这些基本范畴是:刑事责任、犯罪、犯罪人、刑罚、量刑、行刑等,它们是刑法学这一科学之网的纽结。刑法学正是通过这些纽结才成为一个系统的理论体系。[①] 毫无疑问,这种探讨为我们深入界定刑法哲学的范畴奠定了基础。

刑法是以犯罪与刑罚为内容的,因此,犯罪与刑罚是刑法哲学的最基本的范畴。犯罪与刑罚是由法律规定的,那么,如何看待刑法的理论范畴与法律范畴之间的关系呢?笔者认为,两者不可等同。刑法的理论范畴是应然,而刑法的法律范畴是实然。刑法哲学不应满足于对实然的东西的注释,而应当立足于应然,对实然作出理性的评价。基于这种思想,笔者认为刑法哲学的基本范畴包括:已然之罪(社会危害性)、未然之罪(人身危险性)、主观恶性、客观危害、再犯可能、初犯可能、报应之刑、预防之刑、道义报应、法律报

---

① 参见曲新久:《试论刑法学的基本范畴》,载《法学研究》1991年第1期。

应、个别预防、一般预防。刑法哲学的范畴具有以下意义:第一,奠基功能。刑法哲学的理论大厦并非沙上之塔,而是建筑在坚实的理论基础之上的。而对这些基本范畴的科学界定就是这一理论大厦的基石,起着奠基的作用,是刑法哲学不可须臾离开的。第二,凝聚功能。刑法哲学面向整个刑事立法与刑事司法,从中进行抽象与提炼,形成自身的理论体系。通过范畴的这种凝聚功能,就能透过纷繁复杂的现象反映刑法的联系和本质。

(二) 关系

在哲学中,关系是一个十分重要的概念。根据辩证唯物主义,客观事物是普遍联系着的。范畴作为对客观事物的反映,必然反映事物的这种联系性,因而在刑法哲学中,各种基本范畴之间也都处于互相作用之中。刑法哲学的基本原理也正是蕴涵在各个范畴的关系之中。

最基本的关系是因果性关系,因果关系是现象的联系形式之一。刑法哲学中,两大基本范畴——犯罪与刑罚之间就存在这样一种因果关系。因果性,可以说是刑法中的报应观念赖以存在的哲学根据。例如,著名的报应论者黑格尔在论述犯罪和刑罚的必然联系时指出:"犯罪,作为自在的虚无的意志,当然包含着自我否定在其自身中,而这种否定就表现为刑罚。"① 显然,在黑格尔看来,犯罪是原因,在原因之中包含着自我否定的因素,刑罚就是这种自我否定的外部表现,它是结果。报应主义借助于这种因果律,对于犯罪人来说,恶有恶报,从而以此作为归责的哲学根据。即使是预防主义,也并不否定犯罪与刑罚之间的这种因果关系,当然他们关注的是利用这种因果律来实现预防犯罪的刑罚目的。例如贝卡里亚在论及刑罚的及时性时指出:"刑罚的及时性是比较有益的,是因为:犯罪与刑罚之间的时间隔得越短,在人们心中,犯罪与刑罚这两个概念的联系就越突出、越持续,因而,人们就很自然地把犯罪看做起因,把刑罚看做不可缺少的必然结果。"② 由于刑法哲学的两个基本范畴——犯罪和刑罚之间存在这种因果关系,因此,犯罪与刑罚两大部类的范畴也往往存在这种因果关系:已然之罪与报应之刑、未然之罪与预防之刑、主观恶性与道义报应、客

---

① 〔德〕黑格尔:《法哲学原理》,范扬、张企泰译,商务印书馆1961年版,第105页。
② 〔意〕贝卡里亚:《论犯罪与刑罚》,黄风译,中国大百科全书出版社1993年版,第56—57页。

观危害与法律报应、再犯可能与个别预防、初犯可能与一般预防,如此等等。

在因果关系中,原因与结果的相互作用是范畴之间的一种更为复杂也是更为高级的双向关系。在刑法哲学中,犯罪和刑罚也存在这样一种相互作用的关系:一方面是已然之罪决定着刑罚,这是罪刑之间的报应关系;另一方面是刑罚遏制着未然之罪,这是罪刑之间的预防关系。

这两种关系相互作用,就形成罪刑关系辩证运动的过程,这种相互作用的运动机制是:犯罪情况制约着刑事立法,刑事立法制约着刑事司法,刑事司法制约着行刑效果,行刑效果又反作用于犯罪情况,如此循环往复,以至无穷。当然,这种运行过程本身是十分复杂的,以上只是图解式地加以描述,但这也充分说明犯罪和刑罚相互作用的关系的客观性。

范畴之间的关系,往往表现为关系命题,关系命题本身又形成一个上位的范畴。例如,主观恶性与客观危害是已然之罪的两个基本范畴,这两个范畴的相互作用构成的上位范畴是社会危害性,其关系命题是:社会危害性是主观恶性与客观危害的统一。关系命题是刑法哲学的主体内容,关系命题的正确与否,在很大程度上决定着刑法哲学的科学性。关系命题与基本范畴既有联系又有区别。如果把范畴比喻为网上纽结,那么关系命题就是连接这些纽结的网绳;如果把范畴比喻为房屋的基础,那么关系命题就是房屋的建筑;如果把范畴比喻为血肉,那么关系命题就是贯穿血肉的神经。因此,关系命题具有以下功能:第一,联结功能。刑法哲学的范畴是对某一特定刑法现象的孤立认识,而刑法现象本身是处于广泛联系和无限运动之中的,因而刑法哲学范畴之间具有紧密的联系。而关系命题就具有揭示刑法哲学范畴之间的相互联系的功能,使各范畴相互联结起来,从而更为科学地认识刑法的本质属性,揭示犯罪和刑罚辩证运动的规律。第二,组合功能。刑法哲学中的关系命题对两个基本范畴进行逻辑上的组合,从而形成上位范畴。上位范畴的出现,是人们对刑法现象认识进一步深化的结果,也为刑法哲学体系的最终建构提供了逻辑的组合件,因此具有十分重要的意义。

(三) 体系

从范畴到关系命题,再从关系命题到刑法哲学体系,这是必然的逻辑进程。体系是这一逻辑进程的归宿,无疑,归宿具有终极的意义,因而是价值追求的结果。

在哲学上,体系的建构被称为范畴系统化。对于范畴的系统化应当有辩证的观点:构造这样的体系是一个研究范畴和揭示它们的相互联系的引人入胜并且卓有成效的方法,但要防止满足于体系形式上的对称性与完美性,而忽略了其内容上的客观性与科学性。总之,任何体系都是为一定的内容服务的,刑法哲学的范畴体系也应当服从于刑法哲学的价值内容的恰当表达。

刑法哲学体系建构的基本步骤如下:

第一,范畴的遴选。刑法哲学范畴系统化的第一步,是要对刑法哲学的范畴进行遴选。也就是说,要根据一定的标准将某些刑法概念选拔并列入刑法哲学的范畴体系,由此形成一份刑法哲学范畴的名目录。目前刑法理论中运用的刑法概念十分广泛与庞杂,选择哪些概念列入刑法哲学的范畴体系是一个复杂的问题。在哲学上,遴选哲学范畴的标准存在主观式标准与客观式标准之分。哲学上遴选范畴的这两种标准对于我们都具有一定的参考价值,但刑法哲学中范畴的选择又有特殊性,对此应当充分予以关注。对于历史上存在的那些刑法范畴,例如犯罪人、人身危险性、刑罚个别化等应当批判地继承。同时,对于当前流行的刑法范畴,也要根据建立刑法哲学体系的逻辑内容进行甄别。

第二,范畴的分类。范畴的遴选仅是建构刑法哲学体系的第一步,接下来便是范畴的分类问题。在哲学中,分类是知识或活动的某一领域的各种并列从属概念(对象种类)的体系,它经常表现为形式不同的示意图(表格),并用来作为确定这些概念或对象种类之间的联系以及帮助理解各种概念或相应对象的多样性的手段。因此,范畴的分类,对于刑法哲学体系的建立具有十分重要的意义。笔者认为,刑法哲学范畴可以分为以下三类:一是犯罪本体论的范畴;二是刑罚本位论的范畴;三是罪刑关系论的范畴。这三大类范畴既互相之间存在密切关系,又有着各自不同的特性。

第三,范畴的组建。刑法哲学体系的最终建造,有赖于一定的范式,这在哲学上也称为模型。由一套概念、结构、类型、依序整理(次第排列)的标准、各个等级和分类组构成的模型,称为概念的分类模型。①

---

① 参见〔苏〕格拉日丹尼科夫:《哲学范畴系统化的方法》,曹一建译,中国人民大学出版社1988年版,第42页。

黑格尔的正题、反题、合题是一种三段式的范式或曰模型。例如,黑格尔《逻辑学》一书中的存在论就是由质、量、度三部分构成,而质又由存在、现有的存在和自为的存在三部分构成,形成一种正、反、合的范式,这种范式对于我们建立刑法哲学体系具有一定的参考价值。中国的《易经》为我们提供了另一种范式。《易经》谈八卦的产生时指出:"易有太极,是生两仪,两仪生四象,四象生八卦。"这里从太极到两仪,从两仪到四象,从四象到八卦,就是一个事物生成的范式。参考以上两种范式,刑法哲学中的范畴按下表所示组建:

表1　三段论范式

正　题	反　题	合　题
主观恶性	客观危害	已然之罪
再犯可能	初犯可能	未然之罪
已然之罪	未然之罪	犯罪
道义报应	法律报应	报应之刑
个别预防	一般预防	预防之刑
报应之刑	预防之刑	刑罚
犯罪	刑罚	刑法

表2　易经范式

太　极	两　仪	四　象	八　卦
刑　法	犯　罪	已然之罪	主观恶性
			客观危害
		未然之罪	再犯可能
			初犯可能
	刑　罚	报应之刑	道义报应
			法律报应
		预防之刑	个别预防
			一般预防

第四,范畴的系统化。刑法哲学范畴经过遴选、分类、组建,然后系统化,从而形成刑法哲学体系。关于刑法哲学体系,在我国刑法学界已经有人论及,大体上都是以刑事责任为中心的体系。[1] 笔者认为,以上这些刑法哲学体系是有一定的独创性的,反映了作者对刑法哲学的独到见解。由于笔者所遴选的刑法哲学范畴不同于上述学者,并且对刑法哲学的基本观点也有别于上述学者。因此,笔者所建构的刑法哲学体系也迥异于上述学者,可以称为罪刑关系中心论的体系。[2] 刑法哲学作为一种理论,不像刑法教科书那样有一个权威的独一无二的体系,每一种刑法哲学都可以具有自己的体系。只有这样,才能推动与深化刑法哲学的发展。

---

[1] 参见储槐植:《刑法例外规律及其他》,载《中外法学》1990年第1期;曲新久:《试论刑法学的基本范畴》,载《法学研究》1991年第1期。

[2] 关于这一体系的基本命题,参见陈兴良:《刑法哲学研究论纲》,载《中外法学》1992年第3期;关于这一体系的全部内容,参见陈兴良:《刑法哲学》,中国政法大学出版社1992年版。

刑法哲学研究论纲[*]

经过了将近 20 年的寂静之后,随着我国第一部刑法的颁行,刑法学在各部门法学中一马当先,首先跨越了历史的断裂层,恢复了大刑法昔日的自信,俨然以老大自居。可是突然有一天,随着社会主义商品经济的发展和对外开放的客观需要,民法、经济法、国际私法等部门法学雨后春笋般地蓬勃发展起来,被人喻为朝阳学科。相形之下,刑法学黯然失色,似乎刑法学的黄金季节已经过去,于是将刑法学喻为夕阳学科的哀叹问世了。面对着其他部门法学的竞争与挑战,刑法学意欲何为、出路何在?每一个有志于刑法学研究的人该扪心自问,并进行深刻的反思。从体系到内容突破既存的刑法理论,完成从注释刑法学到理论刑法学的转变,这就是笔者的结论。

刑法学虽然是我国法学中的一门显学,但又仍然是幼稚的,这种幼稚性的突出表现是没有建立起严谨科学的刑法理论的"专业槽"。文学艺术界的有识之士指出:以往文艺理论界的一个深刻的教训就在于批评的"食槽"太浅露而又宽泛,谁都可以伸进头来吃上一嘴。[①] 这一评价也适合于刑法学,以至于整个法学。文学艺术界的批评家们正在合力加速构建"专业槽",而我们法学界又有多少人已经意识到这个问题呢?诚然,刑法学是一门实用性极强的应用学科,与司法实践有着直接的关联。然而,学科的实用性不应当成为理论浅露性的遁词。作为一门严谨的学科,刑法学应当具有自己的"专业槽"。非经严格的专业训练,不能随便伸进头来吃上一嘴。这既是维护刑法学的学术性的需要,更是维护刑法学的科学性的需要。我们的时代是一个反思的时代,崇尚思辨应该成为这个时代的特征。刑法学如欲无愧于这个时代的重托与厚望,必须提高自身的理论层次,引入哲学思维,使刑法的理论思

---

[*] 本文原载《中外法学》1992 年第 3 期。
[①] 参见宋耀良:《十年文学主潮》,上海文艺出版社 1988 年版,第 19、20 页。

维成为对时代本质的思维,与时代变革的脉搏跳动合拍。这也是笔者所著《刑法哲学》一书的最原始的信念之一。

刑法哲学,又可以称之为刑法法理学或理论刑法学,是对刑法所蕴涵的法理提升到哲学高度进行研究的一门科学。刑法哲学作为刑法学的理论基础,对于刑法学的深入发展具有重大意义。一门学科的建立,必须要有一系列全新的命题。在《刑学哲学》一书中,笔者提出了以下三个基本命题:

一、犯罪本质二元论

根据我国刑法学界的通说,犯罪具有三个特征,这就是社会危害性、刑事违法性与应受惩罚性。在这三个特征中,社会危害性是犯罪的本质特征。这实际上是犯罪本质的一元论,其偏颇之处越来越为人们所认识。为消除这种偏颇,笔者主张犯罪本质二元论:社会危害性与人身危险性的统一。犯罪本质二元论的立论关键是如何正确评价人身危险性及其在刑法学中的地位。笔者认为,人身危险性是指犯罪可能性,属于未然之罪。这里的犯罪可能性,既包括再犯可能性即犯罪人本人再次实施犯罪的可能性,又包括初犯可能性即犯罪人以外的其他人主要是指潜在的犯罪人的犯罪可能性。人身危险性这一概念,目前在我国虽然已经恢复名誉,开始在各种刑法学论著中使用。但人身危险性在刑法学中到底居于什么地位的问题并没有解决。大致有以下三种认识:一是从犯罪概念的意义上界定人身危险性;二是从定罪根据的意义上界定人身危险性;三是从量刑根据的意义上界定人身危险性。对这个问题的论述,应当从我国关于刑事责任的根据问题的争论说起。关于刑事责任的根据,传统的观点是犯罪构成唯一根据论。由于犯罪构成的内容过于狭窄,且在犯罪构成本身的理论上存在分歧,因而我国学者对刑事责任的根据提出了以下修正的观点[①]:一是犯罪行为论,认为犯罪构成只是一种法律形式,而犯罪人实施的危害社会的行为才是犯罪的本质,是犯罪的客观内容,因而是刑事责任的根据。二是社会危害性论,认为犯罪的社会危害性是犯罪的最本质特征,是衡量刑事责任的法律标准,因此社会危害性是刑事责任的根据。三是事实总和论,认为一切能够从一个侧面反映和影响着刑事责任的存在、性质、范围和程度等的事实和情况,都是刑事责

---

① 参见杨春洗、苗生明:《论刑事责任的概念和根据》,载《中外法学》1991年第1期。

任的根据。四是罪过论,认为主观罪过支配着行为人实施犯罪行为,因而只有罪过才是犯罪人负刑事责任的根据,而犯罪行为只是追究犯罪人刑事责任的条件。之所以产生上述观点分歧,盖因为对刑事责任及其根据的不同理解。罪过论的观点,显然是在主观的意义上理解刑事责任,因而将罪过视为刑事责任的根据,这种观点对刑事责任的理解比较符合"刑事责任"一词的原意。而犯罪行为论,则与犯罪构成论并无本质区别,只是因为犯罪构成仅仅是抽象的法律规定,是刑事法律规范本身,而不能成为刑事责任的根据。但实际上,犯罪行为只有符合犯罪构成(类推除外)才能成为刑事责任的根据,因而犯罪行为作为刑事责任根据与犯罪构成作为刑事责任根据词异义同。社会危害性论与事实总和论也是同一个意思,它们与前述犯罪构成论与犯罪行为论则有明显区别,主要是在刑事责任的根据中引入了实际上是表明犯罪人的人身危险性的内容,而这一切在以往的刑事责任根据论中却是不包括的。这种综合事实根据论的提出,对于原先的单一根据论是一大突破。但是,在综合事实根据论的意义上理解刑事责任这一概念,已经与刑罚这一概念没有任何区别了。刑事责任的根据,实际上就是刑罚的根据。由此可见,综合事实根据论并没有贯通犯罪与刑罚的关系。而单一根据论则把刑事责任理解为一种客观存在的现实可能性,只要有犯罪事实,就必然引起刑事责任的产生,正是在这个意义上,认为刑事责任的根据是犯罪行为。而刑事责任如何承担又是另一个问题,在解决刑事责任如何承担的时候,才考虑人身危险性。因此,根据这种观点,人身危险性只是量刑根据,而非定罪根据,更非刑事责任的根据。笔者认为,这种观点将定罪与量刑割裂开来,在逻辑上难以成立。从罪刑关系的角度来说,所谓定罪是罪刑关系的质的个别化,而所谓量刑是罪刑关系的量的个别化。如果人身危险性不是犯罪这一概念中所有的东西,裁量刑罚的时候怎么又能以它为根据呢?正如笔者所说,这是由于对犯罪的理解限定于已然之罪,对刑罚的理解则多考虑预防的意义,因而罪刑之间发生脱节。为此而引入刑事责任的概念加以弥补。但在笔者看来,这种努力是无济于事的。因此,从量刑根据意义上理解人身危险性,并没有科学地界定人身危险性在刑法中的地位与作用。显然,从定罪根据的意义上理解人身危险性较之从量刑根据上理解人身危险性有所进步。但仍然不够彻底,并在犯罪与犯罪构成之间的关系上未能予以贯彻。目前这种观点是建立在人身危险性是社会危害性的一个方面这样一个命题的基础之上的。同时,主张这种观点的学者把定罪根据理解为刑事责任的根据(实际上,这是两个有所区别的问题),因而主张犯罪构成是其根据,但又不是唯一的根据,而应当辅之以从社会危害性和人身危险性的相互联系之中寻找定罪的根据。① 这样,就使人产生一种疑惑:犯罪构成与社会危害性和人身危险性之间到底存在什么关系?更为重要的问题是:这种观点未能从犯罪构成与犯罪之间的关系上进一步深化,正确地界定人身危险性在刑法中的地位。笔者认为,人身危险性与社会危害性是两个不同的范畴,在犯罪的概念中应当有人身危险性的一席之地。正是在这个意义上,笔者同意人身危险性是犯罪的特征的观点,并且它与社会危害性相并列,是犯罪的本质特征,这就是犯罪本质的二元论。以往的刑法学理论之所以破绽百出,在很大程度上就是基于犯罪本质一元论,没有理顺社会危害性与人身危险性的关系。在两者的关系上,笔者认为首先应当强调的是:两者都属于犯罪的范畴。社会危害性属于犯罪的范畴,没有疑问。但对于人身危险性是否属于犯罪的范畴,则大部分人不以为然。这主要是在对犯罪的理解上,刑事古典学派将犯罪理解为已然之罪这样一种思维定势在起作用。如果把犯罪理解为已然之罪,那么刑罚必然是报应之刑。但在刑罚论中,我们又引入刑事实证学派的观点,以预防作为解释刑罚的钥匙,因而在刑罚论中大谈人身危险性,并引入刑事责任的概念作为掩饰。这样,在犯罪论与刑罚论之间必然产生矛盾。我国刑法学界有人敏锐地察觉到了这一点,称之为刑法理论中的脱节点,并指出:为消除刑法理论中的脱节点,有必要确认犯罪行为人方面的特点(即人身危险性),并把有关特点也看做是犯罪的基本特征。② 笔者认为,这种观点是完全正确的,尽管它仅在犯罪论体系的意义上讨论这个问题,实则从罪刑关系的意义上亦有重大价值。因此,笔者认为,人身危险性是与社会危害性既相联系又相区别的并与之并列的犯罪本质特征,只有在这个意义上,才能科学地阐述刑罚根据(包括定罪根据与量刑根据)问题。当然,在犯罪概念中的社会危害性与人身危险性这两个因素的关系不是固定的,而是随着罪刑关系的辩证运动而逐渐展开与变化的。正确地处理这两者之间的关系,就成为整个刑事法律活动的基础。

---

① 参见王勇:《定罪根据论》,载《法学研究》1989 年第 4 期。
② 参见刘勇:《犯罪基本特征新论》,载北京大学法律系编:《改革与法制建设——北京大学九十周年校庆法学论文集》,光明日报出版社 1989 年版,第 540 页。

二、刑罚目的二元论

我国目前流行的观点是将刑罚目的表述为预防犯罪,然后又将预防分为特殊预防与一般预防。笔者认为,刑罚的目的不应是一元的,而应该是二元的,这就是报应与预防的辩证统一。如果我们把统治者(立法者与司法者)视为主体,把犯罪视为客体;那么,统治者通过刑罚惩治犯罪就是一种实践活动。在这一实践活动中,刑罚乃是手段,而统治者运用刑罚这一手段所要达到的客观效果,就是所谓刑罚的目的。刑罚的目的并不是统治者的主观臆想,不能离开客观世界而存在。在某种意义上说,它决定于犯罪,是对犯罪现象深刻认识的结果。因此,刑罚目的的确立,不能离开犯罪这一客体。犯罪具有双重的属性:作为已然之罪,它主要表现为主观恶性与客观危害相统一的社会危害性;作为未然之罪,它主要表现为再犯可能与初犯可能相统一的人身危险性。从这个意义上说,犯罪是社会危害性与人身危险性的统一,这就是犯罪本质的二元论。立足于此,刑罚作为犯罪的扬弃,其功能应当具有相应的二元性:刑罚之于已然之罪,表现为惩罚;刑罚之于未然之罪,表现为教育。从刑罚功能再推论出刑罚目的,当然也具有二元性:惩罚之功能表现为报应,教育之功能表现为预防。刑罚目的的二元论,是由运用刑罚惩治犯罪这一人类实践活动的复杂性所决定的。美国著名科学家 N. 维纳从控制论出发,把法律定义为对于通讯和通讯形式之一即语言的道德控制。在此基础上,维纳指出:"目前西方各国的法律中最难令人满意的地方就在于刑事方面。法律似乎把刑罚时而看做对其他可能的犯罪者的恐吓手段,使他们不敢犯罪;时而看做罪人的赎罪仪式;时而看做把罪犯和社会隔离起来的方法,以免罪犯有重复犯罪的危险;又时而看做对个人进行社会改造和道德改造的手段。这是四种不同的任务,可用四种不同方法来完成。因此,除非我们知道正确调节它们的方法,否则我们对待犯人的整个态度就是自相矛盾的。在现在,刑法时而讲这种语言,时而讲另一种语言。除非我们下定决心,认为我们社会真正需要的是赎罪,抑是隔离,抑是改造,抑是威胁潜在的罪犯,这些办法是起不了作用的,而只会把事情弄得乱七八糟,以致一件罪行引起了更多的罪行。"[①]维纳认为法律应当具有语义上的一致性,以避

---

① 〔美〕维纳:《人有人的用处——控制论和社会》,陈步译,商务印书馆1978年版,第87页。

免噪音的干扰。而刑法对于刑罚目的的表述的多重性,导致刑法的无效性。作为一名科学家,维纳从技术的角度对刑罚目的多元性的抨击似乎不无道理。但是,现在的问题不是恐吓、赎罪、隔离、改造这四种不同的任务,由四种不同方法来完成;而是刑罚同时面临着这四种任务。在这种情况下,当然不能只从四种不同的任务选择其中之一完成,而是应当尽可能地同时完成这四种任务。好在维纳也并没有完全否认这四种任务同时完成的可能性,关键在于"我们知道正确调节它们的方法"。在这个意义上,笔者同意英国著名刑法学家哈特以下这段十分精辟的论述:"在我们谈论或思考刑罚的传统方式中,存在某种由来已久的倾向,即将需要分别考虑的多重性问题过分简单化,要反对这一倾向,最需要的不是简单地承认,而是应该将作为对与刑罚的正当根据有关的某一单个问题的相关的解答提出来;不是某一单个的价值或目的(遏制、报应、改造或任一其他价值),而是多种不同的价值或目的。……我们应该牢记,正如在其他绝大部分社会制度中一样,在刑罚制度中,对一个目的追求可能受到不应错过的追求其他目的的机会的限制或可能提供这种机会。"①正因为如此,我们在确定刑罚目的的时候,不应把报应与预防对立起来,而是应当将两者统一起来。不可否认,在人类历史上,刑罚目的观有一个从报应到预防的转变过程。但这丝毫也不能否定报应与预防之间具有内在联系,两者都应当作为刑罚目的加以确立,关键在于如何协调两者之间的关系。不可否认,报应与预防具有对立的一面。因为报应要求刑罚以已然之罪为根据,而预防要求刑罚以未然之罪为基础。但恰恰在罪刑关系上,报应与预防又展示出其内在的同一性。这里所谓的同一性,是指在创制、适用、执行刑罚的时候,应当同时兼顾报应和预防这两个目的。当然,这并不能否认两者在刑事法律活动的不同阶段具有主次关系。

三、罪刑关系的二元论

罪,可以分为已然之罪与未然之罪。刑,可以分为报应之刑与预防之刑。罪刑关系,可以分为已然之罪与报应之刑的因果关系和未然之罪与预防之刑的功利关系。罪刑关系的二元论,就是罪刑之间的因果关系与功利关系的统一。

---

① 〔英〕哈特:《惩罚与责任》,王勇等译,华夏出版社 1989 年版,第 3 页。

已然之罪与报应之刑具有一种因果关系:犯罪是刑罚赖以存在的先因,刑罚则是犯罪的法律后果。如果说,已然之罪与报应之刑是一种现实的联结;那么,未然之罪与预防之刑就是一种可能的联结。未然之罪与预防之刑的关系不是一种因果关系,而是一种功利关系。作为罪刑关系的两个组成部分,已然之罪与报应之刑的因果关系和未然之罪与预防之刑的功利关系,既从属于同一问题,又是同一问题的两个不同方面。因此,两者既有其对立性,又有其同一性。罪刑关系的两个命题之间的对立性表现在:其一,着眼于因果关系,刑罚应该为惩罚已然的犯罪而存在;而立足于功利关系,刑罚则只能为预防未然的犯罪而存在。那么,刑罚究竟应以已然的犯罪还是应以未然的犯罪为其赖以存在的根据?这是双重罪刑关系在质的规定性上的冲突所在。其二,根据因果关系,刑罚的分量应该取决于已然的犯罪的轻重,而基于功利关系,刑罚的分量却应受制于未然的犯罪的可能性的大小。这样又引出了刑罚的分量究竟应与已然的犯罪的轻重还是应与未然的犯罪的可能性的大小相适应的问题,这是双重罪刑关系在量的规定性上的对立。双重罪刑关系虽有对立性,又有其不可分割的内在同一性。这种同一性表现在:两者的根据是共存的。作为因果关系之根据的社会报应观念,代表着社会的公正要求。在我国当前的社会条件下,报应仍有其存在的客观基础。因此,在确立罪刑关系时,当然不能自外于社会报应观念。而作为功利关系之根据的社会功利观念,又体现了社会的价值尺度。毫无疑问,我们不能无视社会功利观念而确立毫无价值的罪刑关系。因此,我国刑法既不能只讲报应而不求功利,也不能只求功利而不讲报应。古希腊哲学家亚里士多德把正义分为两种:分配正义与平均正义。① 亚氏所说的分配之公平,相当于按需分配:形式上不平等,实质上平等。而平均之公平则相当于按劳分配:形式上平等,实质上不平等。在刑法中,也有这两种公平:按照已然之罪确定刑罚,即报应,相当于按劳分配,是一种平均之公平。按照未然之罪确定刑罚,即预防,相当于按需分配,是一种分配之公平。报应是刑罚一般化,根据社会危害性分配刑罚:社会危害性大则重判,社会危害性小则轻判。预防是刑罚个别化,根据人身危险性分配刑罚:人身危险性大则重判,人身危险性小则轻判。这两种刑法公正的标准显然存在冲突,那么,我们究竟按照什么

---

① 参见〔希腊〕亚里士多德:《政治学》,吴寿彭译,商务印书馆1965年版,第234页。

标准来衡量刑法的公正性呢？亚里士多德指出："公正平等为二极端之中道，则公平为之中道亦宜。"①公平不仅为二极端之中道，而且也是两种公正标准之中道。因此，笔者认为，报应与预防都体现了某种公正性：报应是个人的公正性，预防是社会的公正性，两者应该统一而不是相互排斥。双重罪刑关系的同一性还表现在两者固有的手段与目的的关系。已然之罪与报应之刑固然是一种决定与被决定的关系，但这又并非一种纯自然的引起与被引起的关系，而是一种法律上的联系，带有国家这一主观因素。换言之，国家把刑罚作为犯罪的法律后果，并不是将其作为对犯罪的机械的反动，而是有着一定的追求。这种追求当然不能解释为惩罚本身，因为它自身并无价值，而在于惩罚犯罪所可能带来的社会功利——预防犯罪。反过来说，刑罚之功利目的的实现又必须以报应作为手段。因为脱离了报应的刑罚潜藏着有罪不罚、无罪施罚或者重罪轻罚、轻罪重罚的危险，难于保持应有的公正性，而不公正的刑罚既难以真正充分发挥其一般预防作用，也难于实际地收到最佳个别预防效果。据此，如果说双重罪刑关系的根据的共存性决定了对两者进行调和的必要性，那么，两者之间固有的手段与目的的关系则赋予了对其进行调和的可行性。正因为如此，我们既应坚持报应，但反对无视功利的绝对报应主义；又应追求功利，但反对否定报应的单纯的功利主义。这就要求我们把报应与功利有机地结合起来，为此，在确立与调整罪刑关系时，国家的刑事法律活动应该兼顾双重罪刑关系各自的质、量规定性。易言之，便是应该遵循"刑从罪生与刑须制罪相结合"及"刑当其罪与刑足制罪相结合"这两条基本原理。前一原理是对双重罪刑关系的质的规定性的兼顾，后一原理则是对量的规定性的调和。应该指出，国家刑事法律活动可以分为四个阶段：刑事立法、定罪、量刑、行刑。刑事立法是罪刑关系的法定化，定罪是罪刑关系的质的个别化，量刑是罪刑关系的量的个别化，而行刑则是罪刑关系的现实化。刑事法律活动的这些阶段，有着各自不同的任务与特点。与此相适应，双重罪刑关系的主次性也有不同的体现。正是在刑事法律活动过程中，罪刑关系的内容才得以充分展开。

基本命题对于一门学科来说，固然是不可或缺的。但这些基本命题还必

---

① 〔希腊〕亚里士多德：《伦理学》，向达、夏崇璞译，商务印书馆1933年版，第101页。

须建立在一定的范畴之上，由此构成具有内在逻辑关系的范畴体系，这就是一个学科的体系。刑法哲学作为一门科学，可以说是由一系列特有的范畴而形成的一张对刑法的认识之网。因此，首先面临刑法哲学范畴的选择。对于历史上存在的那些刑法范畴，例如犯罪人、人身危险性、刑罚个别化等应当批判地继承。同时，对于当前流行的刑法范畴，也要根据建立刑法哲学体系的逻辑内容进行甄别。例如刑事责任这一概念，在我国刑法理论中是一个魅力无穷而又争议很大的范畴，我国刑法学界有人主张以刑事责任为主线建立刑法哲学体系。① 笔者的观点不同于此。这里关键是如何理解刑事责任这个概念。刑事责任这个概念是从大陆法系刑法理论中的有责性（Culpability）演变而来的，而有责性是以对犯罪者意思形成之非难或非难可能性为其本体。② 在这个意义上说，刑事责任属于犯罪论的范畴，相当于我们现在所说的罪过。在英美法系刑法理论中，刑事责任也只是限制在犯罪论中使用，尤其与主观因素有关，用它难以概括刑法内容之全部。在苏俄刑法学界，刑事责任被改造为一个与刑罚密切相连的概念。我国刑法学界从苏俄引入刑事责任概念，将回顾责任与展望责任以及谴责与对这种谴责的承担统一起来，在一定程度上突破了传统的刑事责任概念。但就其在刑法理论中出现的意义而言，主要是作为对犯罪与刑罚起调节作用的中介，改变犯罪与刑罚的直接的对比关系。这实际上是出于一种理论上的变通的需要。因为根据刑事古典学派的观点，犯罪只是已然之罪，刑罚或者是对已然之罪的报应（报应主义），或者是借助于对已然之罪的惩罚预防其他人犯罪（一般预防主义）。而根据刑事实证学派的观点，刑罚应当具有对犯罪人进行矫正的功能，是为防止犯罪人本人再犯（个别预防主义）。随着两派的渗透和融合，当今的刑法学理论都汲取两派之所长，建立新的理论体系。但在建立这种理论体系的时候，一方面把犯罪限定为已然之罪，而刑罚又不能完全以已然之罪为转移，须照顾到预防犯罪的目的，因此，又应当考虑人身危险性的因素。那么，人身危险性到底属于犯罪的范畴还是属于刑罚的范畴？囿于刑事古典学派对犯罪的界定，显然难以归入犯罪的范畴，而它也不能视为刑罚的内容。为此，只能

---

① 参见储槐植：《刑法例外规律及其他》，载《中外法学》1990年第1期。
② 参见洪福增：《刑事责任之理论》，台北三民书局1988年版，第1页。

用刑事责任这个范畴容纳人身危险性的内容,从而改变犯罪论与刑罚论互相割裂的理论格局。但是,即使是刑事责任这个范畴也难以改变这种理论上的跛足状态。因此,笔者主张还刑事责任以本来面目——作为罪过问题进行考察。当然,建立以刑事责任为中心的刑法哲学体系的尝试也并非毫无意义。因为刑法哲学作为一种理论,不像刑法教科书那样有一个权威的独一无二的体系,每一种刑法哲学都可以具有自己的体系。只有这样,才能推动与深化刑法哲学的发展。只是,基于笔者对刑事责任的理解,没有把它作为一个刑法哲学的范畴遴选上来。

在《刑法哲学》一书中,笔者建构的15个范畴及其相互之间的辩证关系,涵括了刑法的基本问题,由此形成的刑法哲学体系,也就是本书的逻辑体系。①

---

① 参见陈兴良:《刑法哲学》,中国政法大学出版社1992年版。

作为一种知识形态的考察*
——尤其以刑法学为视角

对于法理学向何处去这个问题的追问,可以从不同视角进行应答。① 笔者所感兴趣的是,法学作为一种知识形态,其存在的方式是什么。这个问题关涉法学作为一门学科的性质界定②,它的解决能够在一定程度上指明法学研究的进路。本文以反思的形式,尤其以刑法学为视角,对法学作为一种知识形态进行学理上的考察。

一、法的形态:价值、规范与事实

法学是以法为研究对象的一门学科,这似乎是一种共识。如果我们进一步追问:法又是什么? 换言之,法是一种价值,还是一种规范,抑或是一种事实? 这个问题的解决关系到法学作为一门学科,在其知识形态上的层次区分,值得认真对待。

(一) 事实、价值、规范:伦理学的启示

自从休谟提出事实与价值的区分以来,这种二元的范式得以滥觞。休谟认为,"是"与"不是"是一种事实判断,而"应该"与"不应该"是一种价值判

---

* 本文原载陈兴良主编:《刑事法评论》(第 7 卷),中国政法大学出版社 2000 年版。
① 法理学向何处去这个问题的提出表明对法理学现状的不满,因此这种应答意味着对法理学走向的期待。当下讨论的传统与现代、本土化与国际化等,都是一种应答方式。
② 关于知识形态及其学科的研究,随着知识社会学的兴起一再得以关注。古典知识社会学可以参见以下书籍:〔法〕迪尔凯姆:《社会学方法的准则》,狄玉明译,商务印书馆 1995 年版;〔德〕韦伯:《社会科学方法论》,杨富斌译,华夏出版社 1999 年版。后现代语境中的知识社会学可以参见以下书籍:〔法〕福柯:《知识考古学》,谢强、马月译,生活·读书·新知三联书店 1998 年版;〔美〕华勒斯坦等:《开放社会科学》,刘锋等译,生活·读书·新知三联书店 1997 年版;〔美〕华勒斯坦等:《学科·知识·权力》,刘健芝等译,生活·读书·新知三联书店 1999 年版;〔法〕利奥塔:《后现代状态》,车槿山译,生活·读书·新知三联书店 1997 年版。

断,由此区分事物的规律与道德的规律:前者是实然律,后者是应然律。从"是"与"不是"的关系中不能推论出"应该"与"不应该"的关系。在休谟看来,道德上的善恶性质表明的不是事物本身固有的本质属性,而是事物本性满足人的需要的肯定或否定的意义,是评价主体根据人类的一定利益的需要对行为和品质的一种价值认识,并在这种价值态势的支配下所流露出的一种情感。① 因此,道德上的善恶不同于以事物本身固有的本质属性为标准的科学上的真假。科学判断的联系词是"是"与"不是",道德命题的联系词是"应该"或"不应该"。② 而"应该"与"不应该"的判断,归根到底有赖于一个确实可行的道德规范体系的建立。由此可见,休谟将伦理学归结为一种价值判断,又将价值判断落脚在伦理规范上。在伦理学上,休谟关于事实与价值的二元论即所谓休谟法则产生了重大影响,被视为与牛顿在物理学中的发现即所谓牛顿定理一样重要。

康德的道德哲学,尽管在理论构造上完全不同于休谟③,但在方法论上却深深地打上了休谟的烙印。④ 休谟这一区分事实与价值、"是"与"应当"的观点,为康德所接受,并且将事实科学的方法归结为建构性的,将道德学的法则归结为范导性的。并且康德还接受了休谟的另一观点,即不可能从"是"中推论出"应当"来,这后来成为康德论证道德法则的先天性的一个重要论据。事实科学与规范科学在对象、性质方面的不同,以及它们在共同的先验思维方式下所具有的区别,构成康德哲学方法论的根本问题。⑤ 在康德看

---

① 休谟主张一种情感主义的伦理学,认为道德必须来自情感,情感是道德的基础。情感之所以能够成为道德上善恶的源泉,就在于它能借着反对或赞成任何行为,来直接阻止或引生那种行为。休谟的情感主义首先是描述性的:道德判断是描述在某种情况下由某个行为性质所引起的道德情感。休谟的情感主义又是规范性的:通过对行为作出道德上善恶的判断,就是在命令做它或者避免做它。参见周辅成主编:《西方著名伦理学家评传》,上海人民出版社1987年版,第361页以下。
② 参见〔英〕休谟:《人性论》(下册),关文运译,商务印书馆1980年版,第509—510页。
③ 休谟是经验主义伦理学的代表人物,将道德归结为一种情感,即所谓道德感。参见〔英〕休谟:《道德原理探究》,王淑芹译,中国社会科学出版社1999年版,第4页以下。康德是德性主义伦理学的代表人物,将道德归结为一种先验的理性法则。参见〔德〕康德:《法的形而上学原理——权利的科学》,沈叔平译,商务印书馆1991版,第15页以下。
④ 从康德的道德哲学中,乃至于从康德的整个哲学体系中,我们都可以看到休谟的二元范式的影响。例如,在本体论上,现象与物自体的二元区分。尤其是在道德哲学上,承袭了休谟的事实与价值的二元论。
⑤ 参见陈嘉明:《建构与范导——康德哲学的方法论》,社会科学文献出版社1992年版,第5页。

来,自然法则是知性的法则,它是一切经验现象的先天条件,亦即规定存在的事物的普遍必然的客观规律。与此相反,道德法则是理性的法则,它是人之自由本性品格的表现,是规定应该存在的事物的定言命令。① 由此可见,康德从理论上进一步厘清了作为事实之存在形态的自然法则与作为价值之存在形态的道德法则的本质区别。

如果说,休谟和康德在事实与价值区分的基础上,将伦理学归结为一种价值判断,从而将伦理学与事实科学加以区别,使伦理学的学科性质获得正确的界定。那么,英国伦理学家摩尔提出的"自然主义谬误"的命题,进一步澄清了伦理学的学科内容。摩尔认为,怎样给"善"下定义是全部伦理学中最根本的问题。② 而恰恰在这个问题上,存在以下两种自然主义的谬误:一种是把善性质混同于某种自然物或某种具有善性质的东西,从"存在"(is)中求"应当"(ought),使"实然"(what it is)与"应然"(what ought to be)混为一谈。例如,休谟的情感主义伦理学从道德中推论出善恶的规范命令,混淆了"可欲的"(desirable)与"被欲的"(desired)。简单地把经验事实("实际欲求的")与伦理价值("值得欲求")等同起来,结果混淆了手段善(工具价值)与目的善(内在价值)。另一种是把善性质混同于某种超自然、超感觉的实在(reality),从"应然"(what ought to be)、"应当"(ought)中求"实在"(to be),进而把"应当"的愿望当做超然的实体。例如康德把善良意志当做实践哲学的源泉,把应该存在的东西和自由意志或纯粹意志所必须遵循的法则,即跟它可能采取的仅仅一种行为,视为同一。其结果把这种道德法则变成了法律原则——即把"应当做的"变成了"必须做的",甚至是"被命令去做的"。在此基础上,摩尔把全部伦理学问题分为三类:一是研究"什么是善"的伦理学本质问题,这就是元伦理学;二是研究哪些事物就其本身为善(即作为目的善)的伦理学理论问题;三是研究如何达到善的行为(即作为手段善)的伦理学实践问题。这样,摩尔就区分了元伦理学与规范伦理学。元伦理学研究道德的本原问题,即什么是善,这是一个价值问题。规范伦理学研究道德的存

---

① 参见张志伟:《康德的道德世界观》,中国人民大学出版社1995年版,第119页。
② 参见〔英〕摩尔:《伦理学原理》,长河等译,商务印书馆1983年版,第11页。

在问题,这是一个规范问题。① 由此,可以进一步将价值与规范加以区分。

经过上述对伦理学史的考察,我们确立了伦理学中的事实与价值、价值与规范的二元论。法学与伦理学具有知识形态上的可比性,这是因为道德与法这两种社会现象具有相关性。因此,在法学中同样存在是作为一种价值的知识形态还是作为一种规范的知识形态,抑或是作为一种事实的知识形态的问题。

(二) 自然法、实在法与行动中的法:法学史的回顾

在法学中,虽然没有像伦理学那样明确提出事实与价值的区分问题。但在法学的漫长发展历史中,始终存在着自然法学与实在法学两条演进线索。自然法与实在法的二元区分,对于法学研究同样具有方法论的意义。更为重要的是,法社会学提出的行动中的法的命题,进一步突破了理念的法与规范的法的二元格局,从而形成三足鼎立的局面。

在法学史上存在自然法的传统,自然法的思想起源于古希腊斯多葛学派。斯多葛学派把自然的概念置于他们哲学体系的核心位置。所谓自然,是指支配性原则(ruling principle),它遍及整个宇宙,并被他们按泛神论的方式视之为神。这种支配性原则在本质上具有一种理性的品格。同时,自然法就是理性法(law of reason)。② 如果说,在古希腊自然法思想更大程度上是一种哲学理论;那么,在古罗马自然法思想开始导入法学领域,并且出现了自然法与实在法的二元论。在罗马法中,存在市民法与万民法的区分。盖尤斯指出,所有受法律和习俗调整的民众共同体都一方面使用自己的法,一方面使用一切人所共有的法。每个共同体为自己制定的法是他们自己的法,并且称为市民法,即市民自己的法;根据自然原因在一切人当中制定的法为万民法,就像是一切民族所使用的法。因而罗马人民一方面使用他自己的法,一方面

---

① 是否存在一种不含规范的伦理学,这仍然是一个讨论中的问题,我国学者赵汀阳提出一种不含规范的伦理学的命题,对于这种不含规范的道德是否可能的讨论,参见赵汀阳、贺照田主编:《学术思想评论》(第1辑),辽宁大学出版社1997年版,第52页以下。赵汀阳指出,伦理学问题通常被认为要么是一个"ought to be"的问题,要么是一个"to be"的问题。凭什么要局限于这两种选择呢? To be 和 ought to be 这种断裂性的区分实际上离间了生活事实。因此,赵汀阳认为伦理学以生活的根本问题为主题,并提出了"可能生活"的命题。参见赵汀阳:《论可能生活》,生活·读书·新知三联书店1994年版,第20页以下。

② 参见〔美〕博登海默:《法理学——法律哲学与法律方法》,邓正来译,中国政法大学出版社1999年版,第13页。

使用一切人所共有的法。① 在此,盖尤斯未专门列出自然法,而是把万民法等同于自然法。② 但在查士丁尼编著的法学教科书中,自然法是有别于市民法与万民法的,指自然界教给一切动物的法律。因为这种法律不是人类所特有,而是一切动物都具有的,不问是天空、地上或海里的动物。③ 在古罗马法中,自然法与实在法的二元观念已经形成,但两者的紧张关系并未凸现。致力于解决实际问题的罗马法学家只对实在法(市民法与万民法)感兴趣,自然法只是一个哲学辞藻而已。

及至近代古典自然法的兴起,作为一种实在法的批判力量,自然法与实在法的对立性更被关注。美国学者博登海默将古典自然法哲学的发展分为三个时期。④ 第一阶段是文艺复兴和宗教改革以后发生的从中世纪神学和封建主义中求解放的过程。格劳秀斯、霍布斯、斯宾诺莎等是这个时期古典自然法哲学的代表人物,这些学者的理论有一个共通点,就是他们都认为自然法得以实施的最终保障应当主要从统治者的智慧和自律中去发现。第二阶段约始于1649年英国的清教改革。该阶段以经济中的自由资本主义,政治及哲学中的自由主义为其标志;而洛克和孟德斯鸠的观点则是这一时期的代表性观点。他们都试图用一种权力分立的方法来保护个人的天赋权利,并反对政府对这些权利的不正当侵犯。第三阶段的标志乃是人民主权和民主的坚决信奉。自然法因此取决于人民的"公意"和多数的决定。这一阶段最杰出的代表人物是法国政治思想家卢梭。在上述三个阶段中,第二阶段是古典自然法的典型形态。其中孟德斯鸠的自然法思想又最具代表性。孟德斯鸠指出:从最广泛的意义来说,法是由事物的性质产生出来的必然关系。法是根本理性和各种存在物之间的关系,同时也是存在物彼此之间的关系。孟德斯鸠认为自然法单纯渊源于我们生命的本质,是在所有规律之先存在着的。⑤ 因此,在孟

---

① 参见〔罗马〕盖尤斯:《法学阶梯》,黄风译,中国政法大学出版社1996年版,第2页。
② 英国学者梅因认为,所谓"自然法"(jus naturale)只是从一个特别理论的角度来看的"万民法"或"国际法"。在梅因看来,万民法与自然法之间确切的接触之点是"衡平"(equitas)。参见〔英〕梅因:《古代法》,沈景一译,商务印书馆1959年版,第30—31、33页。
③ 参见〔罗马〕查士丁尼:《法学总论——法学阶梯》,张企泰译,商务印书馆1989年版,第6页。
④ 参见〔美〕博登海默:《法理学——法律哲学与法律方法》,邓正来译,中国政法大学出版社1999年版,第41页以下。
⑤ 参见〔法〕孟德斯鸠:《论法的精神》(上册),张雁深译,商务印书馆1961年版,第1、4页。

德斯鸠看来,法,首先是一种自然法,它与法律是不同的。孟德斯鸠明确地宣称:"我讨论的不是法律,而是法的精神,而且这个精神是存在于法律和各种事物所可能有的种种关系之中,所以我应尽量遵循这些关系和这些事物的秩序,而少遵循法律的自然秩序。"①这里法与法律的区分,实际上就是自然法与实在法的区分。而孟德斯鸠所谓法的精神,就是自然法的思想,它高于法律,并且可以成为考察各种法律优劣的基本原则。笔者认为,孟德斯鸠关于法与法律区分的思想是极为重要的。② 由此形成的二元范式具有伦理学上价值与规范相区分的二元范式同等的方法论意义。

在德国古典哲学中,自然法思想以更为哲理的形式表述出来。康德将法理学称为权利的科学,将伦理学称为道德的科学,认为其间的区别并不太着重于它们的不同义务,而更多的是它们的立法不同。③ 在康德看来,伦理的立法是那些不可能是外在的立法,法律的立法可能是外在的立法。这里的外在与动机有关,伦理立法之所以不可能是外在的立法,是因为伦理设定的义务同时又是动机。而法律立法之所以可能是外在立法,是因为法律设定的义务不包括动机。因此,康德认为,道德是内在的、主观的;而法是外在的、客观的。在区分了道德与法的基础上,康德进一步区分自然法与实在法,指出:"那些使外在立法成为可能的强制性法律,通常称为外在的法律。那些外在的法律即使没有外在立法,其强制性可以为先验理性所认识的话,都称之为自然法。"④由此可见,康德将自然法内容理解为一种先验理性。而实在法作为一种实践法则,只不过是这种先验理性的外在显现而已。黑格尔从其思辨哲学出发,建构了法哲学体系,这一体系是以法的理念为研究对象的。黑格

---

① 〔法〕孟德斯鸠:《论法的精神》(上册),张雁深译,商务印书馆1961年版,第7页。

② 我国法学理论往往把法分为广义上的法与狭义上的法,广义上的法包括法和法律,而狭义上的法指法律,因而不太注重法与法律在性质上的区分。对此,我国学者谢晖进行了深刻的批评,指出:"中外法学思想史的演进表明:法不同于法律。法是事物的本质的规定性,法律应当是对法的不断地适应,是人类对事物本质的规定性的回应;法是法律价值的全部宗旨,舍此,法律便无价值;法律对法的回应程度越高,法律价值也越高,反之,则越低;人类的有组织的进化史,就是法律对法的不断适应史。"参见谢晖:《法律信仰的理念与基础》,山东人民出版社1997年,第481页。

③ 参见〔德〕康德:《法的形而上学原理——权利的科学》,沈叔平译,商务印书馆1991年版,第21页。

④ 〔德〕康德:《法的形而上学原理——权利的科学》,沈叔平译,商务印书馆1991年版,第27页。

尔同样区分了自然法与实在法,实在法是法的体系,它具有实定性。① 而自然法是法的理念,即法的概念及其现实化。作为理念的法,是自然存在的精神和它通过人的意志所体现出来的精神世界之间的统一。在黑格尔看来,自然法是法的实体和规定性,其内容是意志自由;而实在法是法的体系,其内容是实现了的自由王国,是从精神自身产生出来的、作为第二天性的精神世界。② 因此,自然法是主观精神,是第一性的,实在法是客观精神,是第二性的,它来自于前者。实在法学是关于实在法的知识,即实在法学的指导原理;而自然法学,即黑格尔所谓法哲学,是关于法的理性的一般原理。

在法学史上一脉相承的自然法思想传统,对于法学产生了重大影响,并形成与实在法学相区分的法学知识形态。如果说,在实证主义法产生之前,法学中的自然法学与实在法学尚相安无事③;那么,实证主义法学的出现则打破了这种平静的态势,它咄咄逼人地欲将法学统一于实在法学,将自然法学从法学领域中驱逐出去。法律实证主义反对形而上学的思辨方式和寻求终极原理的做法,反对法理学家试图辨识和阐释超越现行法律制度之经验现实的任何企图。法律实证主义试图将价值考虑排除在法理学科学研究的范围之外,并把法理学的任务限定在分析和剖析实在法律制度的范围之内。法律实证主义者认为,只有实在法才是法律,而所谓实在法,就是国家确立的法律规范。④ 法律实证主义在奥斯丁分析法理学,尤其是凯尔森的纯粹法学中表现得淋漓尽致。凯尔森明确地将法界定为人的行为的一种秩序(order)。一种"秩序"是许多规则的一个体系(system)。由此,凯尔森将自然法排除在法的概念之外。凯尔森认为,自然法学说的实质就是假定某类最终目的,因而人类行为的某类固定规则来自事物的本性或人的本性来自人的理性或上

---

① 黑格尔认为,实在法的实在性表现在以下两个方面:从形式上说,它必须采取在某个国家有效的形式。从内容上说,实在法具有以下三个实定要素:(1)民族性;(2)适用上的必然性;(3)实际裁判所需要的各种最后规定。参见〔德〕黑格尔:《法哲学原理》,范扬、张企泰译,商务印书馆1961年版,第15页。
② 参见〔德〕黑格尔:《法哲学原理》,范扬、张企泰译,商务印书馆1961年版,第10页。
③ 关注自然法的往往是思想家和哲学家,因而自然法思想需要从哲学体系中去寻找。在这个意义上,自然法学更大程度上是法哲学。而关注实在法的往往是法学家,他们并不十分关心法的哲理。因而,实在法学更大程度上是法理学。
④ 参见〔美〕博登海默:《法理学——法律哲学与法律方法》,邓正来译,中国政法大学出版社1999年版,第116页。

帝的意志。凯尔森对自然法学作了以下批评:在众多自然法学说中,迄今还没有一个能以较正确与客观的方式来成功地界定正义秩序的内容,能像自然科学决定自然律内容、法律科学决定实在法律秩序的内容一样。迄今为止,被认为是自然法的或者说等于正义的事物,大都是一些空洞的公式,例如各人应得的归于各人(suum cuique);或者是一些没有意义的同义反复,如绝对命令(categorical imperative),即康德的公式。① 凯尔森的批评不能说没有一定道理,但如果把法理学完全局限在对法律规范的考察上,这种法律规范的价值内容又由谁来关心呢? 如此的纯粹法学,失落了法理学的人文关怀,沦落为一种纯技术的分析,难怪被指责是一种工具主义法学。

在自然法学与实在法学的交锋中,异军突起的是法社会学。② 法社会学引入社会学的研究方法,关注点从法的价值与规范,转移到行动中的法,即活法(living law)。虽然凯尔森的纯粹法学也注意到了法律效力与法律实效之间的差别③,但其更关心的是法律效力。法社会学则将法律实效纳入法学的研究视野,从而将其与法律实证主义加以区别。例如德国学者韦伯在论及法律的社会学概念时指出:在说到"法律""法律秩序"或"法律命题"时,我们必须注意法学与社会学的不同看法。前者设问:什么是法律内在具有的效力? 即在具有法律命题形式的动词形式中,应该以正确的逻辑赋予它什么意义;或者说,什么规范意义? 但从后者的观点来看,我们设问:在充满许多人参与共同体活动的可能性这一共同体里,实际上发生了什么,尤其是那些对社会行动行使社会性权力的人,主观上如何考虑某些有效力的规范以及怎样根据规范实际行动的,换言之,怎样使自己行为符合规范?④ 根据韦伯的观点,作为规范的法律说明的是社会行为"应当"如何;而法社会学关注的是在现实

---

① 参见〔奥〕凯尔森:《法与国家的一般理论》,沈宗灵译,中国大百科全书出版社1996年版,第9—10页。
② 法社会学(soiciology of law)这一法哲学思潮包含了各种不同的法学流派,例如欧洲大陆的自由法学、利益法学、活法论;美国的社会学法学、现实主义法学等。
③ 凯尔森认为,效力(validity)是法律规范的特征,表明它对人的约束力。而实效(efficacy)是法律规范的效力在其条件具备时实际上是否实现。法理学讨论的不是法律的实效,而是法律的效力问题。参见〔奥〕凯尔森:《法与国家的一般理论》,沈宗灵译,中国大百科全书出版社1996年版,第31页。
④ 参见〔德〕韦伯:《论经济与社会中的法律》,张乃根译,中国大百科全书出版社1998年版,第13页。

生活中,社会行为"是"什么。因此,法社会学穿越法律规范的屏蔽,直指社会行为。这种社会行为可能是合法行为也可能是违法行为,可能是立法行为也可能是司法行为。总之,法不再是单纯的规范,而是社会事实。在法社会学中,更有学者完全摆脱了法的规范概念,信奉所谓活法。例如埃利希的"活法论"将活法界定为非国家制定的法,它不具有法律命题的形式,因而不同于那些由法院和其他审理机构强制实施的法,而是支配生活本身的法。① 应当说,法社会学使法的概念多元化,从而拓展了法学的理论视界。

自然法学、实在法学与社会法学分别从不同的视角界定法,展开其法的理论体系。那么,这些法学流派是互不相容的吗?博登海默提出的综合法理学,试图加以统一。博登海默指出:法律是一个带有许多大厅、房间、凹角、拐角的大厦,在同一时间里想用一盏探照灯照亮所有的房间、凹角和拐角是极为困难的,尤其当技术知识和经验受到局限的情况下,照明系统不适当或至少不完备时,情形就更是如此了。我们似乎可以更为恰当地指出,这些学说最为重要的意义在于它们是组成了整个法理学大厦的极为珍贵的建筑之石,尽管这些理论中的每一种理论只具有部分和有限的真理。随着我们知识范围的扩大,我们必须建构一种能够充分利用人们过去所做的一切知识贡献的综合法理学(synthetic jurisprudence)。② 综合法理学并不否认从各个视角对法的研究,而是将其纳入法学的理论体系,使之在法学大厦中找到各自的位置。

(三)法的多元:法学的层次性

法学像一切学科一样,经历了一个从简单的知识体系到复杂的知识体系的演进过程。在这一过程中,法的概念的变化具有重要的意义。正如我国学者指出:西方文明史上的"法"在不断变化,这是引起西方法哲学演变的重要原因之一。③ 法作为法学的研究对象,在客观上存在不同的形态,这就决定了法学知识形态的层次性。

---

① 参见张乃根:《西方法哲学史纲》,中国政法大学出版社1993年版,第229页。这种所谓支配生活的法,在外在特征上与自然法相似,但自然法的内容具有理性与应然性,而活法的内容具有经验性与实然性。正是在这一点上,活法之法区别于自然法。

② 参见〔美〕博登海默:《法理学——法律哲学与法律方法》,邓正来译,中国政法大学出版社1999年版,第198页。

③ 参见张乃根:《西方法哲学史纲》,中国政法大学出版社1993年版,第220页。

法的多元,这是越来越被法学界认可的一个事实。日本学者千叶正士提出了法律的三层结构的命题,这三层结构分别是:第一,制定法,即一个国家中有效运作的法律制度,由这个国家的合法政府予以直接支持。以制定法为研究对象的是标准的法理学(a model jurisprudence)。第二,自然法,诸如正义、合法性、人性、事物的本性之类的法律的价值和观念。第三,活法或行动中的法,以此为研究对象的是法律社会学,它集中关注于法律的社会层面,对法律进行经验研究。① 由此可见,法至少可以从三个层面加以理解,这就是规范、价值与事实。规范是法律的最基本的存在形式,因此,对法律规范的研究是法学研究的一般形式,即在法律之中研究法,由此形成法理学。价值是法的本源,对法的价值的研究是在法律之上研究法,由此形成法哲学。事实是法的基础,是行动中的法与以非官方形式表现出来的法,对法的事实的研究是在法律之外研究法,由此形成法社会学。② 正是法的多元决定了法学知识形态的多元。

二、法学的形态:法哲学、法理学与法社会学

法学知识形态的有机联系,构成一定的法学体系。我国目前的法学体系是以法律体系为参照的,除法学基础理论(现在越来越多地被称为法理学)是关于法的一般理论以外,往往是以法律部门作为法律学科确立的根据,从部门法中引申出部门法学。例如,法被划分为宪法、行政法、民法、刑法、诉讼法等不同部门,与之相应就有宪法学、行政法学、民法学、刑法学、诉讼法学等部门法学。我国法学理论虽然也论及从认识论的角度将法学分为理论法学与应用法学③,但理论法学与应用法学和上述部门法学的关系并未论及。笔

---

① 参见〔日〕千叶正士:《法律多元——从日本法律文化迈向一般理论》,强世功等译,中国政法大学出版社1997年版,第140—141页。

② 我国学者指出:西方法理学有不同的流派,就其主要趋势而言,包括自然法学派、分析法学派和社会法学派。从他们所研究和强调的主要内容看,自然法学的重点在价值,即法要实现的目的,把法与正义、道德相联系;分析法学的重点在规范本身,即法在社会生活中的实际运行,立法者、执法者、法官、律师、法律关系参加者的实际行为。参见朱景文:《现代西方法社会学》,法律出版社1994年版,第10—11页。

③ 我国学者认为,理论法学综合研究法的基本概念、原理和规律等。应用法学主要是研究国内法和国际法的结构和内容,以及它们的制定、解释和适用。参见张文显:《法理学》,法律出版社1997年版,第11页。

者认为,法学作为一种知识形态,首先应当确定其自身的层次,这就是法哲学、法理学与法社会学。各个部门法学,例如刑法学,又可以分为刑法哲学、规范刑法学和刑法社会学。因此,在一般意义上确立法哲学、法理学和法社会学,对于所谓部门法学的理论层次划分具有指导意义。

(一) 法哲学

法哲学是以法的价值为研究对象的,在某种意义上也可以称为价值法学。法不仅表现为一种规范,而且表现为一种价值,这种价值是规范存在的根据,是一种实质合理性。因此,它是法上之法,即法之为法的本原。法的这种价值,在历史上曾经以各种方式存在,例如自然法中的自然、理性法中的理性等,这里的自然与理性包含了正义、自由、平等这样一些人为之追求的美好事物。尤其随着价值哲学的兴起,出现了博登海默所称的价值取向的法理学(value oriented jurisprudence)。例如,德国学者鲁道夫·施塔姆勒把法律观念分解为两个组成部门:法律概念和法律理念(the concept to law and the idea of law)。这里的法律理念乃是正义的实现。正义要求所有的法律努力都应当指向这样一个目标,即实现在当时当地的条件下所可能实现的有关社会生活的最完美的和谐。[①] 价值法学通过揭示法的价值内容,为法的规范设置提供了根据,是对合法性的一种合理性拷问。正如黑格尔指出:"在法中人必然会碰到他的理性,所以他也必然要考察法的合理性。这就是我们这门科学的事业,它与仅仅处理矛盾的实定法学殊属不同。"[②]黑格尔在此所说的"我们这门科学",指的就是法哲学。法哲学将法规范置于理性的法庭上进行审问,对法进行价值的审视。例如美国学者罗尔斯将正义规定为首要价值,并以正义作为衡量法的合理性的一般根据,指出:正义是社会制度的首要价值,正像真理是思想体系的首要价值一样。一种理论,无论它多么精致和简洁,只要它不真实,就必须加以拒绝或修正;同样,某些法律和制度,不管它们多么有效率和有条理,只要它们不正义,就必须加以改造或废除。[③] 因此,法哲学所确定的价值标准,具有对实在法的批判性。在这种意义上说,法哲学是对法

---

① 参见[美]博登海默:《法理学——法律哲学与法律方法》,邓正来译,中国政法大学出版社1999年版,第173页。
② [德]黑格尔:《法哲学原理》,范扬、张企泰译,商务印书馆1961年版,"序言",第15页。
③ 参见[美]罗尔斯:《正义论》,何怀宏等译,中国社会科学出版社1988年版,第1页。

的一种反思性考察。这也正是法哲学对于价值研究与哲学,尤其是政治哲学对于价值研究有所不同的地方。哲学,这里主要是指价值哲学包括政治哲学,是以一般价值为研究对象的,确立价值的一般概念。而法哲学是在价值哲学的基础上,以法为出发点,对法所应当体现的价值内容的揭示。因此,法哲学就成为哲学与法学之间传递人文蕴涵的一种中介,一座桥梁。正是通过法哲学,使法学内涵一种人文精神,从而融入整个人文社会科学的知识体系。这也是法哲学研究的主要功用,一种没有法哲学思考的法学知识体系,必定是一种封闭的、自足的、因而是墨守规范而缺乏人文性的知识体系,体现不出法学的批判精神,难以与社会发展的脉搏相合拍。在这种意义上的法学家,就难以担当得起知识分子的使命,充其量不过是一个法律工匠。

法哲学是对法的一种反思,因而它具有思辨性。法哲学的这种思辨性,在黑格尔那里表现得最为明显。黑格尔法哲学研究采用的是辩证法。黑格尔指出:"概念的运用原则不仅消溶而且产生普遍物的特殊化,我把这个原则叫做辩证法。"①这里的"消溶",是指法的外在性状的消解,这里的普遍物是指从法的存在形式中抽象出其内在特性。在黑格尔看来,这种内在特性就是自由意志的定在,法是作为理念的自由。② 黑格尔法哲学研究所采用的辩证法就是一种典型的思辨,这种思辨是一种法思辨。我国学者谢晖指出:所谓法思辨一方面是指主体在对于法与法律现象观察的基础上,即在法与法律经验的基础上,对法与法律现象的本质性和终极性的思考;另一方面是指主体探析法与法律之本质问题与终极问题的方法。③ 谢晖认为,法思辨是法哲学的本质精神,也是法哲学与其他法学知识形态的根本区别之所在,相对于法哲学的思辨性而言,法社会学是观察性的、法理学是描述性的、法史学是记载性的、实用法学是解释性的。对于这一观点,笔者大体上是赞同的。可以说,没有思辨,就没有法哲学。如果说,价值是法哲学的研究对象,那么,思辨就是法哲学的研究方法。

法哲学的这种通过思辨确立法的价值的特殊性,表明法哲学是对法的形

---

① 〔德〕黑格尔:《法哲学原理》,范扬、张企泰译,商务印书馆1961年版,第38页。
② 参见〔德〕黑格尔:《法哲学原理》,范扬、张企泰译,商务印书馆1961年版,第36页。
③ 参见谢晖:《法思辨:法哲学的本质精神》,载郑永流主编:《法哲学与法社会学论丛》,中国政法大学出版社1998年版,第70—71页。

而上学的考察,具有本质主义的性质。随着实证主义思潮的兴起,以形而上学为特征的本质主义受到严厉批评。[①] 本质主义所具有的抽象性、普遍性受到排拒,实在性、个别性受到推崇。笔者认为,形而上学对于事物本质的追求,是人的一种永恒的冲动。形而上学谓之道,这种道是自然与社会之本。尽管历史上的玄学,尤其是宗教神学,将道归之于天命与神意,使形而上学蒙受耻辱,但这决不能成为否定形而上学的理由。只要我们承认事物本质的存在,在法现象中,对于法的终极性决定因素的存在,我们就不能否认对法的形而上学研究、对法的规律的揭示。法哲学作为最高层次的法学知识形态,标志着一个国家、一个民族对法的感悟与体认的最高水平。因此,没有法哲学的法学知识体系是不可想象的。我国当前法学理论面临的主要任务就是要将法学提升到法哲学的高度。

(二) 法理学

法理学是以法的规范为研究对象的学科,在某种意义上也可以称为规范法学。长期以来,我国法学界没有正确地将法理学与法哲学加以区分,换言之,法哲学的内容与法理学的内容掺杂在同一理论体系之中,因而形成两败俱伤的局面。因此,有必要厘清法理学与法哲学的关系,为法理学的研究廓清地基。

法首先表现为一种规范,因此规范是法的最基本的存在形式。显然,事实与规范是有区别的,事实是一个"是"与"不是"的问题;规范则是一个"应当"与"不应当"的问题。德国学者拉德布鲁赫以"所有人必然要死亡"与"你不应杀人"为例向我们说明了两种不同的法则:必然法则和应然法则。[②] 规范就是这样一种应然法则,它包括道德、习惯与法律。因此,以法律规范为对象的学科就具有不同于以事实为对象的学科的性质。瑞士学者皮亚杰在考察人文科学时,将法律科学与正题法则科学加以区分。正题法则科学是指探求"规律"的学科,这里所谓的"规律"是以日常语言或以多少是形式化的语言(逻辑等)来表达的。它的意义有时是指能以数学函数的形式来表达的相对常量关系,但也指一般事实或序数关系、结构分析等。法律科学则是一种

---

① 关于反本质主义对本质主义的批判,参见张志林、陈少明:《反本质主义与知识问题——维特根斯坦后期哲学的拓展研究》,广东人民出版社1995年版,第1页。

② 参见〔德〕拉德布鲁赫:《法学导论》,米健等译,中国大百科全书出版社1997年版,第1页。

规范学科。这是因为法律是一个规范体系,而规范(normes)在原则上同正题法则科学所寻求的称为"规律"(lois)的、多少带有一般性的关系是有区别的。诚然,规范不是对存在关系的简单确认,而是来自另外一个范畴,即"应该是"(sollen)的范畴。因此,规范的特点在于规定一定数量的义务与权限,这些义务与权限即使在权力主体违反或不使用时仍然是有效的,而自然规律则建立在因果决定论或随机分配之上,它的真实价值完全在于它与事实的相符一致。① 因此,以法规范为研究对象而形成的是规范法学或者实在法学,也就是一般意义上的法理学,它与法哲学的区分是极为明显的。如果说,法哲学以法的价值规律为研究对象,因而具有皮亚杰所说的正确法则科学的性质;那么,法理学就是典型的规范学科。

法理学揭示的是法理,即法原理,这种法理不同于法哲学所揭示的法哲理。法原理与法哲理,虽然只是一字之差,但内容迥然有别。法原理是指法规范的设置与适用的一般规则,尽管规范内容涉及的是"应当"与"不应当",而法理学揭示的是规范内容的"是"与"不是"。例如,"杀人者处死刑"这一规范,其内容是告诫人们"禁止杀人",这是一个"应当"与"不应当"的问题。法哲学陈述的是禁止杀人的理由,从而涉及人的生命价值这样一些价值内容。而法理学,这里指作为具体法理学的刑法学陈述的是什么是杀人,即具备什么要件即构成杀人这样一些规范内容,这是一个"是"与"不是"的问题。法规范中所含的这种价值内容,可以说是一种规范性价值,是一种形式理性。瑞士学者皮亚杰将价值区分为规范性价值与非规范性价值,指出在价值由规范强制甚至确定的限度内,人们可以称之为"规范性价值",而在自发或自由交换中,人们可以说是"非规范性价值"。对于规范性价值来说,人们又会问:价值和规范或结构是否混为一体?皮亚杰认为,规范一方面包含有它的结构(认识的),另一方面又包含有它的价值。② 由此可见,规范性价值是规

---

① 值得注意的是,德国著名学者宾丁提出规范论,将规范与法规加以区分,例如"杀人者处死刑"这是法规,而这一法规背后蕴含的"禁止杀人"这一命题是规范。因此,犯罪不是法规之违反,而是规范之违反。宾丁认为,刑法学的出发点不应当是"刑罚法规",而应当是作为其前提而存在的"规范"。刑法学的任务首先是应当研究存在于刑法分则各个条款之中的"规范",明确把握其内容及意义。参见马克昌主编:《近代西方刑法学说史略》,中国检察出版社 1996 年版,第 208 页。

② 参见〔瑞士〕皮亚杰:《人文科学认识论》,郑文彬译,中央编译出版社 1999 年版,第 199 页。

范所确认的价值。如果说,法哲学所揭示的是实质价值,这种价值是正义,这种价值是理性,就是形式理性。在这个意义上,法哲学与法理学的关系是极为密切的。黑格尔曾经指出:自然法或哲学上的法同实定法是有区别的,但如果曲解这种区别,以为两者是相互对立、彼此矛盾的,那是一个莫大的误解。其实,自然法跟实定法的关系正同于《法学阶梯》跟《学说汇纂》的关系。① 上述自然法与实定法的关系同样可以适用于解释法哲学与法理学的关系。

法理学可以分为一般法理学和部门法理学。一般法理学是法的一般理论。在一般法理学的视野中,法规范是作为一个整体存在的,因而揭示的是法规范的一般特征及其构造原理。通过一般法理学研究,为部门法理学提供理论指导。由于一般法理学面对的是抽象的法规范,而不是具体的法规范,因此它不像部门法理学那样揭示法规范的确切内容,而是说明法规范的一般构成,这是一种规范分析,在研究上往往采用实证方法,而就其理论表述而言,采用的是描述方法。关于法规范的知识通过一定的逻辑安排形成一个体系,然后加以描述。通过这种描述,揭示众多的法及法律现象,反映主体的法及法律观念。② 部门法理学,例如刑法学、民法学、行政法学与诉讼法学,是以具体的法规范为研究对象的,其使命在于揭示这些法规范的内容,采用的是注释或曰解释的方法,因而也称为注释法学。注释法学在我国即使不说臭名昭著,至少也是名声不佳。究其原委,一方面是由于对注释法学的误解,另一方面也是由于注释法学尚未确立其学术规范与理论范式。其实,注释法学是法学知识中十分重要的内容,其社会功效也极为明显。通过对法的注释,使法规范的内容得以揭示,从而为法适用提供根据。正是在这个意义上,法理学体现出其重要价值,这就是其应用性。因此,注释法学也往往被称为应用法学。笔者认为,这种应用性不能成为其理论的浅露性的理由。部门法学应当在注释法学的基础上建构一种部门法理学,唯此才有出路。

---

① 参见〔德〕黑格尔:《法哲学原理》,范扬、张企泰译,商务印书馆1961年版,第5页。
② 参见谢晖:《法思辨:法哲学的本质精神》,载郑永流主编:《法哲学与法社会学论丛》,中国政法大学出版社1998年版,第74—75页。

(三) 法社会学

法作为一种事实,是指规范性事实,以此为研究对象形成法社会学。瑞士学者皮亚杰指出:法社会学的目标与法律学不同,它根本不是研究规范有效性的条件,而是分析与某些规范的构成和作用有关的社会事实。因此,这一学科的专家们引入了"规范性事实"这一丰富而普遍的概念。其目的正是为了表示这种对于主体来说是规范,而同时对于把这一主体的行为,以及这一主体承认的规范作为事实来研究的观察者来说是分析对象的东西。① 法社会学的提出,打破了规范法学只满足于对法规范的注释演绎的法条主义的樊篱,建立了一门以事实观念为基础,以经验认识为内容的关于法的独立学科。法社会学大大拓展了法学的视界,不是将法局限于表现为规范的法,而是看到了行动中的法。这种法,不仅包括国家权威机关正式确认的官方法,而且包括民间法、社会法、习惯法等以各种以非正式形式存在的非官方法。尤其是社会学研究方法的引入,在法与社会的关联中把握法现象,从而更为深入地揭示了法的生成过程与运作机制。法社会学在我国虽然起步晚,但其社会影响日益扩大。② 尤其值得注意的是,行为法学研究在我国也有一定的影响。③ 我国学者认为,行为法学以法行为及其规律性为研究对象,是法学与行为科学的交叉学科。④ 尽管行为法学与法社会学在研究对象与方法上均有所不同,但两者又有极大的相似性。与此同时,在我国进行的法文化的研究、法人类学的研究,它们以法的生成事实为出发点,同样是一种以法事实

---

① 参见〔瑞士〕皮亚杰:《人文科学认识论》,郑文彬译,中央编译出版社1999年版,第7页。
② 关于法社会学在中国的发展研究情况,参见李盾:《面对中国的法律社会学》,载李盾编:《法律社会学》,中国政法大学出版社1998年版,代序,第12—14页。关于法社会学研究的前沿性成果,参见苏力:《法治及其本土资源》,中国政法大学出版社1996年版。在该书中,苏力提出"建立现代法治,一个重要的问题是重新理解法律"的命题。苏力认为,应当从社会学的角度来理解法律。参见上书,第6—7页。苏力的研究成果体现了这一努力,引入法社会学的研究方法,是苏力的贡献。
③ 行为主义法学,即行为法学,借助一般行为科学的理论和方法研究法律现象,特别是法行为,是西方法学流派之一。参见吕世伦主编:《当代西方理论法学研究》,中国人民大学出版社1997年版,第301页。美国行为法学的代表人物是布莱克,布莱克认为法律理论不谈论个人本身,也不谈及无法以事实检验的社会生活,这里解释的是法律的运作行为。参见〔美〕布莱克:《法律的动作行为》,康越、苏力译,中国政法大学出版社1994年版。
④ 参见谢邦宇等:《行为法学》,法律出版社1993年版,第35页。

为对象的研究。由于法事实的生成是一个历史的过程,因而法文化与法人类学的研究更注重的是法事实的历史进化机制的描述。因此,我国学者梁治平明确地把法的文化解释归之于法律史的领域。① 在笔者看来,法社会学主要关注的是法在现实社会中的运动,具有当代性;而法文化与法人类学的研究更为关注的是法在社会历史中的演进,具有历史性。在这个意义上,毋宁把法文化与法人类学的研究视为是一种法社会学的历史研究。当然,这一论断本身是极为粗糙的,因为以法文化与法人类学相标榜,必定具有其研究上的特点,例如法文化研究是奠基于文化的概念之上的,更为注重对法的文化解释;而法人类学是以人类学为理论资源的,注重的是民族性、地方性和历史性。② 如果用法事实学将法社会学、行为法学、法文化与法人类学加以囊括,也许是更为恰当的。当然,在广义上,法社会学可以包括行为法学、法文化与法人类学以及其他对法事实研究的法学知识。③ 因为上述研究侧重点虽然有所不同,但在关注法实际是怎样的这一点上是共通的。梁治平指出,法的概念可以分为应然与实然两种类型。法的研究亦可以作上述分类。从学科分类上看,法的概念可以是出自法学,也可以是出自社会学和人类学。通常,前者更多是对法的本质所作的哲学思考,后者却只是对于法律现象进行的经验描述。大体上可以说,"应然"的法的概念是法学的特殊贡献,"实然"的法的概念则主要是社会学和人类学的产物。④ 实际上,真正以应然的法作为研究对象的只是法哲学。法理学与法社会学都是以实然的法作为研究对象的,

---

① 参见梁治平:《法律的文化解释》(增订本),生活·读书·新知三联书店1998年版,第2页。

② 吉尔兹指出:"我所采纳的文化概念本质上属于符号学的文化概念。我与马克斯·韦伯一样认为人是悬挂在由他们自己编织的意义之网上的动物,我把文化看做这些网,因而认为文化的分析不是一种探索规律的实验科学,而是一种探索意义的阐释性科学。我追求的是阐释,阐述表面上神秘莫测的社会表达方式。"参见〔美〕吉尔兹:《文化的解释》,纳日碧力戈等译,上海人民出版社1999年版,第5页。吉尔兹还指出:法学和民族志,一如航行术、园艺、政治和诗歌,都是具有地方性意义的技艺,因为它们的动作凭借的乃是地方性知识(local knowledge)。参见〔美〕吉尔兹:《地方性知识:事实与法律的比较透视》,邓正来译,载梁治平主编:《法律的文化解释》(增订本),生活·读书·新知三联书店1998年版,第3页。笔者认为,这里的法学可以解读为法人类学。规范法学知识虽有地方性,但同样具有普适性。

③ 我国学者认为,法社会学理论包括行为法学、法文化与法人类学。参见朱景文:《现代西方法社会学》,法律出版社1994年版,第22页。

④ 参见梁治平:《法律的文化解释》(增订本),生活·读书·新知三联书店1998年版,第51—52页。

只不过前者是法规范的实然,后者是法事实之实然。更确切地说,法社会学是现实法事实之实然,法文化与法人类学是历史法事实之实然。瑞士学者皮亚杰指出:如果说法学属于规范性质,那么就像在其他一切规范学科领域里一样,就有可能做事实的研究和对与所考察规范相关的个人或社会行为的因果分析,而这些研究就必然具有正题法则科学的特征。① 由此可见,法社会学的研究具有皮亚杰所说的正题法则科学的性质,是对法生成、存在与运作的机制与规律的探究。因此,法律规范虽然包含"应当是什么"的价值内容,是一种应然律。但它同样存在一个"是什么"的问题。法理学研究的是规范内容"是什么",而法社会学研究的是规范在社会生活中"是什么"。在这个意义上,也可以把法学的命题称为"自然律",表现了存在于行为类型与它们对生活所产生的效果之间的恒久联系。正如德国学者包尔生指出:法律无疑是表现着应当是什么,而且在现实的实践中是存在着例外情况,通常法律是表现着公民的实际行为的,我们的确不应在国家的法律中挑剔一条没有得到普遍遵守的法律条文。它是一个真实的法律,不是因为它被印在一些纸上,而是因为它是行为的统一性的一种表现,即使这种统一性不是绝对的。加之,虽然国家的法律在人的意志中有其根源,但归根结底是建立在事物的性质的基础上,是依据于行为类型与它们对生活的效果之间存在的因果关系。你勿犯伪造罪、勿偷窃、勿纵火,或像法律上所载:无论谁犯伪造、偷窃、纵火罪,都要得到如此这般的惩罚,这些法律是根源于这类行为会损害社会的事实的。这种自然是法律的最终根据,法律是一种为一个团体的成员定下的行为规则,目的在于确保社会生活的条件。② 因此,法社会学是法事实之实然的研究,具有事实学科的性质。

我国学者梁治平提出了法治进程中的知识转变的命题,这一转变是从律学向法学的转变。律学是指中国古代紧紧围绕并且仅限于法律条文而展开的智识活动。而法学是指从古罗马法中生长起来的,其特征是运用所谓"系统的和创制性"的方法的努力,包括使用归纳、演绎以及分类和系统的方法,以便把他们提出的命题置于有说服力的逻辑关系之中,使法学成为一个具有

---

① 参见〔瑞士〕皮亚杰:《人文科学认识论》,郑文彬译,中央编译出版社1999年版,第7页。
② 参见〔德〕包尔生:《伦理学体系》,何怀宏等译,中国社会科学出版社1998年半,第18—19页。

内在连贯性的统一体系。① 社会进步,法治发展,的确带来一个法学知识的转变问题。对此笔者深以为然。但这种转变并非以强调法的创造性的所谓法学取代以注释法条为特征的所谓律学。这里关系到法治建设到底需要一种什么样的知识的问题。在这个意义上,笔者更同意苏力的下述观点:法治作为一种社会的实践,而不仅仅是法学家或法律家的实践,其构成必定也同时需要这三种知识,思辨理性、实践理性和技艺。② 思辨理性、实践理性和技艺是古希腊亚里士多德提出的关于知识的分类,在传统上往往将法学归入实践理性。美国学者波斯纳认为,实践理性具有三种含义:一是指人们用以做出实际选择或伦理选择的一些方法;二是指大量依据研究或努力的特殊领域内的传统来获得结论的一种方法论;三是指使不轻信的人们对不能为逻辑或精密观察所证明的事物可以形成确信的一些方法。③ 波斯纳是在第三种含义上使用实践理性一词的,指法律推理的方法。笔者认为,在法治进程中,我们需要的是完整的法学知识,即法哲学(思辨理性)、法理学(实践理性)以及法社会学(难以归入思辨理性与实践理性)。上述三种法学知识在我国都有其存在的合理性,应当厘清三者的知识界限,确立各自的理论领域、研究方法与学术规范,并且使三种法学知识产生良性的互动关系。不可否认的是,在上述三种法学知识中,法理学即规范性的、注释性的、应用性的法学知识是基础。离开了这一基础,侈谈法哲学与法社会学都是危险的,是无益于法学研究发展的。笔者这样说,只不过强调规范性法学知识的重要性,丝毫也没有贬低法哲学与法社会学之意。

三、以刑法学为视角的考察

刑法学是法学中的一门传统学科,尤其是在中国,由于法起源于刑,中国古代刑律极为发达。在法学中,最初获得话语垄断权的就是所谓刑名之学。可以说,刑名之学是中国古代律学的雏形。在律学中,也大多是对刑法规范的注释,因而刑法学历来是我国法学中的显学。当笔者进入刑法学这一研究领域的时候,明显地注意到刑法学知识具有未分化的特征。例如,我国权威

---

① 参见梁治平:《法治进程中的知识转变》,载《读书》1998年第1期。
② 参见苏力:《知识的分类》,载《读书》1998年第3期。
③ 参见〔美〕波斯纳:《法理学问题》,苏力译,中国政法大学出版1994年版,第91—92页。

刑法教科书将刑法学界定为是以刑法为研究对象的科学,认为按研究的方法,可把刑法学分为沿革刑法学、比较刑法学和注释刑法学。沿革刑法学主要是从历史发展角度来研究历代刑法制度的发生和演变;比较刑法学主要是对不同法系、不同国家的刑法进行比较研究,阐明其利弊得失和异同之点;注释刑法学主要是对现行刑法逐条进行分析注释,并给以适当理论概括。我国刑法学不是简单地归属于这种分类中的哪一种,而是以研究我国现行刑法为主,同时也适当进行历史的和比较的研究。① 这样一种综合的刑法学理论不可避免地具有显浅性,缺乏应有的专业规范。有鉴于此,笔者提出专业槽与理论层次这两个观点。在《刑法哲学》一书的后记中,笔者指出:刑法学是一门实用性极强的应用学科,与司法实践有着直接的关联。然而,学科的实用性不应当成为理论的浅露性的遁词。作为一门严谨的学科,刑法学应当具有自己的"专业槽"。非经严格的专业训练,不能随便伸进头来吃上一嘴。当然,我们并不反对在刑法学理论层次上的区分,由此而形成从司法实践到刑法理论和从刑法理论到司法实践的良性反馈系统。但现在的问题是:理论与实践难以区分,实践是理论的,理论也是实践的,其结果只能是既没有科学的理论也没有科学的实践。② 在上述论断中,专业槽的观点在我国刑法学界引起了较大反响,而理论层次的观点则未能充分引起重视。其实,专业槽的建构是不能离开理论层次的区分的,而这种理论层次的区分,关键在于对刑法概念的多元界定。

对于刑法学理论层次上的区分,笔者在《刑法哲学》一书的结束语中,提出可以把刑法哲学分为自然法意义上的刑法哲学与实定法意义上的刑法哲学,认为刑法也有实定法意义上的刑法与自然法意义上的刑法之分;同样,刑法哲学也有实定法意义上的刑法哲学与自然法意义上的刑法哲学之别。以实定法意义上的刑法为研究对象,揭示并阐述罪刑关系的内在规律并将其上升为一般原理的刑法哲学,就是实定法意义上的刑法哲学。而力图回答为什么人类社会里要有刑罚或刑法、国家凭什么持有刑罚权、国家行使这一权力又得到谁的允许这样一些处于刑法背后的、促使制定刑法的原动力,被日本

---

① 参见高铭暄主编:《中国刑法学》,中国人民大学出版社1989年版,第3页。
② 参见陈兴良:《刑法哲学》(修订版),中国政法大学出版社1997年版,第704页。

刑法学家西原春夫称之为刑法的基础要素或者根基的问题的刑法哲学,可以称之为自然法意义上的刑法哲学。① 其实,上述自然法意义上的刑法哲学才是真正的刑法哲学,而实定法意义上的刑法哲学只不过是刑法法理学而已。这种刑法法理学也可以称为理论刑法学,但绝不能称之为刑法哲学。因此,当笔者出版了《刑法的人性基础》(中国方正出版社1996年初版、1999年再版)和《刑法的价值构造》(中国人民大学出版社1998年版)这两本认为是真正意义上的刑法哲学著作以后,才更加明确地认识到这一点。在《刑法的价值构造》一书中,笔者对刑法的应然性与实然性进行了相关考察,认为刑法学之科学性的一个重要标志,就在于基于其实然性而对其应然性的一种描述。它表明这种刑法理论是源于实然而又高于实然,是对刑法的理论审视,是对刑法的本源思考,是对刑法的终极关怀。刑法的应然性,实质上就是一个价值问题。刑法的价值考察,是在刑法实然性的基础上对刑法应然性的回答。刑法的应然性使刑法的思考成为法的思考,从而使刑法理论升华为刑法哲学,乃至于法哲学。法是相通的,这是指基本精神相通。刑法的应然性使我们更加关注刑法的内在精神,因而能够突破刑法的桎梏,走向法的广阔天地。因此,笔者把自己的研究分为两个领域:刑法的法理探究——刑法的法理学与法量的刑法探究——法理的刑法学。② 这里刑法的法理学,其义自明。而法理的刑法学,则出于本人杜撰,其实也就是所谓刑法哲学。

在《刑法哲学》一书的前言中,笔者得出这样一个结论:从体系到内容突破既存的刑法理论,完成从注释刑法学到理论刑法学的转变。现在看来,"转变"一词不尽妥当与贴切,而应当是"提升"。当时,笔者主要是有感于刑法理论局限于、拘泥于和受掣于法条,因此以注释为主的刑法学流于肤浅,急于改变这种状态,因而提出了从注释刑法学到理论刑法学的转变问题。由于转变一词具有"取代"与"否定"之意蕴,因而这一命题就失之偏颇。③ 如果使用"提升"一词,就能够以一种公正的与科学的态度处理刑法哲学与刑法解释

---

① 参见陈兴良:《刑法哲学》(修订版),中国政法大学出版社1997年版,第702页。
② 参见陈兴良:《刑法的价值构造》,中国人民大学出版社1998年版,前言,第15页。
③ 我国学者张明楷认为,不能要求我国的刑法学从刑法解释学向刑法哲学转变。因为刑法解释学不仅重要,而且与刑法哲学本身没有明显的界线。参见张明楷:《刑法学》(上),法律出版社1997年版,第3页。刑法解释学重要,笔者同意;刑法解释学与刑法哲学没有明显的界线,笔者不同意。在笔者看来,两者的界限是明显的。

学的关系;两者不是互相取代,而是互相促进。刑法解释学应当进一步提升为刑法哲学,刑法哲学又为刑法解释学提供理论指导,两种理论形态形成一种良性的互动关系。从功能上看,刑法哲学与刑法解释学是完全不同的,刑法哲学的功用主要表现在对刑法存在根基问题的哲学拷问上,从而进一步夯实刑法的理论地基,并从以应然性为主要内容的价值评判上对刑法进行理性审视与批判。尽管它与立法活动和司法活动没有直接关联,但对于刑事法治建设具有十分重要的意义。刑法解释学的功用主要表现在对刑法条文的诠释上。在大陆法系国家,刑法典是定罪量刑的主要根据,因而对刑法条文的理解,就成为司法活动的前提与根本。在这种情况下,刑法解释学的研究成果对于司法活动就具有了直接的指导意义,它影响到司法工作人员的刑事司法活动。如果我们能够以一种公允的态度对待刑法哲学与刑法解释学,使两种理论各尽所能与各得其所。这对于刑法理论的发展来说,善莫大焉。

  刑法解释学是一种对法条的解释,是以规范注释为理论载体的。那么,刑法解释学是否具有科学性呢？这里首先涉及对立法原意的理解,即立法原意是主观的还是客观的？因为,法律解释无非是对立法原意的一种阐释。如果立法原意是主观的,是立法者之所欲——在法条中所想要表达的意图,那么,刑法解释学就成为对立法意图的一种猜测与揣摩,因而其科学性大可质疑。只有立法原意是客观的,是立法者之所言——体现在法条中的立法意蕴,刑法解释才有可能立足于社会的客观需要,基于某种主体的法律价值观念,揭示法条背后所蕴藏的法理。更为重要的是,某门学科的科学性,在很大程度上取决于其所采用的研究方法是否科学。在刑法解释学中采用的主要是注释的方法,当然注释方法本身又是多种多样的,其中采用最多的是分析的方法,即关注于法律规则的内部结构,以经验和逻辑为出发点对法律术语和法律命题进行界定和整理,去除含糊不清、自相矛盾的成分。[①] 由此可见,法律解释是使法律更为便利地适用的科学方法,只要这种解释能够推动法律适用,就是发挥了其应有的作用。刑法解释学不仅应当,而且能够成为一门科学。

  刑法解释学或曰注释刑法学是否是以刑法规范为研究对象的规范刑法

[①] 参见郑戈:《法学是一门社会科学吗?》,载北大法律评论编委会:《北大法律评论》(1998年第1卷),法律出版社1998年版,第20页。

学的全部内容,换言之,刑法法理学与刑法解释学是否可以等同,这是笔者所思考的一个问题。笔者认为,刑法法理学与刑法解释学应当加以区分。虽然两者都研究刑法规范,但关注的重点有所不同:刑法法理学揭示的是刑法规范的原理,而刑法解释学揭示的是刑法规范的内容。刑法解释学应当坚守的是"法律不是嘲笑的对象"(Lex non debet esse ludibrio)的立场。[①] 在刑法解释学的语境中,法律不是被裁判的对象,而是被研究、被阐释,甚至被信仰的对象。通过解释,使刑法规范的内容被理解、被遵行、被适用。由此可见,刑法解释学是与司法相关的,是站在司法者的立场上对待刑法。刑法法理学虽然也以刑法规范为研究对象,但它所揭示的是刑法法理。这种刑法法理是蕴涵在刑法规范背后的、对刑法规范起评价作用的基本原理。这里的法理是相对于法条而言的,法条是刑法规范的载体。而法理虽然依附于法律,但又往往具有自身的独立品格。因此,如果说刑法解释学揭示的是刑法规范之实然;那么,刑法法理学阐述的是一种自在于法条、超然于刑法规范的法理,揭示的是刑法规范之应然。因此,刑法法理学不以法条为本位而以法理为本位。在这种以法理为本位的刑法学理论中,刑法的学科体系超越刑法的条文体系,刑法的逻辑演绎取代刑法的规范阐释。因此,这种刑法法理不再以刑法条文为依据,获得了理论上的自主性。这个意义上的刑法学,是一种本体刑法学。在我国刑法学界,大量的是掺杂着某些理论内容的刑法解释学,严格意义上的刑法法理学著作尚付阙如。换言之,还不存在刑法法理学与刑法解释学的理论分层。正因为如此,在一些刑法著作中,时常发生语境的转换,由此带来理论的混乱。例如,为证明某一理论观点正确,常引用某一法条作为论据;为证明某一法条正确,又常引用某一理论观点作为论据。这种在理论与法条之间的灵活跳跃,完全是一种为我所用的态度。问题在于:在刑法解释学的语境中,法律永远是正确的,需要通过理论去阐释法条。而在刑法法理学的语境中,法理是优先的,是法条存在的根据,因而可以评判法条。如果这两种语境错位,则只能使刑法法理学与刑法解释学两败俱伤。因此,除刑法哲学是对刑法的价值研究以外,刑法法理学与刑法解释学虽然同属规范刑法学,但又可以区分为两个理论层次。每一个刑法研究者,首先必须明确

---

① 参见张明楷:《刑法格言的展开》,法律出版社1999年版,第3页。

自己是在上述三种刑法理论形态中的哪个语境下说话,遵循由该语境所决定的学术规范。

在刑法学中,除对表现为价值与规范的刑法研究以外,还存在法社会学的研究。这种对刑法的社会学研究,可能形成刑法社会学的知识体系。① 笔者认为,刑法社会学的知识体系主要表现为采用社会学方法对刑法的两个基本内容——犯罪与刑罚进行研究而形成的犯罪学与刑罚学。犯罪学作为一门独立学科在刑事法学中占有一席之地,这是众所周知的。而刑罚学能否成为一门独立学科以及其学科属性如何,是一个有待研究的问题。在笔者看来,无论是犯罪学还是刑罚学,都是对规范性事实——犯罪与刑罚的经验性、实证性研究。以犯罪为例,作为刑法学的研究对象,犯罪是一种法律现象,是法律所规定的犯罪。而作为犯罪学的研究对象,犯罪是一种社会现象,是社会上客观存在的犯罪。正因为存在着上述研究对象上的差别,两者采取的研究方法是各不相同的。刑法学,这里主要是指规范刑法学,采取的是规范分析的方法。规范分析主要是围绕着法律规范进行的注释,因而规范分析离不开注释,并且这种注释是以法律规范为对象而展开的。在规范刑法学中,通常要建构犯罪构成要件,使刑法关于犯罪的规定实体化,从而为认定犯罪提供理论根据。而事实分析,是将犯罪作为社会现象,采取实证分析方法阐明其存在的性质、功能和原因。例如,法国著名学者迪尔凯姆指出,犯罪作为一种社会现象,虽然表现为对社会规范的违反,但它又不是单纯地由社会规范所决定的,而是与一定的社会结构与社会形态相关联的,可以说是一种正常的社会现象,甚至有着积极的社会作用。② 这种对犯罪的社会学分析所得出的结论,是不可能从犯罪的规范分析中得到的,从而使我们大大地加深了对犯罪这种社会现象的理解。意大利著名学者菲利也采用社会学方法对犯罪现象进行分析,是一种超规范的分析。当然,菲利在注重犯罪事实分析的同时,对犯罪的规范分析大加鞭挞,这表现了其理论上的偏颇。例如菲利指责

---

① 苏俄学者斯皮里多诺夫著有《刑法社会学》一书,该书指出:反映作为社会因素的刑事法律现象的知识体系,形成了起着局部社会学理论作用的刑法社会学。刑法社会学的出发点,不仅应当根据形成它的社会来评判法,而且还可以根据社会建立起来的法来评判社会。参见〔苏〕斯皮里多诺夫:《刑法社会学》,陈明华等译,群众出版社 1989 年版,第 12 页。
② 参见〔法〕迪尔凯姆:《社会学方法的准则》,狄玉明译,商务印书馆 1995 年,第 83 页以下。

刑事古典学派把犯罪看成法律问题,集中注意犯罪的名称、定义以及进行法律分析,把罪犯在一定背景下形成的人格抛在一边。菲利指出,除实证派犯罪学外,迄今为止没有科学的标准,也没有对事实进行有条理的搜集,更缺乏各种观察和引出结论。只有实证派犯罪学才试图解决每一犯罪的自然根源以及促使犯罪行为产生的原因和条件的问题。① 在此,菲利把刑法学的规范分析与犯罪学的事实分析对立起来。实际上,这两者在两种学科语境中是可以并存的,并且不可互相替代。除犯罪学以外,对刑罚的社会学研究也是可能的,由此形成刑罚学。刑法学研究的是法定的刑罚及其制度,主要对法定刑罚及其制度进行规范分析。而刑罚学作为一门实证学科,它不以法定刑罚为限,而是研究广义上的刑罚,即作为犯罪的法律效果的各种刑事措施。更为重要的是,在研究方法上,刑罚学对刑罚研究采用的是社会学的分析方法,其特征在于以刑罚的经验事实为基础,加以实证的研究。例如,刑法解释学对死刑的研究,一般是论述死刑的适用条件及其执行制度,这是对死刑的规范分析。即使是刑法法理学对死刑的研究,大体上也限于对死刑利弊的分析与死刑存废的论证。而死刑的社会学分析,则是对死刑存在的社会基础的论述,例如德国学者布鲁诺·赖德尔的《死刑的文化史》一书,虽然名为文化史,实际上包含了对死刑的深刻的社会学分析。通过这种分析,赖德尔得出结论:从死刑的沿革来看,要求死刑的呼声不是来自追求正义的愿望,而来自要求发泄压抑的冲动的深层心理。因此,死刑不是也不可能是理性的司法手段,而是充满残虐性的非合理性的表现。② 尽管这一分析还只是触及社会心理,尚未深入揭示死刑存在的社会机制。但这足以使其成为最全面论述有关死刑的一切问题的著作之一。正如该书日文版译者西村克彦指出:这是一部独特的著作,是作者炽热的热情和对历史及社会心理进行深刻洞察的产物。作者努力挖掘隐藏在需求死刑的呼声及各个现象形态背后的社会心理的冲动。因此,该书对世界上围绕死刑的讨论有着突出贡献。③ 这一评价是正确的。相对于犯罪的社会学研究形成了蔚为可观的犯罪学而言,对刑罚的社会

---

① 参见〔意〕菲利:《实证派犯罪学》,郭建安译,中国政法大学出版社1987年版,第24页。
② 参见〔德〕布鲁诺·赖德尔:《死刑的文化史》,郭二民译,生活·读书·新知三联书店1992年版,第182页。
③ 参见〔德〕布鲁诺·赖德尔:《死刑的文化史》,郭二民译,生活·读书·新知三联书店1992年版,第185页。

学研究是十分薄弱的,刑罚学也无法与犯罪学一争高低,并且往往在刑事政策学的名义下存在。① 笔者认为,对刑罚的社会学研究是极为必要的,是刑法学理论体系中不可或缺的知识内容。

四、余论

我国学者梁治平指出:我们所处的是这样一个时代,它一方面要求哲学家、政法学家、社会学家、经济学家、心理学家和其他学科的学者把法律问题纳入他们的思想范围,另一方面又要求法律学家能像知识分子那样思考问题,要求他们破除彼此之间的隔膜,共同完成法治进程中的知识转变。② 在此,梁治平提出了一个如何打破法学家与其他人文社会科学家之间的隔膜的问题,实际上也就是法学知识与其他人文社会科学知识相融合的问题。在笔者想来,首先需要打破的是法学知识形态内部的隔膜,例如,法哲学、法理学与以规范研究为主的部门法学之间的隔膜,加强从事各层次的法学研究的学者之间的思想沟通,加深他们之间的互相理解。对于从事法哲学、法理学研究的学者而言,应当看到规范法学对于法治建设的直接作用。可以说,从事司法实务的法官、检察官、律师基于其业务需要,主要接受的是规范法学的研究成果,鲜有直接阅读法哲学、法理学著作的。因此,法哲学、法理学思想只有通过规范法学间接地影响司法实践。而从事规范法学研究的学者应当知道,规范法学由于其专业性,实际上难以为其他人文社会科学家所接受,他们主要是通过法哲学、法理学的研究成果而了解法学研究的现状。因此,法哲学、法理学研究乃是法学知识的前沿与门面,它对于提升法学在人文社会科学中的地位具有重要意义。当然,法学知识虽然分为各种形态与各个层次,但仍然是一个整体。日本学者沟口雄三指出:随着学术研究的发展,封闭的专业限制已被突破,知识正在从狭窄的专业框架中解放出来,形成一些公共的研究领域,通过知识交流,达到知识共有。③ 知识共有使各学科能够共享作为一种文化思想资源的知识,建立各学科的共同话语。在此,存在一个由

---

① 关于刑罚学与刑事政策学的关系,参见陈兴良:《刑法的人性基础》(第 2 版),中国方正出版社 1999 年版,第 368 页以下。
② 参见梁治平:《法治进程中的知识转变》,载《读书》1998 年第 1 期。
③ 参见〔日〕沟口雄三:《"知识共同"的可能性》,载《读书》1998 年第 2 期。

小及大、由此及彼的共同知识的形成问题。各部门法学都应当通过努力形成某种共同知识,使部门法的研究提升为一种法理学与法哲学的研究,争取法学研究中的话语权。其实,法只是社会生活的一个点,是人类精神状态的一个侧面,因而对其的研究必然且应当反映出社会与人性的普遍性,从而使其融入整个社会科学的知识体系。社会科学是建立在某种普遍性的信念之上的,普遍性是这样一种观点,它认为存在着在所有时间和空间中都有效的科学真理。社会知识意味着社会科学家有可能发现解释人类行为的普遍过程,而且任何他们能够证实的假说在过去都被认为是跨时空的,或者说应该以适合一切时空的方式来阐述它们。① 尽管这种知识普遍性的观念受到质疑,一种以特殊性为基础的地方性知识的理念正在兴起,尤其是文化价值的相对主义正在抗衡着以普遍性为基础的知识体系。但我们仍然要坚持一种知识共同性的理念。在此基础上,强调法学研究应当在人文社会科学的统属之下进行,使法学真正成为一种人文社会科学的研究,而不是一种纯粹的法的逻辑演绎。对于法治国的建设来说,既需要福柯之所谓 discipline(规训,指通过一定的强制使事物整齐划一从而形成某种秩序),因而需要普适性的共同法律话语,同时也需要对法的人文关怀、对法的形而上学的理性思辨,从而在法学知识中内含一种人文精神。由此,需要提升法学知识在人文社会科学中的地位。法学不仅要分享哲学、经济学、社会学、伦理学等其他人文社会科学的研究成果,而且也应当让这些人文社会科学分享法学研究成果,使之从法学知识中获得某种思想上的灵感与方法上的启迪。只有这样,法学才能说对人文社会科学作出了某种贡献,法学知识才能真正融入人文社会科学的知识体系。

---

① 参见〔美〕沃勒斯坦:《进退两难的社会科学》,载《读书》1998 年第 2 期。

刑法的人性基础*

人性,又称为人的本性,是人之为人的基本品性。刑法是以规制人的行为作为其内容的,任何一种刑法规范,只有建立在对人性的科学假设①的基础之上,其存在与适用才具有本质上的合理性。因此,刑法的本原性思考,必然将理论的触须伸向具有终极意义的人性问题。

一、刑法的人性分析框架

在刑法理论上,历来存在理性人与经验人之说,并由此引发了刑事古典学派与刑事实证学派之间的学派之争。

理性人,是对人性的这样一种假设:任何一个人,都是基于意志自由选择自己行为的,因为人在本质上是自由的。人在意志自由的情况下选择了触犯刑律的行为,因而应对其行为的后果承担刑事责任。康德把刑法视为对人的理性的一种绝对命令,认为一个人能够按照自己的表述去行动的能力,就构成这个人的生命。而人按照自己的表述去行动的能力本身,包含着人的理性选择,这种理性选择的能力便构成意志。② 因此,人之所以为人,就在于人的理性使意志自由,道德自律,这是人对自身的感性存在的超越。黑格尔则认为,人是理性的动物,犯人也是意志自由而实施犯罪行为的,由此得出结论:刑罚既被包含着犯人自己的法,所以处罚他,正是尊敬他是理性的存在。③ 由此可见,黑格尔的刑法理论是建立在对人的本性的理性假设基础之上的,

---

* 本文原载《法学研究》1994 年第 4 期。
① 假设这个词表示"给定"的意思。之所以称为人性的假设,参见〔美〕珀杜等:《西方社会学——人物·学派·思想》,贾春增等译,河北人民出版社 1993 年版,第 4 页。
② 参见〔德〕康德:《法的形而上学原理——权利的科学》,沈叔平译,商务印书馆 1991 年版,第 10 页。
③ 参见〔德〕黑格尔:《法哲学原理》,范扬、张企泰译,商务印书馆 1961 年版,第 103 页。

是理性主义法律思想在刑法中的体现。贝卡里亚认为,人具有趋利避害的本能,刑法不可能改变这种本性,而只能利用这种本性,因势利导,阻止犯罪的发生。因此,贝卡里亚指出:促使我们追求安乐的力量类似重心力,它仅仅受限于它所遇到的阻力。这种力量的结果就是各种各样的人类行为的混合;如果它们互相冲突、互相侵犯,那么我称之为"政治约束"的刑罚就出来阻止恶果的产生,但它并不消灭冲突的原因,因为它是人的不可分割的感觉。① 费尔巴哈同样把人设想为具有趋利避害的本性,根据功利原则选择并决定自己的行为,由此提出心理强制说。心理强制说意在通过刑法的颁布对公民起到威吓作用,而这种威吓作用之所以能够奏效,就是因为犯罪人具有理性判断能力。刑事古典学派关于理性人的假设,不仅适用于犯罪人,而且同样适用于立法者。立法者作为理性人,可以预先对一切犯罪行为作出完美的规定。因而,一般来说,刑事古典学派都是刑法典的热烈推崇者。贝卡里亚把立法者想象为一个自然科学家,认为采用多大的"阻力"才能抵消某一犯罪的"引力",这是一个可以应用几何学的精确度来解决的问题。② 由此出发,贝卡里亚竭力限制法官的权力,因为当一部法典业已厘定,就应逐字遵守,法官唯一的使命就是判定公民的行为是否符合成文法律。贝卡里亚将法官的工作设计为以下这样一个著名的法律推理三段论:法官对任何案件都应进行三段论式的逻辑推理。大前提是一般法律,小前提是行为是否符合法律,结论是自由或者刑罚。③ 诚然,贝卡里亚严格限制法官司法裁量权的思想,包含着对封建司法擅断的刑法原则的反动,具有一定的历史进步意义。但它显然是以对人的理性能够预先规定一切犯罪行为并在刑法典中加以详尽规定的充分自信为前提与根据的。师承贝卡里亚的刑法思想,费尔巴哈首倡罪刑法定主义,认为刑法应当具备确定性与绝对性这种双重属性。在《对实证主义刑法的原则和基本原理的修正》一书中,费尔巴哈提出了"哪里没有法律,哪里就没有对公民的处罚"这一著名论断。罪刑法定主义的要旨在于保障公民的权利不受非法侵犯,但其理论基础却是对立法者的理性假设,即刑法典能够毫

---

① 参见〔意〕贝卡里亚:《论犯罪与刑罚》,黄风译,中国大百科全书出版社1993年版,第68页。
② 参见黄风:《贝卡里亚及其刑法思想》,中国政法大学出版社1987年版,第111页。
③ 参见〔意〕贝卡里亚:《论犯罪与刑罚》,黄风译,中国大百科全书出版社1993年版,第12页。

无遗漏地规定各种犯罪行为从而为人们提供一张罪刑价目表。黑格尔作为理性主义者,在其刑法思想中同样洋溢着浓厚的理性色彩,他认为犯罪与刑罚在外在性状上虽然存在着显著的不等同,但是从它们的价值即侵害这种它们普遍的性质看来,彼此之间是可以比较的。由此,黑格尔断言:寻求刑罚和犯罪接近于这种价值上的等同,是属于理智范围内的事。① 刑事古典学派对立法者的理性假设,直接影响了18世纪的刑事立法活动。1791年《法国刑法典(草案)》对各种犯罪都规定了具体的犯罪构成和绝对确定的法定刑,毫不允许法官有根据犯罪情节酌情科刑之余地。

经验人,是对人性的这样一种假设:任何一个人都是生活在社会中的,人的行为受各种社会的和自然的因素的制约与影响。人的行为,包括犯罪行为,从本质上来说是被决定的。刑法处罚犯罪者,并非基于意志自由,而是根据行为决定论。因而,刑事责任从其本性上来说,应该是社会责任。例如菲利指出:实证派犯罪学主张,犯罪人犯罪并非出于自愿;一个人要成为罪犯,就必须使自己永久地或暂时地置身于这样一种人的物质和精神状态,并生活在从内部和外部促使他走向犯罪的那种因果关系链条的环境中。② 归根到底,犯罪人之所以犯罪,是由一定的物质和精神的条件所决定的。人的经验性,就表现在犯罪意识与犯罪行为的被决定性。因此,相对于刑事古典学派的理性人是常态人而言,刑事实证学派的经验人在很大程度上是变态人。菲利曾经指出,古典派犯罪学认为,除了未成年人、聋哑人、醉酒者以及精神病人案件外,每个罪犯都是一个抽象的、正常的人。而且,在刑事古典学派看来,人之所以成为罪犯,是因为他要成为罪犯。菲利完全不同意这种观点,认为:人之所以成为罪犯,并不是他要犯罪,而是由于他处于一定的物质和社会条件之下。罪恶的种子得以在这种条件下发芽、生长。因此,人类的不幸产生于上述因素的相互作用,一个变态人是一个不能适应其出生于其中的社会环境的人。变态人缺乏适应社会的能力,生理呈现出退化特征,发展成被动型或主动型变态人,最后成为罪犯。③ 在刑事实证学派中,龙勃罗梭更是提

---

① 参见〔德〕黑格尔:《法哲学原理》,范扬、张企泰译,商务印书馆1961年版,第106页。
② 参见〔意〕菲利:《实证派犯罪学》,郭建安译,中国政法大学出版社1987年版,第9—10页。
③ 参见〔意〕菲利:《实证派犯罪学》,郭建安译,中国政法大学出版社1987年版,第35—36页。

出天生犯罪人论,将犯罪人设想为具有某种遗传特征,在生理与心理上都与正常人有着根本区别的一种人。刑事实证学派关于经验人的假设,不仅适用于犯罪人,而且同样适用于立法者。菲利直言不讳地指出:实证理论大大降低了刑法典的实际意义。① 因为根据刑事实证学派关于经验人的假设,立法者的理性能力是有限的,不可能将犯罪人的人格特征及其处遇措施在一部刑法典中预先加以规定。正如菲利指出,法律总是具有一定程度的粗糙和不足,因为它必须在基于过去的同时着眼未来,否则就不能预见未来可能发生的全部情况。现代社会变化之疾之大使刑法即使经常修改也赶不上它的速度。② 打破了对刑法典的盲目迷信与崇拜,菲利主张将处置罪犯的权力向法官倾斜,赋予法官一定的自由裁量权,使之能够根据具体案情与犯人的人格特征对症下药,作出恰当的判决。在菲利看来,在刑法中,将法令适用到具体案件中去不是或不应当像在民法中那样,仅仅是一个法律的和抽象的逻辑问题。它必须从心理学角度把某个抽象的条例适用于活生生的人。因为刑事法官不能将自己与环境和社会生活割裂开来,成为一个在一定程度上有些机械性质的法律工具。每一个刑事判决对人的灵活鉴定都取决于行为、行为人和对其起作用的社会情况等,而不取决于成文法。③ 涉及法官权力与立法者权力之间的分析,培根曾经有过这样一句格言:留给法官的思考余地最小的法律是最好的法律,留给自己的独立判断余地最小的法官是最好的法官。菲利显然不同意这一观点,认为应当对法官与立法者之间的权力作如下的划分:刑法典应当限制在关于防卫和社会制裁方式以及每个重罪和轻罪的构成要素这样几个基本规则的范围之内,而法官则应当在科学的和实证的审判资料允许的范围内具有更大的自由,因此他可以运用人类学知识来审判他面前的被告。④ 显然,菲利的这种观点也贯穿着经验人的假设。因为立法者面对的是一般的犯罪与抽象的罪犯,不可能在刑法典中事无巨细地规定各种事项,而法官接触具体案情与罪犯,可以作出个案的恰当处置。

综上所述,刑事古典学派与刑事实证学派在刑法的一系列重大问题上都

---

① 参见〔意〕菲利:《犯罪社会学》,郭建安译,中国人民公安大学出版社1990年版,第101页。
② 参见〔意〕菲利:《犯罪社会学》,郭建安译,中国人民公安大学出版社1990年版,第125页。
③ 参见〔意〕菲利:《犯罪社会学》,郭建安译,中国人民公安大学出版社1990年版,第120页。
④ 参见〔意〕菲利:《犯罪社会学》,郭建安译,中国人民公安大学出版社1990年版,第121页。

存在根本的分歧,而这一切分歧盖源于它们对人性的不同假设:理性人与经验人。

二、理性人与经验人的统一

理性人与经验人的对立,涉及哲学问题。因此,只有从哲学上才能得到根本的解决。

理性的观念,始于古希腊哲学。在古希腊,人类理性首先通过外观自然,形成宇宙理性观,尔后反观人类及其生活自身,形成人本理性观。人本理性观最初在"人是万物的尺度"这一命题中得到体现,智者普罗泰戈拉提出的这一命题,表明人类主体精神意识到自身在宇宙中的地位,以及主体与认知对象之间的关系,从而开辟了走向理性主义的道路。古希腊著名哲学家柏拉图提出的"理念论"则进一步使人本理性观体系化。理念,是柏拉图哲学的起点和基础,是自然世界和人类世界的原型或本质。而所谓理性,则是理念形成的前提和根据。柏拉图认为,人的精神或灵魂由三个部分组成,这就是理性、激情和欲望。在这三者中,理性是处于优先的指导地位,它控制激情和欲望,使人成为理性的人,追求知识、智慧、善与美,使人之精神灵魂不断升华;自然欲望,通过理性控制和指导,进入道德状态,使人知道公正、正义、善和恶;从道德状态再进至审美状态,美的理念使人产生对美的事物的向往,追求美。而对真、善、美的追求,皆出于理性使人之精神升华之结果。[①] 因此,理性被柏拉图认为是人的本性。人类理性通过罗马时代的历史变迁,发生了宗教化的转向,形成所谓宗教理性。宗教理性可以说是理性的异化和变体。宗教理性孕育着神秘主义,最终导致近代的人本理性的诞生。随着启蒙运动的兴起,欧洲进入了理性时代。17、18世纪的启蒙运动,就是以理性为号召的,用理性来扫除一切愚昧与无知,并对当时的社会制度及其一切意识形态进行理性的反思。正如恩格斯指出:"在法国为行将到来的革命启发过人们的头脑的那些伟大人物;本身都是非常革命的。他们不承认任何外界的权威,不管这种权威是什么样的。宗教、自然观、社会、国家制度,一切都受到了最无情的批判;一切都必须在理性的法庭面前为自己的存在作辩护或者放弃

---

① 参见冯玉珍:《理性的悲哀与欢乐——理性非理性批判》,人民出版社1993年版,第84页。

存在的权利。"①在这种理性世界观的指导下,理性人就成为17、18世纪的人性假设。近代理性主义的开创人是法国著名哲学家笛卡尔。笛卡尔以清晰明白的观念作为其哲学的基础,认为理性是人的天赋,人之所以异于禽兽,就在于人的理性禀赋。所以,只有从人的理性观念出发,从清晰明白的概念出发,才能获得正确知识。笛卡尔认为,人的这种理性观念或理性认识能力是天赋的,人人皆有的。那种正确地作判断和辨别真假的能力,实际上也就是我们称之为良知或理性的那种东西,是人人天然地均等的。② 近代理性主义思潮渗透到各个知识领域。表现在政治上,是政治理性主义,即用理性来观察、沉思人类社会及其政治制度,以及自觉自为的政治历史活动。正如美国哲学家梯利所说:"近代精神是反抗中世纪社会及其制度和思想的精神,也是在思想和行动的领域里人类理性的自我伸张。"③政治理性主义设想的政治人(homo politicus)是理性人,其参加民主主要通过选举。而在选举上,任何选民都是理性选民,其投票行为都是理性投票行为。理性的投票行为是指选民对其所认识到的(或期待的)好处最大化的选择。换言之,行动者决定采取的任何行动必须使他或她所认识到的好处最大化,不然行动者就作出其他选择。因此,任何选民都肯定是理性的。④ 近代理性主义表现在经济上,是古典经济学派的自由放任主义。古典经济学派设想的经济人(homoeconomicus)也是理性人,例如英国著名经济学家亚当·斯密认为,人是理性的;追求个人经济利益,是人类一切活动的根本,是人的本能要求。经济人的这种利己本能形成一种不可抗拒的自然的经济力量,是无法加以限制的。因而,斯密在经济上主张自由放任,反对国家干预,主张用市场机制这只看不见的手调节社会经济。⑤ 近代理性主义表现在法律上,是自然法学派的自然法思想,自然法学派就是经受理性主义思潮洗礼的法学流派之一。自然法学派代表人物之一的孟德斯鸠明确指出,法是由事物的性质产生出来的必然关系。孟德斯鸠斥责那种认为我们所看见的世界上的一切东西都是一种盲目的命

---

① 《马克思恩格斯选集》(第3卷),人民出版社1972年版,第404页。
② 参见北京大学哲学系外国哲学史教研室编译:《十六—十八世纪西欧各国哲学》,商务印书馆1961年版,第135页。
③ 〔美〕梯利:《西方哲学史》(下册),葛力译,商务印书馆1979年版,第148页。
④ 参见〔美〕乔·萨托利:《民主新论》,冯克利等译,东方出版社1993年版,第117页。
⑤ 参见胡平主编:《中国市场经济全书》,华夏出版社1993年版,第18页。

运所产生出来的观点是极端荒谬的,而认为有一个根本理性存在着。法就是这个根本理性和各种存在物之间的关系,同时也是存在物彼此之间的关系。① 自然法学派的另一代表人物洛克认为,人的自由和依照他自己的意志来行动的自由,是以他具有理性为基础的,理性能教导他了解他用以支配自己行动的法律,并使他知道对自由意志听从到什么程度。② 理性的人之所以受法律支配,是因为法律是理性的体现。反过来说,也只有理性的人才能受法律约束。因此洛克指出:一个人不能受不是对他公布的法律的约束,而这个法律既是仅由理性公布或发表的,那么他如果还不能运用理性,就不能说是受这个法律的约束。③ 在这种强烈的理性观念的指导下,自然法学派掀起了强大的立法运动。自然法的倡导者们认为,仅用理性的力量,人们能够发现一个理想的法律体系。因此很自然,他们都力图系统地规划出各种各样的自然法的规则和原则,并将它们全部纳入一部法典之中。④ 既然法典是理性的外在表现形式,因而法典总是完美无缺的。刑事古典学派就是以体现理性主义精神的自然法思想为其理论基础的,在这种情况下,刑事古典学派对人的本性的理性人的假设是十分自然的,也是自然法思想在刑法中的必然体现。

  经验的观念,可以溯源到古希腊哲学。在古希腊哲学中,伴随着理性主义的兴起,经验主义随之发展,并且以非理性的形式表现出来。例如,在古希腊著名哲学家亚里士多德的学说中,具有理性与非理性同一的思想。亚里士多德认为,灵魂具有理性与非理性两个部分,人的内在本性具有理性非理性的矛盾。亚里士多德的伦理价值观使人以人的特有理性与动物划清了界限,使人成为理性人;然而又客观地看到了人从动物过渡而来的生物性和自然性。⑤ 进入中世纪以后,宗教神学利用理性建构其理论体系,形成宗教理性。但与此同时,宗教所特有的信仰主义又必然导致对人的理性的否定,从而迈向感觉主义。随着近代理性主义的复归,经验主义也开始流行。经验主义认为,没有与生俱来的真理:一切知识都发源于感官知觉或经验,因此,所谓必

---

① 参见[法]孟德斯鸠:《论法的精神》(上册),张雁深译,商务印书馆1961年版,第1页。
② 参见[英]洛克:《政府论》(下篇),瞿菊农、叶启芳译,商务印书馆1964年版,第39页。
③ 参见[英]洛克:《政府论》(下篇),瞿菊农、叶启芳译,商务印书馆1964年版,第35页。
④ 参见[美]博登海默:《法理学——法哲学及其方法》,邓正来译,华夏出版社1997年版,第45页。
⑤ 参见冯玉珍:《理性的悲哀欢乐——理性非理性批判》,人民出版社1993年版,第94页。

然的命题根本不是必然或绝对确实的,只能给人以或然的知识。① 近代哲学中,经验主义哲学家首推培根。培根重视经验而轻视理性,他说:决不能给理性加上翅膀,而毋宁挂上重的东西,使它不会跳跃和飞翔。② 培根从经验主义出发,创立了归纳法,向理性主义的演绎法提出了挑战。归纳法以经验事实为基础,清除理性主义所带来的谬误,被培根认为是唯一科学的认识方法。在培根之后,法国著名哲学家孔德的实证主义的崛起,是对理性主义的进一步挑战。孔德提出"观察优于想象"的命题,抑制人的理性,具有明显的经验主义倾向。孔德认为,一切科学都必然是在被观察到的事实基础上发展而来的,观察与实验是人们探究一切事物和现象的根本手段,人们通过观察所获得的感性经验是认识的来源。③ 此后,随着法国启蒙运动理想的破灭,理性主义的发展遇到了深刻的危机,这就为现代非理性主义哲学思潮的滥觞提供了契机。现代非理性主义竭力地突出人作为主体的个别性和不可重复性,把人的心理因素中的非理性成分,如意志、情绪、直觉、本能等提到首位,并强调非理性的心理因素对人的认识活动和行为的决定作用。④ 经验主义哲学反映在法学领域,就是与自然法思想相抗衡的实在法思想,它对形成法律的力量的科学研究取代了对法律的理想性质、意图和社会目的的理性探求。例如历史法学派的创始人萨维尼指出,在每个民族中,都逐渐形成了一些传统和习惯,而通过不断地运用这些传统和习惯,使它们逐渐地变成了法律规则,只要对这些传统和习惯进行认真的研究,我们就能发现法律的真正内容。⑤ 显然,萨维尼用"民族精神"这一概念取代自然法的理性概念,并以此解释法律的形成和内容。尤其是实证主义哲学引入法学,产生了实证主义法学。实证主义法学反对形而上学的思考方式和寻求终极原理的做法,反对法理学家试图超越现行法律制度的经验现实而去识别与阐述法律思想的任何企图。⑥ 刑事实证学派就是实证主义法

---

① 参见〔英〕梯利:《西方哲学史》(下册),葛力译,商务印书馆1979年版,第15页。
② 参见北京大学哲学系外国哲学史教研室编译:《十六—十八世纪西欧各国哲学》,商务印书馆1961年版,第44页。
③ 参见欧力同:《孔德及其实证主义》,上海社会科学院出版社1987年版,第48—49页。
④ 参见苏国勋:《理性化及其限制——韦伯思想引论》,上海人民出版社1988年版,第45页。
⑤ 参见〔美〕博登海默:《法理学——法哲学及其方法》,邓正来译,华夏出版社1987年版,第82页。
⑥ 参见〔美〕博登海默:《法理学——法哲学及其方法》,邓正来译,华夏出版社1987年版,第110页。

学在刑法领域中的体现,它将人的本性设想为经验人,并以实证方法研究刑法问题,从而成为与刑事古典学派分庭抗礼的一个重要刑法学派。

理性人与经验人的对立,涉及对理性与经验这两个哲学范畴的理解。应该说,对这两个哲学范畴的界定是十分困难的,但也绝非不可能。理性,在柏拉图那里曾经与善、美和爱连接在一起,理性被认为是一种美德。① 在这个意义上,理性可以说是理想人的本性。因此,犯罪人就不能被认为具有理性的人。亚里士多德摈弃了柏拉图对理性的这种形而上学的解释,明确指出:纯粹理性并非美德和至善。② 从理性与非理性的统一上阐释人的本性,这不能不说是一大进步。及至现代理性主义,从本体论与认识论两个方面展开理性观,它既涉及对人的本性的理解,又涉及对世界认识的方法论。应该说,理性人的假设,包含着一定的真理性,它在一定程度上揭示了人与动物的分野,从而说明了人的本性。但人的理性不是天生的,而是来自社会生活,同样要受社会生活的限制。申言之,人的理性能力是极其有限的,无限制地夸大理性的作用,必然导致荒谬。事实上,人不仅具有理性,而且具有非理性的因素,例如激情、冲动等反映动物本能的内容。英国哲学家罗素曾经指出,人类的一切活动都发生于两个来源:冲动和愿望。冲动,是人类本性中偏重本能的部分,本能则是一切人与低级动物共有的生存和发展的需要。除了冲动之外,人的行为还受制于愿望。愿望是有意识的,它与人的理智相联系,表现为对一定的目的的追求。由冲动与愿望,罗素得出结论:人性是介乎于个人和社会之间的。因此,社会性和个人性是人性的两个基本因素,并认为这是伦理学的人性基础。③ 经验,是指人对客观世界的感觉与知觉。经验主义否认人的认识的先验性,尤其是强调人的个体性及其个体认识之间的差异性,包含着一定的真理性认识。经验人的假设,摈弃抽象的人性,将人性奠基于社会现实基础之上,揭示人性的个别性,具有一定的科学性。但经验人的假设不承认人性中具有理性的因素,否定具有共同的人性或者说人性具有共同性,也是存在缺陷的。笔者认为,理性人与经验人不是截然对立的。人性中

---

① 参见冯玉珍:《理性的悲哀与欢乐——理性非理性批判》,人民出版社1993年版,第86页。
② 参见冯玉珍:《理性的悲哀与欢乐——理性非理性批判》,人民出版社1993年版,第93页。
③ 参见〔英〕罗素:《伦理学和政治学中的人类社会》,肖巍译,中国社会科学出版社1992年版,第30页。

既具有理性的因素，又具有经验的因素，人性既具有共同性，又具有特殊性，这两者具有辩证统一性。只有这样，才能科学地揭示人的本性，并且为刑法奠定合理的人性基础。

三、刑事法学派的人性分析

根据对人性的理性与经验的二重性的理解，我们可以对刑事古典学派与刑事实证学派作出科学评价，并为刑法理论的发展廓清地基。

犯罪人是理性人还是经验人，这个问题的意义并不仅在于对犯罪人的人性作出解释，而在于为刑事责任以及刑罚功能提供理论根据。首先需要解决的一个问题是：犯罪人是否具有不同于一般人的人性？我们的回答是否定的。犯罪人也是人，其人性与一般人具有同一性。既然犯罪人的人性与一般人并无二致，因此，人性的理性与经验的二重性的一般原理同样适用于犯罪人。犯罪人是具有理性的人，这种理性主要体现在其罪过上。在故意犯罪的情况下，犯罪人明知自己的行为会发生危害社会的结果，并且希望或者放任其发生；在过失犯罪的情况下，犯罪人应当预见到自己的行为可能发生危害社会的结果，因为疏忽大意而没有预见，或者已经预见而轻信能够避免，以致发生这种结果。在以上两种情况下，法对犯罪人都具有期待可能性，因而其行为具有可责难性，应当对自己的行为及其后果承担刑事责任。如果完全否认犯罪人的理性，也就很难从犯罪人自身找到对其行为谴责的合理根据。同样，也只有犯罪人的理性，才能说明刑罚预防功能发挥作用的心理机制。人的理性主要表现在对自己行为后果的预见性以及对不利后果的避免上。刑罚之所以能够起到预防犯罪的作用，就在于犯罪人具有这种理性预见与理性选择能力。由于有罪必罚，犯罪人形成了犯罪与刑罚之间的因果观念，因而会畏惧刑罚而不再犯罪。社会上的不稳定分子，也会因为他人犯罪受到刑罚处罚，而畏惧本人受到刑罚处罚而不敢犯罪。可以想象，如果犯罪人或者其他人不具有这种理性认识能力，那么刑罚只能是对牛弹琴，不可能起到任何遏制犯罪的作用。但是，我们又不能将犯罪人的理性能力绝对化。事实上，由于个人的生活经历及其生活环境的不同，其理性能力又具有很大的个体差异性。并且，由于具体犯罪情节不同，理性在犯罪中的作用也会有所不同。例如，在预谋犯罪的情况下，犯罪人是在充分的意志自由下实施犯罪的，其主观恶性要大一些。而在突发犯罪的情况下,犯罪人往往因受外部条件的刺激,在瞬间产生犯意并付诸实施,激情、义愤等非理性因素占重要地位,其主观恶性要小一些。如果在审理过程中,完全不考虑这些差异性,显然不是科学的态度。在刑罚上,将犯罪人的理性能力绝对化,必然导致对刑罚威慑力的极度夸张。事实上,由于犯罪人的理性能力存在差别,刑罚对犯罪人的威慑力不是完全一样的。日本著名作家松本清张在小说《尊亲》中指出:刑罚是什么?一般认为这是对犯罪的报应。根据犯罪的程度决定刑罚的轻重,这是由国家行使的权力。但是,作为报应的刑罚之苦与罪犯的精神痛苦并不是一致的。然而,法官以刑法为准绳客观地量刑,而并不关心服刑者主观上痛苦的差异。法律是一视同仁的,它并不承认服刑者主观上痛苦的差别,同样,这是法律客观性的缺陷。① 这种法律客观性正是建立在对犯罪人的人性的理性假设基础之上的。只有承认犯罪人的人性具有经验性,对于刑罚的感受力有着个体差异性,才能真正实现刑罚个别化,以弥补法律客观性的缺陷。

立法者是理性人还是经验人,这个问题主要涉及刑事立法与刑事司法的分界,尤其是法官是否具有司法裁量权的问题。任何法律都是抽象的,立法的对象都是一般的而不是个别的。正如卢梭指出:"法律的对象永远是普遍性的,我的意思是指法律只考虑臣民的共同以及抽象的行为,而绝不考虑个别的人以及个别的行为。"②立法的这一特点决定了刑法典的制定主要应当考虑对一般犯罪的规定,而这里所谓一般犯罪,是对各种具体犯罪的抽象概括,用哲学语言来说,是犯罪的"共相"。同样,作为刑法典适用客体的犯罪人,也只能是一般犯罪人。当然,这并不排除在法律上对犯罪人加以分类,例如未成年犯罪人、累犯、惯犯等,并分别采取不同的刑事处遇措施。但这些类型的犯罪人相对于具体犯罪人而言,仍然具有类型化的抽象。在刑法典中对犯罪与犯罪人的抽象概括规定的特点表明,刑法典是建立在理性基础之上的,是对刑事法律活动一般规律的总结。否认人的理性能力,也就否认了一般立法,包括制定刑法典的可能性。但是,人的理性能力是有限度的,自然法学家的以下立法理论只是一种主观臆断:只要通过理性的努力,法学家们便

---

① 参见〔日〕松本清张:《尊亲》,载《译林》1993 年第 4 期。
② 〔法〕卢梭:《社会契约论》,何兆武译,商务印书馆 1980 年版,第 50 页。

能塑造出一部作为最高立法智慧而由法官机械地运用的完美无缺的法典。① 按照这一理论,存在所谓"法律的自动适用",因而竭力贬低司法的作用,把司法活动视为机械地适用法律的过程,否认法官在司法活动中的主观能动性。美国著名法学家庞德对此写道:19世纪的法学家曾试图从司法中排除人的因素。他们努力排除法律适用中所有的个体化因素。他们相信按严谨的逻辑机械地建立和实施的封闭的法规体系。在他们看来,在这一封闭的法规体系的起源和适用中承认人的创造性因素,在组构和确立这一封闭的法规体系的制度中承认人的创造性因素,是极不恰当的。② 但这种排除法律适用中的个体化因素的观点,只能导致法律教条主义,难以实现法律的社会效果。在刑事立法中,由于具有对事不对人的特点,因而法律规定是抽象的,但司法活动中的犯罪却是具体的,将抽象的法条适用于具体犯罪案件,法官可以发挥创造性的作用,以便使罪刑关系个别化,实现刑罚的最佳效果。不仅如此,而且现代刑事立法已经考虑到法典的局限性,因而在刑法典中存在大量的"空白规定"与"弹性条款"。例如刑法中的列举某些事项以后又作出"以及其他"的规定,是空白规定的适例。而刑法对具体犯罪的法定刑规定一定的幅度,这就是所谓相对确定的法定刑。在这一定幅度之内可由法官根据个案具体情节裁量,显然具有相当的弹性,可以说,立法者对于自身理性能力的冷静判断,授予司法机关更大的司法裁量权,这已经成为当代大陆法系向英美法系靠拢的一个重要标志。大陆法系更具有理性主义倾向,而英美法系则更具有经验主义特征,这里涉及大陆法系与英美法系区分的哲学基础,这显然已经超出本文论述的范围,留待将来再作研究。当然,司法裁量权应当是有一定限度的,否则会导致司法擅断,这里涉及刑法的保护机能与保障机能的价值选择,也应引起重视。

　　综上,笔者认为基于人的理性与经验二重性的原理,刑事古典学派与刑事实证学派由于对人性的偏颇理解,导致在刑法一系列重大问题上观点对立,并且都存在一定缺陷。只有在扬弃刑事古典学派与刑事实证学派的基础之上,将理性人与经验人统一起来,才能为刑法奠定科学的人性基础。

---

① 参见〔美〕庞德:《法律史解释》,曹玉堂、杨知译,华夏出版社1989年版,第13页。
② 参见〔美〕庞德:《法律史解释》,曹玉堂、杨知译,华夏出版社1989年版,第123页。

刑法的价值构造[*]

我国当前的刑法学研究,规范分析是主要方法,因而形成以刑法注释为主体的理论格局。不满于这种刑法理论研究的现状,我国刑法学界强调基本理论研究的呼声日益高涨。笔者认为,刑法的基本理论研究应该是对刑法的本原性思考,价值构造正是刑法的本原性问题之一,价值分析应该是规范分析的基础与归宿。本文拟就刑法的价值构造发表一己之见,以此作为刑法的价值分析的根据。

一、刑法的价值分析框架

价值冲突是法存在的前提条件之一,法的功能就在于最大限度地防止在价值冲突中的价值丧失与耗损。在任何一个社会里,价值冲突是普遍存在着的,而最根本的价值冲突就是个人价值与社会价值的冲突。面临这样一种价值冲突,首先就存在一个价值选择问题。刑法同样面临这种价值选择,强调刑法的人权保障机能,在一定程度上意味着社会保护机能的弱化;突出刑法的社会保护机能,则在一定程度上意味着人权保障机能的弱化。刑事古典学派与刑事实证学派的对立,在一定意义上就表现为人权保障与社会保护的两个机能之争。从根本上来说,这是一种刑法价值之争。

刑事古典学派是以自然法学为基础的,建立在个体人的认识之上。自然法思想认为,人是生而平等和独立的,个体人也可以说是自由人,它享有天赋人权。只是为了避免战争状态,个体人才放弃一部分自由,并且是尽可能少的自由,通过订立社会契约脱离自然状态组成社会。[①] 刑事古典学派的代表人物之一贝卡里亚完全接受了这种古典自然法思想,他指出:离群索居的人

---

[*] 本文原载《法学研究》1995 年第 6 期。
① 参见〔英〕洛克:《政府论》(下篇),瞿菊农、叶启芳译,商务印书馆 1964 年版,第 6、15 页。

们被连续的战争状态弄得筋疲力尽,也无力享受那种由于朝不保夕而变得空有其名的自由,法律就是把这些人联合成社会的条件。人们牺牲一部分自由是为了平安无忧地享受剩下的那一部分自由。为了切身利益而牺牲的这一部分自由总合起来,就形成了一个国家的君权。君主就是这一部分自由的合法保存者和管理者。贝卡里亚认为,公民的自由的结晶形成惩罚权。惩罚权的存在是为了防止公民的自由受到私人的侵犯。但同时,它又是对国家权力的一种限制。如果刑罚超过了保护集体的公共利益这一需要,它本质上就是不公正的。① 由此可见,贝卡里亚认为刑罚权来自于公民订立的社会契约,它是由公民所放弃或转让的自由组合而成,其目的在于保障公民的自由。基于这一认识,贝卡里亚得出以下三个结论:第一个结论是,只有法律才能为犯罪规定刑罚。只有代表根据社会契约而联合起来的整个社会的立法者才拥有这一权威。任何司法官员(他是社会的一部分)都不能自命公正地对该社会的另一成员科处刑罚。超越法律限度的刑罚就不再是一种正义的刑罚。因此,任何一个司法官员都不得以热忱或公共福利为借口,增加对犯罪公民的既定刑罚。这是对司法的限制,防止罪刑擅断侵犯公民的自由。第二个结论是,代表社会的君主只能制定约束一切成员的普遍性法律,但不能判定某个人是否触犯了社会契约。这是对立法的限制,厘清立法与司法界限:立法只能规定什么是犯罪,只有司法才能对某一公民的行为是否构成犯罪作出终极判决。第三个结论是,即使严酷的刑罚的确不是在直接与公共福利及预防犯罪的宗旨相对抗,但若只是徒劳无功而已,在这种情况下,它就不但违背了开明理性所萌发的善良美德——这种理性往往支配着幸福的人们,而不是一群限于怯懦与残忍的循环之中的奴隶;同时,严酷的刑罚也违背了公正和社会契约的本质。② 最能体现贝卡里亚思想的是这里的第三个结论:对严酷刑罚的断然否定,即使这种严酷的刑罚有助于促进公共福利及预防犯罪。因此,在社会价值与个人价值之间存在冲突的情况下,贝卡里亚毫不犹豫地选择了个人价值。

---

① 参见〔意〕贝卡里亚:《论犯罪与刑罚》,黄风译,中国大百科全书出版社1993年版,第8页。
② 参见〔意〕贝卡里亚:《论犯罪与刑罚》,黄风译,中国大百科全书出版社1993年版,第11页。

在刑事古典学派中,康德同样赞同自然法思想,但他从社会契约论中引出的不是具体国家,而是具有先验性质的目的国。康德的出发点是一种假设的没有任何法律保障的自然状态;在人类未成立国家之前,确实存在过个人对全体搏战的野蛮状态。康德认为,自然、人性与社会这三者间有着密切关系。自然用以发展人类固有才能的方法,是使人们在社会中互相敌对。这种敌对性,产生于人们都具有的一种非社会的社会性(the unsocial sociability of men)。所谓非社会的社会性,指的就是社会性(合群性)与反社会性(非群性)的混合体。康德指出:人有一种社会化的倾向,同时又有一种个体化的强烈倾向。正是这种社会化与个体化的对抗推动了社会的发展与人类的进步。为了社会的共存,相互隔绝的单个人,通过一种决定即契约,康德称之为原始契约,组成民族国家。康德认为,依据原始契约而建立的国家,应该有个人的自由。所谓自由,是每个人意志的自由与其他人的自由共存,也就是人各有自由而不侵犯别人的自由。由此可见,康德十分强调公民作为个人的自由与平等。康德指出:公民状态,纯粹作为立法状态看,先验地建立在三个原则上:①社会中每个成员作为人,都是自由的;②社会中每个成员,作为臣民,同任何其他成员都是平等的;③共和政体的每个成员作为公民,都是独立的。[1]由此出发,康德得出自然法的双重要求:国家应当根据理性的判断制定刑法,制定刑法的目的是为了尊重人格,尊重人的尊严。同时,要求每个人对自己的行为负责。因此,当一个人侵犯了他人的自由和安全时,就必然受到刑罚的惩治,这就是正义的原则。

作为刑事古典学派的代表人物之一,黑格尔否认国家是社会契约的产物的观点,认为国家是伦理观念的现实。但在法的解释上,黑格尔仍秉承了自然法的观念。黑格尔认为,法是自由意志的定在,即自由意志的体现。这种人人都享有的权利叫做抽象法。因为抽象法基于人的意志自由,所以法的命令是:"成为一个人,并尊敬他人为人。"[2]在一定意义上说,黑格尔的抽象法与自然法学派的自然法是很近似的或是它的修改或变种。[3] 正是从抽象法的命令出发,黑格尔指出:刑罚既包含着犯人自己的法,所以处罚他,正是尊

---

[1] 参见李泽厚:《批判哲学的批判——康德述评》,人民出版社1979年版,第320页。
[2] 〔德〕黑格尔:《法哲学原理》,范扬、张企泰译,商务印书馆1961年版,第40页。
[3] 参见王哲:《西方政治法律学说史》,北京大学出版社1988年版,第358页。

敬他是理性的存在。如果不从犯人行为中去寻求刑罚的概念和尺度,他就得不到这种尊重。如果单单把犯人看做应使之变成无害的有害动物,或者以儆戒和矫正为刑罚的目的,他就更得不到这种尊重。① 应该说,黑格尔建立在"抽象地承认人的尊严"之上的刑法理论较之封建社会的野蛮法具有一定的进步意义。正如马克思评价的那样:"毫无疑问,这种说法有些地方好像是正确的,因为黑格尔不是把罪犯看成是单纯的客体,即司法的奴隶,而是把罪犯提高到一个自由的、自我决定的人的地位。"②综上所述,刑事古典学派强调犯罪人的意志自由,主张刑法的人权保障机能。

刑事实证学派是以社会法学为基础的,建立在社会人的认识之上。社会法学思想渊源于法国社会学家杜尔克姆(Emile Durkheim)。杜尔克姆认为,作为社会的人,彼此之间存在着连带关系,他们不是孤立的个人。杜尔克姆指出:人们之间存在着两种关系:第一种是机械的连带关系。在这种关系中,像分子构成结晶体一样,个人被纳入整体之中。第二种是有机的连带关系。在这种关系中,个人是社会有机体的一部分。既然个人是社会有机体的一部分,所以应对社会有机体的发展作出贡献,使社会有机体和谐统一,这是社会存在的基本条件。因此,社会法学主张从社会整体意义上理解个人,强调人的社会性。刑事实证学派的代表人物之一菲利接受了社会法学的思想,重视从社会环境中去认识个人的犯罪行为。菲利指出:我们的任务是证明,有关社会对罪犯进行自卫的每一理论基础都必须是对罪犯的犯罪行为进行个人和社会两方面观察的结果。一句话,我们的任务是建立犯罪社会学。③ 菲利所谓的犯罪社会学,就是从社会环境中寻找犯罪根源,强调社会对于个人的决定作用,认为犯罪的自然根源不仅存在于个人有机体中,而且在很大程度上存于自然和社会环境之中,从而得出所谓犯罪饱和论,即每一个社会都有其应有的犯罪,这些犯罪的产生是由于自然及社会条件引起的,其质和量与每一个社会集体的发展相适应。菲利还引用艾米莉特的格言:"犯罪也有年终平衡,其增多与减少比国民经济的收支还带有规律性。"④既然犯罪的原

---

① 参见〔德〕黑格尔:《法哲学原理》,范扬、张企泰译,商务印书馆1961年版,第103页。
② 《马克思恩格斯全集》(第8卷),人民出版社1961年版,第579页。
③ 参见〔意〕菲利:《犯罪社会学》,郭建安译,中国人民公安大学出版社1990年版,第2页。
④ 〔意〕菲利:《实证派犯罪学》,郭建安译,中国政法大学出版社1987年版,第43页。

因存在于社会,犯罪的差额是由物质条件和社会条件决定的,因此菲利得出结论:如果我们不尽努力改良社会环境,仅凭对罪犯的矫正不足以防止其再犯。而通过改变最易改变的社会环境,立法者可以改变自然环境对人的生理和心理状况的影响,控制很大一部分犯罪,并减少相当一部分犯罪。同样,刑事社会学派的另一代表人物李斯特也提出了"最好的社会政策就是最好的刑事政策"的名言。李斯特主张目的刑的社会防卫论,强调刑罚个别化原则,认为适用刑罚要与个人情况相适应,要根据犯罪人的特性,即个人因素采取多元化的刑罚方法和处遇方法。李斯特认为,刑罚不是对犯罪行为的事后报复,也不是对其他人的恐吓,而是对那些"危险状态的体现者"采取的预防措施。应该说,刑事实证学派从社会方面而不仅仅是从个人方面寻求犯罪原因,主张通过改变社会环境预防犯罪等观点都具有一定的积极意义。但刑事实证学派在对犯罪人的处遇上,坚持社会责任论,过于强调刑法对社会的保护机能,从而在一定程度上忽视了刑法的人权保障机能。

综上所述,刑事古典学派与刑事实证学派基于对人的个体性与社会性的不同认识,从而产生了人权保障与社会保护的刑法机能之争。

二、个体人与社会人的统一

个体人与社会人是刑事古典学派与刑事实证学派关于刑法价值之争的根源,为此有必要从哲学上厘清人的个体性与社会性的关系问题。

人的个体性与社会性的关系,实质上就是个人与社会的关系问题,这是一个政治哲学中永恒的话题。在古希腊,柏拉图强调人的社会性,认为社会生活是个人生活完善的手段,因此,不应当从人的个人生活中,而应当从人的政治生活和社会生活中去研究。在柏拉图那里,人的社会性就是人的政治生活和社会生活,其社会组织形式是国家。亚里士多德继承了柏拉图这一思想,并以命题的形式指出:人是合群的动物;人是社会的动物;人是政治性的动物。亚里士多德在把人定为政治动物的时候,是说(用我们当代语言表述)人是他那个特定社会整体的一部分,就是说,人深植于社会之中。反过来说,亚里士多德没有想到的是,被视为个人的人,在他自身的存在中突出地表现为一个私生活中的自我,而且他有权这样做。① 应当说,柏拉图、亚里士多德将个人寓于社会之中的这种观念,是当时希腊城邦生活的反映。对于希腊政治来说,将公共生活(社会性)与私生活(个体性)区分开来是闻所未闻的,甚至还会感到不可思议。但在古希腊也存在强调人的个体性的思想萌芽,这种思想来自德谟克利特的原子论。德谟克利特认为,世间的一切事物都是由原子构成的,原子永远是运动着的。原子有大有小,由于原子的大小、多少、次序、形状和位置等的不同组合和互相冲撞,就构成了万事万物。德谟克利特不仅用原子论解释自然,而且用来解释个人与社会。伊壁鸠鲁继承和发展了德谟克利特的原子论,以自己关于自生性、内部制约性、原子偏离直线运动的观点补充原子论。反映在对个人与社会的解释上,伊壁鸠鲁论证了人的伦理自律性,主张自由的人理智地遵循适应自然本性的生活目的。伊壁鸠鲁对于人的自由的解释,可以被理解为人应摆脱周围社会,摆脱一般人的意见。由此可见,伊壁鸠鲁是一个坚定的个人主义者,这种伦理个人主义对后世的道德理论发生了巨大的影响,并直接导致所谓社会原子论。自从古希腊以后,在关于个人与社会的关系上,始终存在着个体主义与整体主义的尖锐对立。

个体主义(Individualism)这一概念包含着许多思想、观点和学说,它们的共同要素是都以"个人"为中心。作为一种社会学理论,个体主义又称为社会原子论。这种理论认为,社会由个体组成,旨在实现主要是为个人的目标,对个人及其权利予以优先权,这种权利存在于任何一种特定形式的社会生活之前。就个人与社会的关系而言,诚如哈耶克所言,个人主义告诉我们:仅就社会是自由的这一点而言,社会才比个人更伟大。就社会受控制或指导而言,它又受到控制和指导。② 总之,个体主义强调个人对于社会的优先地位,追求个人自由的价值。这种思想在17世纪肇始的自然法学派中得到充分体现。在自然法学派的思想中,个人自由是以某种形式的自然权利来表达的,而自然权利就是每个社会都应当保证其所有公民都享有的权利。自然权利的理论已经与一种现代个人主义的概念结合到了一起,即个人拥有一定的活动范围,在这个范围之内,他可以实现自己的意愿。不论是政府还是法律,都

---

① 参见〔美〕乔·萨托利:《民主新论》,冯克利等译,东方出版社1993年版,第288页。
② 参见〔奥〕哈耶克:《个人主义与经济秩序》,贾湛等译,北京经济学院出版社1989年版,第31页。

不得干涉这个领域。① 个体主义在当时的历史条件下对于唤醒人的理性意识,把人从专制制度的束缚中解放出来,具有一定的进步意义。

整体主义(Holism)是一种与个体主义相对立的学说,它给予社会整体以特有的地位,这些社会整体可以被视为有机体、文化整体、功能系统或决定性结构。作为一种伦理的和政治的学说,它把个人置于集体利益之下。整体主义以各种形式表现出来,尤其是孔德开创而后又被杜尔克姆等人发扬光大的实证主义社会学理论。在孔德的学说中,居于核心地位的是一个脱颖而出的、普遍的"社会秩序"概念。这种秩序的实质是相互依存:艺术、科学、社会制度都合并为一个统一的整体。孔德认为,随着对于社会生活规律的揭示,人类预见和控制的能力将不断完善。由此可以得出结论,以实证科学为动力而推动的一种完善的社会体系将结束产生于陈腐知识的历史上的人类对抗。② 同样,迪尔凯姆反对大多数启蒙主义哲学家主张的原子论倾向,并将自己的社会学理论建立在维护社会秩序的研究上。迪尔凯姆强调社会现象是独立于个人的特殊现象,指出:"社会的"一词只有用来表示一种综合的现象,一种与已经形成的个体现象相脱离的现象,才有确定的意义。社会现象不同于个人现象的特殊性质在于:它们是存在于人们身体以外的行为方式、思维方式和感觉方式,同时通过一种强制力,施以每个个人。③ 总之,整体主义重视社会对于个人的决定作用,追求社会秩序的价值。从社会秩序的价值中必然引申出强制与控制的概念。迪尔凯姆就用"强制"一词来定义社会现象,认为人们大多数的意念和倾向都不是他们自己造就的,而是来自外界,通过引导、影响、强迫而使人们自觉或不自觉地接受,这是无可争辩的事实。所以,用强制来定义社会现象,也正是出于这样一种认识。④ 美国学者罗斯也认为,社会秩序意味着根据一些规则来调节冲突,秩序是由社会对人们施加控制引起的。罗斯还把我们的社会秩序与蜂房或兽群的秩序相比较,认为前

---

① 参见〔英〕彼得·斯坦、约翰·香德:《西方社会的法律价值》,王献平译,中国人民公安大学出版社 1989 年版,第 184 页。
② 参见〔美〕珀杜等:《西方社会学——人物·学派·思想》,贾春增等译,河北人民出版社 1992 年版,第 60 页。
③ 参见〔法〕迪尔凯姆:《社会学研究方法论》,狄玉明译,华夏出版社 1988 年版,第 5 页。
④ 参见〔法〕迪尔凯姆:《社会学研究方法论》,狄玉明译,华夏出版社 1988 年版,第 5 页。

者是建造物,后者是生成物。① 社会秩序既然是建造,那就意味着对它的人为的控制因素。以上整体主义的社会理论对社会法学派产生了重大影响。例如,社会法学派的创始人庞德指出:文明是人类力量不断地更加完善的发展,是人类对外在的或物质自然界和对人类目前能加以控制的内在的或人类本性的最大限度的控制。社会控制就是这种控制的重要内容之一,社会控制主要是通过法律实现的,因此,法律的任务就在于实现社会控制。② 整体主义作为个体主义的代替物,是19世纪以后适应资本主义生产进一步社会化的思想产物。

个体主义与整体主义的对立,奠基于对个人与社会之间关系的武断割裂。笔者认为,个人与社会是辩证统一的,这就决定了个人自由价值与社会秩序价值的兼容性。个人部分不能当做既定因素。正如安东尼·吉登斯所表示的:"个人所含内容不能被当做显而易见的东西。"我们自由的个性和能力,是在社会——经济环境中形成的。社会中的基本要素不是抽象的个人,而是社会的个人,他组成社会又被社会组织起来。用帕特里克·柏曼的话说,我们应该避免"在个人和社会之间的毫无结果的极化偏向"。强调个人或社会居于首要地位,都是错误的。③ 确切地说,个人与社会的统一表现为个人选择与社会强制的统一。首先,个人具有自由性,这种自由是人作为类的一种内在本性,是理性赋予人的一种权利,这种本性或权利按其必然性来说,要求人们去追求和实现。因此,个人的一定限度的自由的存在,是人的本性所决定的,具有不可剥夺性。其次,社会具有秩序性,这种秩序是社会存在的根本前提和必要条件。社会秩序对于个人来说,具有不可否认的强制性。个人的选择是受社会制约的,离开一定的社会物质生活条件,个人的自由就只能是无本之木。因此,关键的问题是要在个人自由与社会秩序之间划出一条界线:在最大限度地使个人享有自由的条件下保护社会秩序的稳定;或者说,在社会秩序不受破坏的条件下使个人享有自由。这条界线体现的就是法律的最根本的价值:公正。公正是个人公正与社会公正的统一,它意味着在

---

① 参见〔美〕罗斯:《社会控制》,秦志勇、毛永政译,华夏出版社1989年版,第2—4页。
② 参见〔美〕庞德:《通过法律的社会控制——法律的任务》,沈宗灵译,商务印书馆1984年版,第9页。
③ 参见〔英〕霍奇逊:《现代制度主义经济学宣言》,向以斌等译,北京大学出版社1993年版,第83页。

现存社会结构下所能提供的个人自由的最大化。

三、刑法机能的价值分析

刑法的价值构造是以公正为基石的,刑法的公正性就表现在个人自由与社会秩序的统一,因而是刑法的人权保障机能与社会保护机能的统一。

刑法的人权保障机能以保障个人自由为内容,在这个意义上可以说刑法是公民自由的大宪章。刑法对个人自由的保障主要体现在立法与司法两个方面。从立法上来说,刑事立法是要为个人的自由选择界定范围,提供一定的行为模式。因此,应当尽可能地为个人的自由选择留下充分的活动可能性空间。英国学者密尔指出:公民自由或社会自由要探讨社会所能合法施用于个人的权力的性质和限度。那么,这种限度是什么呢？密尔认为,个人的自由必须制约在这样一个界限上,就是必须不使自己成为他人的妨碍。因此,密尔所谓自由的核心有两个基本原则:一是个人的行为只要不涉及他人的利害,个人就有完全行动的自由,不必向社会负责,其他人不得对这个人的行为进行干涉,至多只能忠告、规劝或避而不理。二是只有当个人的行为危害到他人利益时,个人才应当接受社会的或法律的惩罚。密尔明确指出:任何人的行为,只有涉及他人的那部分才须对社会负责,在仅涉及本人的那部分,他的独立性在权利上是绝对的。[①] 因此,密尔把人的行为分为涉己性行为与涉他性行为,涉己性行为应当属于绝对自由的范围,只有涉他性行为危及他人及社会利益,法律才能予以制裁。在这个意义上,刑法具有对个人自由的保障机能,同时也是对权力的一种限制,即行使保护犯罪行为者的权利及利益,避免因国家权力的滥用而使其受害。对司法有关者来说,刑法作为一种制裁的规范是妥当的,这就意味着当一定的条件具备时,才可命令实施科刑;而当其条件不具备时,就禁止科刑。虽然刑法是为处罚人而设立的规范,但国家没有刑法而要科以刑罚,照样可行。从这一点看,可以说刑法是无用的,是一种为不处罚人而设立的规范。人们之所以把刑法称为犯人的大宪章,其原因就在于此。[②] 从司法上来说,刑事司法是根据一定的刑罚法令,对犯罪者科

[①] 参见〔英〕密尔:《论自由》,程崇华译,商务印书馆1982年版,第3、59、10页。
[②] 参见〔日〕西原春夫:《刑法的根基与哲学》,顾肖荣等译,上海三联书店1991年版,第33页。

以刑罚。一个人的行为危及他人或社会利益并触犯刑律,就构成了犯罪。犯罪人应当受到刑罚处罚,这是完全正当的,是社会对犯罪人的一种报应。但是,犯罪人虽然其行为构成了犯罪,他的权利并没有完全丧失,要求在法律的范围内受到公正的处罚是被告人的合法权利。所以,刑法的人权保障机能,在很大程度上就是对被告人的合法权利的保障。正是在这个意义上,刑法也可以视为被告人的大宪章。被告人的权利之所以还要受到法律的保障,是因为被告人不是单纯的司法客体,他因犯罪行为而与国家形成了一种刑事法律关系。在这一刑事法律关系中,国家具有惩治犯罪的权力,被告人具有接受法律惩治的义务,同时被告人享有不受非法制裁的权利。更为重要的是,被告人也是一定社会中的个人,是由公民转化而来的。对一个人的非法制裁,潜藏着对社会上的其他公民非法侵害的可能性。为此,刑法对被告人的合法权利的保障不仅是必要的,而且是一个社会法治状况的基本标志,具有十分重大的意义。

  刑法的社会保护机能以维护社会秩序为己任。社会虽然是由个人构成的,但又绝不是个人的简单相加。社会具有自身的存在根据与发展规律,它是个人自由实现的客观环境。个人虽然享有广泛而充分的自由,但这种自由是有限度的,一旦危及社会生存条件,必然为社会所不允许,因而会受到法律制裁。刑法所保护的社会秩序,是指被犯罪行为所侵害的社会关系。这种社会关系对于社会的生存与发展具有十分重大的关系,因而有必要动用刑法加以保护。刑法所保护的社会关系,涉及三种利益,这就是国家利益、社会利益与个人利益。国家利益与社会利益具有公共的性质,关系到每一个公民的生存,因而用刑法加以保护是十分必要的。那么,个人利益为什么也属于社会性质的利益而需要刑法加以保护呢?这是因为这种个人利益是法律赋予的,它所涉及的虽然是个人之间的关系,但危及的是整个社会的秩序。因此,诸如杀人、强奸、抢劫、盗窃这样一些侵犯公民人身或者财产权利的行为也规定为犯罪并受到刑罚制裁。为保护社会秩序,必然会对个人自由的范围加以限制。这种限制,从个人角度出发考察,未必就是合理的;但从社会意义上观察,又是必要的。在这个意义上可以说为保护社会秩序,个人自由有所限制,这是一种必要的也是不得已的丧失。但在条件许可的情况下,又应当尽可能地扩大个人自由的范围。例如,日本刑法学家西原春夫曾经讨论过淫秽物品的违法性问题。对此存在两种观点:第一种观点认为,发行、销售以及公开陈列淫秽的书刊和画册的行为,因其违反性的道义秩序,是违法的,构成犯罪。理由是:一旦性道义秩序败坏,不仅最终损害了妇女、幼儿和少年的利益,而且会导致精神颓废,使整个社会秩序变得松散,进而使国民的各种利益受到侵害。第二种观点认为,如果把淫秽物品给不想看的人看,或给性方面未成熟的幼儿和少年看,显然是侵害了其利益的。因此,刑法上对此的取缔是合理的。但是,对于不会因看淫秽物品而特别受影响的人来说,想看时给其看,又有什么利益侵害呢? 把这种情况也一概地作为处罚的对象,是赋予脱离个人利益的道义以独立地位,如果说道义是为了国民的利益,在利益尚未侵害之时而认为其违反道义即违法,则是不恰当的。① 应该说,第二种观点不是没有一点道理,但在不能各得其所的条件下,一概禁止只能是唯一的选择,尽管这在一定程度上限制了某些公民的自由。从这里也可以看出,社会秩序首先是一个管理的问题,刑法只是维护社会秩序的最后手段,不是唯一甚至不是主要的手段。随着社会管理水平的提高,刑法手段将退居其次,因而个人自由的范围也会逐渐扩大。

　　刑法的人权保障机能与社会保护机能从根本上来说是统一的,这主要表现在:有效的人权保障对于社会秩序的稳定发展是必不可少的条件。因为社会秩序不是静态而是动态地存在的,个人自由的充分享受,可以发挥人的主观能动性,促进社会的进步。一个束缚个人自由的社会,万马齐喑,毫无生气,就不会有创造力,最终必然导致社会的混乱。同样,有效的社会保护对于个人自由的不受侵犯是不可或缺的条件。因为个人自由的行使需要一定法律规则的引导与规范,尤其是在个人自由发生冲突的情况下,更需要一定的凌驾于个人之上的社会力量加以裁决。如果没有一定的社会秩序,个人各行其是,互相侵犯,最终也会导致个人自由的丧失。当然,刑法的人权保障机能与社会保护机能的统一性只是一种理论上的应然性。在现实社会生活中,两者不可避免地会存在冲突。为此,需要从现实的社会物质生活条件出发,对两者加以协调,使之发挥最优的刑法功能,实现刑法的最大限度的公正。

---

① 参见〔日〕西原春夫:《刑法的根基与哲学》,顾肖荣等译,上海三联书店1991年版,第47页。

我国当前处于一个经济转轨与社会转型的重大历史转变时期,刑法面临新的价值选择与构造。应该说,中国的传统法文化是以秩序为最高的法律价值。在古代社会,法是为保障礼的实现采用的一种刑罚措施。而礼则表现为按照尊亲关系的原则建立起来的等级秩序,使每个人在社会中都按照各自的名分享有一定的权利和义务,各安本分。法的目的就在于保障这种秩序不受侵犯。因此,秩序便成为传统中国的法律价值。[①] 在这个意义上说,中国传统法律是一种以社会为本位的法律。这种法律传统根深蒂固,影响深远。因此,长期以来我国充分强调的是社会利益,而在一定程度上忽视或者漠视个人利益。反映在刑法观念中,就是过于强调刑法的社会保护机能,而未将人权保障机能放在一个同等重要的应有的位置上。在市场经济观念日益深入人心的今天,个人的自由与权利逐渐受到重视与强调。在法理上,通过反思社会本位的中国传统法文化,权利本位的法观念的呼唤正得到日益强大的回应与反响。在这种情况下,刑法的价值构造应当顺应时代潮流的发展,调整刑法的人权保障机能与社会保护机能之间的关系与比重,刑法机能从社会保护机能向人权保障机能倾斜,加重刑法的人权蕴涵。只有这样,才能在刑法中科学地界定个人与社会的关系,避免不适当地限制个人自由,以赋予个人最大限度的活力。总之,刑法应当通过人权保障机能与社会保护机能的协调,追求个人自由与社会秩序的刑法价值,最终实现刑法的公正价值,这就是刑法的价值构造。

---

① 参见陈晓枫主编:《中国法律文化研究》,河南人民出版社1993年版,第218页。

刑法机能二元论*

在任何一个社会,人权保障与社会保护都应当互相协调,从而在更大程度上实现刑法机能。本文旨在科学地界定刑法的人权保障机能与社会保护机能的基础上,对刑法的双重机能进行联结考察。

一、刑法的人权保障机能

刑法,尤其是近代刑法,在人权保障方面发挥着重要的作用。马克思将法律(包括刑法)称为人民自由的圣经,就是极言法律,主要指刑法具有人权保障机能。在我国当前市场经济的社会条件下,刑法的人权保障机能更加引起人们的重视。

对刑法中人权及其人权保障机能的分析,始于刑法的特殊性。在法律体系中,刑法的限制性是最为明显的,它是其他法律的制裁力量。刑法涉及对公民的生杀予夺,其存在的必要性在于保护社会,使社会免遭犯罪的侵害。但这种刑罚权如果不加限制,任其扩张,又势必侵夺公民个人的自由权利。正是在刑法存在的这一特殊矛盾中,刑法中的人权保障的重要性才得以凸现并受到充分的重视。因此,人权保障的刑法意义主要体现在以下两个方面:

(一) 刑法对被告人权利的保障

刑法中的人权首先是指被告人的实体权利(以下简称"被告人权利")。被告人是指被指控为有罪的人,又叫犯罪嫌疑人。刑法中的人权保障,最表层的分析,涉及对被告人权利的保护。在这个意义上,可以把刑法称为犯人(应当是指被告人)的大宪章。在刑法中,存在着一种刑事法律关系或称刑法关系。这种刑事法律关系是犯罪人与国家之间的一种权利义务关系,它以

---

* 本文原载《法制与社会发展》1997年第4期。

刑事责任的形式得以表现。从以有关机关为代表的国家这方面来看,这些权利和义务是:根据犯罪行为和犯罪人危害社会的程度对罪犯进行惩处,适用和执行刑罚,进行改造和再教育,以及保障判刑和服刑的法律措施。从犯罪人这方面来看,他们的权利和义务则是对所实施的行为及由此产生的一切后果接受和承担刑罚或其他惩罚方法,同时有权要求严格按照刑法、刑事诉讼法和劳动改造规范的规定适用、确定和执行刑罚或者方法。[①] 在这种刑事法律关系中,被指控为有罪的公民与国家司法机关之间存在的这种权利义务关系表明:被告人尽管被指控为有罪,但并不因此而处于完全丧失权利简单地成为司法客体的地位,被告人的人权仍然受到法律的保障。这也正是现代法治区别于专制社会刑事制度的重要特征之一。在专制社会里,公民一旦被指控为有罪,便丧失了一切权利,处于被折磨和被刑讯的地位,甚至受到非人的待遇。在这种情况下,被告人就根本谈不上人权。例如,美国学者指出:18世纪刑法规定的刑罚是野蛮的,它允许实行刑讯逼供以获取犯罪事实和同案犯,对数百种罪行几乎都适用死刑。法律通常不公布,市民很难判断他们的行为是否违法。那种完全没有"正当的法律程序"的逮捕常常是随意和任性的。因此,美国学者认为,"不确定"是18世纪刑法最典型的特征。[②] 这里的"不确定"意味着被告人与国家之间的关系不受法律制约,被告人处于一种消极被动而无人权可言的地位。随着启蒙思想的传播和社会契约论的影响,个人与国家的关系,包括被告人与国家的关系重新在理性的观念下得到审视。社会契约的观念成为社会秩序的基础,并确认过分严厉和任意的刑法违反了社会契约。对破坏社会秩序的人适用刑罚是保护社会契约的需要。但是,公民也必须保护自己不受专制国家权力的侵犯。在这种情况下,被告人的权利开始受到人们的重视。尤其是随着罪刑法定与无罪推定原则的确立,被告人的权利(包括实体性权利与程序性权利)在法律上受到承认并予以保障。因此,刑法中的人权保障,首先就意味着对被告人权利的保障。对此,日本刑法学家西原春夫曾经指出:刑法还有保障机能,即行使保护犯罪行为者

---

① 参见〔苏〕巴格里·沙赫马托夫:《刑事责任与刑罚》,韦政强等译,法律出版社1984年版,第55—56页。
② 参见〔美〕理查德·霍金斯等:《美国监狱制度——刑罚与正义》,孙晓雳、林遐译,中国人民公安出版社1991年版,第29页。

的权利及利益,避免因国家权力的滥用而使其受侵害的机能。对司法有关者来说,刑法作为一种制裁的规范是妥当的,这就意味着当一定的条件具备时,才可命令实施科刑;同时当其条件不具备时,就禁止科刑。虽然刑法是为处罚人而设立的规范,但国家没有刑法而要科以刑罚,照样可行。从这一点看,可以说刑法是无用的,是一种为不处罚人而设立的规范。人们之所以把刑法称为犯人的大宪章,其原因就在于此。[①]

(二) 刑法对一般人权利的保障

由上可知,被告人权利的保障是刑法的人权保障的题中应有之义,但如果把它视为刑法的人权保障的全部意蕴,那就大错特错了。可以说,刑法的人权保障的更深层次的含义在于对全体公民的个人权利的保障。正是在这个意义上,刑法不仅是犯人的大宪章,更是公民自由的大宪章。应该说,刑法是公民自由的大宪章这一思想是现代法治国家的刑法灵魂与精髓,也是现代刑法与以往专制刑法的最根本区别之一。在专制社会里,刑法被认为是驭民之术,其基本点在于用刑法来镇压反抗统治的行为,被认为是刀把子。在这种情况下,公民个人与国家的关系处于一种紧张的对立之中。统治阶级为了维护其社会统治,可以随意地限制乃至于剥夺公民的自由。因此,公民的自由范围是十分有限的,而国家权力,包括刑罚权却恶性地膨胀。例如,在宗教的统治下,欧洲大陆法系国家的刑法完全成了统治阶级禁锢人们思想、限制人的言论和行动自由、强制推行禁欲主义的工具。刑法规范制约着人们生活的各个细节,它同统治阶级的道德规范混淆在一起,没有一个确切的法定标准,人们可以根据占统治地位的道德信条来判定一个人是否有罪、罪轻还是罪重。[②] 在这种罪刑擅断的刑法制度下,公民的个人自由得不到保障,往往成为专制刑法的牺牲品。在17、18世纪的启蒙运动中,专制的刑法制度受到猛烈抨击,刑法机能从简单的镇压犯罪转换为对公民自由的保障,这是一个历史性的转变,由此展开了一场刑法改革运动。美国学者认为,在早期的刑法改革中,具有双重的内容,即使法律与刑罚具有更大的控制和预防犯罪的

---

① 参见〔日〕西原春夫:《刑法的根基与哲学》,顾肖荣等译,上海三联书店1991年版,第33页。
② 参见黄风:《贝卡里亚及其刑法思想》,中国政法大学出版社1987年版,第17页。

功能(防止一般公民受罪犯侵害);保证国家权力在某种控制之下,并负有保护社会契约的义务(保护公民不受国王侵犯)。米歇尔·福科认为:刑罚改革源于反抗专制权力的斗争和与犯罪作斗争二者之间的要求和对非法行为之可容忍度的交会点。① 可以说,在刑事古典学派所倡导的早期刑法改革运动中,公民个人权利的保障放到了首要的地位。罪刑法定就是这场刑法改革运动的产物,它以限制刑罚权、保障公民的人权为己任。因此,对于人权保障的刑法意义,只有从保障所有公民不受国家权力的非法侵害这一思想出发,才能得到昭示。唯此,才能对刑法的人权保障机能予以全面的把握。正如日本刑法学家庄子指出:刑法的人权保障机能由于保障的个人不同,实际机能有异,具有作为善良公民的大宪章和犯罪人的大宪章两种机能。只要公民没有实施刑法所规定的犯罪行为,就不能对该公民处以刑罚。在此意义上,刑法就是善良公民的大宪章。刑法作为犯罪人的大宪章,是指在行为人实施犯罪的情况下,保障罪犯免受刑法规范以外的不正当刑罚。② 因此,刑法的人权保障机能体现的是刑法对公民个人(包括被告人和其他公民)的权利的有力保障。

二、刑法的社会保护机能

社会保护作为刑法机能,在与人权保障相对应的意义上,是指通过惩罚犯罪对社会利益的保护。日本刑法学家庄子在论及刑法的保护机能时指出:刑法是基于国家维护其所建立的社会秩序的意志制定的,根据国家的意志,专门选择了那些有必要用刑罚制裁加以保护的法益。侵害或者威胁这种法益的行为就是犯罪,是科处刑罚的根据,刑法具有保护国家所关切的重大法益的功能。③ 因此,刑法的社会保护机能,是刑法的性质所决定的,也是刑法存在的根基。社会保护的刑法机能,主要体现在以下三个方面:

(一)刑法对国家利益的保护

刑法自从它产生那一天起,就与国家结下了不解之缘。刑法不仅是国家

---

① 参见〔美〕理查德·霍金斯等:《美国监狱制度——刑罚与正义》,孙晓雳、林遐译,中国人民公安大学出版社1991年版,第29、30页。
② 参见〔日〕木村龟二主编:《刑法学词典》,顾肖荣等译,上海翻译出版公司1993年版,第9—10页。
③ 参见〔日〕木村龟二主编:《刑法学词典》,顾肖荣等译,上海翻译出版公司1993年版,第9—10页。

制定的,而且它也主要被用于保护国家利益。因此,对国家利益的保护就成为刑法的重要机能之一。由于在一定的历史阶段,国家的存在有其客观必然性,而且国家本身也是由一定的物质生活条件所决定的。因而,对国家利益的保护,体现了刑法存在的客观价值。

  刑法对国家利益的保护,主要通过惩治国事罪体现出来,国事罪就是指侵害国家利益的犯罪。在古巴比伦的《汉穆拉比法典》中,关于国事罪的规定极少,这与当时国家尚不发达有一定关系。在古希腊的雅典,各种犯罪以国事罪占主要地位,凡是背叛国家、欺骗民众、亵渎神祇或向民众大会提出非法决议的均属此类。在古罗马社会,出现了公犯和私犯的划分,其中公犯就是指侵害国家利益的犯罪。对于公犯,刑罚具有公共特点,即由国家科处刑罚(poena public),无论对它们是否提出公共诉讼。在中国古代,侵害国家利益的犯罪主要是危害封建统治的犯罪。因而,刑法对国家利益的保护,主要体现在对君主政权的保护上。例如,中国封建刑法中有十恶之罪的规定,这十条重罪都是关系到君主的权力地位和封建政权的统治基础以及宗法伦理关系中的一些根本问题,涉及封建统治阶级的最高利益,所以封建刑法才把这些犯罪行为作为打击的重点,以维护君主专制制度和巩固封建社会的统治秩序。在十恶大罪中,谋反位列第一,指"谋危社稷"的犯罪,社稷是指封建专制政权。因此,谋反是典型的侵害封建国家的犯罪,封建刑法将其作为统治重点。在近代,意大利著名刑法学家贝卡里亚对侵害国家利益的犯罪作了论述。贝卡里亚所说的直接地毁伤社会或社会的代表的犯罪,实际上就是侵害国家利益的犯罪。这种犯罪最典型的是叛逆罪,贝卡里亚认为叛逆罪危害性较大,因而是最严重的犯罪。在贝卡里亚看来,一切犯罪,包括对私人的犯罪都是在侵犯社会,然而它们并非试图直接地毁灭社会。① 而侵害国家的犯罪则直接以社会为侵犯对象,这就是它和其他犯罪的区别。在现代社会,国家利益是指国家专属的法益。由于对犯罪的评价是以国家立法形式出现的,因而国家为维护自己的生存基础,必然将侵犯国家法益的行为宣布为犯罪。对国家法益的保护,是以限制个人自由为代价的。但在现代社会,国家是基

---

① 参见〔意〕贝卡里亚:《论犯罪与刑罚》,黄风译,中国大百科全书出版社1993年版,第71页。

本的社会组织,一切政治生活与经济生活都是在国家组织下进行的。因此,确保国家权力的安全行使,具有重要意义。

(二) 刑法对社会利益的保护

如前所述,在古罗马法中,只有公罪与私罪的区分,国家利益与社会利益没有明显分化,因而公罪包含了侵害国家利益的犯罪与侵害社会利益的犯罪。及至中世纪,社会公共利益逐渐与国家利益相分离,侵害社会利益的犯罪在犯罪中慢慢独立出来,刑法对社会利益的保护机能也得以凸现。例如,在12、13世纪法兰西王室刑法中,共谋破坏共同利益是可处以长期监禁的犯罪,它包括勾结商人或工匠图谋抬高物价,并对那些不加入者进行威胁的犯罪行为。① 到了西方近代,随着市民社会与政治国家的二元社会结构的建立,社会利益进一步与国家利益分离开来。贝卡里亚把侵害社会利益的犯罪称为与公共利益要求每个公民应做和不应做的事情相违背的行为。具体地说,就是那些扰乱公共秩序和公民安宁的犯罪行为。例如,在被指定的进行贸易和公民来往的公共街道上喧闹和豪宴狂饮,向好奇的群众发表容易激起他们欲望的狂热说教等。②在现代社会,社会利益是一种公共利益,它有别于国家利益和个人利益,但与国家利益和个人利益又具有密切的联系。以社会利益与国家利益的关系而言,维护社会秩序是国家的重要职能之一,没有稳定的社会秩序就不会有稳定的国家统治,因为国家统治建立在社会秩序的基础之上。就社会利益与个人利益的关系而论,社会利益能还原为个人利益。日本刑法学家西原春夫指出:社会利益脱离个人利益而成为单纯的利益,其方法与国家利益的情况有所不同。这里,社会性的道义秩序成为独立的保护利益,国民有遵守这种道义秩序的义务,因而违反该义务,也就被认为其中有违法性。依据上述观点,如发行、销售以及公开陈列淫秽的书刊和画册的行为,因其违反性的道义秩序,是违法的,构成犯罪。即使在密室给成人看黄色电影,也因有损于性的道义秩序而成为犯罪。③ 因此,对社会利益的保护,也

---

① 参见〔美〕伯尔曼:《法律与革命——西方法律传统的形成》,贺卫方等译,中国大百科全书出版社1993年版,第576页。
② 参见〔意〕贝卡里亚:《论犯罪与刑罚》,黄风译,中国大百科全书出版社1993年版,第85页。
③ 参见〔日〕西原春夫:《刑法的根基与哲学》,顾肖荣等译,上海三联书店1991年版,第46—47页。

是刑法的重要机能。

(三) 刑法对个人利益的保护

在任何社会,只要存在法律秩序,公民个人的生命自由、安全和财产等这样一些基本权利都是受保护的。在此,从直接意义上来说,刑法对个人利益的保护是指对被害人利益的保护,从间接意义上来说,对被害人利益的保护实际上也意味着对其他公民的利益的保护。因为,每一个公民都是潜在的被害人。那么,为什么说刑法的社会保护机能中包括对个人利益的保护呢?换言之,刑法对个人利益的保护为什么不属于人权保障机能?这个问题的回答,主要涉及社会保护与人权保障这两种刑法机能的区别:社会保护机能是通过对犯罪的惩治而实现的,因而属于刑法的积极机能或曰扩张机能;而人权保障机能是通过限制国家的刑罚权(包括立法权与司法权)而实现的,因而属于刑法的消极机能或曰限制机能。显然,对被害人利益的保护是通过惩治犯罪而实现的,因而属于刑法的社会保护机能。

刑法对个人利益的保护,主要是通过惩治侵害个人利益的犯罪而实现的。侵害个人利益的犯罪,在古罗马法中称为私犯。因此,私犯(dedictum)是指侵害私人的财产或人身,被认为是对公共秩序影响不大的行为。私法的存在,与当时私刑的存在有着密切联系。私刑,即私人刑罚,这是一种报复刑,是原始社会同态复仇的遗俗。意大利学者朱塞佩·格罗索在论及私犯的产生时指出:我们所描述的针对故意杀人罪的刑法发展进程(为各非法行为规定带有报复色彩的刑罚)是从所谓"努玛法律"开始的,它在《十二表法》中得到充分发展;另一方面,《十二表法》保留着原始时期的痕迹(即表现为"献祭刑"的宗教刑罚的影响),在一些情况中还要求负有宗教义务的私人团体实施报复[比如在"努玛法律"规定的报复刑(paricidas estc)情况中];但在另一些情况中,城邦执法官则予以干预。上述发展进程最后进入到另一种观念(这是一种独特的且平行发展的观念)的领域,这种观念在历史的发展中构成另一种独特的范畴,对这些私人犯罪的惩罚就是遗弃犯罪人,任凭被害人方面对之实行报复或占据。早期这种听任私人复仇的做法反映着侵害私人权利的那些犯罪行为的后果;从上述做法的残余中,德·维斯凯(De Visscher)敏锐地指出惩罚(Vindicta)与赔偿(noxa)之间的早期区别:"惩罚"针对的是侵犯人身的犯罪,这种犯罪导致狭义的、可用罚金(poena)赎买的报复;

"赔偿"针对的则是造成财产损害的犯罪,它使被害方有权占据犯罪人的躯体,后者可以通过支付罚金(damnum decidere)实行自赎。① 由此可见,在古罗马社会的早期,对个人利益的侵害只是被看做私人之间的关系,实行的是私刑。私犯作为一种犯罪,人们为个人而接受刑罚,在早期历史时代,这种刑罚导致以钱赎罪。私犯的概念,有关于诉讼和刑罚所具有的、私人的和债的特点,这些都是原始制度的残余,根据这种原始制度,犯罪是产生债的真正的和唯一的渊源。② 随着社会进步,私刑逐渐被禁止,国家刑罚权开始及于私犯,这表明了古罗马刑法对个人利益保护的加强。英国学者梅因具体论述了这一转变过程时指出:我们在习惯上认为专属于犯罪的罪行被完全认为是不法行为,并且不仅是窃盗,甚至凌辱和强盗,也被法学专家把它们和扰害、文字诽谤及口头诽谤联系在一起。所有这一切都产生了"债"或者法锁,并都可以用金钱支付以为补偿。直到后来,在一个不能确定的时期,法律开始注意到一种在"法学汇纂"中称为非常犯罪(crxmina eatraordinajia)的新的罪行时,它们才成为刑事上可以处罚的罪行。无疑的,有一类行为,罗马法律学理论是单纯地把它们看做不法行为的;但是社会的尊严心日益提高,反对对这些行为的犯罪者在给付金钱赔偿损失以外不加其他较重的刑罚,因此,如果被害人愿意时,准许把它们作为非常(extra ordinem)犯罪而起诉,即通过一种在某些方面和普通程序不同的救济方式而起诉。③ 应该说,古罗马法早期将私犯视为私人之间的纠纷,国家不予干涉,体现了当时国家观念尚不发达。随着国家权力的扩张,私刑权受到限制乃至禁止,刑罚权以公刑权的形式表现出来,成为国家专属的权力。马克思指出:"公众刑罚是罪行与国家理性的调和。因此,它是国家的权利,但这种权利国家不能转让给私人,正如同一个人不能将自己的良心让给别人一样。国家对犯人的任何权利,同时也就是犯人对国家的权利。任何中间权利的插入都不能将犯人对国家的关系变成对私人的关系。即便假定国家会放弃自己的权利,即自杀死亡,那么国家放弃

---

① 参见〔意〕朱塞佩·格罗索:《罗马法史》,黄风译,中国政法大学出版社1994年版,第129—130页。
② 参见〔意〕彼德罗·彭梵得:《罗马法教科书》,黄风译,中国政法大学出版社1992年版,第401页。
③ 参见〔英〕梅因:《古代法》,沈景一译,商务印书馆1959年版,第208、222页。

自己义务将不仅仅是一种放任行为,而且是一种罪行。"①马克思在这里所说的公众惩罚是国家的权利,就是指国家具有惩罚犯罪的权力,这就是刑罚权。刑罚权不能转让给私人,因此对于个人利益的侵害行为,也应由国家予以惩罚。

中国古代社会由于国家观念发展较早,因此对个人利益的侵害从一开始就视为对社会的侵害,由国家予以惩罚。例如,春秋时期李悝的《法经》,把"王者之政莫急于盗贼"作为指导思想,并首列《盗律》《贼律》两篇。这里的"盗"指侵犯个人财产权利的犯罪,"贼"指侵犯个人人身权利的犯罪。因此,对于这种侵犯个人利益的犯罪能够从侵害王者之政这样一个高度去认识,充分表明中国古代刑法观念的早熟与发达。

西方中世纪早期,犯罪,这里主要是指侵害个人利益的犯罪行为,往往是作为侵权行为对待,由私人自己解决。例如在法兰克人的法律观念中,侵权行为和犯罪没有区别,一般说来,侵害个人利益者为侵权行为,侵害部落全体利益和侵害个人利益同时侵害全体利益者构成犯罪。侵权行为范围十分广泛,近代认为是犯罪的许多违法行为(如公开杀人),当时都只看做侵权。在法兰克王国基础上建立起来的法兰西王国,开始也还是把犯罪当做是侵害个人的行为,由私人进行报复,或科以赔偿金了事。随着封建制度的发展,封建国家开始认为犯罪是破坏社会秩序的行为,危害了国王和领主的安全。因此,对犯罪的惩罚不再是受害人的报复和赔偿要求,而是国家对犯罪行为的制裁。在英吉利也有这样一个转变时期。盎格鲁·撒克逊时期,还保留着古日耳曼人关于犯罪的观念,认为犯罪只是侵害被害人及其家庭的行为,是私人之间的事情,允许进行血亲复仇。盎格鲁·撒克逊后期,已经开始把犯罪看做是侵犯社会秩序的行为,而且应由国家进行惩罚。诺曼底人征服后,这种观念继续发展,1166 年《克拉灵顿诏令》和 1176 年《诺桑普敦诏令》明确规定了重罪,即公共犯罪。英国学者塞西尔·特纳指出:随着时间的推移,数种因素的结合使人们认识到制定刑事责任新概念的必要性。诺曼底的国王们根据他们扩大控制范围和巩固其最高权力的决心,任命了许多第一流的官员以执行法律。这不仅导致了法律科学的发展,而且建立了管理审判的机构,

---

① 《马克思恩格斯全集》(第 1 卷),人民出版社 1960 年版,第 69 页。

它可以比先前更精确地评价刑事诉讼中的行为。财政上的考虑也间接地促进了分门别类地调查刑事控告的发展。由于国王的扩大权力的政策,把许多违法行为划归刑法领域,确立了根据法官的判断计算所需罚金数额的做法,以代替过去的固定赔偿金的制度。① 重罪的概念就是在这种情况下产生的,后来范围又不断扩大,许多严重刑事犯罪,如叛逆、杀人、纵火、强奸、强盗及其他盗窃行为均属重罪之列。这样,重罪的性质已经从原先的公共犯罪,演变为也包括私人犯罪即侵害个人利益的犯罪。

及至近代,贝卡里亚将侵害个人利益的犯罪明确地在犯罪分类中突出起来,指出:有些犯罪从生命、财产或名誉上侵犯公民的个人安全。贝卡里亚把这种犯罪称为侵犯私人安全的犯罪。这些行为之所以被认为是犯罪,就在于:一切合理的社会都把保卫私人安全作为首要的宗旨,所以,对于侵犯每个公民所获得的安全权利的行为,不能不根据法律处以某种最引人注目的刑罚。② 更为引人注目的是,黑格尔从哲学的角度论述了侵害个人的利益的犯罪行为所具有的社会危害性。黑格尔指出:因为在市民社会中所有权和人格都得到法律承认,并且有法律上的效力,所以犯罪不再是侵犯了主观的无限的东西,而是侵犯了普遍事物。因此产生了一种观点,把行为看成具有社会危险性。由于对社会成员中一人的侵害就是对全体的侵害,所以犯罪本性也起了变化,但这不是从犯罪的概念来说,而是从它的外部实存即侵害的方面来看的。现在,侵害行为不只是影响直接受害人的定在,而且牵涉整个市民社会的观念和意识。③ 应该说,黑格尔对于侵害个人利益犯罪的性质的认识,达到了相当深刻的程度。在现代法中,侵害个人利益的犯罪越来越受到重视。例如,侵害国家利益的犯罪、侵害社会利益的犯罪与侵害个人利益的犯罪,自1810年《法国刑法典》开始,都是按照国家、社会与个人的顺序排列的,体现了对这三种利益重视程度上的差别。第二次世界大战以后,由于对刑法保护个人利益的重视和强调,有一些国家的刑法典把对于个人利益的犯罪放在了首位,例如瑞士刑法典、瑞典刑法典、巴西刑法典等。最引人注目的

---

① 参见〔英〕塞西尔·特纳:《肯尼刑法原理》,王国庆等译,华夏出版社1989年版,第10页。
② 参见〔意〕贝卡里亚:《论犯罪与刑罚》,黄风译,中国大百科全书出版社1993年版,第72页。
③ 参见〔德〕黑格尔:《法哲学原理》,范扬、张企泰译,商务印书馆1961年版,第228页。

是1993年法国新刑法典,也一改旧刑法的排列顺序,将侵害个人利益的犯罪排到了首位。对此,法国学者予以了高度评价。例如皮埃尔·特律什和米海依尔·戴尔玛斯－马蒂在为法国新刑法典在中国出版而作的序中指出:一部新法典应当表达在特定的时期一个国家里公认的根本价值。这些根本价值要得到充分保护,不遵守这些价值就要受到惩罚。在这方面,指出以下情况是有很大意义的:1810年的《法国刑法典》将危害公共权益之重罪、轻罪放在第一位;而新《法国刑法典》则将危害人身的犯罪放在优先规定地位,其中首要的是规定了反人类之重罪。① 显然,这不是一个简单的排列顺序变动的问题,而是关系到价值观念的转变。

三、刑法的人权保障机能与社会保护机能的统一

刑法既具有人权保障机能,又具有社会保护机能,这两者的价值取向显然是有所不同的。那么,刑法的这两种机能能否统一起来以及在何种程度上协调起来,这是刑法的价值构造中的一个大课题。刑法的人权保障机能与社会保护机能存在着对立统一关系,这种对立统一关系正是建立在对个人与社会的科学理解之上的。

(一) 人的二元性与刑法机能的双重性

人的二元性是指个体性与社会性。从本质上说,人是个体性与社会性的统一。由此出发,我们可以揭示刑法机能双重性的人性基础。

应该说,追究犯罪是国家权力(刑罚权)之行使。国家通过惩罚犯罪,维护社会生存条件,保护社会利益,这也正是国家存在之必要性的显现。但被国家作为犯罪人追究的被告人也是公民,是社会成员之一,因而被告人的权利也应该得到保障。因此,人所具有的个体性与社会性的二元性决定了刑法机能的双重构造。

公民个人的权利受到法律保护,而对于犯罪的惩罚正是这种法律保护的措施之一。所以,国家对犯罪的惩治不仅应当有利于保护具有社会性的个人,还应当有利于保障具有个体性的个人。这也是建立政治国家的目的之一,对于这一点,自然法学家已经有过深刻的论述。例如,洛克就曾经指出,

---

① 参见《法国刑法典》,罗结珍译,中国人民公安大学出版社1995年版,第1—2页。

在自然状态下,人人均有惩罚犯罪的自然权利。洛克指出:为了约束所有的人不侵犯他人的权利、不互相伤害,使大家都遵守旨在维护和平和保卫全人类的自然法,自然法便在那种状态下交给每一个人去执行,使每个人都有权惩罚违反自然法的人,以制止违反自然性为度。罪犯在触犯自然法时,已是表明自己按照理性和公道之外的规则生活,而理性和公道的规则正是上帝为人类的相互安全所设置的人类行为的尺度,所以谁疏忽和破坏了保障人类不受损害和暴力的约束,谁就对于人类是危险的。这即是对全人类的侵犯,对自然法所规定的全人类和平和安全的侵犯,因此,人人基于他所享有的保障一般人类的权利,就有权制止或在必要时毁灭所有对他们有害的东西,就可给予触犯自然法的人以那种能促使其悔改的不幸遭遇,从而使他并通过他的榜样使其他人不敢再犯同样的毛病。在这种情况下并在这个根据上,人人都享有惩罚罪犯和充当自然法的执行人的权利。① 因此,在自然状态下,惩罚权在于个人,个人依靠自身保障自己的自然权利。可以说,在这种自然状态下,人权保障与社会保护是完全同一的。既然如此,又为什么要建立政治国家呢?对此,存在两种说法。霍布斯认为,自然状态是一种个人与个人之间的战争状态,在这种状态下,每个人根据"自我保存"原则,只顾自己,不惜侵犯他人。为了避免这种恶果,人们通过订立契约,统一在一个人格之中,形成了国家。霍布斯指出:在建立国家以前,每一个人对每一事物都具有权利,并有权做他认为对保全自己有必要的任何事情;为了这一点,他可以征服、伤害或杀死任何人。这就是每一个国家所实行的惩罚权的根据。臣民并没有将这一权利赋予主权者;只是由于他们放弃了自己的这种权利之后,就加强了他的力量,根据他认为适合于保全全体臣民的方式来运用自己的这一权利。所以这一权利并不是赋予他,而是留下给他了,并且只留下给他一个人。同时除开自然法对他所设下的限制以外,留给他的这一权利就像在单纯的自然状况和人人相互为战的状况下一样完整。② 因此,霍布斯认为国家的建立是为了结束战争状态,保护全体臣民。洛克虽然认为自然状态与战争状态存在明显区别,不能混为一谈,但还是认为,在自然状态中人们享有的权利不很稳

---

① 参见〔英〕洛克:《政府论》(下篇),瞿菊农、叶启芳译,商务印书馆1964年版,第7—8页。
② 参见〔英〕霍布斯:《利维坦》,黎思复、黎廷弼译,商务印书馆1985年版,第241—242页。

定,有不断受到别人侵犯的危险,因而也会造成战争状态。洛克指出:不存在具有权力的共同裁判者的情况使人们都处于自然状态;不基于权利以强力加诸别人,不论有无共同裁判者,都造成一种战争状态。避免这种战争状态是人类组成社会和脱离自然状态的一个重要原因。因为如果人间有一种权威、一种权力,可以向其诉请救济,那么战争状态就不再继续存在,纠纷就可以由那个权力来裁决。① 由此可见,无论是霍布斯还是洛克,都认为结束自然状态建立政治国家,更有利于保护个人权利。但是,政治国家建立起来以后,它就成为一种独立于个人甚至凌驾于社会之上的政治力量,有可能异化为与个人相对立的暴政,这就是权力的异化。权力异化是指权力本体产生了与自身相对立的力量的情况,丧失了原来的质的规定性而异于本来意义上的权力。我国学者指出:权力是由其外在形式和内在本质构成的。权力的外在形式无论在哪种历史条件和情况下,都可以表现为"意志—行动"关系中的命令服从关系。如果权力关系的内容符合权力的本质,那么权力就顺利运行,如果不符合这些本质,那么就丧失了原来的质的规定性而异于本来意义上的权力,这时,尽管权力在形式上仍以强制力、支配力、影响力的面貌出现,但权力的本质已发生了异变,已由此衍生出与原来的权力相矛盾和对立的力量。也就是说,权力发生异化时,"意志—行动"的命令服从关系的内容已倒了个,已改变其本质而在对象、功能、方向、作用等上面与原来的权力相逆。② 刑罚权作为国家权力的重要表现形式,同样也会出现这种异化现象。刑罚权的存在,本来是为了维护社会秩序,保护每个公民的个人利益。但如果对刑罚权不加限制,它就会异化为压迫公民的工具。因为通过国家对犯罪的惩治,虽然可以保护社会(包括对国家、社会与个人利益的保护),但刑罚权的行使是以限制公民的自由为代价的,因而刑罚权的扩张与滥用,又必然使公民自由缩小,并有可能惩及无辜。为此,又有必要对国家刑罚权加以限制,就是不仅要使刑法具有社会保护的机能,而且要有人权保障的机能。因此,正是在个人权利这一点上,刑法的保障机能与保护机能才能得以统一。

不仅在公民个人权利的保护上,人权保障与社会保护这两种刑法机能具

---

① 参见〔英〕洛克:《政府论》(下篇),瞿菊农、叶启芳译,商务印书馆1964年版,第15页。
② 参见周振想主编:《权力的异化与遏制——渎职犯罪研究》,中国物资出版社1994年版,第10—11页。

有对立统一性,而且在公共利益(包括国家利益与社会利益)的保护上,人权保障与社会保护这两种刑法机能也同样具有对立统一性。日本刑法学家西原春夫曾经对法律惩治杀人罪与不申报罪的情况作了比较:法律惩治杀人罪,可以说杀人的行为能预防,国民的生命能得到保护。国家本身并没有因杀人罪而受到保护,所以杀人罪的规定可以看做是纯粹为了保护国民的利益而行使了国家的刑法制定权。而且,刑法上禁止杀人,几乎不会使人感到自己的自由受到了限制。相反,如果没有杀人罪的规定,如果出现了自己不知何时会被人杀掉的状态,人们就会非常不安,因为生命是最为重要的利益。可以说,从杀人罪的规定中,国家未得到任何直接利益。法律规定居住者1年的所得金额超过一定数额时,必须向税务署长提出规定的申报书。如果有人无正当理由,在提出申报期限内没有提出申报书,就要处以一定的刑罚。在犯不申报罪时,没有人心甘情愿地主动去申报,都是勉强申报(国家规定的适法行为)。因为谁都明白,申报了,就得上缴相应的税款,而其对自己不利。从表面上看,国民因这条规定而受损失,国家得益。即使如此,是否国民单方面受到损失呢?其实不然。正因为有了这种制度,才可以征到税金,国家和地方自治体的财源才得到保证。应该看到,它反过来又与国民的利益紧密相连。因此,这当然是以税在实质上公平分担、预算分配合理为前提的。如果真是这样,认为只有国家受益的看法是片面的。精确计算一下预算对个人的分配以及公益费的分担,可以看出,其结果还是还给了国民。国家税收,结果是国民享受到利益。① 在此,西原春夫从个人利益与国家利益的一致性的意义上,论述了刑法无论是惩治侵害个人利益的犯罪还是侵害国家利益的犯罪,都是有利于社会的,具有同样的社会价值。当然,这一观点也只是建立在个人利益与国家利益相一致这样一个前提之上的。否则,这一观点就不能成立。

(二) 社会的二元性与刑法机能的双重性

社会的二元性是指市民社会与政治国家的二元结构。现代社会是市民社会与政治国家的统一。由此出发,我们可以揭示刑法机能双重性的社会

---

① 参见〔日〕西原春夫:《刑法的根基与哲学》,顾肖荣等译,上海三联书店1991年版,第34—35页。

基础。

毫无疑问,刑法是一种社会现象,刑法机能的发挥不能离开一定的社会条件。在前资本主义社会,市民社会与政治国家并未分化,两者具有高度的同一性,没有明确的界限,政治国家就是市民社会,反之亦然。市民社会的每一个领域,都带有浓厚的政治性质,一切私人活动与事务都打上了鲜明的政治烙印。马克思曾经指出,中世纪的精神可以表述如下:市民社会的等级和政治意义上的等级是同一的,因为市民社会就是政治社会,因为市民社会的有机原则就是国家的原则。① 在这种社会结构中,刑法以保护国家利益、社会利益为己任,人权保障机能则完全受忽视。其结果是,为了保护国家利益,不惜采用严刑苛罚。例如,我国学者黄风认为,在罗马刑法中存在国家至上原则。根据这一原则,为了国家利益可以对任何有害行为包括具有侵害危险的行为处以严厉刑罚,个人没有任何权利值得国家尊重。除此以外,再无其他限制国家刑罚权的基本原则。刑法成为了维护罗马皇帝专制统治的工具,含义模糊的叛逆罪(laesa majestas)成为刑事追究的重点,一切有损皇帝人身、尊严和权利的行为,都可以在此罪名下被处以极刑。在罗马共和国时期曾一度被限制使用的死刑,不但被广泛使用,而且不断翻新着花样,出现了砍头、烧死、钉十字架、绞刑、把人装进皮口袋投入海中、送进角斗场等残酷的执行方式,杖刑、鞭刑、裂肢等肉刑也成为普遍的刑种。东罗马帝国的皇帝查士丁尼在公元528年组织编纂的《查士丁尼法典》,把这些残酷而混乱的刑法加以汇集,形成了第47编和第48编,人们后来称它们为"恐怖之编"。② 因此,在罗马社会,刑法成为维护国家权力的专横工具。在中世纪,刑法不仅成为政治压迫的工具,而且成为宗教迫害的手段。在漫长和极端黑暗的欧洲中世纪封建社会中,愚昧和野蛮的刑法制度,以天主教的多米尼各派把持的"宗教裁判所"为顶点。黑格尔对此进行了深刻的批判,揭露了对于异教徒的残酷迫害。③ 一直到法国大革命之前,欧洲大陆刑法制度尚以残暴而著称。对此,德国著名刑法学家冯·巴尔曾经指出:当我们研究旧制度的刑法并把它同罗马帝国后期和中世纪前期的刑法加以对照时,我们将会发现,文明的发

---

① 参见《马克思恩格斯全集》(第1卷),人民出版社1960年版,第334页。
② 参见黄风:《贝卡里亚及其刑法思想》,中国政法大学出版社1987年版,第4—5页。
③ 参见吕世伦:《黑格尔法律思想研究》,中国人民公安大学出版社1989年版,第92页。

展未给刑法带来任何进步——它实际上处于停滞状态,完全带有在这些时期中所具有的缺陷。刑罚是不平等的,它们不是根据犯罪的性质而是根据犯罪人的地位或等级而发生变化;刑罚的执行方式也是残酷和野蛮的,刑罚体系的基础是死刑和滥用的肢体刑;犯罪没有确切的定义;个人没有丝毫的安全保障足以避免国家在镇压犯罪时的过火行动。最后,愚昧、偏见和感情上的狂暴制造着臆想中的犯罪;刑法的适用范围扩展到了调整社会关系之外,甚至超越了对意识的统治。[①] 因此,在西方中世纪,刑法完全蜕化为国家的镇压工具。在使人不成其为人的专制社会里,刑法成为社会控制个人的唯一手段。刑法的这种社会对个人的控制性,在中国封建社会表现得更为明显。我国学者张中秋指出:传统中国是一个国家权力和观念高度发达的社会,早在青铜时代这种情况就有了相当的发展,秦、汉以后更是有增无减,专制主义集权日趋加强,家国一体,融家于国的情形和观念可谓举世罕见。这种社会情形势必形成一切以国家利益和社会秩序的稳定为最高价值,也必然造成这种价值的无限扩散,以致渗透到包括纯私人事务在内的一切领域。为此,以维护最高价值为目的的国法也只可能是废私的公法。废私立公就意味着国家使用强力来干涉私人事务,确保国家利益,并视一切行为都和国家有关,一切不法、侵权行为都是犯罪,这就奠定了一切法律刑法化、国家化的可能性,加上国家权力的强大,可能性遂转变成了现实。由此,张中秋揭示了刑法与国家的相关关系,指出:一个社会的国家集权和观念愈发达,其刑事立法也必然发达。如果一个社会的国家集权和观念发达到使个人独立存在的价值与利益变得无足轻重或基本丧失,国家代表了个人(个人完全消融在国家之中),侵犯私人权益就是侵犯国家利益、破坏社会秩序,那么,这个社会的全部法律必然表现为刑法和刑法化的法律。[②] 因此,在国家与社会合为一体的情况下,个人尚没有独立性,刑法机能只能是社会保护,追求社会整体的安全与稳定,而这又往往以牺牲个人为代价。

随着市民社会与国家的分化,形成二元的社会结构。在这种二元社会结构中,人的本质具有二重性,这就是市民与公民的对立。马克思指出:作为一

---

① 参见〔德〕冯·巴尔:《欧陆刑法史》(英译本),波士顿1916年版,第315页。
② 参见张中秋:《中西法律文化比较研究》,南京大学出版社1991年版,第96、97页。

个真正的市民,他处在双重的组织中,即处在官僚组织(这种官僚组织是彼岸国家的,即不能触及市民及其独立活动的行政权在外表上和形式上的规定)和社会组织即市民社会的组织中。但是在后一种中,他是作为一个私人处在国家之外的;这种组织和政治国家本身没有关系。第一种组织是国家组织,它的物质总是由市民构成的。第二种组织是市民组织,它的物质并不是国家。在第一种组织中,国家对市民来说是物质的对立面。① 国家是一个政治组织,人作为公民,过着政治生活,这种政治生活也被称为一种类生活;而市民社会是一个经济组织,人作为市民,过着物质生活,这种物质生活也被称为一种私人生活。由于社会分化为政治国家与市民社会这两个组成部分,人的社会生活也分为政治生活与物质生活这两种生活。按照马克思的观点,市民社会决定政治国家,物质生活决定政治生活。刑法是国家权力的体现,它属于政治国家的范畴,是一种公法。因此,刑法只能限于调整公共关系。这里的公共关系是指发生在政治社会中的个人与国家、个人与社会的关系。个人与个人之间的关系只有涉及社会时,才进入刑法的视野。而市民社会是一个私人领域,不属于刑法调整范围,只能是私法(这里主要是指民法)的调整范围。孟德斯鸠指出:社会是应该加以维持的;作为社会的生活者,人类在治者与被治者的关系上是有法律的,这就是政治法。此外,人类在一切公民间的关系上也有法律,这就是民法。② 这里的政治法,就是指公法,包括刑法,它是治者与被治者之间的法律;而民法,指的是私法,是平等主体(公民,实际上应当指市民)之间的法律。人作为公民,生活在政治社会里,因而没有自由,受到国家权力的强制。人作为市民,生活在市民社会里,因而又有自由,这种自由是国家法律所不可侵夺的。因此,市民社会的存在,在一定程度上限制了政治国家的权力,从而也限定了刑法的调整范围。刑法由以往的无所不及,被从私人领域中驱逐出来,限定在调整公共关系,成为与私法相对立的公法的组成部分。因此,只有市民社会与政治国家二元分立的社会结构中,刑法才不至于单纯地成为保护社会的工具,而且也具有了人权保障的使命。

(三) 法权的二元性与刑法机能的双重性

法权既包括权利,又包括权力,取其法律意义上的权之意也。因此,法权

---

① 参见《马克思恩格斯全集》(第1卷),人民出版社1960年版,第340—341页。
② 参见〔法〕孟德斯鸠:《论法的精神》(上册),张雁深译,商务印书馆1961年版,第5页。

的二元性是指权利与权力的统一。由此出发,我们可以揭示刑法机能双重性的法律基础。

权利是个人所拥有的,马克思曾经揭示了资本主义社会中人权与公民权的二元对立。在他看来,公民权就是政治权利,是只有同别人一起才能行使的权利。正如马克思所说:这种权利的内容就是参加这个共同体,而且是参加政治共同体,参加国家。这些权利属于政治自由的范畴,属于公民权利的范畴。① 人权则不同于公民权,它无非是市民社会成员的权利,即脱离了人的本质和共同体的利己主义的人的权利。② 这种人权与公民权的二元对立,是以市民社会与政治国家的二元对立为前提的,并且是这种对立的必然结果。随着社会进步,人必将获得彻底解放。而要想真正使人得到解放,必须越出政治解放的狭隘框架,必须清除政治国家与市民社会之间的二元性。只有当公民在改造利己主义生活之后成为现实的人的时候,只有当现实的人在自己的经验的、具体的生活中成为政治的"类存在物"的时候,只有当政治国家作为人类本质异化的表现而被扬弃,并且社会将变成社会整体的时候,真正的人类解放才能实现。而人类解放的完成,同时意味着人权与公民权之间的一致性。③ 这种情况只有在共产主义社会才能实现,而在社会主义社会,市民社会与政治国家的二元对立仍然存在,只是性质有所不同而已。④ 因此,在社会主义社会,权利之分离为人权与公民权也是不可避免的。当然,随着法制的加强,人权不断地转化为公民权或者说以公民权的形式表现出来。从刑法的意义上来说,人权是基本的、不可侵犯的,而公民权是维护人权的基本手段。为了更好地防止本人的人格受到侵害,人们通过政治联合组成国家,国家享有刑罚权。由于刑罚权来自公民的授予,因此,它受制于权利。

刑罚权对于犯罪人来说虽然是一种外力的强制,但由于刑罚权来自权利,它是为了保护社会的生存条件,因而仍然包含着自律的性质。这里涉及对犯罪人的看法,我们认为,犯罪人仍然是人,是一定社会的成员。理论上存

---

① 参见《马克思恩格斯全集》(第1卷),人民出版社1960年版,第427页。
② 参见《马克思恩格斯全集》(第1卷),人民出版社1960年版,第436页。
③ 参见公丕祥:《市民社会与政治国家:社会主体权利的理论逻辑》,载南京师范大学法制现代化研究中心编:《法制现代化研究》(第1卷),南京师范大学出版社1995年版,第86页。
④ 参见左羽、书生:《人权的基本内涵:人权与公民权》,载《中国法学》1991年第6期。

在着这样一种观点:简单地把犯罪人视为敌人,将其从社会中分离出去。例如卢梭就曾经指出:对罪犯处以死刑,也可以用大致同样的观点来观察:正是为了不至于成为凶手的牺牲品,所以人们才同意,假如自己做了凶手的话,自己也得死。在这一社会条约里,人们所想的只是要保障自己的生命,而远不是要了结自己的生命;绝不能设想缔约者的任何一个人,当初就预想着自己要被绞死的。而且,一个为非作恶的人,既然他是攻击社会权利,于是便由于他的罪行而成为祖国的叛逆;他破坏了祖国的法律,所以就不再是国家的成员,他甚至于是在向国家开战。这时保全国家就和保全他自身不能相容,两者之中就有一个必须毁灭。对罪犯处以死刑,这与其说是把他当做公民,不如说把他当做敌人。起诉和判决就是他已经破坏了社会条约的证明和宣告,因此他就不再是国家的成员了。而且既然他至少也曾因为他的居留而自认为是国家的成员,所以就应该把他当做公约的破坏者而流放出境,或者是当做一个公共敌人而处以死刑。因为,这样的一个敌人并不是一个道德人,而只是一个个人罢了;并且唯有这时候,战争的权利才能是杀死被征服者。[①]在这里,卢梭以一种政治逻辑来对待犯罪人,并以战争的权利来论证国家所具有的死刑权。因为犯罪人是敌人,而对敌人,则具有处死的权力。我们认为,卢梭的这种逻辑是危险的,因为犯罪人与社会是不可分离的,犯罪也不单是个人的问题,而且与社会有着不可分割的联系。简单地把犯罪人视为敌人,由此论证刑罚,尤其是死刑的合理性,就潜藏着这样一种危险性:只要将一个人宣布为敌人,那么其精神与肉体就可以任意处置,因为他已经不再是公民。按照这种逻辑推演下去,刑罚就会蜕化为政治镇压的工具,人权也就难以得到有效的保障。

在一个法治社会,国家权力受到公民权利的制约,保障人权应当是国家权力存在的根据。同时,公民权利的行使又受到法律的限制,是在一定范围内的自由。因而,权力与权利具有一种内在的关系。在刑法意义上,国家为了保护社会,就有必要设置刑罚,刑罚权就有存在的理由。但刑罚权又必须加以限制,否则就会侵犯人权。我国由于新中国成立后实行计划经济,传统封建观念还具有一定的影响。因此,注重权力而轻视权利,注重社会而轻视

---

① 参见〔法〕卢梭:《社会契约论》(第2版),何兆武译,商务印书馆1980年版,第46—47页。

个人。表现在刑法上,就是强调刑法的社会保护机能,而轻视刑法的人权保障机能,至少是未将人权保障机能放在一个同等重要的位置上。在市场经济体制下,个人的权利日益受到重视与保护,因此刑法机能应当从社会保护机能向人权保障机能倾斜,加重刑法的人权蕴涵。这就是说,应当调整刑法的社会保护机能与人权保障机能之间的关系与比重,对人权保障机能予以适当的强调。只有这样,才能在刑法中科学地确定权力与权利的关系,避免权力侵夺权利。

从政治刑法到市民刑法[*]
——二元社会建构中的刑法修改

本文建立在这样一个逻辑前提之上:一定的社会结构形态对刑法具有决定作用。换言之,社会结构形态的变迁,必然引起刑法功能、观念与文化的嬗变。本文试图从这一逻辑出发,在提供社会结构的一般形态及其演进模式的基础上,分析当前中国正在建构的政治国家与市民社会的二元社会结构,并在二元社会结构的视野中审视正在进行的刑法修改。

一、社会的形态及其特征

社会是由人构成的,但它又不是个人的简单聚合,而有其特殊的结构与机制。因此,对社会的理解,不能只着眼于个人,而必须从社会所存在的物质生活与精神生活出发。为了科学地揭示社会的本质,现在我们对历史上存在的各种社会形态加以描述。

(一) 氏族社会

社会先于国家而存在,氏族社会就是国家产生之前人类原始的生活共同体。美国著名学者摩尔根认为,政治的萌芽必须从蒙昧社会状态中的氏族组织中寻找;然后,顺着政治制度的各种演进形态,下推到政治社会的建立。摩尔根提出这样一个观点,即一切政治形态都可归纳为两种基本方式,此处使用方式(plan)一词,系就其科学意义而言。摩尔根所说的这种方式的基础有着根本的区别。按时间顺序说,先出现的第一种方式以人身、以纯人身关系为基础,我们可以称之为社会。这种组织的基本单位是氏族;在古代,构成民族(populus)的有氏族、胞族、部落以及部落联盟,它们是顺序相承的几个阶

---

[*] 本文原载陈兴良主编:《刑事法评论》(第 1 卷),中国政法大学出版社 1997 年版。

段。后来,同一地域的部落组成一个民族,从而取代了各自独立一方的几个部落的联合。这就是古代社会自从氏族出现以后长期保持的组织形式,它在古代社会中基本上是普遍流行的。第二种方式以地域和财产为基础,我们可以称之为国家。这种组织的基础或基本单位是用界碑划定范围的乡或区及其所辖之财产,政治社会即由此而产生。政治社会是按地域组织起来的,它通过地域关系来处理财产和处理个人的问题。① 在此,摩尔根以血缘关系与地域组织作为区分氏族与国家的界限,是完全正确的。但摩尔根把氏族与国家的区别称为社会与国家的区别,似乎只有在原始社会才存在社会,并且把社会定义为以人身关系为基础的组织,这又是值得商榷的。

氏族社会是以血缘关系为基础的一种具有特殊性质的社会组织。在氏族社会,个人完全依附于社会而存在,没有独立性。在个人与社会的关系上,呈现出一种未开化的混沌状态。氏族社会也存在秩序与控制,这种秩序是通过原始习惯表现出来的,它对社会起着控制的作用。公共事务由氏族成员共同承担,个人之间的纠纷,都由当事人自己解决。虽然氏族社会具有单纯质朴的特点,但它是生产力极不发达的产物。恩格斯指出,在氏族社会,人类差不多完全受着陌生的、对立的、不可理解的外部大自然的支配,这也反映在幼稚的宗教观念中。部落始终是人们的界限,无论是对另一部落的人来说或者是对他们自己来说都是如此;部落、氏族及其制度,都是神圣而不可侵犯的,都是自然所赋予的最高权力,个人在感情、思想和行动上始终是无条件地服从。这个时代的人们,不管在我们看来多么值得赞叹,他们彼此并没有什么差别,用马克思的话说,他们还没有脱掉自然发生的共同体的脐带。② 因此,氏族社会只是人类社会的原始形态,历史发展必然会突破这种原始共同体。

(二) 城邦社会

城邦(polis)是以一个城市为中心的独立主权国家。因此,城邦社会实际上就是以城邦为基础的国家。城邦国家(city state)用以指古希腊的波里斯(polis),并由此而泛指其他相似的政治社会,如迦太基、罗马共和国以及中世

---

① 参见〔美〕摩尔根:《古代社会》(上册),杨东莼等译,商务印书馆1977年版,第3、6页。
② 参见《马克思恩格斯选集》(第4卷),人民出版社1972年版,第94页。

纪的一些城市,特别是佛兰德和意大利的城市。① 古希腊的雅典是城邦社会的典型,由此可以发现城邦社会存在的一般规律。

雅典位于希腊半岛东半部的阿提卡半岛上,面临萨罗斯湾,具有天然良好的海上贸易条件,它对于雅典工商业的发展起到了极大的推动作用。在英雄时代,雅典还处于氏族部落社会,共有四个氏族部落。当时,实行原始的民主制度:人民大会、人民议事会和王(巴赛勒斯)。此后,由于氏族、部落内部的经济发展和进一步分工,氏族、胞族和部落成员很快杂居起来,这就扰乱了氏族制度机关的正常活动。因为原来的氏族机关只处理本氏族和本部落的事务,对别的氏族和部落的事务不予受理。而不同氏族和部落成员的杂居,引起了氏族管理上的空白和危机。在这种情况下,实行了提修斯改革。这一改革的主要内容,是在雅典设立一个中央管理机关,以前由各部落独立处理的一部分事务,被宣布为共同的事务而移交给设在雅典的总议事会管辖。这样,就产生了凌驾于各个部落和氏族的法权习惯之上的一般的雅典民族法,最后导致雅典国家的产生。

城邦实行民主制,这种民主制被我国学者顾准称为"民主集体主义"。顾准指出:城邦既然是"轮番为治"的公民团体,它当然高于它每一个个别公民,也高于它的一切统治者,这是城邦的"民主集体主义"——一种以公民最高主权为基础的民主集体主义。② 在这种民主集体主义的制度之下,实际上并不存在个人自由。美国学者萨托利指出:为了充分揭示直接型希腊民主的实质,可假设其定义如下:民主制度就是一种进行集体决策的(城邦)统治体系。这就意味着,根据这一古典民主公式,社会不允许给独立性留出余地,也不允许个人得到保护,它完全吞没了个人。城邦是至高无上的,因为组成城邦的每个人都要彻底服从城邦。③ 因此,在城邦社会,城邦的整体利益远远高于个人利益。

(三) 宗法社会

宗法社会是指根据宗法制度建立起来的中国古代社会。所谓宗法,是指

---

① 参见〔英〕戴维·米勒等编:《布莱克维尔政治学百科全书》,邓正来译,中国政法大学出版社 1992 年版,第 118 页。
② 参见顾准:《希腊城邦制度》(第 2 版),中国社会科学出版社 1986 年版,第 19 页。
③ 参见〔美〕乔·萨托利:《民主新论》,冯克利译,东方出版社 1993 年版,第 291 页。

以血缘为纽带调整家族内部关系,维护家长、族长的统治地位和世袭特权的行为规范,它源于氏族社会末期父系家长制的传统习惯。① 宗法社会的特征是实行等级制、分封制和世袭制。等级制是由血缘上的亲疏远近所决定的,由此表明其在社会上的地位。因为宗法社会是由许多由系谱上说真正有血缘关系的宗族组成的,这些宗族经过一定的世代后分支成为大宗和小宗,各据它们距宗族远祖的系谱上的距离而具有大小不等的政治与经济上的权力。分封是指国王把土地连同居住在土地上的居民分封给诸侯,诸侯再分封给其下属,由此层层分封,形成一个宝塔式的等级。这种分封,不仅是经济上的土地所有权的分配,而且是政治上的统治权的分配。各级受封的贵族,不仅对受封的土地享有所有权,而且对受封土地上的所有居民享有政治上的统治权。而在分封与受封的上下级贵族之间,又形成了一定的权利与义务关系,在经济上与政治上都接受国王的统治。世袭制正是为了维护这种宗法制度而设立的,不仅国王世袭,而且各级贵族也都实行世袭,从而保持宗法制的稳定性。中国古代夏、商、周都是典型的奴隶制宗法社会。中国封建社会,仍然继承了宗法制的传统。我国学者指出:周朝是沿袭氏族关系的宗法制度和等级分封制的产物。废封建后,国家二字联用,但仍然包含着等级和宗法关系。在儒家的国家学说中,把宗法制家庭与封建国家高度地协调起来了。从社会组织原理上看,这有点悖于常理。因为宗法血缘关系是把人组织在一起的天然纽带,但它又具有强烈的自闭性。氏族、部落组织的大小有其天然界限,有着难以扩展的坚硬外壳。一旦宗法氏族关系成为人与人之间的主要组织纽带时,那就必然会对组织广大地域性国家构成巨大障碍。但是在宗法氏族与国家关系上,中国封建大国又是一个例外。中国封建社会不但承袭了宗法观念,并且在封建大国建立以后,随着一体化结构的不断完善,宗法制度不但没有减弱,反而不断强化,到宋明以后则愈加巩固了。②

中国宗法社会之所以能够一脉相承,就在于它利用儒家学说协调宗法组织与国家组织之间的关系。儒家主张礼治,这里的礼,就是宗法等级制。宗法制成为封建国家与个人之间的一个强大而稳固的中间层次,由此扩充了国

---

① 参见张国华:《中国法律思想史新编》,北京大学出版社1991年版,第25—26页。
② 参见金观涛、刘青峰:《兴盛与危机——论中国封建社会的超稳定结构》,湖南人民出版社1984年版,第47页。

家对个人的控制能力。在中国封建社会里,法律往往要借助于宗法组织的力量来约束个人行为,甚至赋予家族一定的刑罚权,尽管这种权力此后逐渐受到限制。例如,我国著名学者瞿同祖指出:中国的家族是父权家长制的,父祖是统治的首脑,一切权力都集中在他的手中,家族中所有人口——包括他的妻妾子孙和他们的妻妾、未婚的女儿孙女、同居的旁系卑亲属以及家族中的奴婢,都在他的权力之下,经济权、法律权、宗教权都在他的手里。① 由于宗法权力的存在,在一定程度上维持了国家权力对社会的渗透,从而使中国宗法社会具有稳定的组织结构与强大的复制再生能力,虽然屡经改朝换代然而宗法社会的性质不变。

在宗法社会,强大的国家组织通过宗法制度对个人实行思想上与行动上的有力控制,因而使个体消弭。在中国宗法社会中,个体不仅在经济、政治生活,而且在精神生活中与血缘宗族群体不可分割地联系在一起,从氏族组织到国家的蜕变过程中,古代氏族的"集体表象",直接升华为体现宗法意识的伦理化世界观。这种宗法意识渗透到个体生活的一切方面,个体的一切价值需求,只有在国或家的整体中,才具有现实性。社会构成的基本要素,不是独立的"个人",而是"家",并且在家与国之间,又复现了人与家庭的整合关系,只有通过国家为主体的价值需求,才能从整体中实现部分的个体价值。因此,人的个性完全消弭在整体性之中,个人的存在以履行宗族义务和国家法律义务为前提,所有的"权利",实质上仅仅为官府国家的"容许",不存在法权对人权的权力极限。② 因此,在这种宗法社会里,个人是十分渺小的,而宗法制度对个人则具有强大的约束力。

(四) 市民社会

市民社会,英文为 Civil society,源自拉丁文 Civils socidtys,该词约在 14 世纪开始为欧洲人采用,其含义是西塞罗于公元 1 世纪提出的,它不仅指单个国家,而且也指业已发达到出现城市的文明政治共同体的生活状况。此后,市民社会逐渐演变成国家控制之外的社会和经济安排、规则、制度。在这个意义上,市民社会是与政治国家相对立的。在此,我们主要在与政治国家

---

① 参见瞿同祖:《中国法律与中国社会》,商务印书馆 1981 年版,第 5 页。
② 参见陈晓枫主编:《中国法律文化研究》,河南人民出版社 1993 年版,第 177 页。

对立的意义上使用市民社会这个概念。

市民社会一词的最早含义可上溯至古希腊亚里士多德。在亚氏那里,所谓 Civil society(即 koimōnia politiké)一词,系指一种"城邦"(即 Polis)。我国学者徐国栋认为,在希腊、意大利的城邦生活中,一个自由人同时具有两种身份。首先,他是特定城市国家的市民,在这个意义上,他属于他自己,是一个私人,谋求自己的利益。其次,他是特定国家的公民,在这个意义上,他不属于自己而属于国家,是一个"公人",必须在必要时牺牲自己的个人利益去维护公益。罗马人也对公私作了区分,把调整私人利益关系的法律称为私法,把调整公共利益关系的法律称为公法。所谓私人利益关系,就是市民社会;所谓公共利益关系,就是政治国家。由此可见,在西方的古代文明时期,就有了市民社会与政治国家的分野。① 无疑,公私划分是市民社会与政治国家分野的前提,但距离市民社会的产生还十分遥远。更何况,在古希腊城邦社会,公共生活是个人生活的全部。美国学者萨托利指出:对于希腊政治来说,将公共生活与私生活区分开来是闻所未闻的,甚至还会感到不可思议。对希腊人来说,"人"和"公民"的意思毫无二致,正如参与城邦的生活,即参与他们城市的生活就等于"生活"一样。② 显然,市民社会是以独立自主的个体——市民存在为基础的,而这种市民主要来源于 11—12 世纪兴起的城市社会。市民与城市有着密切的联系,而当时的城市主要是指城堡。公元 10 世纪上半叶,西欧遍布着设防的城堡,都是由封建诸侯所建立,作为他们臣民安身之处。这些城堡一般的称呼就是"堡",通常是由泥土或石头筑成的堡垒,外面围以壕沟,并且开有许多城门。当时的城堡依靠土地为生,完全适合于农业文明。但是,商业复兴迅速地完全改变了它们的性质。10 世纪下半叶,商人开始寻求城堡的保护,城堡分布在商人旅行所经过的河流沿岸或自然的道路上。这些城堡就成了商人和商品经过或寄寓的地方。随着商业的发展,新来的人不断增多,这些城市与城堡向他们提供的地方日益不敷。他们被迫在城外定居。在旧的城堡外面建造新的城堡,且有的还给它起名为外堡。这样,在教会城市或封建城堡的附近,就兴起了商人的居住地,这里的居民所过的

---

① 参见徐国栋:《市民社会与市民法——民法的调整对象研究》,载《法学研究》1994 年第 4 期。

② 参见〔美〕乔·萨托利:《民主新论》,冯克利等译,东方出版社 1993 年版,第 288、289 页。

生活与城市里面的居民所过的生活迥然不同。10世纪与11世纪的文件中,常用"商埠"一词来称呼这些居住地,十分确切地说明了它们的性质。事实上,它们并不是现代意义的商埠,它们只是商品通过的地方,是极其活跃的转运地。在英格兰与法兰德斯,居住在这种商埠的人,就被称为"商埠人"。长久以来,商埠人一词被解释为市民或城堡居民的同义语。的确,用商埠人一词来形容居住在商埠的人比用市民一词更为恰当,因为最初的市民完全是依靠商业为生的。11世纪末期以前,商埠人也被称为市民,而市民一词本来是指居住在旧城堡的人,商埠人定居在城堡之外,为什么也被称为市民呢?这是因为商人集团筑起了城墙或栅栏来保护自己,他们居住的地方也变成了城堡。新城堡立即使旧城堡黯然失色,因此市民一词的引申是不难理解的。[①]随着中世纪欧洲城市工业的发展,商业贸易也进一步扩大,甚至出现了出口贸易与海上贸易,这样就形成了一个以商人为主体的市民阶级。例如,历史学家雅克·勒戈夫在考察中世纪1 200—1 500所城市时指出:中世纪早期城市曾一度衰落。由于手工业阶级和商业的发展,从11世纪初起城市有所复兴,但一般说来,在13世纪之前,城市的精神状态主要还是否定和消极的。对照封建世界的不安全,城市建立起和平的环境;它欢迎外界货物,不论从农村庄园来的还是从拜占庭和穆斯林东方来的。从12世纪中期以后在某些地方和13世纪起在所有地方,上述情况完全改变了。虽然城市继续是交换中心,但现在更主要的是生产中心:它生产货物,生产思想,生产物质和文化的模式。城市居于创导地位,在城市与农村之间开始了赚钱者与花钱者的对话。[②] 中世纪城市的兴起,为市民阶级的活动提供了广阔的舞台。在城市,形成了一种不同于农村的文明模式与生活方式,并产生了特别的法权和特殊的政治地位。城市首先使市民享有自由,市民阶级最不可少的需要就是个人自由。没有自由,那就是说没有行动、营业与销售货物的权利;没有自由,交易就无法进行。他们要求自由,仅仅是由于获得自由以后的利益。在市民阶级的思想里,根本没有把自由视为天赋权利。在他们看来,自由不过是一种

---

① 参见〔比〕亨利·皮朗:《中世纪欧洲经济社会史》,乐文译,上海人民出版社1964年版,第37—39页。
② 参见〔意〕奇波拉主编:《欧洲经济史·第一卷·中世纪时期》,徐璇译,商务印书馆1988年版,第64页。

很方便的事情。自由成为市民阶级的合法身份,它不仅是一种个人的特权,同时也是城市土地所具有的地区特权。除了自由以外,城市还形成了自己的法律。传统的法律,程序拘泥而狭隘,使用的是神判法、司法决斗,其法官则是从农村居民中选拔出来的,这种法律只是一些逐渐形成的惯例,其作用是处理以耕种土地或以土地所有权为生的人们的关系,根本不能适应以工商业为生计的人们的需要。后者需要有一种更为灵活的法律,一种更为迅速且不依赖于偶然性的证明方法;需要熟悉审者的职业情况,能够凭借对案情的知识迅速结束争论的法官。在较早时期,或最迟在 11 世纪初,由于环境的需要,产生了一种萌芽的商法。这是商业活动所形成的一些常规的汇编,是商人们在交易中所通用的一种国际惯例。市民阶级不仅提出了法律上的要求,而且还提出了政治上的要求,这就是行政自治。由于城市集团没有传统的统治者,而且传统的统治者既缺乏手段,又没有帮助他们的意图,于是城市集团不得不为自己提供一系列的防御措施。市民阶级凭着自己的努力,在 11 世纪时期,已经使市政组织初具规模。12 世纪时,他们已经掌握了一切主要的市政机构。① 中世纪的市民阶级以及其赖以存在的市民社会,在历史发展进程中曾经起到过主要作用。市民阶级在工场手工业时期,是等级制君主国或专制君主国中同贵族抗衡的势力,甚至是大君主国的主要基础。正如顾准指出的:14、15 世纪,欧洲在彻底的分裂中兴起民族国家的时候,民族国家大半经过一段专制主义或开明专制主义的时期。可是,这种专制主义国家的王权,是依靠了城市来同分散主义的封建贵族作斗争,才做到了国家统一的。② 由此可见,市民社会是先于并独立于国家的。在市民社会基础上建立起来的国家,也不得不保障市民个人的权利,不能随便对之加以侵犯。

(五) 政治社会

这里的政治社会主要是指国家,尤其是指近代国家。例如洛克指出:真正的和唯一的政治社会是,在这个社会中,每一成员都放弃了这一自然权力,把所有不排斥他可以向社会所建立的法律请求保护的事项都交由社会处

---

① 参见〔比〕亨利·皮朗:《中世纪欧洲经济社会史》,乐文译,上海人民出版社 1964 年版,第 46—50 页。
② 参见顾准:《顾准文集》,贵州人民出版社 1994 年版,第 317 页。

理。① 洛克这里所说的政治社会就是国家,它与自然状态是相对应的,自然状态是前国家的社会状态。国家是在氏族社会的废墟上出现的,是阶级矛盾不可调和的产物。美国学者乔纳森·哈斯指出:我把国家看做一种社会类型,它和它的所属各部分都具有一定的特征。国家可以定义为:具有实行中央集权的专门化政府的社会。② 因此,在一定意义上说,国家也是一种社会形态,是政治社会。

自从原始社会末期国家产生以后,它在社会生活中就发挥了巨大的作用。但由于古代及中世纪国家尚不具备像现代国家这样强大的权力,而且受到当时的社会经济条件的制约,因而国家在社会生活中的作用还是有限的。近代民族国家的产生,使国家主宰了社会,对人的物质生活与精神生活发生了不可估量的影响。当然,国家在社会中的作用是与当时的社会物质生活条件相适应的。在18世纪自由竞争时期,当时的古典思想家对国家的作用都持一种消极的观点,而主张顺应自然,反对国家对社会生活的过分干预,尤其反对政府干预经济,从而提出了"管事最少的政府是最好的政府"这样一个口号,将国家喻为"守夜人"。例如英国著名学者亚当·斯密认为,每个人只要不触犯法律,就完全可以自由地依照自己的方式去追求个人的利益,用自己的劳动和资本与别人或别个阶级竞争。至于政府,则完全被解除了一项义务,因为它履行这项义务时,经常犯错误,而且任何人类的智慧和组织都不足以恰当地履行这项义务,而这项义务就是监督私人的劳动并指导这种劳动去从事最符合社会利益的工作。斯密认为政府不适应行使管理经济的职能。国家的管理只是一种权宜之计,干涉应严格地限于个人无法采取行动的场合。③ 进入19世纪下半叶以后,随着从自由竞争向垄断的发展,资本主义社会结构发生了重大变化,因而国家的作用得以更加强调,这就从个人本位向国家本位过渡。例如英国学者指出:在18世纪,得到人们普遍承认的国家的目的,除了维护社会内部公共秩序和抵御外来侵略之外,就没有什么更多的内容了。而如今,人们要求国家为其公民做更多的事情。国家不应仅仅保证

---

① 参见〔英〕洛克:《政府论》(下篇),瞿菊农、叶启芳译,商务印书馆1964年版,第53页。
② 参见〔美〕乔纳森·哈斯:《史前国家的演进》,罗林平等译,求实出版社1988年版,第3页。
③ 参见胡平主编:《中国市场经济全书》,华夏出版社1993年版,第17—18页。

公民享有最起码的生存条件,它还应当以提供福利设施、防止压榨个人资源、防止破坏社会整体利益等,来提高人民的生活质量。除了保持公共秩序之外,人们要求国家所做的事情越多,实现这些目标所必需的、对个人自由的限制也就越大。① 显然,国家权力与个人权利是一种反比关系。国家权力的过分膨胀,必然侵越个人自由空间,甚至异化为压迫个人的异己力量。例如德国学者麦克斯·施蒂纳指出:国家总是只把限制个人、束缚个人和使其服从,使个人臣服于任何一种普遍的东西作为它的目标。只有个人并非是一切中的一切时,国家才存在,并且只是明确地是我作出的限制、我的局限、我的隶属。国家从来不会是旨在使个人自由行动,而是把这种行动与国家的目标联系起来,通过国家从没有共同的东西产生出来。就像人们不能称一个织物为一部机器的所有个别部分的共同劳动那样:它毋宁是作为一个整体的整个机器的劳动,是机器劳动。所有一切也以同样的方式通过国家机器而运作,因为国家机器是推动各种精神的传动装置,没有任何精神遵循它自己的冲动。国家试图来阻止任何自由行动,并且把这种阻挡看做是国家的义务,因为这在实际上是自我维持的义务。② 施蒂纳对资本主义国家的抨击虽然有些过激,却也在一定程度上揭示出资本主义国家对个人的压迫。

社会以不同的形态而存在,它可以是氏族、城邦、家族、国家等。那么,社会的本质特征到底是什么呢?我们认为,社会是与个人相对立的,它具有以下特征:

1. 社会的秩序性

社会是由个人构成的,个人之间的关系必然产生一定的秩序。人类社会秩序是人与人之间关系的制度化和规范化。因此,一定的社会秩序必然意味着对个人自由的适当限制,将个人行为纳入法律的调整范围。

我国学者将社会秩序分为以下四种状态:一是原始形态。它表现在一定的风俗习惯之中,可简称为"习俗秩序"。这是人类社会最初的秩序形态,曾是维系原始人群共同生活的主要纽带。同时,习俗秩序也是各个历史时期秩

---

① 参见〔英〕彼得·斯坦、约翰·香德:《西方社会的法律价值》,王献平译,中国人民公安大学出版社1990年版,第176页。

② 参见〔德〕麦克斯·施蒂纳:《唯一者及其所有物》,金海民译,商务印书馆1989年版,第246页。

序系统的基本组成部分之一。二是次发展形态。随着社会生产力的发展,人类逐渐摆脱了蒙昧状态,形成了一定的是非善恶标准,并由此产生了以道德信念为基础的"道德秩序"。三是发展形态。随着社会关系的发展和社会生活的不断进化,群体生活又取得了它的更为发达的形式,即产生了具有特定目的和功能的社会组织实体。各种社会组织实体不仅有着一定的分工和权力结构关系,有着清晰的组织边界,而且,有着一种明确的和正式的规章制度。这种规章制度或组织纪律制约着组织中每一角色的行为及其相互关系,使组织进入一种特定的有序状态。这种存在于社会组织实体中的、用来保证组织实体正常有序运转的规章制度,简称为"制度秩序"。四是发达形态。迄今为止,在所有的秩序形态中,"法律秩序"是最为发达的形式。法律秩序的核心是法律规范。法律秩序的最显著特征表现在它是经国家制定或认可,体现统治阶级意志,并以国家强制力为支撑,因而是统治阶级巩固和发展有利于自身的社会关系的重要工具,也是维护社会秩序的强制手段。① 人类社会的这四种秩序形态,反映出一个由初级到高级的发展过程。

一定的社会秩序是建立在人与人之间的交往关系之上的。人的本质在其现实性上是一切社会关系的总和,而这种社会关系的基础,就是人们之间的物质关系。社会关系是人们从物质活动开始的任何一种活动存在的必然形式。正如马克思指出:"这些物质关系不过是他们的物质的和个体的活动所借以实现的必然形式罢了。"②因此,人的物质活动及其物质关系,决定着社会关系,从而最终决定着一定的社会秩序。在这个意义上说,社会秩序具有客观实在性。不仅如此,社会秩序还具有可控制性。社会秩序有两种:一是自发秩序;二是人为秩序。自发秩序一般是历史地形成的,主要表现为一定的风俗习惯。这种风俗习惯作为一种自动机制,对人的行为起着导向和调控的作用,从而保持一定社会秩序的稳定性。人为秩序是由人们自觉地建立的,主要通过法律制度与法律规范加以维持。在人为秩序的情况下,表现出更为明显的可控制性。这里的社会控制主要是指社会秩序的确立和维持的过程。社会控制观念的产生,是人类对于社会认识达到一定程度的表现。社

---

① 参见邢建国等:《秩序论》,人民出版社1993年版,第10—12页。
② 《马克思恩格斯全集》(第39卷),人民出版社1974年版,第199页。

会控制概念最初源于生物学。生物进化论认为,自然界存在着一种对生物个体的控制机制,通过自然选择,使生物物种不断变化和进化。这一思想对社会学产生了重要影响,从而导致社会控制思想的提出。早期的社会控制概念,是以这样一种假设为前提的:人具有动物性,只知道追求个体利益,社会必须控制人的这种动物性,才能避免陷入一切人反对一切人的深渊,形成社会存在和发展所必需的秩序。美国学者罗斯认为,人的天性中有一种自然秩序,它包括同情心、互助情和正义感,它使社会成员相互同情、相互帮助、相互约束,彼此相安无事,处于自然有序的状态。① 随着社会发展打破了人类的自然状态,对社会的人为控制成为维持社会秩序的主要手段。其中,法律成为社会控制的基本形式。对此,罗斯将法律称为:"最专门化的高度精致完美的社会控制工具。"②社会控制论将人的行为纳入规制范围,从而根据社会需要建立起一套可控制的社会秩序。应该指出,社会控制并不能脱离社会现实。因为社会的发展是不以人的意志为转移的,社会控制也是有限度的,只有在社会物质生活的基础之上,社会的控制才有效。

2. 社会的集权性

社会的存在,尤其是在国家的统治中,权力是不可缺少的。英国著名学者罗素指出:在社会科学上权力是基本的概念,犹如在物理学上能是基本概念一样。权力也和能一样,具有许多形态,例如财富、武装力量、民政当局以及影响舆论的势力。③ 在此,罗素对于权力在社会生活中的作用不无夸大之处,但还是在一定程度上揭示出权力的重要性。在一定意义上可以说权力是国家的本性,也是社会存在的一个必要条件。例如,法国著名学者狄骥指出:我们可以说,几乎在一切人类的社会中,不论是大的还是小的,原始的还是文明的,都有一种统治者和被统治者之间的分化,不过这种分化,在实质上归结为人们所称的政治权力。按最普通的字义看来,我们可以说,每当某一个社会存在一种政治分化的时候,不论这种分化是初级的,还是复杂和发展的,都有国家产生。"国家"一词要么就指统治者或政治权力,要么就指统治者和被统治者之间所存在的这种分化,从而存在有一种政治权力的社会本身。无

---

① 参见〔美〕罗斯:《社会控制》,秦志勇、毛永政译,华夏出版社1989年版,第3页以下。
② 〔美〕罗斯:《社会控制》,秦志勇、毛永政译,华夏出版社1989年版,第81页。
③ 参见〔英〕罗素:《权力论——新社会分析》,吴友三译,商务印书馆1991年版,第4页。

论在任何地方,如果我们证明某个共同体内存在一种强制的权力,我们就可以说也应当说已经有一个国家了。① 社会及其国家与权力的这种不可分割性,表明权力是对社会理解的一个起点。

关于社会公共权力,尤其是国家权力的起源与本质,存在着各种学说,其中较有影响的是神授论与契约论。神授论认为,社会的公共权力,主要是指君主的权力,是上帝授予的,表现为一种神权法的观念。神授论主要盛行于中世纪,是以宗教神学为封建社会的各种制度、关系和秩序辩护的一种理论。例如阿奎那用宗教教义重新解释了亚里士多德关于"人生来就是政治动物"这一命题,认为社会和国家产生于人性的需要,人注定要过社会生活,这是由人性所决定的。那么,人性又从何来呢? 阿奎那说,从上帝那里来,它是上帝赋予人的。当然,社会权力的神授,是从终极意义上而言的。在论述这种权力的实际产生上,阿奎那还是作了世俗的说明,指出:一个人对另一个仍然自由的人管理,当前者为了后者自身的幸福或公共幸福而指导后者时,是能够发生的。由于两种缘故,这种统治权可以在无罪状态下的人与人之间存在。首先,因为人天然是个社会的动物,因而人即使在无罪状态下也宁愿生活在社会中。可是,许多人在一起生活,除非其中有一个人被赋予权力来照管公共幸福,否则是不可能有社会生活的。其次,如果有一个人比其余的人聪明和正直,那就不应当不让这种天赋为其余的人发挥作用。② 契约论则认为,社会权力来自公民之间互相签订的转让权力的社会契约,这是自然法学派的观点,在 17、18 世纪曾经盛行一时。例如自然法学家斯宾诺莎认为,国家的建立是基于人的本性要求,而人就其本性而言是一个功利主义者。在斯宾诺莎看来,功利主义是衡量一切的原则。人们放弃部分权利,将其交给社会,就是要借助社会的力量保护每个结合者的共同利益,这就导致转让公民权利建立国家的社会契约的签订。斯宾诺莎指出:"一个社会就可以这样形成而不违反天赋人权,契约能永远严格地遵守,就是说,若是每个个人把他的权利全部交付国家,国家就有统御一切事物的天然之权,每个人必须服从;否则就要

---

① 参见〔法〕狄骥:《宪法论·第一卷·法律规则和国家问题》,钱克新译,商务印书馆 1959 年版,第 382 页。
② 参见〔意〕托马斯·阿奎那:《阿奎那政治著作选》,冯清槐译,商务印书馆 1963 年版,第 102 页。

最严厉地处罚,这样的一个政体就是一个民主政体。"①因此,人们的自然权利集中到社会手中,也就产生了最高统治权,即国家主权。应该说,关于社会权力起源的理论,无论是神授论还是契约论,都具有一定的虚幻性或虚构性,缺乏深刻的社会根基。对此,狄骥曾经作过这样的批评:国家这种公共权力之所以绝对能把它的意志强加于人,是因为这种意志具有高于人民意志的性质的这种概念是想象的,丝毫没有根据的,而且这种所谓国家主权既不能以神权来说明,也不能用人民的意志来解释,因为前者是一种超自然的信仰,后者则是毫无根据、未经证明、也不可能的假设。狄骥认为,国家只不过是同一个社会集团的人们中间的一种自然分化的产物,有时很简单,有时又很复杂,由此才产生出人们所称的公共权力,这种公共权力绝不能因它的起源而被认为合法,而只能因它依照法律规则所作的服务而被认为合法;从而近代国家就逐渐成为在统治者领导和监督下共同工作的一种个人团体,来实现各成员的物质和精神的需要;所以公务概念就代替了公共权力的概念;国家变成一个劳动集团,不复是一种发号施令的权力。而握有公共权力的人们,只有为了确保共同的合作,才能使这种权力合法地动作起来。② 应该说,狄骥从国家功能在于满足社会成员的物质和精神的需要的角度,论证了公共权力存在的合法性,较之以往的国家理论具有一定的进步意义。但这一理论仍然没有能够揭示国家权力存在的客观基础。根据马克思主义的观点,国家权力不是社会的终极决定力量,它本身是被一定的物质生活条件所决定的。恩格斯指出:一切政治权力起先总是以某种经济的、社会的职能为基础的,随着社会成员由于原始公社的瓦解而变为私人生产者,因而和社会公共职能的执行者更加疏远,这种权力加强了。在政治权力对社会独立起来并且从公仆变为主人以后,它可以朝两个方向起作用。或者按照合乎规律的经济发展的精神和方向起作用,在这种情况下,它和经济发展之间就没有任何冲突,经济发展就加速了。或者违反经济发展规律而起作用,在这种情况下,除去少数例外,它照例总是在经济发展的压力下陷于崩溃。由此,恩格斯得出结论:当某一个国家内部的国家政权同它的经济发展处于对立地位的时候——直到现在,几乎

---

① 〔荷〕斯宾诺莎:《神学政治论》,温锡增译,商务印书馆1982年版,第216页。
② 参见〔法〕狄骥:《宪法论·第一卷·法律规则和国家问题》,钱克新译,商务印书馆1959年版,序言,第7页。

一切政治权力在一定的发展阶段上都是这样——斗争每次总是以政治权力被推翻而告终。① 因此,一切政治权力,包括社会权力与国家权力,都决定于一定的物质生活条件。

3. 社会的公共性

社会在与个人相对应的意义上,具有公共性。这种公共性表明,社会虽然是个人构成的,但又不是个人的简单相加,而是人的有机结合。

人们在相互交往结合成一定的社会关系的时候,必然产生超越个人的共同利益,这种共同利益就是社会存在的基础。例如,法国哲学家马里旦指出:社会的目的实质上是社会自身的公共利益,即社会整体的利益。便是如果我们不能掌握社会整体的利益是人类的公共利益这个事实,像社会团体实质上是由人类组成的整体这种事实,这个公式就会依次导致一个集体型的或国家专制主义型的其他错误。社会公共利益既不是私人利益简单的合成,也不是整体特有的利益。整体(如社会各个成员组成的人类,或如蜜蜂的聚居一样)把各个部分引为一体,又把部分贡献给整体。社会公共利益是大众完美的人类生活。这完美的人类生活,是物质上的,同时又是精神上的,并且主要是精神上的。虽然人们靠物质生活比靠精神生活更经常。社会的公共利益是他们美好的共享;既然人这个概念指整体,所以社会公共利益是整体和各个部分所公有的,至于各个部分,它们本身就是整体;社会公共利益对整体和各部分是公共的,相辅相成,两者都从中受益。② 以公共利益为基础的社会事务具有公共性,执行这种公共事务的机构就是国家。恩格斯曾经指出了公共事务的普遍性与专门性,在原始农业公社中,一开始就存在着一定的共同利益,维护这种利益的工作,虽然是在全社会的监督之下,却不能不由个别成员来担当。这些职位被赋予了某种全权,这是国家权力的萌芽。生产力逐渐提高,较密的人口在一些场合形成了各个公社之间的共同利益,在另一些场合又形成了各个公社之间的相抵触的利益,而这些公社集合为更大的整体又引起新的分工,建立新的机构来保护共同利益和反对相抵触的利益。这些机构,作为整个集体的共同利益的代表,在对每个单个的公社的关系上已经处

---

① 参见《马克思恩格斯全集》(第3卷),人民出版社1956年版,第222—223页。
② 参见〔法〕马里旦:《人权和自然法》,载《西方法律思想史编写组》编:《西方法律思想史资料选编》,北京大学出版社1983年版,第670—671页。

于特别的、在一定情况下甚至是对立的地位,它们很快就变得更加独立了,这种情况的造成,部分原因是社会职位的世袭,部分原因则是同别的集团的冲突的增多,而使得建立这种机构的必要性增加了。在这里我们没有必要深入研究社会职能对社会的这种独立化怎样逐渐上升为对社会的统治。在这里,问题在于确定这样的事实:政治统治到处都是以执行某种社会职能为基础,而且政治统治只有在它执行了它的这种社会职能时才能持续下去。① 在阶级社会里,尽管这种维护公共利益的社会职能往往蜕变为维护统治阶级利益的职能,但在任何一个社会,公共利益的维护都是社会及其国家的基本职能。

二、市民社会与政治国家的二元分立

市民社会与政治国家的分化,是生产力发展到一定阶段的产物。根据马克思主义的观点,自从私人利益和阶级利益产生后,社会就分裂为市民社会和政治国家两个领域。但是市民社会和政治国家这种在逻辑上的分离并不意味着它们在现实中也始终是分离的。恰恰相反,在前资本主义社会,政治国家与市民社会在现实中是重合的,表现为一元的社会结构:国家从市民社会中夺走了全部权力,整个社会高度政治化,政治权力的影响无所不及,政治国家与市民社会之间不存在明确的边界,政治等级与市民等级合而为一,市民社会淹没于政治国家之中。市民社会与政治国家在现实中的分离是在资本主义时代完成的,这种分离是资本主义市场经济的产物。市场经济要求:从事经济活动的人都是自由平等的主体,反对国家对经济的干预,使经济成为一个纯私人的领域。而且,政治国家是建立在市民社会基础之上的,并且为市民社会服务。个人利益与个人自由只有在市民社会中得以满足,并形成对政治国家的限制。

市民社会作为一种理论,是 17—18 世纪启蒙运动的产物。在当时流行的社会契约论中,已经包含市民社会与政治国家的二元对立。最为典型的是洛克的思想,他将人类以往的状态划分为相继的两种状态:自然状态与社会状态。自然状态是指国家产生以前,人们不受公共权力的约束,完全按照自己的本性而生活的状态。社会状态也就是公民社会或政治社会,它与自然状

---

① 参见《马克思恩格斯全集》(第 3 卷),人民出版社 1956 年版,第 218—219 页。

态相对立,是人们通过共同订立社会契约而摆脱了自然状态,规定了君主与臣民互相之间的权利和义务,由此而建立起来的国家。在此,洛克虽然没有使用市民社会一词,但其关于自然状态的假定,却类似于市民社会。例如我国学者邓正来认为,洛克的理论中包含着"市民社会先于或外于国家"的架构。虽说洛克的"市民社会"是一种比较完满的状态,但毕竟因其间个人私欲间的冲突以及存在的缺陷,而使人们愿意放弃一种尽管自由却是充满着恐惧和经常危险的状况,建立政治社会,即国家。国家透过社会委托于它的立法权和司法权,一方面,对公益负责,保护市民社会中的个人财产权;另一方面,国家还需要对各大利益集团(诸如王室、贵族、教会和平民)加以平衡和协调。在这里,国家之于市民社会,只具工具性的功用,是手段而非目的。这就意味着,作为手段的国家原则上不能渗透市民社会。从反面来讲,是市民社会决定国家,因为国家的权力源是人民。人民为了保护自身而通过多数同意的社会契约让渡给国家的只是其部分权利,国家只享有这部分权利,而主权则依然在民。倘若国家违背契约而滥用权力侵害市民社会,后者就可以凭主权收回曾让渡的权利,可以不再服从国家,直到推翻它,建立新的政权。因此,洛克式的架构,实质是市民社会决定国家,是市民社会对国家享有最高裁判权。① 应该说,洛克虽然没有使用市民社会这个概念,而是称它为自然状态,但它确是在与国家相对应的意义上使用的。在通过订立社会契约进入公民社会,也即建立国家以后,自然状态是宣告结束,还是仍然潜藏着,洛克没有明确说明。不过按照洛克的观点,公民除转让给国家一部分权利以外,还保留一部分自然权利。就此而言,政治社会又不能涵盖公民的全部社会生活,因而仍有市民社会存在的逻辑基础。当然,自然法学派是一种非历史的历史建构,因而表面上的自然社会与市民社会的历史描述不能完全从时间的相续关系上理解,也需要从空间的依存关系上作逻辑分析。

在德国古典哲学家中,康德是第一个明确使用市民社会(bürgerliche Gesellschaft)这个概念,并把它当做一个重要问题加以讨论的思想家。康德接受了自然法学派关于社会契约的思想,其出发点是一种假设的没有任何法律

---

① 参见邓正来:《市民社会与国家——学理上的分野与两种架构》,载《中国社会科学季刊》(香港)1993 年第 2 卷。

保障的自然状态;在人类未成立社会国家之前,确实存在过个人对全体搏斗的野蛮状态。这是因为人们具有一种非社会的社会性(The unsociability of men)。所谓非社会的社会性,是指社会性(合群性)与反社会性(非群性)的混合体。非社会性产生竞争,社会性产生限制。为了离开自然状态,所有那些不免要互相来往的人组成一个联合体,大家共同服从由公共强制性法律所规定的外部限制。办法是,相互隔绝的单个人通过一种决定即契约,康德称之为原始契约,组成民族国家。康德指出:人民和各民族,由于他们彼此间的相互影响,需要有一个法律的社会组织,把他们联合起来服从一个意志,他们可以分享什么是权利。就一个民族中每个人的彼此关系而言,在这个社会状态中构成公民的联合体,就此联合体的组织成员作为一个整体关系而言,便组成一个国家。① 应该说,康德基本上继承了自然法学派的思想,并由此阐述国家的起源。但像洛克一样,康德还没有明显的市民社会与政治国家相对立的理论建构。

　　市民社会与政治国家的二元对立,在费希特那里初步确定。人民是否有权改变自己的国家,这是当时讨论的一个问题。保守主义者雷贝格认为,市民社会确实可以在一定程度上被视为各个社会成员的自愿社团。市民社会的一个业已提到而特别值得注意的重要特点在于,它容纳了它未曾吸收过的许多成员,也不问他们是否愿意接受由他们承担的义务。它是由一些逐渐加入、死后退出的成员组成的。因此,在国家中生活的一切个人,从来都不能又同时缔结一项把他们包容无遗和规定他们的相互关系的契约。这种观点的要害在于:首先歪曲作为一般契约领域的市民社会的本质,认为它不能解体;其次把市民社会与作为特殊契约领域的国家组织直接等同起来,认为国家组织也不能解体;最后得出了国家及其依据的宪法都是不可改变的结论。费希特批判了雷贝格的这种观点,尤其是论述了市民社会与国家的区别。在他看来,尽管市民社会与国家组织都属于契约领域,都以法律和权利构成其特征,但是,前者是一般契约领域,这种契约涉及的是人与人的经济关系中的可以出让的权利,后者是特殊契约领域,这种契约就是宪法,它涉及的是人与人的

---

① 参见〔德〕康德:《法的形而上学原理——权利的科学》,沈叔平译,商务印书馆1991年版,第136页。

政治关系中的可以出让的权利,人既可以转让这种权利而生活在国家中,也可以不转让这种权利而生活在市民社会中。费希特论述了市民社会与国家哪一个更基本的问题,指出:国家本身是靠社会才存在的。国家本身应该向社会表示应有的感谢;我们即使没有国家作中介,也会对社会心满意足。而国家之所以是靠社会才存在的,是因为人即使不生活在国家中,也能生活在市民社会中。如果国家既不能拿走,也不能给予我们原来属于我们的权利,这一切关系实际上就必定会在市民社会中继续下去。我作为人拥有的权利,我是绝不能作为市民拥有的,因为我是市民;我作为市民拥有的权利,我是不能作为人就已经拥有的。这就是说,生活在市民社会中的人们具有更基本的权利和义务关系,他们在进入国家生活时,虽然又拥有了一些特定的权利和义务关系,但前一种更基本的关系并未消灭。在这里,尽管费希特使用的术语不十分准确,但他的意思还是很清楚的,那就是:不是社会以国家为自己存在的前提,而是国家以社会为自己存在的前提。① 我们看到,费希特在一定程度上揭示了市民社会与政治国家的二元对立结构。尤其是费希特关于市民社会决定政治国家的观点,具有一定的革命意义。当然,费希特把社会理解为"理性生物的相互关系",从抽象的人性中引申出市民社会的概念,而不是从人们的物质生活中寻找市民社会的根据,因此还是不能科学地说明市民社会与政治国家的关系。

  市民社会的概念在黑格尔的法哲学中发展成为一个重要的范畴。黑格尔认为,市民社会是处于家庭和国家之间的伦理发展阶段。它是现代的产物,即资本主义制度的产物。市民社会是由每个特殊人的满足自己需要和由这些需要的整体所构成的混合体,亦即任性和普遍性的混合体。在这里,普遍性以任性(利己目的)为基础,任性又依赖普遍性、受普遍性的控制。所以,市民社会是需要和理智(对需要的意识)、利己和利他相统一的外部国家或物质国家,即纯粹以伦理为实体的国家的物质关系形式。假若一个人只管满足自己的需要而不顾及普遍性的需要,就会破坏自身的伦理性。国家是社会正当防卫的调节器,使个人的任性和普遍性统一起来。但是,对于市民个

---

① 参见梁志学:《费希特青年时期的哲学创作》,中国社会科学出版社1991年版,第81—82、99页。

人来说,普遍性仅是一种手段。黑格尔认为,市民社会的发展包括三个环节:第一,需要的体系。黑格尔指出:市民社会,这是各个成员作为独立的单个人的联合。人作为独立的单个人,这是市民社会与以往一切社会最重要的区别。人有居住和穿衣等需要,为这类需要服务的手段和满足这些需要的方法本身又产生抽象的需要。作为生物,人有权把他的需要作为他的目的,市民各自有权把本身利益作为自己的目的。但是,在市民社会中,利己的目的,就在它的受普遍性制约的实现中建立起在一切方面相互依赖的制度。不然,个人的生活、福利以及他的权利定位,就无法得到肯定。如果他不同别人发生关系,他就不能达到他的全部目的,因此,其他人便成为特殊的人达到目的的手段。也就是说,我既从别人那里取得满足的手段,我就得接受别人的意见,而同时我也不得不生产满足别人的需要。所以,市民社会是物质生活的领域。那么,如何满足自然的需要和观念的需要呢?两种需要,不仅要有一般意义上的生产劳动,而且要有教育这种劳动。黑格尔在一定程度上科学地阐明了市民社会的本质特征,即它是一个以满足需要为目的、以生产劳动为手段的物质生活领域,具有经济性与私人性。第二,司法,是法的现实化。需要体系的原则所体现的,仅仅是抽象的所有权的法。就是说,人人都有权获得财富和占有财富。它只是内在地起作用,即自在的。这时,法尚未表现出其效力。所有权的法一旦经过司法来加以保护,才达到其有效的现实性,成为自为的。当人们感到法是保护需要体系的外部条件的时候,便具有了法的思想,并开始为自己制定法律。法律是指导人们按照某种普遍物来行事,它要成为有效的东西,就必须为人们所知道。作为法律的法,是自在的法的一种客观实在的形式,即实定法。第三,警察和同业公会,它们是增进个人特殊福利的组织,因此与一般保护所有权和人身权的司法不同。警察是一种保安权力。警察要监督和管理普遍事务和公共设施,包括:调整生产与消费之间的不同利益,照料路灯、桥梁、日常必需品价格、卫生保健等设备,保证人们分享普遍财富,实行强制教育。要防止挥霍,督促市民自谋生路,解决贫困的问题。要进行国际贸易,开拓殖民事业。如果说警察主要是以外部的方式保护和保全特殊利益的话,那么,同业公会则主要是以社会的内部方式实现和促进特殊利益。同业公会是产业等级特有的。它是劳动组织,依据市民社会成员的特殊技能吸收其为会员。同业公会的权利是:照顾其内部的自身利益,接纳会员,关心所属成员,防止特殊偶然性,对成员加以教育培养。应该指出,黑格尔对市民社会的描述,大体上把握了市民社会的一般性特征。例如黑格尔把市民社会视为个人所有权得到法律确认与保护的、建立在契约性基础上的、追求个人利益的经济活动的领域,并对它的构成要素,即等级、社会组织等进行了分析,指出了中间组织作为联系个人与国家政治中介的重要性。这些规定与分析基本上是准确的,虽然它们在一些方面还是相当粗线条的,例如等级概念,实际上,在他的等级概念中,还有不同的阶级与阶层之分,等等。① 当然,黑格尔在关于市民社会的描述中,也还存在一些我们不易理解的地方,例如司法和警察都应当是一种公共权力,应该属于国家的范畴而不是市民社会范围内的东西。但黑格尔这里讲的司法,主要是指私法,它仅仅与所有权的保护有关,是以保护市民个人利益为目的,与公法不同。这里涉及西方国家关于私法与公法的分类。私法被认为是自治法,调整私人之间的关系,而公法属于强行法,是国家公共权力的体现。应该说,黑格尔这种司法观念是建立在私法与公法划分基础之上的,尤其是关于物质生活决定私法的观点,有一定的合理性。至于警察,本来也属于国家机构的范畴,黑格尔之所以把它划归市民社会,主要是因为警察也是为了保护和保全大量的特殊目的和特殊利益,是为了保障人身和所有权的安全和不受妨害,使单个人生活和福利得到保证。当然,黑格尔的这种划分是否科学,还有值得商榷之处。黑格尔认为,市民社会是独立的单个人的联合,也即在普遍性形式中的联合。这种联合是通过成员的需要,通过保障人身和财产的法律制度,以及维护他们的特殊利益和公共利益的外部秩序而建立起来的。在这里,普遍性是以特殊性的独立性为出发点的,是被当做满足特殊利益的手段的,伦理丧失了,伦理性被扬弃了,就无法实现特殊性和普遍性的统一。但是,伦理性和普遍性终究是支配市民社会的,终究是可以使特殊性与普遍性达到统一的,国家就是这样的领域。由此,就从市民社会过渡到国家。黑格尔认为,国家是普遍性的领域,它与市民社会不同。国家的目的就是普遍的利益本身,而这种普遍利益又包含着特殊的利益,它是特殊利益的实体。国家这种普遍性并不排

---

① 参见陈嘉明:《黑格尔的市民社会及其与国家的关系》,载《中国社会科学季刊》(香港) 1993 年第 3 卷。

斥特殊性,恰恰相反,在国家中,一切系于普遍性和特殊性的统一。国家是绝对自在自为的理性东西,它对个人具有最高权力,成为国家成员是单个人的最高义务。这种自在自为的国家就是伦理性的整体,是自由的现实化。所以,国家是理性的东西,国家是伦理理念的现实——普遍与特殊的统一。国家的这种普遍性是特殊性得以生存的根据,它凌驾于特殊性之上,它既是特殊性的基础和必要形式,又是特殊性的控制力量和最后目的的权利,这就使国家作为社会正当防卫调节器,调节市民社会中个人利益之间的冲突和贫富之间的种种矛盾。由此可见,在黑格尔的心目中,市民社会是充满争斗的私人利益的决战场,并对它持一种贬抑的态度,而对国家则持一种赞美的态度,甚至认为是地上行进的神。我国学者邓正来认为,黑格尔的理论是"国家高于市民社会"的架构,这种架构肯定了国家与市民社会关系间国家及其建制对于架构市民社会的积极作用。但是反面观之,由于它在原则上承认国家对市民社会的渗透甚或统合的政治性,以及确认市民社会在道德层面的低下地位,从而也就在某种意义上否定了市民社会之于国家建构的正面意义。邓正来认为,黑格尔"国家高于市民社会"架构的最大误导在于:认定国家或政治的至上地位以及一切问题都可最终诉求国家或依凭政治而获致解决的观点,实际上隐含着国家权力可以无所不及和社会可以被完全政治化的逻辑;而这种观点及其隐含的逻辑往往趋于被用来为极权或集权的统治张目。[①] 应该说,这种批评是有一定道理的,但又绝不能将这一点绝对化。事实上,黑格尔所说的国家是一种伦理实体,因而是一种理想国家,这是一种价值判断而不是事实判断。当然,黑格尔的观点中包含着导出国家至上结论的危险性,因而容易被人误解乃至于歪曲。对此,美国著名学者博登海默曾经做过中肯的分析:人们常常提出这样一种论点,即黑格尔是强权国家的吹鼓手和现代法西斯极权主义的哲学先驱。毋庸置疑,法西斯的法学理论家有时在很大程度上倾向于依赖黑格尔的国家哲学,而黑格尔的著作中也可以发现一些似乎是支持这种观点的言论。这在黑格尔关于国家对外关系的讨论中更是如此。但是,如果认为黑格尔主张在国内关系,特别是对待公民或国民方面应当采

---

① 参见邓正来:《市民社会与国家——学理上的分野与两种架构》,载《中国社会科学季刊》(香港)1993年第2卷。

用极权主义的统治方法,那就不正确了。因为,他并没有认为国家所追求的最高目标是扩张统治者的权力。相反,黑格尔认为,国家应该为人的精神利益服务,国家最深刻的本质是精神力量的体现。黑格尔明确指出,国家应当赋予其公民以拥有私人财产的权利。他要求用法律来确定和固定公民的权利与义务以及国家的权利与义务。他给予个人以过私人生活、培养个性、促进其特殊利益的权利,只要他们在行使上述权利时没有忽视整个社会的利益。黑格尔赞誉国家是符合伦理的国家,而不是贬低个人、奴役个人、不顾个人正当要求的国家。黑格尔的哲学因而包含有大量的个人自由主义,尽管他的思想的这一方面有时被他那些(从孤立的角度看)以牺牲个人而抬高国家的言论弄得模糊不清了。① 毫无疑问,博登海默的这些评价是比较全面的。尽管黑格尔反对启蒙学者所主张的个人主义,但他同样反对极权主义,而是主张个人与社会有机统一,把国家看做是这种统一的结合体。在关于市民社会与国家的关系上,黑格尔主张国家决定市民社会,这无疑是一种唯心主义的观点。对此,马克思作了深刻的批判,指出:实际上,家庭和市民社会是国家的前提,它们才是真正的活动者;而思辨的思维却把这一切头足倒置。如果理念变为独立的主体,那么现实的主体(市民社会、家庭、"情势""任性"等)在这里就会变成和它们自身不同的、非现实的、理念的客观要素。家庭和市民社会本身把自己看成国家。它们才是原动力。可是在黑格尔看来却正好相反,它们是由现实的理念产生的。它们结合成国家,不是它们自己的生存过程的结果;相反,是理念在自己的生存过程中从自身中把它们分离出来的。

马克思在批判黑格尔关于市民社会与国家关系上的唯心主义观点的基础上,对市民社会与国家的关系作了科学论述。根据马克思的观点,市民社会与政治国家的分离是相对的而不是绝对的,是表面的而不是根本的。从最终意义上说,政治国家将统一于市民社会。市民社会与政治国家之间的实质性统一主要表现在以下三个方面②:

第一,市民社会的成员与政治国家的成员是同一个人。作为市民社会成

---

① 参见〔美〕博登海默:《法理学——法哲学及其方法》,邓正来译,华夏出版社1987年版,第78—80页。
② 参见俞可平:《马克思的市民社会理论及其历史地位》,载《中国社会科学》1993年第4期。

员的个人是带有自我利益的、活生生的、现实的人,而作为政治国家成员的公民则是抽象的、人为的、虚幻的人。市民社会的成员是非政治的自然人,它是政治社会的公民的自然基础,而后者则是前者的政治抽象。作为市民社会成员的利己主义的个人才是目的,政治社会的公民只是自私的个人的奴仆。作为市民社会成员的个人才是直接的存在,政治社会的公民不过是寓言般的存在。简言之,"不是自为 citoyen[公民]的人,而是身为 bourgeois[市民社会的一分子]的人,才是本来的人,真正的人"。①

第二,市民社会是政治国家的基础。在马克思看来,政治国家的公民首先是市民社会中活生生的个人,作为市民社会成员的个人是政治国家的自然基础;家庭和市民社会也是国家的构成部分,它们是国家的前提条件和必要条件,没有它们,政治国家就不复存在;市民社会还是政治国家的全部活动和全部历史的真正发源地和舞台。

第三,市民社会决定政治国家。马克思指出,市民社会对于政治国家来说是原动力,市民社会本身在发展进程中把自己变成了国家,现代的政治国家是市民社会粉碎旧的政治形式的产物;市民社会对于政治国家来说是内容,而政治国家则是市民社会的正式表现,是该时代的整个市民社会的要求的手段。因此,正如恩格斯所说,至少在这里,国家、政治制度是从属的东西,而市民社会、经济关系的领域是决定性的因素。② 马克思主义关于市民社会与政治国家的上述观点,坚持了唯物主义,以区别于黑格尔的唯心主义。尤其是此后的著作中,马克思进一步将市民社会抽象为经济基础或者经济结构,并将政治国家归之于上层建筑,从而确定了经济基础决定上层建筑的著名观点。而且,马克思还主张市民社会与政治国家分立的相对性,最终必将统一于市民社会,而不像黑格尔认为的那样统一于国家。应该指出,马克思主义关于市民社会与政治国家关系的论述具有重大意义,尤其是市民社会决定政治国家、政治国家必将统一于市民社会的观点,科学地揭示了社会发展规律。

在社会主义社会,如何理解市民社会与政治国家的关系,是一个没有解

---

① 《马克思恩格斯全集》(第 1 卷),人民出版社 1960 年版,第 440 页。
② 参见《马克思恩格斯全集》(第 21 卷),人民出版社 1965 年版,第 345 页。

决的问题。在公有制条件下,尤其是实行计划经济,国家对经济直接进行规制,国家权力渗透到整个社会,其结果是国家吞没了市民社会。中国是一个具有悠久的封建传统的社会,自周秦以来就建立了以家族宗法制度为基础、政治国家为根本的一元社会结构。在这个社会结构之中,封建国家不仅成为社会的统治者,而且完全取代了社会,使社会丧失了独立的品格,也没有发展起市民社会。1949 年新中国成立后,从苏俄引进的计划经济模式进一步强化了政治国家的职能,市民社会受到了很大压抑。市民社会不仅没有培育起来,反而被政治国家全面取代;政治国家不仅管理政治事务,而且管理经营几乎所有经济事业、文化事业,管理几乎所有社会事务,以至个人、家庭的生活事务。市民社会的所有特殊利益形式,几乎都失去了存在的人格权利。事实已经证明,这种以政治国家为核心的一元社会结构已经成为现代化的障碍。在经济体制改革,实行市场经济的历史条件下,以政治国家为核心的一元社会结构开始衰亡,政治国家与市民社会相对分离的二元社会结构开始悄然崛起。① 可以说,对于当前中国社会来说,当务之急是培育市民社会,逐渐完成从市民社会与政治国家合一的、一元社会结构向市民社会与政治国家分立的二元社会结构转型。

三、社会形态与刑法的相关考察

刑法是一种社会现象,它植根于一定的社会物质生活并在此基础上实现其存在的价值。在不同的社会结构形态中,刑法具有各自不同的使命。因此,对刑法性质的考察,不能离开一定的社会结构形态。

在前资本主义社会,市民社会与政治国家并未分化,两者具有高度的同一性,没有明确的界限,政治国家就是市民社会,反之亦然。市民社会的第一个领域,都带有浓厚的政治性质,一切私人活动与事务都打上鲜明的政治烙印。马克思曾经指出,中世纪的精神可以表述如下:市民社会的等级和政治意义上的等级是同一的,因为市民社会就是政治社会,因为市民社会的有机原则就是国家的原则。② 在这种社会结构中,刑法以保护国家利益、社会利益为己任,人权保障机能则完全被忽视。其结果是,为了保护国家利益,不惜

---

① 参见杜万华:《二元社会结构体系及其法理学思考》,载《现代法学》1996 年第 1 期。
② 参见《马克思恩格斯全集》(第 1 卷),人民出版社 1960 年版,第 334 页。

采用严刑苛罚。例如,我国学者黄风认为,在罗马刑法中存在国家至上原则。根据这一原则,为了国家利益可以对任何有害行为包括具有侵害危险的行为处以严厉刑罚,个人没有任何权利值得国家尊重。除此以外,再无其他限制国家刑罚权的基本原则。刑法成为维护罗马皇帝专制统治的工具,含义模糊的叛逆罪(laesa majestas)成为刑事追究的重点,一切有损皇帝人身、尊严和权力的行为,都可以在此罪名下被处以极刑。在罗马共和国时期曾一度被限制使用的死刑,不但被广泛使用,而且不断翻新着花样,出现了砍头、烧死、钉十字架、绞刑、把人装进皮口袋投入海中、送进角斗场等残酷的执行方式;鞭刑、杖刑、裂肢等肉刑也被编入《查士丁尼法典》,把这些残酷而混乱的刑罚加以汇集而成的第 47 编和第 48 编,被后人称为"恐怖之编"。① 因此,在罗马社会,刑法成为维护国家权力的专横工具。在中世纪,刑法不仅成为政治压迫的工具,而且成为宗教迫害的手段。在漫长和极端黑暗的欧洲中世纪封建社会中,愚昧和野蛮的刑法制度,以天主教的多米尼各派把持的"宗教裁判所"为顶点。黑格尔对此进行了深刻的批判,揭露了它对异教徒的残酷迫害。② 直到法国大革命之前,欧洲大陆的刑法制度一直以残暴而著称。对此,著名德国刑法史专家冯·巴尔曾经指出:当我们研究旧制度的刑法并把它同罗马帝国后期和中世纪前期的刑法加以对照时,我们将会发现,文明的发展并未给刑法带来任何进步——它实际上处于停滞状态,完全带有在这些时期中所具有的缺陷。刑罚是不平等的,它们不是根据犯罪的性质而是根据犯罪人的地位或等级而发生变化;刑罚的执行方式也是残酷和野蛮的,刑罚体系的基础是死刑和滥用的肢体刑;犯罪没有确切的定义;个人没有丝毫的安全保障足以避免国家在镇压犯罪时的过失行动。最后,愚昧、偏见和感情上的狂暴制造着臆想中的犯罪;刑法的适用范围扩展到了调整社会关系之外,甚至超越了对意识的统治。③ 因此,在西方中世纪,刑法完全蜕化为国家的镇压工具。在使人不成其为人的专制社会,刑法成为社会控制个人的唯一手段。刑法的这种社会对个人的控制性,在中国封建社会表现得更为明显。我国学者张中秋指出:传统中国是一个国家权力和观念高度发达的社会,早

---

① 参见黄风:《贝卡里亚及其刑法思想》,中国政法大学出版社 1987 年版,第 4—5 页。
② 参见吕世伦:《黑格尔法律思想研究》,中国人民公安大学出版社 1989 年版,第 92 页。
③ 参见〔德〕冯·巴尔:《大陆刑法史》(英译本),波士顿 1916 年版,第 315 页。

在青铜时代这种情况就有了相当的发展,秦、汉以后更是有增无减,专制主义集权日趋加强,家国一体,融家于国的情形和观念可谓举世罕见。这种社会情势必形成一切以国家利益和社会秩序的稳定为最高价值,也必然造成这种价值观的无限扩散,以至渗透到包括纯私人事务在内的一切领域。为此,以维护最高价值为目的的国法,只可能是废私的公法。废私立公就意味着国家使用强力来干涉私人事务,确保国家利益,并视一切行为都和国家有关,一切不法、侵权行为都是犯罪,这就奠定了一切法律刑法化、国家化的可能性,加上国家权力的强大,可能性遂转变成了现实。由此,张中秋揭示了刑法与国家的相互关系,指出:一个社会的国家集权和观念愈发达,其刑事立法也必然发达。如果一个社会的国家集权和观念发达到使个人独立存在的价值与利益变得无足轻重甚至基本丧失,国家代表了个人(个人完全消融在国家之中),侵犯私人权益就是侵犯国家利益、破坏社会秩序,那么,这个社会的全部法律必然表现为刑法和刑法化的法律。① 因此,在国家与社会合为一体的情况下,个人尚没有独立性,刑法机能只能是社会保护,追求社会整体的完全与稳定,而这又往往以牺牲个人为代价。

  随着市民社会与国家的分化,形成二元的社会结构。在这种二元社会结构中,人的本质具有二重性,这就是市民与公民的对立。马克思指出:作为一个真正的市民,他处在双重的组织中,即处在官僚组织(这种官僚组织是彼岸国家的,即不触及市民及其独立活动的行政权在外表上和形式上的规定)和社会组织即市民组织中。但是在后一种组织中,他是作为一个私人处在国家之外的;这种组织和政治国家本身没有关系。第一种组织是国家,它的物质总是由市民构成的。第二种组织是市民组织,它的物质并不是国家。在第一种组织中,国家对市民来说是形式的对立面,在第二种组织中,市民本身对国家来说是物质的对立面。② 国家是一个政治组织,人作为公民,过着政治生活,这种政治生活也被称为是一种类生活;而市民社会是一个经济组织,人作为市民,过着物质生活,这种物质生活也被称为是一种私人生活。由于社会分化为政治国家与市民社会这两个组成部分,人的社会生活也分为政治生活

---

① 参见张中秋:《中西法律文化比较研究》,南京大学出版社1991年版,第96、97页。
② 参见《马克思恩格斯全集》(第1卷),人民出版社1960年版,第340—341页。

与物质生活两种。按照马克思的观点,市民社会决定国家,物质生活决定政治生活。刑法是国家权力的体现,它属于政治国家的范畴,是一种公法。因此,刑法只能限于调整公共关系。这里的公共关系是指发生在政治社会中的个人与国家、个人与社会的关系。个人与个人之间的关系只有涉及社会时,才进入刑法的视野。而市民社会是一个私人领域,不属于刑法调整的范围,只能是私法(这里主要是指民法)的调整范围。孟德斯鸠指出:社会是应该加以维持的,作为社会的生活者,人类在治者与被治者的关系上是有法律的,这就是政治法。此外,人类在一切公民间的关系上也有法律,这就是民法。① 这里的政治法,就是指公法,包括刑法,它是治者与被治者之间的法律;而民法,指的是私法,是平等主体(公民,实际上应当指市民)之间的法律。人作为公民,生活在政治社会里,因而没有自由,受到国家权力的强制。人作为市民,生活在市民社会里,因而又有自由,这种自由是国家法律不可侵夺的。因此,市民社会的存在,在一定程度上限制了政治国家的权力,从而也限定了刑法的调整范围。刑法由以往的无所不及,被从私人领域中驱逐出来,限定在调整公共关系,成为与私法相对立的公法的组成部分。因此,只有在市民社会与政治国家二元分立的社会结构中,刑法才不至于单纯地成为保护社会的工具,而且也具有了保障人权的使命。

权利是个人所拥有的,马克思曾经揭示了资本主义社会中人权与公民权的二元对立。在他看来,公民权就是政治权利,是只有同别人一起才能行使的权利。正如马克思所说:这种权利的内容就是参加这个共同体,而且是参加政治共同体,参加国家。这些权利属于政治自由的范畴,属于公民权利的范畴。② 人权则不同于公民权,它无非是市民社会成员的权利,即脱离了人的本质和共同体的利己主义的人的权利。③ 这种人权与公民权的二元对立,是以市民社会与政治国家的二元对立为前提的,并且是这种对立的必然结果。随着社会进步,人必将获得彻底解放。而要想真正使人得到解放,必须越出政治解放的狭隘框架,必须清除政治国家与市民社会之间的二元性。只有当公民在改造利己主义生活之后成为现实的人的时候,只有当现实的人在

---

① 参见[法]孟德斯鸠:《论法的精神》(上册),张雁深译,商务印书馆1961年版,第5页。
② 参见《马克思恩格斯全集》(第1卷),人民出版社1960年版,第427页。
③ 参见《马克思恩格斯全集》(第1卷),人民出版社1960年版,第436页。

自己的经验的、具体的生活中成为政治的"类存在物"的时候,只有当政治国家作为人类本质异化的表现而被扬弃,并且社会将变成社会整体的时候,真正的人类解放才能实现。而人类解放的完成,同时意味着人权与公民权之间的一致性。① 这种情况只有在共产主义社会才能实现,而在社会主义社会,市民社会与政治国家的二元对立仍然存在,只是性质有所不同而已。② 因此,在社会主义社会,权利分离为人权与公民权也是不可避免的。当然,随着法制的加强,人权不断地转化为公民权或者说以公民权的形式表现出来。从刑法的意义上来说,人权是基本的、不可侵犯的,而公民权是维护人权的基本手段。为了更好地防止个人的人格受到侵害,人们通过政治联合组成国家,国家享有刑罚权。由于刑罚权来自公民的授予,因此,它受制于权利。

刑罚权对于犯罪人来说虽然是一种外力的强制,但由于刑罚权来自权利,它是为了保护社会的生存条件,因而仍然包含着自律的性质。这里涉及对犯罪人的看法。笔者认为,犯罪人仍然是人,是一定社会的成员。理论上存在着这样一种观点:简单地把犯罪人视为敌人,将其从社会中分离出去。例如卢梭就曾经指出,对罪犯处以死刑,也可以用大致同样的观点来观察:正是为了不至于成为凶手的牺牲品,所以人们才同意——假如自己做了凶手的话,自己也得死。在这一社会条约里,人们所想的只是要保障自己的生命,而远不是要了结自己的生命;绝不能设想缔约者的任何一个人,当初就预想着自己要被绞死的。而且,一个为非作恶的人,既然他是在攻击社会权利,于是便由于他的罪行而成为祖国的叛逆;他破坏了祖国的法律,所以就不再是国家的成员,他甚至是在向国家开战。这时保全国家就和保全他自身不能相容,两者之中就有一个必须毁灭。对罪犯处以死刑,这与其说是把他当做公民,不如说是把他当做敌人。起诉和判决就是对他已经破坏了社会条约的证明和宣告,因此他就不再是国家的成员了。而且既然他至少曾因为他的居留而自认为是国家的成员,所以就应该把他当做公约的破坏者而流放出境,或者是当做一个公共敌人而处以死刑。因为这样的一个敌人并不是一个道德

---

① 参见公丕祥:《市民社会与政治国家:社会主体权利的理论逻辑》,载南京师范大学法制现代化研究中心编:《法制现代化研究》(第1卷),南京师范大学出版社1995年版,第86页。
② 参见左羽、书生:《人权的基本内涵:人权与公民权》,载《中国法学》1991年第6期。

人,而只是一个个人罢了;并且唯有这时候,战争的权利才能是杀死被征服者。① 在这里,卢梭以一种政治逻辑来对待犯罪人,并以战争的权利来论证国家所具有的死刑权。因为犯罪人是敌人,而对敌人,则具有处死的权力。笔者认为,卢梭的这种逻辑是危险的,因为犯罪人与社会是不可分离的,犯罪也不单是个人的问题,而且与社会有着不可分割的联系。简单地把犯罪人视为敌人,由此论证刑罚,尤其是死刑的合理性,就潜藏着这样一种危险性:只要将一个人宣布为敌人,那么对其精神与肉体就可以任意处置,因为他已经不再是公民。按照这种逻辑推演下去,刑罚就会蜕化为政治镇压的工具,人权也就难以得到有效的保障。

在一个法治社会,国家权力受到公民权利的制约:保障人权应当是国家权力存在的根据。同时,公民权利的行使又受到法律的限制,是在一定范围内的自由。因而,权力与权利具有一种内在的关系。在刑法意义上,国家为了保护社会,就有必要设置刑罚,刑罚权就有存在的理由。但对刑罚权又必须加以限制,否则就会侵犯人权。我国由于新中国成立以来实行计划经济,加上传统的封建观念还具有一定的影响,以致在相当一段时间里只注意权力而轻视权利,只注意社会而轻视个人。表现在刑法上,就是强调刑法的社会保护机能,而轻视刑法的人权保障机能,至少是未将人权保障机能同社会保护机能放在一个同等重要的位置上。在市场经济体制下,个人的权利日益受到重视与保护。因此,刑法机能应当从社会保护机能向人权保障机能倾斜,加重刑法的人权蕴涵。这就是说,应当调整刑法的社会保护机能与人权保障机能之间的关系与比重,对人权保障机能予以适当的强调。只有这样,才能在刑法中科学地确定权力与权利的关系,避免权力侵夺权利。

在西方近代刑法史上,从政治刑法向市民刑法的划时代转变,是刑事古典学派完成的,其代表人物首推意大利著名刑法学家贝卡里亚和德国著名刑法学家费尔巴哈。贝卡里亚猛烈地抨击了以罪刑擅断为特征的封建专制刑法,确立了以罪刑法定为中心的市民社会的刑法原则。贝卡里亚指出:"为了不使刑罚成为某人或某些人对其他公民施加的暴行,从本质上来说,刑罚应该是公开的、及时的、必需的,在既定条件下尽量轻微的、同犯罪相对称的并

---

① 参见〔法〕卢梭:《社会契约论》(第2版),何兆武译,商务印书馆1980年版,第46—47页。

由法律规定的。"①此后,费尔巴哈正式提出了市民刑法的概念。应该指出,18世纪以来,近代市民刑法的思想是由启蒙思想发展而来的,人身自由、人格尊严、权利平等、权力均衡、契约自由等理性主义思想形成并奠定了基础。在这种近代市民刑法思想特色的基础上,奠定了刑法的近代合理化,其终极不外是罪刑法定主义所谓的"形式的合理化"。② 因此,以形式上的合理性、确定性和可预测性为特征的罪刑法定主义就成为市民刑法的精神实质。

四、社会转型中的中国刑法走向

当前,中国正面临着社会转型。这里所谓的社会转型,是指社会结构和社会运行机制从一种形式向另一种形式转换的过程。③ 在此,我们需要重点考察的是社会结构的转换。这种社会结构转换,在很大程度上就是从政治国家的一元结构向政治国家与市民社会二元分立的社会结构的嬗进。在此基础上,我们可以看到从政治刑法向市民刑法的功能性转换。只有在这样一个理论高度,我们才能科学地把握我国刑法的走向,并作为对刑法修改的评价尺度。

一个社会的面貌,主要是由经济结构塑造的。经济体制改革前,我国社会结构是建立在计划经济体制之上的、以集中垄断大一统为特征的政治社会。国家所有制模式赋予政府(在一定意义上也就是国家)无限的权力,将政府推到社会结构中至高无上的地位,使国家有可能凭借所控制的全部社会资源,在非经济领域实行全面和直接的控制,使经济领域之外其他维度上的社会结构深深地烙上这种所有制模式的印迹。④ 在这种一元社会结构中,刑法成为国家推行其意志的暴力工具。因此,工具性就成为刑法的根本特征。正如我国学者指出的:工具主义的刑法观在社会生活中的典型表现,是把刑法作为推行社会政策的工具。历史上每一次社会变革和某项社会政策的实行,无一不是以刑法作为最有力的法律后盾。而在一个法制不健全,尤其是缺乏把法律神圣化传统的国家中,刑法就极易沦为政治斗争的附属物,而丧

---

① 〔意〕贝卡里亚:《论犯罪与刑罚》,黄风译,中国大百科全书出版社1993年版,第109页。
② 参见甘雨沛、何鹏:《外国刑法学》(上册),北京大学出版社1984年版,第221页。
③ 参见郑杭生等:《社会运行导论》,中国人民大学出版社1993年版,第306页。
④ 参见陆学艺、景天魁主编:《转型中的中国社会》,黑龙江人民出版社1994年版,第190页。

失其作为法律规范的独立性。这样,由于某一时期政治形势的变化,刑法的职能将随之转变;为了配合形势的需要,司法机关不得不打乱正常的工作秩序,来开展一项又一项的专门斗争。而当刑法的规定不能适应特殊需要时,就会出现超越法律规定的裁判。① 因此,工具性的刑法不仅丧失了法律的独立品格,成为政治的附庸,而且还丧失了确定性的特征,牺牲了法定性的原则,随着政治斗争的需要而随时可以超越法律规定。甚至,在长达30年的时间里,居然可以没有一部统一的刑法典。在这种情况下,刑法的功能被形象地称为"刀把子"。例如,刑法是阶级专政的工具,刑罚是掌握在统治阶级手中的"刀把子",是统治阶级用以镇压被统治阶级的武器。② 诸如此类的说法,最为生动地表达了刑法在一元社会结构中的作用。毫无疑问,刑法在这种社会结构中的意义是不可低估的,它为当时的社会稳定、经济发展与政治建设也确实起到了重要的作用。但是,这种一元社会结构中的刑法缺乏应有的制约,它虽然对于保护社会是十分有用的,但却往往以牺牲公民个人的权利与自由为代价。1979年制定的刑法典,在我国法制史上具有划时代的意义,它是中华人民共和国成立30年来制定的第一部社会主义刑法典。1979年刑法的颁布,标志着我国法制建设进入了一个新的历史时期。当然,1979年刑法仍然是建立在计划经济体制之上的,仍然具有政治刑法的特征。重要表现之一,是1979年刑法确认了刑事类推制度——对于法无明文规定的犯罪,可以比照该法分则最相类似的条文定罪量刑。刑事类推,虽然在性质上有别于罪刑擅断,但与市民刑法所要求的罪刑法定主义还有相当距离。值得注意的是,虽然1979年刑法确认了刑事类推制度,但我国刑法理论除个别观点以外,大都将罪刑法定视为我国刑法的基本原则。在笔者看来,这与其说是对刑法的实然描述,不如说是对刑法的应然期望。尽管将罪刑法定确认为我国刑法的基本原则并不符合刑法的实际状况,具有一定程度的超前性,但对这一理论自觉的价值无论怎么肯定都不过分,它恰恰表现出我国学者对于刑法发展的热切期望。

从20世纪80年代初期开始,我国实行经济体制改革,这场改革的主要

---

① 参见陈晓枫主编:《中国法律文化研究》,河南人民出版社1993年版,第313页。
② 参见中国人民大学法律系刑法教研室编:《中华人民共和国刑法是无产阶级专政的工具》,中国人民大学出版社1958年版,第51页。

内容是从计划经济体制向市场经济体制的转轨。经济体制的改革引发了我国社会结构的整体变革。以转变政府职能为中心的政治体制改革,以促进科技与经济相结合为目标的科技体制改革,以适应社会现代化需要为方向的教育体制改革和以保证经济与社会协调发展为内容的社会体制改革全面展开,将中国推入了一个整体变革的时代。① 随着社会改革的全面启动,新旧社会结构逐渐交替,并且由于这种交替的不平衡性,出现了社会的结构性缺陷,表现为一种所谓综合性的失范效应。在刑法领域中,主要是大量犯罪,尤其是经济领域中的犯罪迅速滋生蔓延,形成一个严重的社会问题。在这种情况下,对刑法的社会需要增长了:为克服刑法短缺,大量的单行刑法与附属刑法得以制定并付诸实施;为遏制犯罪势头,重刑乃至于死刑大量出台。现在的状况是,单行刑法与附属刑法的篇幅大大超过刑法典,并淹没了刑法典。在这种情况下,基于制定一部统一的刑法典的考虑,刑法的修改迫在眉睫。当然,从体例上健全并完善刑法典是十分必要的,也是这次刑法修改的目标之一。但是,对于刑法修改的意义不能仅仅从形式的完备上去考虑。更为重要的是,应当从社会结构的转变所带来的刑法性质、机能与观念的重大变革上去审视刑法修改,并从深层次上认识刑法修改的意义。笔者认为,这次刑法修改实质上是刑法改革的外在表现形式,而这场刑法改革的历史使命是要完成从政治刑法到市民刑法的转换。

(一) 从追求刑法的实质合理性到追求刑法的形式合理性

政治刑法以追求实质合理性为特点,这种实质合理性是根据统治阶级意志确认的,因此刑法也就成为推行统治阶级意志的工具。凡是违背统治阶级意志并具有社会危害性的行为,就被确认为犯罪,并以刑罚为手段予以惩治。在这种观念的指导下,刑事类推就具有了其存在的现实根据。而市民刑法则追求刑法的形式合理性,将罪刑法定主义确认为刑法的至高无上的原则,是刑法的内在生命,彻底摒弃刑事类推。

应当指出,形式合理性与实质合理性,是德国著名学者韦伯提出的,它来自于合理性(rationality)这一概念。韦伯在强调现代社会秩序的合理性时,认

---

① 参见陆学艺、景天魁主编:《转型中的中国社会》,黑龙江人民出版社1994年版,第217页。

为这种合理性是纯粹形式的,是因为这种合理性指引的行动的后果具有最大程度的可计算性,这种行动可以达到任何一个不确定的(非决定论的)、可能的(几率的)实质目标。韦伯认为,这种纯粹形式的合理性是现代社会结构具有的一种客观属性,当人们在评价清晰、缜密的计算在社会生活中日益增长的重要作用时,其重要性就必然被得到承认。而实质合理性是一切前资本主义社会秩序的本质特征,这种合理性依据的是人们的观点,亦即依据被人们视为合理性尺度的目的、价值或信仰。① 在韦伯看来,实质合理性是主观的,而形式合理性是客观的。前者的追求可能导致无序,合理会转化成不合理,或者个别合理的实现可能会导致对一般合理的否定。而后者虽然是以牺牲个别合理为代价,但能够建立一种可以预测行为后果的社会秩序。在政治刑法的框架下,一切犯罪都应当受到惩罚这样一种绝对正义观念占主导地位,因而刑事类推得以存在。因为"法有限,情无穷",不可能以有限之法规范无穷之情。法内之情以法规范,法外之情则无法规范,只能借助于刑事类推。刑事类推扩展了法的涵括面,使那些法无明文规定的危害社会行为受到刑事追究,这似乎实现了"天网恢恢,疏而不漏"的法律格言,但在正确地惩罚了法无明文规定的危害社会行为的同时,也潜藏着滥用刑法的可能性。因为司法权一旦不受立法权的严格限制,其滥用的后果是十分可怕的,它不仅使无罪的人受到刑事追究,最后也必将使法治本身遭受严重的破坏。在市民刑法的建构中,刑法的形式合理性受到一再强调,这将使刑法从国家的单方面的专横中解放出来。罪刑法定化,就使刑法成为国家与公民之间的一种契约:国家不得逾越法律的界限对无罪的公民进行非法追究,公民也应当在法定的自由境域之内活动。因此,罪刑法定主义就成为市民刑法的题中之意。

市民刑法的形式合理性的根据,来自于市场经济对秩序的要求。市场经济与法治具有一种天然的亲和力,正是在这一点上与计划经济全然有别。计划经济的特点是建立一种集权管理的机制,因而奠基于计划经济的社会不是一种自发的社会,而是一个有组织的社会,这种组织可以通过行政手段加以管理与控制。在这样一个社会,对行政的亲近与对法律的疏远甚至排斥,都

---

① 参见苏国勋:《理性化及其限制——韦伯思想引论》,上海人民出版社1988年版,第228—229页。

是十分自然的。由于行政替代法律在社会中起作用,虽然无法却不至于无序。行政是人操作的,更能体现长官意志,因而行政治国更具人治的性质。而市场最大的特点是分散性,根据德国著名学者哈耶克的分析,市场是一个分散系统,其中每个个人都是根据他所拥有的独一无二的信息来进行活动的。任何人都不可能全面掌握资源的有效分配赖以实现的所有那些信息。① 在这种情况下,为了实现交易活动,就必须要求有一种建立在平等基础之上维系自由交易的行为规则,这种行为规则的最高表现形式就是法律。因此,法律成为市场经济的基本载体。正是在这个意义上,市场经济是法治经济这个命题才得以成立。正如我国学者指出的:市场经济对法治的需求是由市场经济自身的性质决定的。市场经济内在地需要规则和秩序,没有规则便不可能有市场经济的正常运行。而使这些规则和相应的经济规律要求获得法律的形式,通过法律的语言表达出来,这正是法治经济的基本要求。② 在市场经济条件下,个人的自由与个人之间的平等都是作为市场主体所必备的个人要素。这些平等与自由的权利不容任意侵犯,而是需要由法律确认并受到法律的有力保障。凡是侵犯公民权利、破坏社会秩序的行为,就在刑法上明文规定为犯罪,受到不可避免的刑事追究。因此,就产生了对刑法的形式合理性的内在冲动,罪刑法定主义也就成为市民刑法的铁则。

(二) 从追求刑法的社会保护机能到追求刑法的人权保障机能

政治刑法是以保护社会为己任的,是一种社会本位的刑法。对于刑法的社会保护机能,日本刑法学家庄子邦雄指出:刑法是基于国家维护其所建立的社会秩序的意志制定的,根据国家的意志,专门选择了那些有必要用刑罚制裁加以保护的法益。侵害或者威胁这种法益的行为就是犯罪,是科处刑罚的根据。刑法具有保护国家所关切的重大法益的功能。③ 应该说,刑法作为国家制定的法律,必然具有维护国家利益、推行国家意志的机能。问题只是在于,刑法的这种社会保护机能是否受到一定的限制。在专制社会里,刑法

---

① 参见〔美〕霍伊:《自由主义政治哲学——哈耶克的政治思想》,生活·读书·新知三联书店1992年版,第59页。
② 参见孙国华主编:《市场经济是法治经济》,天津人民出版社1995年版,第72页。
③ 参见〔日〕木村龟二主编:《刑法学词典》,顾肖荣等译,上海翻译出版公司1991年版,第9—10页。

的这种社会保护机能是不受限制的,一切危害统治秩序的行为都被认为是犯罪而受到刑罚的惩治。而在一个民主社会,由于社会性质所决定,刑法的人权保障机能得以强调并成为刑法的首要机能。因此,市民刑法在一定意义上也可以说是个人本位的刑法。在法律体系中,刑法的限制性是最为明显的,它是其他法律的制裁力量。刑法涉及对公民的生杀予夺,其存在的必要性在于保护社会,使社会免遭犯罪的侵害。但这种刑罚权如果不加限制,任其扩张,又势必侵夺公民个人的自由权利。正是在刑法存在的这一特殊矛盾中,刑法中的人权保障的重要性才得以凸现并受到充分的重视。

刑法中的人权首先是指被告人的实体权利(以下简称被告人权利)。被告人是指被指控为有罪的人,又叫犯罪嫌疑人。刑法中的人权保障,最表层的分析,涉及对被告人权利的保护。在这个意义上,可以把刑法称为犯人(应当是指被告人)的大宪章。在刑法中,存在着一种刑事法律关系或刑法关系。这种刑事法律关系是犯罪人与国家之间的一种权利义务关系,它以刑事责任的形式得以表现。从以有关机关为代表的国家这方面来看,这些权利和义务是:根据犯罪行为和犯罪人危害社会的程度对罪犯进行惩处,适用和执行刑罚,进行改造和再教育,以及保障判刑和服刑的法律措施。从犯罪人这方面来看,他们的权利和义务则是对所实施的行为及由此产生的一切后果接受和承担刑罚或其他影响方法,同时有权要求严格按照刑法、刑事诉讼法和劳动改造规范的规定适用、确定和执行刑法影响方法。[①] 在这种刑事法律关系中,被指控为有罪的公民与国家司法机关之间存在的这种权利义务关系表明:被告人尽管被指控为有罪,但并不因此而处于完全丧失权利简单地成为司法客体的地位,被告人的人权仍然受到法律的保障。这也正是现代法治区别于专制社会刑事制度的重要特征之一。在专制社会里,公民一旦被指控为有罪,便丧失了一切权利,处于被折磨与被刑讯的地位,甚至受到非人的待遇。在这种情况下,被告人就根本谈不上人权。例如,美国学者指出:18世纪刑法规定的惩罚是野蛮的,它允许实行刑讯逼供以获取犯罪事实和同案犯,对数百种罪行几乎都适用死刑。法律通常不公布,市民很难判断他们的

[①] 参见〔苏〕巴格里·沙赫马托夫:《刑事责任与刑罚》,韦政强等译,法律出版社1984年版,第55—56页。

行为是否违法。那种完全没有"正当的法律程序"的逮捕常常是随意和任性的。因此,美国学者认为,"不确定"是 18 世纪刑法的最典型特征。① 这里的"不确定"意味着被告人与国家之间的关系不受法律制约,被告人处于一种消极被动而无人权可言的地位。随着启蒙思想的传播,社会契约论的影响,个人与国家的关系,包括被告人与国家的关系被重新在理性的观念下进行审视。社会契约的观念成为社会秩序的基础,并确认过分严厉和任意的刑法违反了社会契约。对破坏社会秩序的人适用刑罚是保护社会契约的需要。但是,公民也必须保护自己不受专制国家权力的侵犯。在这种情况下,被告人的权利开始受到重视。尤其是随着罪刑法定与无罪推定原则的确立,被告人的权利(包括实体性权利与程序性权利)在法律上受到承认并予以保障。因此,刑法中的人权保障,首先就意味着对被告人权利的保障。对此,日本刑法学家西原春夫曾经指出:刑法还有保障机能,即行使保护犯罪行为的权利及利益,避免因国家权力的滥用而使其受害的机能。对司法有关者来说,刑法作为一种制裁的规范是妥当的,这就意味着当一定的条件具备时,才可命令实施科刑;同时当其条件不具备时,就禁止科刑。虽然刑法是为处罚人而设立的规范,但国家没有刑法而要科以刑罚,照样可行。从这一点看,可以说刑法是无用的,是一种为不处罚人而设立的规范。人们之所以把刑法称为犯人的大宪章,其原因就在此。②

  由上可知,被告人权利的保障是刑法的人权保障的题中应有之义,但如果把它视为刑法的人权保障的全部内容,那就大错特错了。可以说,刑法的人权保障的更深层次的含义在于对全体公民的个人权利的保障。正是在这个意义上,刑法不仅是犯人的大宪章,更是公民自由的大宪章。应该说,刑法是公民自由的大宪章这一思想是现代法治国家的刑法的灵魂与精髓,也是现代刑法与以往专制刑法的最根本区别之一。在专制社会,刑法被认为是驭民之术,其基本点在于用刑法来镇压反抗统治的行为,被认为是"刀把子"。在这种情况下,公民个人与国家的关系处于一种紧张的对立之中。统治阶级为

---

  ① 参见〔美〕理查德·霍金斯等:《美国监狱制度——刑罚与正义》,刘轶等译,中国人民大学出版社 1991 年版,第 29 页。
  ② 参见〔日〕西原春夫:《刑法的根基与哲学》,顾肖荣等译,上海三联书店 1991 年版,第 33 页。

了维护其社会统治,可以随意地限制乃至于剥夺公民的自由。因此,公民的自由范围是十分有限的;而国家权力,包括刑罚权却恶性地膨胀。例如,在宗教的统治下,欧洲大陆法系国家的刑法完全成了统治阶级禁锢人们思想、限制人的言论和行动自由、强制推行禁欲主义的工具。刑法规范制约着人们生活的各个细节,它同统治阶级的道德规范混淆在一起,没有一个确切的法定标准,人们可以根据占统治地位的道德信条来判定一个人是否有罪、罪轻还是罪重。① 在这种罪刑擅断的刑法制度下,公民的个人自由得不到保障,往往成为专制刑法的牺牲品。在17、18世纪的启蒙运动中,专制的刑法制度受到猛烈抨击,刑法机能从简单地镇压犯罪转换为对公民自由的保障,这是一个历史性的转变,由此展开了一场刑法改革运动。美国学者认为,在早期的刑法改革中,具有双重的内容,即使法律及刑罚具有更大的控制和预防犯罪的功能(防止一般公民受罪犯侵害),和保证国家权力在某种控制之下,并负有保护社会契约的义务(保护公民不受国王侵犯)。米歇尔·福科(1977年)认为:刑罚改革源于反抗专制权力的斗争和与犯罪作斗争二者之间的要求和对非法行为之可容忍度的交会点。② 可以说,在刑事古典学派所倡导的早期刑法改革运动中,将公民个人权利的保障放到了首要的地位。罪刑法定就是这场刑法改革运动的产物,它以限制刑罚权、保障公民的人权为己任。因此,对于人权保障的刑法意义,只有从保障所有公民不受国家权力的非法侵害这一思想出发,才能得以昭示。唯此,才能对刑法的人权保障机能予以全面的把握。正如庄子邦雄所指出的:刑法的人权保障机能由于保障的个人不同,实际机能有异,具有作为善良公民的大宪章和犯罪人的大宪章两种机能。只要公民没有实施刑法所规定的犯罪行为,就不能对该公民处以刑罚。在此意义上,刑法就是善良公民的大宪章。刑法作为犯罪人的大宪章,是指在行为人实施犯罪的情况下,保障罪犯免受刑法规定以外的不正当刑罚。③ 因此,刑法的人权保障机能体现的是刑法对公民个人(包括被告人与其他公民)的权利的有力保障。

---

① 参见黄风:《贝卡里亚及其刑法思想》,中国政法大学出版社1987年版,第17页。
② 参见〔美〕理查德·霍金斯等:《美国监狱制度——刑罚与正义》,刘轶等译,中国人民公安大学出版社1991年版,第29—30页。
③ 参见〔日〕木村龟二主编:《刑法学词典》,顾肖荣等译,上海翻译出版公司1993年版,第10页。

(三) 从追求刑法的惩治性到追求刑法的有效性

政治刑法是以暴力直接推行的,因而其惩罚具有野蛮、威吓与恐怖的特点;镇压就成为政治刑法的这种惩治性的基本蕴涵。无节制的刑事镇压虽然能够维持社会的生存,但个人的自由与权利不复存在。因此,只有在专制社会里,刑法才是唯一的统治形式,专制统治在腥风血雨中苟延残喘。贝卡里亚猛烈地抨击了专制刑法的野蛮性,指出:纵观历史,目睹由那些自命不凡、冷酷无情的智者所设计和实施的野蛮而无益的酷刑,谁能不触目惊心呢?目睹帮助少数人、欺压多数人的法律有意使或容忍成千上万的人陷于不幸,从而使他们绝望地返回到原始的自然状态,谁能不毛骨悚然呢?目睹某些具有同样感官、因而也具有同样欲望的人在戏弄狂热的群众,他们采用刻意设置的手续和漫长残酷的刑讯,指控不幸的人们犯有不可能的或可怕的愚昧所罗织的犯罪,或者仅仅因为人们忠实于自己的原则,就把他们指为罪犯,谁能不浑身发抖呢?[①] 在批判这种残酷刑法的基础上,贝卡里亚从刑法根据与限度两个方面提出了刑法正当的标准。贝卡里亚基于社会契约论,认为刑罚权是公民自然权利的转让。公民之所以转让这种自由权,是为了更好地享受自由。一切额外的东西都是擅权,而不是公正,是杜撰而不是权利。[②] 因此,在贝卡里亚看来,正当的刑法应当是基于保障公民个人自由的需要。而且,贝卡里亚认为,正当的刑法是有限度的,这种限度就是阻止罪犯再重新侵害公民,并规诫其他人不要重蹈覆辙。为此,贝卡里亚提出了罪刑的均衡性,由此出发追求刑法的功利效果,从而使刑法摆脱感情的主宰,引入理性原则。贝卡里亚认为,罪与刑之间存在一种对称性,并由此形成一个罪刑阶梯。有了这种精确的、普遍的犯罪与罪刑的阶梯,我们就有了一把衡量自由和暴政程度的潜在的共同标尺,它显示着各个国家的人道程度和败坏程度。[③] 贝卡里亚的观点使我们看到,刑法不是绝对的,而是相对的,这种相对性在于以最小

---

① 参见〔意〕贝卡里亚:《论犯罪与刑罚》,黄风译,中国大百科全书出版社 1993 年版,第 42 页。
② 参见〔意〕贝卡里亚:《论犯罪与刑罚》,黄风译,中国大百科全书出版社 1993 年版,第 9 页。
③ 参见〔意〕贝卡里亚:《论犯罪与刑罚》,黄风译,中国大百科全书出版社 1993 年版,第 66 页。

的代价换取最大的效果。因此,刑法的有效性就成为一个令人关注的问题。一种无效用的刑罚,就被认为是没有正当的存在理由的。而且,为了实现刑法的这种有效性,也不允许刑法的严厉性超出正义的限度。贝卡里亚看到了刑法的残酷性与刑法的有效性之间并没有必然联系。恰恰相反,刑法的残酷性还会有损于刑法的有效性。贝卡里亚指出:刑罚的残酷性还造成两个同预防犯罪的宗旨相违背的有害结果:一是不容易使犯罪与刑罚之间保持实质的对应关系。因为,无论暴政多么殚精竭虑地翻新刑罚的花样,但刑罚终究超越不了人类器官和感觉的限度。一旦达到了这个顶点,对于更有害和更凶残的犯罪,人们就找不出更重的刑罚以作为相应的预防手段。二是严酷的刑罚会造成犯罪不受处罚的情况。人们无论是享受好处还是忍受恶果,都超越不了一定的限度。一种对于人性来说是过分凶残的场面,只能是一种暂时的狂暴,绝不会成为稳定的法律体系。如果法律真的很残酷,那么它或者必须改变,或者是导致犯罪不受处罚。① 由此我们可以得出结论:正义的刑法应该是必要的刑法;同样,必要的刑法也应该是正义的刑法。刑法应当受到正义性与必要性的双重限制,这就是刑法的有效性的内容。刑法的有效性改变了在专制社会里,为了维护专制统治可以无所顾忌地采用一切刑法手段的观念,代之以理性的刑法观念。

应该说,从政治刑法到市民刑法是刑法制度、刑法思想与刑法文化的一场革命,是刑法法治的必然结果。中国传统法律文化,使刑法包含了更多的政治刑法的文化基因,这种文化基因一直流传至今。现在,我们面临着一场刑法的思想启蒙运动,同时也面临着一场刑法变革运动。正在进行的刑法修改,就是发生在从政治刑法到市民刑法这样一个大的历史背景之下的,它当然不可能一蹴而就地完成这一历史性转变,但至少是在这条道路上向前推进。当前我国刑法理论应当引入形式合理性、人权保障、有效性这样一些市民刑法的观念,我国刑法应当引入罪刑法定、罪刑均衡这样一些市民刑法的原则。

在刑法修改中,关于我国刑法的基本走向是一个存在着争论的问题。例

---

① 参见〔意〕贝卡里亚:《论犯罪与刑罚》,黄风译,中国大百科全书出版社1993年版,第43—44页。

如:罪刑法定主义是否应当引入刑法？刑事类推是否应当废除？在这些问题上都持有异说。异说的重要理由之一就是西方国家已经否定罪刑法定主义,认为从19世纪末20世纪初起,罪刑法定已度过它的隆盛期而开始走向衰亡。所谓"法无明文规定不为罪"已不复存在,罪刑法定在事实上正在走向衰亡。① 这里存在一个如何正确认识西方法律发展阶段以及我国应当如何选择参照系的问题。关于西方法律文化的发展阶段,最简单的是法治国与文化国的两分法。法治国反对专制主义的法律,不允许任何专横擅断。因此,法治国的法制核心是罪刑法定主义。文化国则是最高形态的国家,对包括制服犯罪在内的一切措施采取积极的态度,旨在创造文化,从根源上解决犯罪问题。在所谓文化国,法治国的宠儿——罪刑法定主义从所坚持的阵地一步一步地退让出来。例如,根据罪刑法定主义的原则,排斥刑法的类推适用,但在许多国家的刑法中容许类推适用或容许有条件地类推适用;罪刑法定主义反对保安处分制,但现在各国不仅容许适用保安处分,而且将保安处分法典化、一元化;罪刑法定主义反对绝对不定期刑,但现在不少国家适用绝对不定期刑。如此等等,充分说明罪刑法定主义原则所坚持的阵地均已逐渐地一一让给了所谓文化国的教育刑论。② 笔者认为,西方刑法的发展,虽然已由文化国取代法治国,但文化国并不是对法治国的简单否定,而是在法治国基础上的发展。因此,法治国对罪刑法定的一定意义上的否定,只是基于罪刑法定的形式合理性而追求实质合理性,而且这是以有利被告为原则的。可以说,罪刑法定主义的精神实质依然存在。从法治国与文化国为刑法发展的参照系,笔者认为,中国正在走向法治国,需要的是法治国的刑法文化,这也就是市民刑法及其刑法文化。在这个意义上,我们同意以下观点:对于中国来说,为免于法律文化的滞后,当务之急是选择法律文化进化时期法治国的法制精神文化。在刑法文化方面,就是要着力选择那些蕴涵着巨大的科学和民主精神的罪刑法定主义、罪刑相适应原则和犯罪构成理论。正是这些纯粹的法治精神,几乎彻底铲除了不折不扣的强大的封建专制和罪刑擅断主义。中国正处于加强民主、健全法制的关键时期,从法律文化演进的角度观察,我们

---

① 参见侯国云:《市场经济下罪刑法定与刑事类推的价值走向》,载《法学研究》1995年第3期。

② 参见甘雨沛、何鹏:《外国刑法学》(上册),北京大学出版社1984年版,第233页。

的刑法立法改制的政策导向和民意趋向,与法律文化进化时期法治国的刑法文化是息息相通的,在这一点上,我们似乎没有回避、犹豫或绕行的余地了。① 确实,法治国的刑法文化应当是当今中国的选择。当然,我们也不应简单地照搬或照抄,对于历史证明已经过时或者不符合中国国情的某些东西完全可以排斥,但基本价值取向应当是可以确定的,这就是法治国以罪刑法定主义为核心的刑法文化。

对于中国传统的刑法文化,更多地应当持批判的态度。现在有一种倾向,在借鉴的名义上力图使传统刑法文化为现实服务。例如,我国有人认为从刑法学和犯罪学的角度分析,法家的重刑有明显的合理性,是一份值得珍视的法学遗产。尤其是认为这一思想的核心观点,在今天的立法和执法中仍有借鉴意义。② 这种观点认为,以往学术界对法家的重刑发生了误读。韩非云:"所谓重刑者,奸之所利者细,而上之所加焉者大也。……所谓轻刑者,奸之所利者大,上之所加焉者小也。"据此,法家的所谓重刑其实并不重,反而是与罪相适应的,因而具有科学性。从以上所引韩非关于重刑与轻刑的界定来看,重刑并不重。但笔者再引一句韩非的话:"刑盗,非治所刑也,治所刑也者,是治胥靡也。故曰:重一奸之罪而止境内之邪,此所以为治也。重罚者,盗贼也;而悼惧者,良民也。欲治者奚疑于重刑名!"这里的重刑似乎再不能解释为与其所犯之罪相称之刑吧? 而是一种使良民悼惧的威吓之刑。这种重刑并非为罪人所设,而是为止境内之邪而设。因此,轻重标准就不可能是所犯罪行轻重,而是威吓之所需。为达到威吓之需要,实现所谓"以刑去刑",商鞅甚至公然宣称"行刑,重其轻者,轻者不生,则重者无从至矣",反对"轻轻而重重"即"轻罪轻刑,重罪重刑"。对此,韩非也作了进一步说明:"夫以重止者,未必以轻止也;以轻止者,必以重止矣。"这里的重刑,当然不再可能是与其所犯罪行相称的刑罚。即使是儒家刑法文化,德主刑辅,容易导致刑法虚无主义;对伦理上的实质合理性的追求导致对法律上的形式合理性的否定。正如韦伯所言,儒家主导的中国法文化缺乏自然法与形式法的逻辑(Rechtslogik),儒家司法是根据被审者的实际身份以及实际情况,或者根据

---

① 参见宋建强:《冲突与选择——世界刑法态势与中国刑法改制》,载《法学与实践》1991年第1期。

② 参见艾永明:《法家的重刑思想值得借鉴》,载《法学》1996年第11期。

实际结果的公正与适当来判决的一种"所罗门式的"卡地—司法（Kadi-Justiz，Kadi 系伊斯兰教国家的审判官）。① 因此，那种认为后现代社会（相当于文化国）法文化正好与中国传统法文化相契合，甚至认为中国传统法文化昭示着 21 世纪法文化的发展方向的观点是不能成立的。正如我国学者指出的：虽然 20 世纪西方刑法提出了刑罚个别化原则，但它并未取代、否定罪刑法定主义，而只是强调犯罪的特殊预防，是把处理一般犯罪的罪刑法定主义与处理特殊犯罪的罪刑法定主义更进一步密切结合，可以说是罪刑法定主义的进一步深化，这与儒家的罪刑擅断（君断）主义依然是尖锐对立的。如果我们现在过分强调刑罚个别化原则，就会使封建特权法律观念借尸还魂，法律面前人人平等的价值观念再度受到冲击。② 因此，坚守法治国的刑法文化不会是一帆风顺的，肯定还会有曲折。

在从政治刑法到市民刑法这样一个视角审视我国正在进行的刑法修改，笔者认为，修订后的刑法应当更多地汲取法治国的精神，使刑法在确定性、合理性与有效性方面有所进展，建构以罪刑法定主义为精髓的刑法典。当然，这一目标在多大程度上实现，取决于我们对中国现实的认识，取决于对法治国刑法文化的理解，也取决于一定的立法能力与立法技术。

---

① 参见〔德〕马克斯·韦伯：《儒教与道教》，洪天富译，江苏人民出版社 1993 年版，第 174 页。
② 参见刘晶军、房守林：《儒家法文化与后现代社会法》，载《法学》1996 年第 10 期。

罪刑法定的当代命运*

自从刑事古典学派提出罪刑法定主义并将之确立为刑事立法与刑事司法的经典原则,已经过去了一个半世纪。其间,世界发生了剧烈的变动。罪刑法定主义经受了历史的考验,同时也面临着时代的挑战。在这种情况下,罪刑法定的当代命运到底如何,这是一个亟待回答的重大问题。

一、罪刑法定的价值蕴涵

罪刑法定的基本含义是"法无明文规定不为罪(nullum crimen sine lege),法无明文规定不处罚(nulla poena sine lege)"。这一法律格言本身并无高深可言,但它所体现的价值蕴涵却是十分丰富的,只有从历史的深度与社会的广度才能正确地求得。

罪刑法定的思想渊源虽然可以追溯到1215年英王约翰签署的大宪章(Magna Carta),但它作为刑法基本原则的确立,却是17、18世纪启蒙运动的产物。启蒙运动是对中世纪封建专制主义的反动,因而它以人的解放为追求的价值目标,由此确立个人本位的政治法律思想,从而为罪刑法定主义提供了理论基础。美国法理学家博登海默曾经把启蒙思想的主要理论形态——古典自然法的发展分为三个阶段:第一阶段是文艺复兴和宗教改革后发生的从中世纪神学和封建主义中解放出来的过程,以格劳秀斯、霍布斯等人为代表的自然法思想,其理论的特点就是认为,实施自然法的最终保证应当主要从统治者的智慧和自制中去发现。因此,这一阶段更倾向于安全。第二阶段约始于1649年英国的清教改革,这一阶段以经济、政治及哲学中的自由主义为标志。洛克和孟德斯鸠等人试图用分权的方法来保护个人的自然权利,反对政府对个人权利的非法的侵犯。因此,这一阶段更注重的是自由。第三阶

---

* 本文原载《法学研究》1996年第2期。

段的标志乃是强烈主张人民的主权和民主。自然法取决于人民的"普遍意志"和大多数人的决定。这一阶段最杰出的代表人物是法国政治思想家让·雅克·卢梭。因此,这一阶段的中心是民主。① 应该说,在自然法发展的以上三个阶段分别强调的安全、自由和民主三种价值中,自由最能反映自然法的精神。因而,以洛克、孟德斯鸠为代表的是成熟与纯正的自然法理论形态。

"自由"一词在英文中有两个义词形,即 Freedom 和 Liberty。据考证,在古代西方,自由概念最早曾被用来表示原始社会无任何羁束的自然生活状态。在现代社会,自由作为一种公民权利而存在,这个意义上的自由不仅是指人身自由,而是包括在社会活动的各个方面自主地决定自己的行为。古典自然法对自由范畴所作的最主要的规定,就是把它宣布为人的天赋权利或自然权利;而这种天赋权利或自然权利在实际社会中又表现为社会权利。霍布斯在论及自由时指出:自由这个词,按照其确切的意义说来,就是外界障碍不存在的状态。自由首先以自然权利而存在,自然权利就是一个人按照自己所愿意的方式运用自己的力量保全自己的天性——也就是保全自己的生命——的自由。因此,这种自由就是用他自己的判断和理性认为最适合的手段去做任何事情的自由。② 继霍布斯之后,洛克对这种自由权利范畴作了进一步的说明,指出:人的自然自由,就是不受人间任何上级权力的约束,不处在人们的意志或立法权之下,只以自然法作为他的准绳。处在社会中的人的自由,就是除经人们同意在国家内所建立的立法权以外,不受其他任何立法权的支配,除了立法机关根据对它的委托所制定的法律以外,不受任何意志的统辖或任何法律的约束。洛克还论及自由与法律的关系,指出:处在政府之下的人们的自由,应有长期有效的规则作为生活的准绳,这种规则为社会一切成员所共同遵守,并为社会所建立的立法机关所制定。这是在规则未加规定的一切事情上能按照我自己的意志去做的自由,而不受另一人的反复无常的、事前不知道的和武断的意志的支配;如同自然的自由是除了自然法以外不受其他约束那样。③ 在这里,洛克明确指出了"凡是法律没有规定的,便

---

① 参见〔美〕博登海默:《法理学——法哲学及其方法》,邓正来译,华夏出版社1987年版,第37页。
② 参见〔英〕霍布斯:《利维坦》,黎思复、黎延弼译,商务印书馆1985年版,第165页。
③ 参见〔英〕洛克:《政府论》(下篇),瞿菊农、叶启芳译,商务印书馆1964年版,第16页。

是允许去做的"这样一个命题,从而为公民自由留下了广泛的空间,即使法律的规定,也并不是要限制自由。因此,洛克指出:法律按其真正的含义而言与其说是限制还不如说是指导一个自由而有智慧的人去追求他的正当利益,它并不在受这法律约束的人们的一般福利范围之外作出规定。假如没有法律他们会更快乐的话,那么法律作为一件无用之物自己就会消灭;而单单为了使我们不致坠下泥坑和悬崖而作的防范,就不应称为限制。所以,不管会引起人们怎样的误解,法律的目的不是废除或限制自由,而是保护和扩大自由。这是因为在一切能够接受法律支配的人类的状态中,哪里没有法律,哪里就没有自由。这是因为自由意味着不受他人的束缚和强暴,而哪里没有法律,哪里就不能有这种自由。① 根据洛克的观点,自由不是为法律而存在,恰恰相反,法律是为自由而存在的。只有在这个意义上,我们才能明晰洛克关于"哪里没有法律,哪里就没有自由"这句名言的真谛。那么法律又是什么呢?这里涉及洛克关于社会契约的思想。洛克指出:"任何人放弃其自然自由并受制于公民社会的种种限制的唯一的方法,是同其他人协议联合组成为一个共同体,以谋他们彼此间的舒适、安全和和平的生活,以便安稳地享受他们的财产并且有更大的保障来防止共同体以外任何人的侵犯。"②不仅如此,社会还从公民个人中通过权利转让获得了立法权,从而制定法律并用法律来解决公民之间的纠纷,以及依照法律处罚违法者。正如洛克指出:真正的和唯一的政治社会是,在这个社会中,每一成员都放弃了这一自然权利,把所有不排斥他可以向社会所建立的法律请求保护的事项都交由社会处理。于是每一个个别成员的一切私人判决都被排除,社会成了仲裁人,用明确不变的法规来公正地、同等地对待一切当事人;通过那些由社会授权来执行这些法规的人来判断该社会成员之间可能发生的关于任何权利问题的一切争执,并以法律规定的刑罚来处罚任何成员对社会的犯罪。③ 在此,洛克阐明了刑罚权的起源,它来自在自然法状态下为执行私人判决而处罚违犯自然法的行为的权力。洛克以自然权利与社会契约建构起来的以自由为精神的政治哲学理论,成为罪刑法定主义的主要理论支撑。继洛克之后,孟德斯鸠进一步发展了自

---

① 参见〔英〕洛克:《政府论》(下篇),瞿菊农,叶启芳译,商务印书馆1964年版,第36页。
② 〔英〕洛克:《政府论》(下篇),瞿菊农,叶启芳译,商务印书馆1964年版,第59页。
③ 参见〔英〕洛克:《政府论》(下篇),瞿菊农,叶启芳译,商务印书馆1964年版,第53页。

然法理论。孟德斯鸠十分注重自由与法律的关系,指出:在一个国家里,也就是说,在一个有法律的社会里,自由仅仅是,一个人能够做他应该做的事情,而不被强迫去做他不应该做的事情。自由是做法律所许可的一切事情的权利;如果一个公民能够做法律所禁止的事情,他就不再有自由了,因为其他的人也同样会有这个权利。孟德斯鸠认为,一个公民的政治自由是一种心境的平安状态,这种心境的平安是从人人都认为他本身是安全的这个看法产生的。要享有这种自由,就必须建立一种政府,在它的统治下一个公民不惧怕另一个公民。① 由此可见,孟德斯鸠把公民的自由归结为一种不受侵犯的安全,这也正是政治上的自由与哲学上的自由的主要区别。哲学上的自由,是要能够行使自己的意志,或者,至少(如果应从所有的体系来说的话)自己相信是在行使自己的意志。政治的自由是要有安全,或是至少自己相信有安全。孟德斯鸠认为,这种安全从来没有比在公的或私的控告时受到的威胁更大的了。因此,孟德斯鸠得出结论:公民的自由主要依靠良好的刑法。因为当公民的无辜得不到保证,自由也就没有保证。孟德斯鸠指出:如果刑法的每一种刑罚都是依据犯罪的特殊性质去规定的话,便是自由的胜利。一切专断停止了,刑罚不是依据立法者一时的意念,而是依据事物的性质产生出来的;这样,刑罚就不是人对人的暴行。② 孟德斯鸠还从政体的角度阐述了罪刑法定的思想,指出:当一个人握有绝对权力的时候,他首先便是想简化法律。在这种国家里,他首先注意的是个别的不便,而不是公民的自由,公民的自由是不会受到关怀的。孟德斯鸠还把国家政体分为专制国、君主国和共和国三种,阐述了"在什么政体与情况之下法官应按照法律的明文断案",指出:专制国家是无所谓法律的。法官就是法律。君主国是有法律的,法律明确时,法官遵照法律;法律不明确时,法官则探求法律的精神。在共和国里,政制的性质要求法官以法律的文字为依据;否则在有关一个公民的财产、荣誉或生命的案件中,就有可能对法律作有害于该公民的解释了。③ 孟德斯鸠还引证历史资料加以说明:一个政体越接近共和政体,裁判的方式也就越确

---

① 参见〔法〕孟德斯鸠:《论法的精神》(上册),张雁深译,商务印书馆1961年版,第154页。
② 参见〔法〕孟德斯鸠:《论法的精神》(上册),张雁深译,商务印书馆1961年版,第188、189页。
③ 参见〔法〕孟德斯鸠:《论法的精神》(上册),张雁深译,商务印书馆1961年版,第76页。

定。在拉栖代孟共和国,民选长官断案是武断的,没有任何法律作依据。在罗马,法官只能够宣告被告犯了某一罪行,这罪行的处罚,法律是有规定的,这从当时所制定的各种法律可以看到。同样,在英国,由陪审员根据向他们提出的事实,认定被告是否犯罪。如果他们宣告犯罪属实,法官便按照法律的规定宣布刑罚,做这件事,法官只要用眼睛一看就够了。① 古典自然法在个人与社会的关系上,体现了个人本位的原则。政府和社会的存在都是为了维护个人的权利,而个人权利的不可取消性则构成政府与社会权威的限度。个人及其权利以终极原则的地位出现。②

罪刑法定主义作为近代刑法基本原则的诞生,完全体现了古典自然法所确立的个人本位的价值观念,以人权保障为己任。贝卡里亚就是秉承古典自然法思想,建构了刑事古典学派的理论体系,因而首先明确地提出罪刑法定的原则。贝卡里亚认为,在自然状态下,人人都享有自然权利。但是连续的战争状态使个人无力享受那种由于朝不保夕而变得空有其名的自由。只有通过社会契约,才能使人们联合起来建立政治社会,法律就是把这些人联合成社会的条件。为此,人们必须把自己的一部分自由转让给社会。贝卡里亚指出:正是这种需要迫使人们割让自己的一部分自由,而且,无疑每个人都希望交给公共保存的那份自由尽量少些,只要足以让别人保护自己就行了。这一份份最少量自由的结晶形成惩罚权。一切额外的东西都是擅权,而不是公正的,是杜撰而不是权利。如果刑罚超过了保护集存的公共利益这一需要,它本质上就是不公正的。刑罚越公正,君主为臣民所保留的安全就越神圣不可侵犯,留给臣民的自由就越多。③ 为此,必须在政府的权力与公民的自由之间划分出一条界线,而罪刑法定就是这条界线的一个明确的界标。贝卡里亚将其视为刑法之第一要义,指出:只有法律才能为犯罪规定刑罚。只有代表根据社会契约而联合起来的整个社会的立法者才拥有这一权威。任何司法官员(他是社会的一部分)都不能自命公正地对该社会的另一成员科处刑罚。超越法律限度的刑罚就不再是一种正义的刑罚。因此,任何一个司法官

---

① 参见〔法〕孟德斯鸠:《论法的精神》(上册),张雁深译,商务印书馆1961年版,第76、77页。
② 参见〔美〕萨拜因:《政治学说史》(下册),刘山等译,商务印书馆1986年版,第590页。
③ 参见〔意〕贝卡里亚:《论犯罪与刑罚》,黄风译,中国大百科全书出版社1993年版,第9页。

员都不得以热忱或公共福利为借口,增加对犯罪公民的既定刑罚。① 及至费尔巴哈,罪刑法定被确立为实证刑法的原则,并以"哪里没有法律,哪里就没有对公民的处罚"这样通俗的语言著称于世。

从刑法价值论考察,刑事古典学派宣扬的罪刑法定主义是以个人自由为价值取向的,体现的是刑法对人权的有力保障。刑法的这种人权保障机能通过罪刑法定得以实现,主要表现为对立法权与司法权的限制,即以法律限制权力,从而保障了个人自由。

罪刑法定主义首要使命是对立法权的限制。在罪刑法定的构造中,刑事立法者绝不是一个任意恣行的人,而是处于限制与被限制的复杂关系之中。立法者规定对某一行为以犯罪论处,这当然是对个人自由的一种限制,但它并不能无限制地扩张这种权利。申言之,这种权力本身同时又受到个人自由的限制。自由本身即意味着限制,没有限制就没有自由。因为社会自由的存在前提是,一切人们都通过一定的社会关系形式而同其他人发生联系,而联系本身就意味着相互制约。而且,社会自由既然是一种自主活动状态,那么人们在行使自由权利进行社会活动时,必须考虑他的活动对其他人的存在和他们各方面利益的影响。否则,社会自由就会由于妨害他人所应该享有的社会利益而遭到抵制。由此可以引出以下结论:人们所能享有的自由最终是有限制的,这个限制在它本身所存在的社会关系中来自其他人的存在和利益。而这一限制正体现了社会自由最本质的界限,亦即它的原则界限,这便是:社会自由必须以不妨害他人应有的利益为界限。② 对个人自由限制的需要,也正是刑罚权存在的理由与根据。但是,对个人自由的限制本身并非目的,目的恰恰在于使个人更加充分地与最大限度地享有自由。由此,刑罚权本身又应该受到限制。罪刑法定主义最大的价值就体现于此,这也是单纯从罪刑法定的字面上无从寻得而是隐含在这一原则背后的深层价值意蕴。贝卡里亚就曾经指出,衡量犯罪的真正标尺是犯罪对社会的危害。为了正确地区分(立法意义上而非司法意义上)罪与非罪的界限,贝卡里亚设计了一个由一系列越轨行为构成的阶梯,它的最高一级就是那些直接毁灭社会的行为,最

---

① 参见〔意〕贝卡里亚:《论犯罪与刑罚》,黄风译,中国大百科全书出版社 1993 年版,第 11 页。
② 参见贾高建:《三维自由论》,中共中央党校出版社 1994 年版,第 112 页。

低一级就是对于作为社会成员的个人所可能犯下的最轻微的非正义行为。在这两极之间,包括了所有侵害公共利益的、我们称之为犯罪的行为,这些行为都沿着这无形的阶梯,从高到低顺序排列。贝卡里亚满怀深情地指出:如果说,对于无穷无尽、暗淡模糊的人类行为组合可以应用几何学的话,那么也很需要一个相应的、由最强到最弱的刑罚阶梯。有了这种精确的、普遍的犯罪与刑罚阶梯,我们就有了一把衡量自由和暴政程度的潜在的共同标尺,它显示了各个国家的人道程度和败坏程度。贝卡里亚毫不含糊地说:任何不包含在上述阶梯之内的行为,都不能被称为是犯罪,或者以犯罪论处。① 在贝卡里亚所处的立法暴虐、司法专横的时代,这些掷地有声的话不啻是在乌云阴翳的黑夜划过一道理性的闪电。今天读来,仍然使人怦然心动。罪刑法定主义对立法权限制的思想在1789年法国《人权宣言》得以确认,宣言规定:自由就是指有权从事一切无害于他人的行为(第4条)。法律仅有权禁止有害于社会的行为。凡未经法律禁止的行为即不得受到妨碍,而且任何人都不得被迫从事法律所未规定的行为(第5条)。法律只应规定确实需要和显然不可少的刑罚,而且除非根据在犯法前已经制定和公布的且系依法施行的法律以外,不得处罚任何人(第8条)。

  罪刑法定主义还意味着以立法权限制司法权。司法如果没有立法的限制,擅断就不可避免,专横也在情理之中。对司法权的限制,始终是刑事古典学派考虑的一个根本问题,其目的就在于保障公民的个人自由不受司法侵犯。罪刑法定,就成为刑事古典学派为防止司法权侵犯个人自由的一种制度设计。罪刑法定主义通过罪刑的法定化,为公民提供了行为模式,从而使公民对自己的行为具有可预见性。因此,只有确定性的刑事规范,才能为公民提供安全的保障。孟德斯鸠提出:法律的用语,对每一个人要能够唤起同样的观念。在法律已经把各种观念很明确地加以规定之后,就不应再回头使用含糊笼统的措辞。路易十四的刑事法令,在精确地列举了和国王有直接关系的讼案之后,又加上了一句"以及一切向来都由国王的判官审理的讼案"。人们刚刚走出专横独断的境域,可是又被这句话推回去了。② 孟德斯鸠还以

---

① 参见〔意〕贝卡里亚:《论犯罪与刑罚》,黄风译,中国大百科全书出版社1993年版,第66、69页。
② 参见〔法〕孟德斯鸠:《论法的精神》(上册),张雁深译,商务印书馆1963年版,第297页。

中国古代法例来说明刑法明确性对于保障个人自由的重要性,中国古代法律规定,任何人对皇帝不敬就要处以死刑。因为法律没有明确规定什么叫不敬,所以任何事情都可拿来作借口去剥夺任何人的生命,去灭绝任何家族。如果大逆罪含义不明,便足以使一个政府堕落到专制主义中去。① 由此可见,刑法的明确性是罪刑法定的题中应有之义,它的要旨就在于限制司法权的滥用。贝卡里亚也表现出对法官极大不信任,将法官的使命严格限定在判定公民的行为是否符合成文法,并且竭力否认法官解释刑事法律的权利,指出:严格遵守刑法文字所遇到的麻烦,不能与解释法律所造成的混乱相提并论。这种暂时的麻烦促使立法者对引起疑惑的词句作必要的修改,力求准确,并且阻止人们进行致命的自由解释,而这正是擅断和徇私的源泉。② 人们正是通过罪刑法定的方式获得人身与财产的安全,固守着作为社会的一分子所应当享有的自由的疆域,而不受任何非法的侵入。

　　刑事古典学派以个人为本位的罪刑法定主义在世界各国产生了深远而广泛的影响,成为刑法的铁则。然而,时代的变迁,导致个人本位向社会本位嬗变。这一价值观念的重大转变,同样对法律产生了根本性的影响,出现了所谓法律社会化的运动。例如美国法学家庞德指责19世纪个人自由发挥能动性的神话使我们过分热衷于抽象的人的抽象的自由,而看不到在具体的人的人类生活中的社会利益。庞德指出:标志20世纪法理学特点的整个世界法律思想中的态度的变化,以承认个人生活中的社会利益为基点,认为它比个人自我主张观点更宽广,范围更大。③ 庞德甚至认为,19世纪法律的历史,主要是有关日趋承认个人权利——这些权利常常被看做是自然和绝对的权利——的记录;在20世纪,应该用更加广泛地承认人类的需要、要求和社会利益这方面的发展来重复这段法律历史。社会本位的法律观念强调的是社会秩序,通过社会协调一致的行动,使得社会利益最大化。社会本位的价值观的确立,对建立在个人本位价值观之上的罪刑法定主义是一次严重的挑战。刑事实证学派就是在这种历史背景下产生的,它所确立的社会防卫论体

---

① 参见〔法〕孟德斯鸠:《论法的精神》(上册),张雁深译,商务印书馆1963年版,第195页。
② 参见〔意〕贝卡里亚:《论犯罪与刑罚》,黄风译,中国大百科全书出版社1993年版,第13页。
③ 参见〔美〕庞德:《法律史解释》,曹玉堂、杨知译,华夏出版社1989年版,第143、144页。

现了社会本位的价值取向。例如菲利坚决否定刑事古典学派倡导的个人责任论,从而提出社会责任论,认为对犯罪人适用刑罚,必然考虑导致犯罪的犯罪人本身的个人因素,更重要的是要考虑导致一定的犯罪人实施一定的犯罪的社会诸条件,从社会环境中寻找犯罪原因或根源,从而社会就有责任以相应的刑事政策并用相应的处遇,改造教育犯罪人,履行对犯罪人实施拯救责任,以使复归社会,排除对社会的侵害。① 社会责任论从社会出发责难犯罪人,使刑罚从消极的限制机能向积极的促进机能扩张,个别刑事实证学派的学者由此提出松弛、批判甚至取消罪刑法定的主张。例如牧野英一认为,利用刑法对犯罪人进行社会防卫是一种现代思潮,是 19 世纪的个人本位时代向 20 世纪的社会本位时代进化的结果。刑法是为保卫社会才规定对犯罪人予以处罚的,所以,行为受刑法限制的不是法官,只能是犯罪人,这是不言自明的。② 在这种情况下,通过罪刑的法定化而制约形式上的法律关系的要求,将起阻碍作用,乃至成为桎梏。日本刑法学家中山研一在论及牧野英一关于罪刑法定主义思想时指出:如果认为牧野英一博士完全否定并主张放弃罪刑法定主义原则,则是不正确的。莫如说,牧野英一博士的目的是把罪刑法定原则按照新的时代要求加以修正,变更其面目,进而赋予其崭新的内容。中山研一进一步评论道:然而,从结论上看,牧野英一主张罪刑法定主义的派生原则的某些问题具有一定的缓和可能性,是通过将罪刑法定主义贬低为形式上的法定原则而悬置其实质内容;牧野英一提出在罪刑法定主义原则已有的限制机能之上增加促进机能,是将人权包含在国家刑罚权的一般增长机能中,无异于取消人权。③ 这一评论可谓入木三分。确实,罪刑法定主义经过牧野英一的如此改造,已经是名存实亡。

  进入 20 世纪,罪刑法定命运多舛。在价值取向上,体现个人本位的罪刑法定主义难以适应时代的需要,这是一个客观的事实,但是个人自由与社会秩序是否完全对立,人权保障与社会保护是否不能并存,因而罪刑法定主义是否已经不能容纳时代内容应该退出历史舞台,这些都是我们需要研究的

---

  ① 参见甘雨沛、何鹏:《外国刑法学》(上册),北京大学出版社 1984 年版,第 137 页。
  ② 参见〔日〕牧野英一:《刑事学的新思潮与新刑法》,日文版 1909 年版,第 14 页。
  ③ 参见〔日〕中山研一:《刑法的基本思想》,姜伟、毕英达译,国际文化出版公司 1988 年版,第 8 页。

问题。

笔者认为,个人与社会、自由与秩序是辩证统一的。人既具有个体性,又具有社会性。正如英国哲学家格林指出:个人生命与社会生命之间存在必不可少的关系(唯有社会生命才使个人具有价值和意义,因为唯有社会生命给予个人以充分道德发展的力量);个人及其全部权利和全部自由对于其社会成员资格的依赖性;与此互相关联的社会所负的保证个人全部权利的义务(个人全部权利,换句话说,就是个人的充分道德发展,因而也就是社会的道德发展所必要的一切条件)。① 古典自然法主张天赋人权,由此论证个人自由的神圣性。这种观点过于强调人的个体性,忽视了个人自由只有在一定的社会关系中才能求得。按照马克思主义观点,只有从现实的人所处的现实的社会关系出发,才能科学地界定个人自由。在这个意义上,个人自由只不过是现实的人的现实权利。这种权利的实现,不可能超出一定的社会结构所提供的条件。因此,马克思指出:"自由就是从事一切对别人没有害处的活动的权利。每个人所能进行的对别人没有害处的活动的界限是由法律规定的,正像地界是由界标确定的一样。"② 及至19世纪与20世纪之交,由于生产社会化的进一步发展,垄断取代竞争,因而社会本位思想得以滥觞。应该说,这种社会本位的价值取向是对以往个人本位的价值取向的一种反动,虽然存在着矫枉过正之嫌,但从本质上并没有否认个人自由而只不过是在个人自由与社会秩序这两种价值中更偏重于后者而不是前者。不仅个人与社会是统一的,而且自由与秩序也具有其内在的同一性。因为秩序意味着按照一定的规范和准则,对社会系统进行有效的控制,使社会按其特定的秩序轨道正常运行。因此,秩序是自由的前提或基础,同时秩序本身也包含着自由。自由与秩序就其本性而言,并不是截然对立的,而是存在着一种有机的、相互包容的关系。正如美国学者库利指出:只有糟糕的社会秩序才是和自由对立的。自由只有通过社会秩序或在社会秩序中才能存在,而且只有当社会秩序得到健康的发展,自由才可能增长。③

---

① 参见〔英〕欧内斯特·巴克:《英国政治思想》,黄维新等译,商务印书馆1987年版,第4页。
② 《马克思恩格斯全集》(第1卷),人民出版社1960年版,第438页。
③ 参见〔美〕库利:《人类本性和社会秩序》,包凡一、王源译,华夏出版社1989年版,第278页。

既然个人自由与社会秩序是统一的,因而刑法的人权保障与社会保护这两大机能也是不可偏废的。因为法律的任务就是努力地在尊重个人自由和维护社会根本制度之间保持平衡。对这个问题的立法决策应事先经过充分讨论,然后再以稳健的方式作出。只有这样,才能防止产生对某些法律的不合理性视而不见的现象,这些法令可能根本达不到自己的预定目的,或者将会产生在某种程度上为实现其造福于社会的目的而过分地牺牲个人利益的后果。① 因此,刑法既要通过其人权保障机能,成为公民自由的大宪章,又要通过其社会保护机能,成为社会利益的捍卫者。我们说刑法的两大机能不可偏废,并不是说两者不存在冲突,在冲突中不能有所选择与丧失。刑事古典学派强调的是刑法的人权保障机能,因而刑法制度的设计完全从保障个人自由出发。例如贝卡里亚把全部思想归结为以下这条被他认为是颇为有益的普遍公理:为了不使刑罚成为某人或某些人对其他公民施加的暴行,从本质上来说,刑罚应该是公开的、及时的、必需的,在既定条件下尽量轻微的、同犯罪相对称的并由法律规定的。② 而刑事实证学派所宣称的基本目标是从罪犯本身及其生活于其中的自然和社会环境方面研究犯罪的起源,以便针对各种各样的犯罪原因采取最有效的救治措施。③ 因此,刑事实证学派设计的刑法制度必然以社会保护为重心,但这也不是对个人的完全否定。例如菲利就明确地指出,从贝卡里亚时代起,刑法通过反对中世纪专断和残暴的刑罚得到了发展,刑罚逐渐减轻了。与此相似,从逐渐加强保证个人免受社会统治的制度的意义上讲,19世纪的法定刑事诉讼程序一直是而且现在仍然是反对中世纪滥用审判制度的产物。就刑法而言,为了社会自卫的利益,有必要反对古典学派过分强调个人主义的做法。而实证学派,恰恰因为它旨在寻求个人和社会权利的均衡,所以不满足于支持社会反对个人,它也支持个人反对社会。④ 这就是被菲利称为个人权利与社会权利均衡的原则,以此与以个

---

　① 参见〔英〕彼得·斯坦、约翰·香德:《西方社会的法律价值》,王献平译,中国人民公安大学出版社1990年版,第181页。
　② 参见〔意〕贝卡里亚:《论犯罪与刑罚》,黄风译,中国大百科全书出版社1993年版,第109页。
　③ 参见〔意〕菲利:《犯罪社会学》,郭建安译,中国人民公安大学出版社1990年版,第1页。
　④ 参见〔意〕菲利:《犯罪社会学》,郭建安译,中国人民公安大学出版社1990年版,第103、105页。

人主义理论为基础的刑事古典学派相抗衡。

罪刑法定主义的古典形态无疑是建立在个人自由与人权保障的基础之上的。罪刑法定是深受中世纪刑罚权无节制扩张和滥用之苦而作出的价值选择,就其基本属性而言,它倾向于保障人权、实现一般正义和增强社会安全感。可以说,罪刑法定是价值偏一的选择,而并非兼顾各种价值目标和利益。[①] 那么,罪刑法定主义能否容纳社会保护的价值内容呢? 我们的回答是肯定的。如前所述,社会利益与个人自由不是完全对立的。社会保护与人权保障也并非不可两立,罪刑法定经过自身的完善与变化能够适应社会需要,兼顾人权保障与社会保护。事实上,罪刑法定主义也不是一成不变的,从提出初始的绝对罪刑法定主义到后来的相对罪刑法定主义的修正,表明它具有内在的完善机制,可以跟上时代的发展与社会的变迁。现在通常所说的从绝对罪刑法定主义到相对罪刑法定主义的变化,主要是指从完全取消司法裁量到限制司法裁量;从完全否定类推到容许有限制的类推适用,即在有利于被告的场合容许类推适用;从完全禁止事后法到从旧兼从轻,即在新法为轻的情况下刑法具有溯及力等,都没有违背人权保障的宗旨。同时又增加了刑法的灵活性与适应性,以求得个人自由与社会秩序之间更好的平衡,实现刑法的人权保障与社会保护的双重机能。因此,罪刑法定主义从绝对到相对的变化,并非自我否定,而是自我完善。尤其是经过第二次世界大战纳粹法西斯践踏法制、侵犯人权的血的洗礼,人们更加认识到罪刑法定主义的重要价值。1994 年 3 月 1 日生效的新《法国刑法典》第 113-3 条明确规定了罪刑法定原则,指出:"构成要件未经法律明确规定之重罪或轻罪,不得以其处罚任何人;或者构成要件未经条例明确规定之违警罪,不得以其处罚任何人。如犯罪系重罪或轻罪,法律无规定之刑,不得以其处罚任何人。如犯罪系违警罪,条例无规定之刑,不得以其处罚任何人。"该法典第 111-4 条还规定"刑法应严格解释之"。由此可见,罪刑法定主义不仅没有过时,而且也不会过时,因为它是刑法的内在生命。那种认为罪刑法定主义从命运说,已是日薄西山、气息奄奄之势的评价,如果不是囿于偏见,至少也是危言耸听。

[①] 参见宗建文:《刑罚正义论——罪刑法定的价值分析》,载赵炳寿主编:《刑罚专论》,四川大学出版社 1995 年版,第 31 页。

二、罪刑法定的制度构造

罪刑法定不仅是一个刑法价值的取向问题,而且是一个刑法制度的构造问题。从制度构造上来说,罪刑法定是法治主义在刑法领域中的表现。

罪刑法定的制度构造,主要涉及立法与司法的关系问题。确切地说,是规则与裁量的关系问题。刑事古典学派确立罪刑法定主义,十分明显的用意就在于以立法权限制司法权,因而主张严格规则主义,否定法官的自由裁量权。因而,罪刑法定的制度构造中,明显地包含着权力制衡的思想设计。显然,这一思想来自于古典自然法学派。例如洛克首先提出了分权的思想,指出:如果同一批人同时拥有制定和执行法律的权力,这就会给人们的弱点以绝大诱惑,使他们动辄要攫取权力,借以使他们自己免于服从他们所制定的法律,并且在制定和执行法律时,使法律适合于他们自己的私人利益。因而他们就与社会的其余成员有不相同的利益,违反了社会和政府的目的。[1] 根据洛克的看法,只有分权,使权力之间互相制约,才能免于权力的诱惑,从而保障公民的个人自由不受权力的侵犯。孟德斯鸠进一步提出三权分立的学说,把一个国家的政权分为立法权、司法权和行政权,认为这三种权力应当由三个不同的机关来行使,并且互相制约。因为在孟德斯鸠看来,一切有权力的人都容易滥用权力,这是万古不易的一条经验。有权力的人们使用权力一直到遇有界限的地方才休止。因此,孟德斯鸠认为,从事物的性质来说,要防止滥用权力,就必须以权力约束权力。孟德斯鸠企盼有这样一种政制:它不强迫任何人去做法律所不强制他做的事,也不禁止任何人去做法律所许可的事。[2] 如果没有权力制衡,当立法权和行政权集中于同一个人或同一个机关之手,自由便不复存在了;因为人们将要害怕这个国王或议会制定暴虐的法律,并暴虐地执行这些法律。如果司法权不同立法权和行政权分立,自由也就不存在了。如果司法权同行政权合而为一,法官便将握有压迫者的力量。有鉴于此,孟德斯鸠提出以权制权的制衡原理,指出:这三种权力原来应该形成静止或无为状态。不过,事物必然的运动促使它们前进,因此它们就不能

---

[1] 参见〔英〕洛克:《政府论》(下篇),瞿菊农、叶启芳译,商务印书馆1964年版,第89页。
[2] 参见〔法〕孟德斯鸠:《论法的精神》(上册),张雁深译,商务印书馆1961年版,第154页。

不协调地前进了。① 根据这种权力制衡的思想,贝卡里亚得出结论:代表社会的君主只能制定约束一切成员的普遍性法律,但不能判定某个人是否触犯了社会契约。由于国家可能分为两方:君主所代表的一方断定出现了对契约的侵犯,而被告一方则予以否认。所以,需要一个判定事实真相的第三者。这就是说,需要一个作出终极判决的司法官员,他的判决是对具体事实作出单纯的肯定或否定。② 显然,贝卡里亚这里所说的是司法权对于立法权的制约,即立法者只能制定法律,而不能自己去执行法律。同时,贝卡里亚更重视的是立法权对于司法权的制约,指出:刑事法官根本没有解释刑事法律的权利,因为他们不是立法者。根据贝卡里亚的构想:法官对任何案件都应进行三段论式的逻辑推理。大前提是一般法律,小前提是行为是否符合法律,结论是自由或是刑罚。③ 根据这一司法模式,法官只是法律的机械执行者,没有任何自由裁量权。总之,刑事古典学派从罪刑法定主义出发,都主张严格限制法官的权力。

罪刑法定主义对法官权力的限制,主要是通过成文法。因而,古典作家们表现出对于成文法的无限推崇。例如孟德斯鸠要求法官判案应当以法律的文字为依据,否则在有关一个公民的财产、荣誉或生命的案件中,就有可能对法律作有害于该公民的解释了。④ 意味深长的是,孟德斯鸠的代表作书名虽然是《论法的精神》,但他十分反对法官探求法律的精神,因为文字比精神更为确切与确定。这一观点在贝卡里亚那里得到更加淋漓尽致的发挥。贝卡里亚指出,"法律的精神需要探寻",再没有比这更危险的公理了。采纳这一公理,等于放弃了堤坝,让位给汹涌的歧见。因为,每个人都有自己的观点,在不同的时间里,会从不同的角度看待事物。因而,法律的精神可能会取决于一个法官的逻辑推理是否良好,对法律的领会如何;取决于他感情的冲动;取决于被告人的软弱程度;取决于法官与被侵害者间的关系;取决于一切

---

① 参见〔法〕孟德斯鸠:《论法的精神》(上册),张雁深译,商务印书馆1961年版,第156、157页。
② 参见〔意〕贝卡里亚:《论犯罪与刑罚》,黄风译,中国大百科全书出版社1993年版,第11页。
③ 参见〔意〕贝卡里亚:《论犯罪与刑罚》,黄风译,中国大百科全书出版社1993年版,第12页。
④ 参见〔法〕孟德斯鸠:《论法的精神》(上册),张雁深译,商务印书馆1961年版,第12页。

足以使事物的面目在人们波动的心中改变的、细微的因素。所以,我们可以看到,公民的命运经常因法庭的更换而变化。不幸者的生活和自由成了荒谬推理的牺牲品,或者成了某个法官情绪冲动的牺牲品。因为法官把从自己头脑中一系列混杂概念中得出的谬误结论奉为合法的解释。我们还可看到,相同的罪行在同一法庭上,由于时间不同而受到不同的惩罚。原因是人们得到的不是持久稳定的而是飘忽不定的法律解释。因此,贝卡里亚认为对于一部业已厘定的法典,应当逐字遵守。法官唯一的使命就是判定公民的行为是否符合成文法律。① 甚至,贝卡里亚推广到对一切成文东西的崇拜,认为一个社会如果没有成文的东西,就决不会具有稳定的管理形式。在稳定的管理形式中,力量来自于整体,而不是局部的社会;法律只依据普遍意志才能修改,也不会蜕变成私人利益的杂烩。经验和理性告诉我们:人类传统的可靠性和确定性,随着逐渐远离其起源而削弱。如果不建立一座社会契约的坚固石碑,法律怎么能抵抗得住时间和欲望的必然侵袭呢?② 由此可见,贝卡里亚之所以推崇成文法,主要是因为以文字记载的法律具有稳定性,可以抵御各种欲望的侵蚀。在这种绝对罪刑法定主义的支配下,1791年法国制定了一部刑法典,对各种犯罪都规定了具体的犯罪构成和绝对确定的法定刑,毫不允许法官有根据犯罪情节酌情科刑之余地。

以严格规则主义为特征的绝对罪刑法定主义受到刑事实证学派的抨击,刑事实证学派主张扩大法官的自由裁量权,降低刑法典的意义。菲利对刑事古典学派无视犯罪人的个性差别因而否定法官具有依照这种差别进行自由裁量的观点作了以下评论:实际上,古典学派犯罪学认为所有的盗窃者都是"盗窃犯",所有的谋杀者都是"谋杀犯",在立法者的心目中不存在任何具体的人,只有在法官面前才重现这种具体的人。在学者及立法者面前,罪犯只是一种法官可以在其背上贴上一个刑法条文的活标本。除了刑法典所提及的例外的和少有的人类心理状况的情况之外,其他所有案件仅作为供法官从刑法典中选择某一适用于犯罪标本之条文的理由。如果在其背上贴的不是

---

① 参见〔意〕贝卡里亚:《论犯罪与刑罚》,黄风译,中国大百科全书出版社1993年版,第12页以下。
② 参见〔意〕贝卡里亚:《论犯罪与刑罚》,黄风译,中国大百科全书出版社1993年版,第15页。

第407条而是第404条,上诉法院则反对再进行任何数目上的更改。如果这个标本还活着而且说道:"对我适用哪一条文,对你来说可能十分重要,但如果你仔细研究一下各种迫使我夺取他人财物的条件,你就会意识到这种重要性是图解式的。"法官会回答说:"将来的司法或许这样,但现在的司法并非如此。你触犯的是第404条,便依法在你背上贴上这一号码。在你离开法庭进入监狱时,将被换成另一个号码或其他数字,因为你的人格在代表社会正义的法律面前完全消失了。"这样,此人的人格便被不合理地抹杀掉了,并被留在监狱里接受对退化的治疗。如果他再回到令其多难的旧路上去,又犯一新罪,法官则简单地将另一个条文贴在原有的罪名上,如把规定累犯的第80条或第81条加到第404条规定的罪名上。① 菲利还从刑事司法的特殊性方面,论述了应当扩大法官的自由裁量权。菲利指出:在刑法中,将法令适用到具体案件中去不是或不应当像在民法中那样,仅仅是一个法律的和抽象的逻辑问题。它必须从心理学角度把某个抽象的条例适用于活生生的人。因为刑事法官不能将自己与环境和社会生活割裂开来,成为一个在一定程度上有些机械性质的法律工具。每一个刑事判决对人的灵活鉴定都取决于行为、行为人和对其作用的社会状况等,而不取决于成文法。在此,我们有一个解决法官权力(指自由裁量权——引者注)这一古老问题的机会。在这个问题上,我们曾经从一个极端走向另一个极端,从中世纪的专断到培根认为应当尊重法律和法官的格言。按照培根的格言,留给法官的思考余地最小的法律是最好的法律,留给自己的独立判断余地最小的法官是最好的法官。如果刑事法官的职能像现在这样,总是根据有关未遂、共犯和对抗性犯罪等罪的拜占庭式的等量规则,对被告的道义责任进行虚幻的定量研究,也就是说,如果法律适用的对象是犯罪而不是罪犯,那么法官的权力应当限制在法律条文规定的应当判处多少年、多少月和多少天监禁的数量范围之内,就像中国古代法律非常精确规定竹棍的长短和粗细一样(这在天朝刑罚制度中具有像我们的单身牢房一样的声望)。但另一方面,如果刑事审判应当是对被告人和被降到次要地位的犯罪——从刑罚角度看罪犯应当被提到前面——的一次生理心理学的审查,那么刑法典显然应当被限制在关于防卫和社会制裁方式以

---

① 参见〔意〕菲利:《实证派犯罪学》,郭建安译,中国政法大学出版社1987年版,第37页。

及每个重罪和轻罪的构成要素这样几个基本规则的范围之内,而法官则应当在科学的和实证的审判资料允许的范围内具有更大的自由,他可以运用人类学知识来审判他面前的被告。[1] 因此,刑事实证学派力图贬低成文法典的意义,主张从罪刑法定的死框框的束缚中解脱出来,给予法官更大的自由裁量权。

罪刑法定主义面对法官自由裁量权的挑战。那么,罪刑法定与自由裁量是否可以相容以及相容到什么程度,这个问题直接关系到罪刑法定的当代命运。我们认为,刑事古典学派与刑事实证学派关于严格规则与自由裁量之争,主要在于如何看待司法活动中人的因素,而这个问题又与对人性的理解具有直接的关联。

司法活动中要不要人的因素?这里涉及人与法的关系,从更广泛的意义说,涉及人治与法治的关系。如果不从这样一个理论的深度上考察,就难以把握罪刑法定的发展前途。在中国古代就存在着法治与人治的争论,尽管这种争论在内容上完全不同于现代意义上的法治与人治的概念,但多少涉及法与人孰重孰轻的问题。春秋战国时期的法治,是指以法治国、重法而治、缘法而治,为法家所主张。作为其对立面的有三:一是礼治,二是德治,三是人治。法治与人治的对立,是就人和法的关系说的,具有法理学的性质,即人和法在治理国家方面究竟谁是第一性的、起决定作用的,是人的作用重要,还是法的作用重要?一般说来,法家主张法治,因而赞成成文法,认为法是衡量功过、决定刑赏的客观标准,是天下之程式,万事之仪表。儒家则主张人治,因而反对成文法,认为颁布成文法,对人民的控制权将仅仅局限于成文法所规定的界限之内,从而使人民恣意横行于成文法之外。应该说,儒法两家对于人治与法治各执一端,存在着认识上的片面性。荀况可以被视为是沟通这两种倾向的桥梁,因为他认识到成文法和不成文法都有其存在的必要性。[2] 换言之,人治与法治各有道理。当然,荀况更为偏重的还是人治。荀况对治理国家方面起决定作用的究竟是人还是法的问题作了分析,其基本观点有三:一是荀况开宗明义提出"有治人,无治法",意思是治理好国家的关键是人而不

---

[1] 参见〔意〕菲利:《犯罪社会学》,郭建安译,中国人民公安大学出版社1990年版,第120页。
[2] 参见〔美〕金勇义:《中国与西方的法律观念》,陈国平等译,辽宁人民出版社1989年版,第80页。

是法,必须有好的统治者才能治理好国家。法对治理好国家虽然很重要,所谓"法者,治之原也",但法的好坏最后还是要取决于作为统治者的人的好坏,因而治法不如治人。二是即使有了良法,还得靠人来掌握和贯彻,否则便成一纸具文。正所谓"法不能独立,类不能自行;得其人则存,失其人则亡"。三是国家大事非常复杂而又经常变化,法律既然不能概括无遗,又不能随机应变,完全仰仗人的灵活运用和当机立断。因此,荀况说:"故法而议,职而通,无隐谋,无遗善,而百事无过,非君子莫能。"有了君子,即使法有不至,职有不通,也可以"其有法者以法行,无法者以类举,则法虽省,足以遍矣"。没有君子,"则法虽具,失先后之施,不能应事之变,足以乱矣"。由此得出结论说:"故有良法而乱者,有之矣;有君子而乱者,自古及今,未尝闻也。"① 荀况看到了法的有限性与稳定性和社会的复杂性与多变性之间的矛盾,为克服这一矛盾,必须强调人的作用。为此,荀况提出了一系列重要的法理学命题:"徒法不能自行",就是对司法中人的因素的重视。"有法者以法行,无法者以类举",就是要通过对法无明文规定的情况按照最相类似的律文进行类推,以弥补法之不足。由此可见,法治的观点强调"经",而人治的观点强调"权"。"经"是由法来确定的,而"权"则是由人来操作的。"经"而不"权",有失于机械;"权"而不"经"则有失于灵活。因而,从制度构造上来说,两种观点都具有一定的片面性。在古希腊,人治与法治的争论同样存在。一般认为,柏拉图是人治论者,亚里士多德是法治论者。柏拉图的人治思想,主要反映在《理想国》一书中。柏拉图主张贤人政治,以哲学家治国,认为对于优秀的人,关于商务、市场、契约、公安、海港的规则等,无需一一订成法律,需要什么规则,他们自己会容易发现的。而且,国家统治当局,特别是哲学家——国王和法官在无法律规定的情况下,拥有很大的自由裁量权,可以随意发布命令和司法。② 柏拉图之所以主张人治,主要是认为法律是刻板和固定的,不能适应变化的情况;法律也是原则性很强的东西,不能应用于每一个特殊事例。概括地说,法律是具有刚性(rigidity)的,它会束缚政治家统治的手脚,所以反对法治。相反,政治家的统治,全凭政治家的知识,可以随机应变,制定

---

① 张国华:《中国法律思想史新编》,北京大学出版社1991年版,第87页。
② 参见王人博、程燎原:《法治论》,山东人民出版社1989年版,第5—6页。

出一切必要的措施;能够适应变化了的情况和满足特殊的需要。所以,柏拉图竭力主张实行人治。当然,在柏拉图晚年所著的《法律篇》中,对法律的认识有所提高,承认法律的统治是"第二等好的"政治。亚里士多德反对人治论,明确提出"法治应当优于一人之治"。法治之所以优于人治,主要理由在于:一是法律是经过众人或众人的经验审慎考虑后制定的。众人的意见同一个人或少数人的意见相比,具有更多的正确性。二是法律没有感情,不会偏私,具有公正性。三是法律不会说话,不能像人那样信口开河,今天这样讲明天那样讲,具有稳定性。四是法律是借助规范形式,特别是借助文字形式表达的,具有明确性。当然,亚里士多德也看到了法律的局限性,因而重视司法活动中人的因素。亚里士多德指出:法律是一种公共的尺度,但是它就像一个单个的人,不能预见到生活中可能发生的一切具体情况。然而,即使具有这样普遍的不确定性,法律依然是政治关系中不可替代的调节器。当法律的普遍原则在局部场合不适用时,就必须去修正缺点和填补原立法者留下的空白。亚里士多德把这种克服法律的一般性不良后果的方法称为循理。循理的本性如下:当法律由于自身的一般性而不能令人满意时,对法律进行修正就是循理。循理也是公正的,但不是从法律的字面含义去理解,而是从立法者本人的精神去理解。一个公正的人,即使有合法的权利,也不会按照法律的字面含义去损害他人,而是像立法者本人在立法时所做的那样,根据情况自由运用法律。① 从以上人治与法治的争论可以看出,在人与法的关系问题上,除了极个别极端的人治论者根本否定法的作用、个别极端的法治论者根本否定人的作用以外,大多数人都同时肯定人与法的作用。只不过强调的重点有所不同:人治论者重人轻法,法治论者重法轻人。

无论是重人轻法还是重法轻人,都涉及对人性的认识。法治论者的人性假定有二:一是对人的理性的偏好与推崇,认为法可以规范一切人的行为,中国古代所谓"法网恢恢,疏而不漏"就反映了这种观念。根据对立法者理性人的假定,法典试图对各种特殊而细微的事实情况开列出各种具体的、实际的解决办法。其最终目的在于有效地为法官提供一个完整的办案依据,以便法官在审理任何案件时都能得心应手地引律据典,同时又禁止法官对法律作

---

① 参见〔苏〕涅尔谢相茨:《古希腊政治学说》,蔡拓译,商务印书馆1991年版,第194页。

任何解释。① 二是人性恶的推断。例如法家韩非断言"人人皆挟自为心",人的这种自私自利的本性不能通过后天人为的力量加以改变,也就是根本不可能"化性起伪",只有利用法律加以约束。人治论者的人性假定则正好相反:一是对人的理性能力的怀疑,肯定人的经验性。因此,法的局限性是不可避免的,正所谓"法者限,情无穷",以有限之法规范无穷之情是不可能的。例如柏拉图指出:人们之间和他们行为中的差异,以及人事中无限的、不规则的活动,都不允许有一种普遍和单纯的规则。并且没有任何技术能够制定出一种应对千变万化的原则。② 二是人性善的推断。例如孟子的王道即所谓"不忍之政"就是以人性善为依据的,正因为人性本善,社会秩序便可建立在统治者道德人格的感召力之上,自律强于他律。当然,人性的善恶不是绝对的,性善论与性恶论可以转变甚至合流。例如,柏拉图早期的贤人政治显然是以性善论为根据的,因而认为用法律条文来束缚哲学家——国王的手脚是愚蠢的,就好像是强迫一个有经验的医生从医学教科书的处方中去抄袭药方一样。③ 但在其晚年,柏拉图转向性恶论,认为人的本性只考虑个人利益而不谋求公共的利益,所以必须有法律,通过法律可以制裁或者惩罚人们的不善行为。

应该说,法律的局限性是客观存在的,这是由人的理性能力的有限性所决定的,因而必须承认司法活动中人的因素具有积极的作用,法官的自由裁量权是司法的必要前提。在这个意义上说,刑事古典学派完全否认司法活动中人的因素的绝对罪刑法定主义的确过于机械。当然,人性是善还是恶这是一个难以实证的问题。但与其假定人性善,不如假定人性恶。权力不受制约,必然受到腐蚀。因而,法官的自由裁量权又不能是无限的,而应该有所节制。这种节制,正来自于相对罪刑法定主义所界定的罪刑范围。因此,在罪刑法定主义的内容里,法与人是可以统一的。

如果我们进一步考察就可以发现,刑法领域中,从刑事古典学派否定自由裁量权到刑事实证学派肯定并扩大自由裁量权的转变,是以刑法观念的重大变化为基础的。对此,苏俄著名刑法学家特拉伊宁有过十分精辟的论述:

---

① 参见〔美〕梅利曼:《大陆法系》(第2版),顾培东、禄正平译,法律出版社2004年版,第39页。
② 参见张宏生主编:《西方法律思想史》,北京大学出版社1983年版,第36页。
③ 参见〔美〕萨拜因:《政治学说史》(上册),盛葵阳、崔妙因译,商务印书馆1986年版,第92页。

如果像古典学派所说的那样,刑事责任的根据应当是由事先在法律中确切描述的行为的话,那么,法院的作用就可以缩小到最低限度即归结为正确地适用法律。(实证学派)把犯罪人的人身危险性提到首要的地位后,就造成了完全不同的情况:立法者不可能见到犯罪人,而同犯罪人打交道的是法院,因而就扩大了法院的权限。① 刑事古典学派以犯罪作为认识对象,而又把犯罪归结为纯粹的法律范畴,只注重对犯罪作法理分析。正如菲利所言:古典派把犯罪看成法律问题,集中注意犯罪的名称、定义以及进行法律分析,把罪犯在一定背景下形成的人格抛在一边。在这种情况下,整个刑法典在其最后的分析中仅为一个计算刑罚的对数表而已。② 法官的工作也只是在认定已经发生的犯罪事实的基础上,对刑期的简单折算。因此,在这种司法模式之下,法官的作用是极其有限的。正如梅里曼所指出:大陆法系审判过程所呈现出来的画面是一种典型的机械式活动的操作图。法官酷似一种专业书记官,除了很特殊的案件外,他出席法庭仅是为解决各种争讼事实,从现存的法律规定中寻觅显而易见的法律后果。他的作用也仅仅在于找到这个正确的法律条款,把条款与事实联系起来,并对从法律条款与事实的结合中会自动产生解决办法,法官赋予其法律意义。③ 刑事实证学派完成了从犯罪到犯罪人的重大转变,将刑事司法的对象从犯罪转移到犯罪人,尤其是注重犯罪人的人身危险性,主要以人身危险性的程度作为确定犯罪人责任大小的依据。这就是所谓刑罚个别化,它必然要求给予法官较大的自由裁量权,强调法官在刑事司法中的主观能动性。正如菲利指出:如果没有好的法官来实施,最有学术价值和崇高的法典也不会产生多大的效果。但是,如果有好的法官来实施,即使法典或法令不太完美也不要紧。④ 此后,自由法学派更是进一步强调司法的作用而贬低立法的功能,甚至主张法律的自由发现。例如自由法学派创始人欧金·埃利希认为,法官仅依靠国家制定的成文法规则是不够的。每一种制定出来的规则,从本性上说是不完整的;当它一被制定出来,就已过

---

① 参见〔苏〕特拉伊宁:《犯罪构成的一般学说》,王作富译,中国人民大学出版社1958年版,第24页。
② 参见〔意〕菲利:《实证派犯罪学》,郭建安译,中国政法大学出版社1987年版,第24、39页。
③ 参见〔美〕梅里曼:《大陆法系》(第2版),顾培东、禄正平译,法律出版社2004年版,第36页。
④ 参见〔意〕菲利:《犯罪社会学》,郭建安译,中国人民公安大学出版社1990年版,第120页。

时了,它既难管现在,更不用说管将来。负责适用法律的人是本民族和本时代的人,他将根据本民族和本时代的精神,而不是根据立法者的意图,依以往世纪的精神来适用法律。为此,埃利希提出了两种判决方式:一种是传统的技术主义的判决方法,即严格按照成文法规则的判决方法。在这种情况下,法官手脚被绑住,必须服从预先决定所有事情的一条规则。另一种是他所支持的自由的判决方法,即不是根据成文法规则而是根据法官自由发现的法律。这两种判决方法的区别主要不在于自由判决方法可能超出成文法规定,而在于这样做的方式上。技术主义判决方法要求这一工作只能通过一成不变的法律手段来实现,而自由判决方法却考虑到法官个人巨大的创造力因素,所以,自由判决方法决不意味着法官专横而是主张发挥法官的个性。①应该说,以上观点强调人在司法活动中的创造力是可取的,因为法律毕竟是通过司法活动而现实化的。但司法本身的性质决定了它具有对立法的一定从属性。如果过分强调司法的自由裁量权,不能不说潜藏着司法擅断的危险性。正如我国学者指出:法定的量定也好,酌量或裁量的量定也好,似乎都是为了使法定的刑罚,尽量能与个别的具体的犯罪相适应,即罪刑相适应以确保刑罚上的法制原则。由此正面却出现了较为严重的反面,即扩大了裁量权,敞开了量定刑罚中的畸轻畸重的破坏法制原则的大门。因此,法官的裁量权是确保刑法法制的锁头,同时也是违法擅断、破坏刑法法制的钥匙。这个锁头和钥匙都是拿在裁判官的手中的。② 由此可见,法官的自由裁量权应当予以必要的限制。

以罪刑法定限制自由裁量的必要性,还来自于刑法的特殊性。刑法是以刑罚性强制为内容的,它涉及对公民的生杀予夺。因此,如果对刑事司法不加限制,危险是显而易见的。这一点,刑法与民法有着明显的差别。我国学者徐国栋研究了民法基本原则,认为大陆法系民法中的基本原则是诚实信用和公序良俗。民法基本原则所用的法律概念具有"空筐结构"的特征,可以作不同的理解,而立法者未以权威的方式确定其法律意义上的理解,对之加以解释就自然地成为法官的工作。通过这种并非明示的方式,立法者就把根

---

① 参见沈宗灵:《现代西方法理学》,北京大学出版社1992年版,第276页。
② 参见甘雨沛、何鹏:《外国刑法学》(上册),北京大学出版社1984年版,第537页。

据新的时代精神的需要补充和发展法律的任务交给了法官,后者将把社会发展产生的新要求以解释的形式充实于那些抽象的"空筐结构"中,完成使法律追随时代发展的使命。因此,民法基本原则的不确定性和衡平性规定性质,具有授权司法机关进行创造性司法活动的客观作用;民法基本原则中的法律补充原则,更是直接授予司法机关在一定范围内创立补充规则的权力。通过这些途径,民法基本原则起到克服法律规定的有限性与社会关系的无限性的矛盾、法律的相对稳定性与社会生活的变动不居性的矛盾、法律的正义性与法律的具体规定在特殊情况下适用的非正义性的矛盾的作用。概言之,民法基本原则具有成文法局限性之克服的功能。① 无疑,这一论述对于民法是完全正确的。在民法中,基本原则具有扩张机能;一切民法条文都是基本原则的具体化;在没有明文规定的情况下,按照基本原则可以处理。因而,民法基本原则具有拾遗补漏的作用,它为法官自由裁量提供了根本准则。而在刑法领域内,则与此完全不同。罪刑法定作为刑法基本原则恰恰具有限制机能,它不允许法官超出成文法的规定。因此,如果说民法是一个相对开放的规则体系;那么,刑法就是一个相对封闭的规则体系。就法官的自由裁量权而言,在民事司法中远比在刑事司法中要大。在民法中更需要从基本原则中引申出实质判断;而在刑法中,基本原则本身要求不能作出超法律的实质判断而只能依法作出形式判断。因此,罪刑法定具有明显的形式意义,它要求犯罪的形式概念。而类推则是对法无明文规定的行为根据犯罪的实质概念作出判断,因而与罪刑法定主义是格格不入的。我们同意以下观点:在刑事法庭上,只要对刑法的干涉范围究竟如何存在一丝疑问,人们就会要求法庭将个人自由价值观放在第一位。任何行为,只要对社会构成危害,刑法就可以予以禁止。但是,刑法必须对此事先精确规定,这一点是至关重要的。② 因此,不能将民法中立法与司法的构造照搬到刑法中来,这是由刑法的性质决定的。与民事司法相比较,刑事司法的自由裁量权要小一些。我国学者徐国栋对刑法与民法的法律价值选择以及实行法定主义的可能性作了比较,认

---

① 参见徐国栋:《民法基本原则解释——成文法局限性之克服》,中国政法大学出版社1992年版,第18、30页。
② 参见〔英〕彼得·斯坦、约翰·香德:《西方社会的法律价值》,王献平译,中国人民公安大学出版社1990年版,第77页。

为在刑法这样关乎人的生命和自由的法律部门,把安全价值看得至高无上是自然之事。刑法调整非正常社会关系的特性,也使它基本上有可能做到罪刑法定,因为犯罪这种反社会行为的种类毕竟有限。而民法调整正常社会关系的特性使其面临着无限广阔的调整范围,做到法定主义实不可能,因此民法更为强调灵活性。应该说,这一比较是十分精辟的。但徐国栋又认为,在兼顾个人权利和社会利益的法律制度中,对安全与灵活加以调和,兼采罪刑法定主义和经严格限制的类推制度。① 显然,这一观点还是没有完全考虑到刑法的特殊性。事实上,个人权利和社会利益只能在罪刑法定的范围内兼顾。因而,在刑事司法活动中,有必要对法官的自由裁量权以罪刑法定加以限制。总之,罪刑法定在刑法中具有终极的意义。

庞德指出:有关对稳定性的需要与对变化的需要之间的妥协问题,变成了规则与自由裁量权之间的调整问题。② 按照庞德的观点,甚至整部法学历史都可以归结为似乎就是宽松的自由裁量和严格的具体规则、无法司法和严格依法司法之间不断循环反复的运动过程。但严格规则与自由裁量的关系不仅在不同的历史时期存在变化,而且在不同的法律领域也存在差别。在刑法中,罪刑法定主义并不排斥在一定限度内的自由裁量,以此增加刑法的适应性,但严格规则对于刑法来说,永远居于更为重要的地位。如果说,求得刑法正义性的过程也就是平衡自由裁量和严格规则的过程③,那么,这种平衡并不是平分秋色,而只能在罪刑法定原则基础之上得到统一。因此,从刑法的制度构造上来说,以罪刑法定的严格规则限制司法的自由裁量;同时又在罪刑法定的界域之内予以法官一定的自由裁量权,应该是最佳选择。从这个意义上说,罪刑法定主义将会随着刑事立法与刑事司法的不断发展而进一步自我完善。

三、罪刑法定的立法机理

罪刑法定主义的价值首先表现在立法中,可以说,刑法典是罪刑法定主

---

① 参见徐国栋:《法律的诸价值及其冲突》,载《法律科学》1992年第1期。
② 参见〔美〕庞德:《法律史解释》,曹玉堂、杨知译,华夏出版社1989年版,第1页。
③ 参见宗建文:《刑罚正义论——罪刑法定的价值分析》,载赵炳寿主编:《刑罚专论》,四川大学出版社1995年版,第32页。

义的基本法律载体。刑事古典学派首倡罪刑法定主义,首先诉诸刑法典。考察罪刑法定的当代命运,必然涉及这样一个问题:在罪刑法定的制度构造中,应当如何认识刑法典的立法机理?

英国学者梅因指出:世界上最著名的一个法律学制度从一部"法典"(Code)开始。梅因所说的这个法律学制度,指的就是罗马法;而梅因所说的这部法典,指的是《十二铜表法》(Lex Duodecim Tabularum)。罗马法的实体制度是建筑于《十二铜表法》上的,因此也就是建筑于成文法的基础上的。在罗马,对于《十二铜表法》以前的一切制度,除了这一特殊之点外,都不予承认。但正如梅因所说,法典不是法之发展的起点,因为在法典的后面,存在许多法律现象,这些法律现象在时间上是发生在法典之前的。① 在人类初期,不可能存在任何立法机关,因而也就不可能存在现代社会意义上的法典。但原始社会仍然存在一定的自然秩序,自然法学家称之为自然法,实际上是世代相传的习惯,我们可以称为习惯法。习惯法以其自然生成的原始形态存在着,对各种社会关系加以调整,从而保障着原始社会的生存条件。随着习惯的世代累积,尤其是文字的发明与文明的发展,习惯向法律进化。只有当这种进化达到一定程度,立法才可能出现。而最初的立法主要是对原始习惯的确认,立法者的意志不得不屈从于历史的惯性。即使是像《十二铜表法》这样成熟的法典,也大量地夹杂着或者说记载着习惯的内容。正如意大利学者格罗索指出:在《十二铜表法》中,人们还可以看到一些残酷的原始规范(比如在数名债权人之间划分债务人躯体的规定),这种现象反映出"法"(ius)的最古老原则的顽固性,它本身体现着原始人的冷酷逻辑,人们仍然尊重这种逻辑;同时,规定诉讼程序这一事实本身就是在对擅断加以限制。② 当然立法者一旦形成,它在顺应社会历史的习惯势力的同时,也必然以其创造力在一定程度上改变着社会生活,并使社会生活去适应法典的建构。最初的法典往往以严格的法律程式著称,它反映的是一个同狭窄的社会、简朴的乡村生活相适应的法律制度。例如以《十二铜表法》为代表的早期罗马法,由于它建立在实质上的农业经济、以农业利益为基础的所有权之上,因而采

---

① 参见〔英〕梅因:《古代法》,沈景一译,商务印书馆1959年版,第1页。
② 参见〔意〕朱塞佩·格罗索:《罗马法史》,黄风译,中国政法大学出版社1994年版,第83页。

用固定套语的法律程式,如:要式买卖(mancipatio)、誓约(sponsio)或市民法的要式口约(stipalatio iuris Civilis)、誓金之诉(actio Sacramenti)等。[①] 这种苛刻的法律程式反映了法典极端的形式化倾向:它既梳理了社会关系,从而起到了稳定社会生活的作用;同时,它又使社会关系封闭在法典的桎梏之中,阻碍了社会生活的蓬勃发展。法典诞生之初,就充分地表现出它的利弊,这就是法典的强烈的形式冲动与社会的剧烈的内容嬗变之间的矛盾。

　　社会生活的发展是不以人的意志为转移的,因而必然突破法的桎梏。而法典的稳定性又使其不能与社会生活同步变动,因而法典不可避免地具有保守性。为此,立法又向前迈进了:它并不是直接推翻法典,而是在法典之外制定个别法。在这里法律的逻辑与生活的逻辑在矛盾中共生,在对立中共存。因而,在任何一个社会,法典都不是法的唯一渊源,大量的个别立法成为法的重要内容。法典反映的是法的一般规则,因而它是共同法(ius commune),它在更广泛的范围内被加以适用。一般必有例外,共同必有个别。对某个一般规范加以变通的个别规范,即由于特殊原因而表现为一般规范的例外的个别规范,在罗马法中称为个别法(ius singulare)。特殊规范和一般规范都具有相同的根据,即为了所有人的利益,对每个人谋求本人利益的活动确定最适当的限度。功利理由是这两者的依据,同样,这两者也应当尽可能地按照符合"公正"(aequitas)的方式设置自己。[②] 但个别法的大量出现必然对法典形成冲击,使法典的效力范围大为缩小。在罗马法中,最突出的个别法是那些在某些情形中适当软化对一般原则的严格适用的照顾性条款。这些例外形成一个广泛的范畴,被称为"照顾"(beneficia legis)。在中国古代法中,一般规范与个别规范的辩证发展勾勒出了整个法律样式的进化史。中国古代法律可以分为三种样式:一是稳定型的法律规范——成文法典。成文法典是封建王朝的基本大法,它由朝廷按一定立法程序制定并颁布,对所有臣民具有普遍约束力,也是法官司法审判的主要依据,成文法典一经制定、颁行,便不能轻易更改、删增,从而在比较长的时期内保持相对的稳定性。二是半稳定型

---

① 参见〔意〕彼德罗·彭梵得:《罗马法教科书》,黄风译,中国政法大学出版社1992年版,第7页。

② 参见〔意〕彼德罗·彭梵得:《罗马法教科书》,黄风译,中国政法大学出版社1992年版,第10页。

的法律规范——法令。成文法典一经颁布便不可轻易变动,但社会生活不可能因此而停下脚步,因而便产生半稳定型的法律规范——法令。法令之所以被称为半稳定型的法律规范,是因为它是动态的法律形式,兼有向稳定型和不稳定型法律规范发展的趋势。法令是抽象的规范,法令的集约化就是单行法规,这实际完成了法令的"半法典化"。三是非稳定型的法律规范——判例。[①] 法典、法令的局限性与社会生活的复杂性,使判例随时都可能被创制出来。判例是一事一时的产物,随着时间的延续,一批批新的判例被创制了,一批批旧的判例被删除了,这就使判例始终处在运动之中。这种判例,也被称为"例",它是一种在过去某个诉讼案件中作出的、对于后来一些诉讼案件的审判具有参考价值的判决。在这个意义上,"例"不妨称之为"亚律"(sub-statute)。"例"对"律"起到一种补充作用。正如美国学者指出:在一个存续较久的法律体系中,从其第一次编纂法典开始,它就需要一种能够补充正式法律条文的辅助性法律形式,以适应变化中的社会环境。以皇帝诏令或法院判决为其实际内容的"例",最初可能只是针对某些非常具体的特定事项,它们必然要比它们所依附的"律"的适用面狭窄得多。在清代,普遍遵循这样一条原则:对于某一案件可以同时适用"律"和"例"时,通常以"例"为依据进行判决,而不是以"律"为依据;在"例"与"律"内容不相吻合,甚至互相发生冲突时,仍适用"例",而不是适用"律"。[②] 应该说,"例"的制定者的初衷虽然是发"律"所不及,而不是要废弃"律",但其结果却是出现了因"例"而破"律","律"成虚文的混乱局面。为了改变这种状况,又需要对法律进行重新清理,从而再次提出了制定法典的任务。因而,法典既是一个法律逻辑进程的开始,又是这个进程的归宿。

  刑法典的存在仅仅是罪刑法定主义的前提,决不能由此得出结论,认为只要存在完备的刑法典就是实行罪刑法定主义。我国个别学者认为,在中国古代刑法中存在罪刑法定主义,这种罪刑法定主义是伴随春秋战国时期公开颁行成文法运动而产生的,并发展成为系统的理论。例如,在秦朝的司法实践中,司法官吏对少数刑事案件,虽然没有排除适用类推原则,但对绝大多数

---

① 参见武树臣等:《中国传统法律文化》,北京大学出版社1994年版,第466页。
② 参见〔美〕D. 布迪、C. 莫里斯:《中华帝国的法律》,朱勇译,江苏人民出版社1993年版,第62页。

刑事案件的定罪科刑是根据事前公开颁行的成文法或经过官府认可的廷行事。因而,秦律基本上实行罪刑法定主义原则。而且,秦朝统治者在司法实践中,不断地总结经验,以廷行事和认定类推案例的形式,订正、补充和扩展成文法的内容。这种不断完善法律制度的努力,也是不断扩大实行罪刑法定主义范围的表现。① 笔者认为,罪刑法定主义不仅是一定的法律形式,更重要的是它所体现的价值内容。诚然,成文法的颁布在一定程度上限制了罪刑的擅断,相对于"临事议制,不预设法"的前成文法时代来说,是一种历史进步,但它和罪刑法定主义还有着天壤之别。因为罪刑法定主义是以限制刑罚权,防止司法擅断,保障个人自由为其价值内涵的,舍此价值内涵就根本谈不上罪刑法定主义。在中国封建社会,正如论者所分析的那样,提倡实行罪刑法定主义的法家学派,都是极端的绝对君权论者。之所以主张限制各级官员的擅断权力,完全是为了加强和扩大专制君主的绝对权力。专制君主拥有立法、司法、行政等一切权力,因而在事实上拥有不受法律限制的罪刑擅断权力。在我国整个封建社会,皇帝的这种罪刑擅断权力,是不容置疑的,在人们的观念中,也不曾动摇过。② 既然君主的权力不受任何限制,又怎么能说是罪刑法定主义呢?

罪刑法定主义是在近代启蒙学派的推动下,伴随着18世纪末至19世纪初西方的法典化运动而上升为刑法原则的,因而它的历史命运与刑法典紧密地联系在一起。在18世纪与19世纪之交,欧洲大陆出现了一场声势浩大的法典编纂运动。法国刑法典的编纂,拉开了近代大规模刑法典编纂的序幕。法国制宪议会于1791年10月6日颁布了近代法国第一部刑法典,这就是1791年《法国刑法典》。这部刑法典在体例上首次分为总则与分则两篇。总则(标题Sentences,直译是格言)规定刑法的一般原则,分则是关于具体犯罪与刑罚的规定。这部刑法典坚决彻底地实行罪刑法定主义,各种犯罪的刑罚均作硬性规定(绝对确定法定刑),没有最高限与最低限之分,法官的职能实际上就是确定是否犯罪;若构成犯罪,即对犯罪人处以法典规定之刑罚。由于取消了法官的自由裁量权,因而这部刑法典刚性有余,韧性不足,从绝对的

---

① 参见栗劲:《秦律通论》,山东人民出版社1985年版,第182页以下。
② 参见栗劲:《秦律通论》,山东人民出版社1985年版,第189页。

自由裁量主义走向了绝对的严格规则主义。拿破仑上台以后,重新开始编纂刑法典。在刑法典修改过程中,提出并讨论的一个重要问题就是:是否应授予法官在刑罚的最低限和最高限之间以某种自由裁量权?讨论的结果是仍然坚持罪刑法定原则,但给法官以有限的自由裁量权。1810年《法国刑法典》第4条规定:"不论违警罪、轻罪或重罪,均不得以实施犯罪前未规定的刑罚处之。"这一规定确立了罪刑法定原则,但刑法典在把罪刑法定原则具体化时,并不像1791年刑法典那样硬性地给每一种犯罪只规定一种刑罚,而是规定了刑罚的最高限和最低限(相对确定法定刑),对某些犯罪还规定了两种不同的刑罚(例如,剥夺自由或罚金),法官可以在自由刑的最高限和最低限之间确定刑期,在不同刑罚中选择一种适用。这样,既贯彻了罪刑法定原则,又克服了1791年刑法典刻板规定带来的弊端。因而,这部刑法典以术语准确、概念简明、结构合理、体系严谨而著称于世,成为当时各国仿照的摹本。例如1871年《德国刑法典》,在很大程度上受到《法国刑法典》的影响。尤其是关于罪刑法定主义的规定,直接继承了《法国刑法典》。《德国刑法典》第2条规定:"非犯罪行为完成前法律有惩罚的规定者,不得受罚。从犯罪行为完成至判决宣告之期间,法律有变更者,适用最轻之法律。"

如果说,大陆法系的罪刑法定主义是借助于刑法典而得以生存与发展;那么,英美法系的罪刑法定主义则体现在判例法"遵循先例"(Stare Decisis)的制度之中。一般认为,先例制度具有稳定性、精密性、灵活性等优点。如果发生的法律争执法院先前已作解答,则法官必须一仍其旧。在这一意义上说,至少理论上构成了法律的稳定性。载明对一切特定的法律部门所发生的无数现实纠纷的解决方法的判例汇编的鸿篇巨帙,构成了法律的精密性。最后,判决被否决的可能性以及识别的限制错误判决的效力的可能性,构成了法律的灵活性。① 在刑法领域中,推翻先前判例的情形已经十分罕见。因为创制新罪的司法权的存在,违背了任何人都不应该因行为实施时并非犯罪的行为而受到刑罚处罚的原则。该原则体现在"法无明文规定者不处罚"这句拉丁语箴言里,它有时也被称为法制原则。在英国,自从1972年上议院在"克努勒股份有限公司诉检察长"一案中作出否决以来,法院创制新罪的情

---

① 参见〔英〕沃克:《英国法渊源》,夏勇、夏道虎译,西南政法学院1984年印行,第155页。

况不可能继续了。在该案中,上议院一致否决了法院在创制新罪或扩大现有罪名以致把那些迄今还不受罚的行为规定为应受处罚的犯罪行为方面所残留的权力。① 在美国,1820 年最高法院在威特伯杰案的判决中指出:"是立法机关,而不是法院,确定什么是犯罪并规定它的刑罚。"因此,美国宪法虽然没有明文规定罪刑法定原则,但它实际上被体现在禁止追溯既往和剥夺公权法案以及有关宪法修正案中,特别是由于正当程序条款的建立而使这一法制原则在法理上得到进一步的发展。② 由此可见,英美法系虽然在法律制度上有别于大陆法系,但在罪刑法定这一点上,两大法系可以说是殊途同归。尤其是英美法系国家在刑法领域中的成文化程度越来越高,制定法成为定罪量刑的主要依据,这与罪刑法定主义对于刑法的内在要求不无关系。

成文化的刑法典(大陆法系)和制定法(英美法系)使罪刑法定化,将罪刑限定在法律所规定的范围之内,成为一个相对封闭的规则体系。而刑法典(包括制定法,下同)又不可能将社会上的一切危害行为包罗无遗,即使对刑法典规定的犯罪,也只能是原则概括的,而不能细致入微。这样,就势必影响刑法典的适用效果。由此产生了对刑法典价值的贬低与怀疑的倾向。例如菲利指出:法律总是具有一定程度的粗糙和不足,因为它必须在基于过去的同时着眼未来,否则不能预见未来可能发生的全部情况。现代社会变化之疾之大使刑法即使经常修改也赶不上它的速度。例如,就像在巴伐利亚和法国那样。巴伐利亚在一个世纪之内就制定了三部刑法典,法国的特别法每天积累在欧洲最古老的法典的原文上面。因此,菲利直言不讳地指出:实证理论大大降低了刑法典的实际意义。③ 刑法典至尊地位的动摇,一个直接后果就是罪刑法定主义的意义被贬低。在这种情况下,如何弥补刑法典之不足的问题就摆到了我们的面前。

为此,首先提出的一种立法设计就是在刑法典中规定类推制度。刑事类推是一项源远流长的法律适用制度,从一开始它就是为弥补成文法之不足而发明出来的;它的存在,使成文法成为一个开放的规则体系:有法者以

---

① 参见〔英〕鲁珀特・克罗斯、菲利普・A. 琼斯:《英国刑法导论》,赵秉志等译,中国人民大学出版社 1991 年版,第 11 页。
② 参见储槐植:《美国刑法》,北京大学出版社 1987 年版,第 38 页。
③ 参见〔意〕菲利:《犯罪社会学》,郭建安译,中国人民公安大学出版社 1990 年版,第 101、125 页。

法行,无法者以类举。因而,在相当程度上,扩大了成文法的涵盖面。在中国古代,刑事类推一直受到肯定,它以"比附援引"的形式存在。《唐律·名例律》规定:"诸断罪而无正条,其应出罪者,则举重以明轻,其应入罪者,则举轻以明重。"这里,对于法无明文规定的行为通过"举轻以明重"的逻辑推理入罪,实际上就是刑事类推,而不能视为当然解释。此后,宋、元、明、清历代都有此类规定。刑事类推的精神实质在于:法律不能对犯罪可能采取的每一种形式都作出规定,因此,对于某些案件来说,可能没有相对应的法律条款可作审判依据。处理这类案件,可以通过精确的比较,从已有的法律条款中选取最接近现审案件案情的条款作为根据,以便确定轻重适当的刑罚。① 如前所述,刑事类推存在的价值在于弥补成文法之不足。中国古人早就认识到了成文法的局限性,例如:"法之设文有限,民之犯罪无穷,为法立文不能网罗诸罪,民之所犯不必正与法同,自然有危疑之理。"②又云:"先王立法置条,皆备犯事之情也。然人之情无穷,而法之意有限,以有限之法御无穷之情,则法之所以不及人情也。"③为了克服这种法与情的矛盾,就需要刑事类推。刑事类推以不变应万变,使有限的法律从容应付人类无穷无尽和变化多端的各种行为。毫无疑问,刑事类推对于成文法的局限性确是一剂良药。但是,刑事类推由于没有明确的法律标准,本身潜藏着司法擅断的危险性。随着罪刑法定主义的确立,刑事类推已为各国刑法所不取。尽管某个时期某个国家曾有刑事类推的规定,但其后果十分恶劣。例如在德国法西斯时期,1933年发布了《国社党刑法》(Nationalsozialitisches Strafrecht, Denkschrift des Preussischen Justizministers)。纳粹党上台以后,根据这一文件,对1871年《德国刑法典》进行了修改,其中重要内容之一就是完全抛弃罪刑法定原则,在很大程度上倒退为罪刑擅断。《国社党刑法》从刑法的中心任务是保护"国民全体"(指社会)和"国家"(国家是保护国民的手段)的基本观点出发,否定了罪刑法定原则,认为这个原则可能因保护个人而侵害"国民全体";声称罪刑法定主义之命题,可以使公共危险者,潜伏法网,与以达成反国

---

① 参见〔美〕D. 布迪、C. 莫里斯:《中华帝国的法律》,朱勇译,江苏人民出版社1993年版,第422页。
② (唐)孔颖达疏:《左传·昭公六年》。
③ (元)佚名:《别本刑统赋解》,载沈家本编:《枕碧楼丛书》,中国书店80年代刷印,第13页。

民目的之可能。因此,它主张如果一种行为法律上没有规定为犯罪,但是法律为了保护"国民全体"和"国家"的利益,可以在法律内选择一种刑罚加以惩罚。根据《国社党刑法》的这一原则,1935年6月纳粹党把1871年《德国刑法典》第2条关于罪刑法定主义之规定修改为:"任何人,如其行为依法律应受处罚者,或依刑事法律的基本原则和人民的健全正义感应受处罚者,应判处刑罚。如其行为无特定的刑事法律可以直接适用者,应依基本原则最适合于该行为的法律处罚之。"这一条文实际上承认了法官在审理案件中高于立法者的地位,使法官在确定犯罪和刑罚问题上的专断权力进一步合法化。① 直到"二战"以后,德国才废弃了这一规定,重新在刑法典中确认罪刑法定原则。从这一历史教训可知,尽管刑事类推可以强化刑法典的适应性,但它内在潜含着的司法擅断的危险性较之罪刑法定主义带来的刑法典的僵硬性,弊大于利。两相权衡,宁可实行罪刑法定而使个别潜伏性犯罪人逍遥法外,也不能采用刑事类推导致司法擅断而使更多的无辜者遭受非法侵犯。

概然条款是为弥补刑法典之不足提出的第二种立法设计。刑法典是以文字记载与表达的,同时又与立法者的抽象能力有关。梅因曾经指出:"我以为可以这样说,法典愈古老,它的刑事立法就愈详细、愈完备。这种现象常常可以看到,并且这样解释无疑地在很大程度上是正确的:由于法律初次用文字写成时,社会中经常发生强暴行为。"②以犯罪行为经常发生来解释古代刑事立法的详细是十分牵强的,更为恰当的解释应当是古代立法者的抽象能力低下。因此,立法往往十分具体与个别,一事一法,刑法典焉能不繁琐。例如《萨利克法典》有这样两个条文:(1)如有人偷窃一只小猪而被破获,罚款120银币,折合3金币。(2)如有人偷窃一头公牛或带犊的母牛,应罚付1 400银币,折合35金币。按照这样的立法例,现代刑法典中的一个盗窃罪条文就要用几十个甚至上百个条文来表述。在这种情况下,实行罪刑法定是不可能的,比附援引也就具有其存在的合理性。因此,罪刑法定主义的确立不仅具有政治历史背景,而且还有其法律文化上的深刻原因。随着人类认识水平的提高,概括能力达到一定程度,在刑法典中更为抽象的一般规定取代了个别

---

① 参见由嵘主编:《外国法制史》,北京大学出版社1992年版,第336页。
② 〔英〕梅因:《古代法》,沈景一译,商务印书馆1959年版,第207页。

规定。在中国,《唐律》达到了相当高的立法水平,例如六赃的规定,囊括了各种财产犯罪,简明概括,令人惊叹。不幸的是从一个极端走向了另一个极端。为尽量扩大刑法典的适用范围,防止犯罪遗漏,也出现了个别过于概括的罪名,《唐律·杂律》规定的"不应得为"可以说是一个典型。在《唐律》中,杂律涉及范围十分广泛,规定的内容是他律所不及者。《唐律疏议》对此解释云:"诸篇罪名,各有条例,此篇拾遗补阙,错综成文,班杂不同。"尽管如此,立法者还唯恐律条不能将所有的犯罪包罗详尽,因而在杂律的最后一条规定:"诸不应得为而为之者,笞四十。事理重者,杖八十。"《唐律疏议》对该罪的立法理由解释说:"其有在律在令无有正条,若不轻重相明,无文可以比附。临时处断,量情为罪,庶补遗阙,故立此条。"因此,这是一个兜底的犯罪,一切不能入罪者,只要法官认为不应得为,均可以本罪网罗。美国学者 D. 布迪把这一规定称为"Catch-all"("盛装杂物的箱子")①,相当于我们现在所说的"口袋罪",可以说十分生动形象。概然条款虽然可以增加刑法典的涵括力与包容量,但由于它以不明确为代价,因而也无法保证刑罚权不被滥用。诚然,立法是从千姿百态的案件事实中抽象出适用于所有案件的法律原则,因此具有高度的概括性。但立法又必须具有明确性,正如马克思指出:"法律是肯定的、明确的、普遍的规范,在这些规范中自由的存在具有普遍的、理性的、不取决于个别人的任性的性质。"②只有在这个意义上,法典才可以真正称得上是人民自由的圣经。因而,过于概然的条款是违反罪刑法定主义的,因为罪刑法定主义要求刑法典具有明确性。明确性(definiteness)作为罪刑法定的派生原则,是美国刑法学家在 20 世纪初提出的,又称为"不明确而无效的理论"(Voicl-for-vagueness doctrine)。根据这一原则,罪刑虽然是法定的,但其内容如不明确,就无法防止刑罚权的滥用,罪刑法定主义保障公民自由的目的也就无从实现。笔者认为,过于概然的条款虽能弥补刑法典的僵硬性,使之柔软化,但不能防止司法擅断,因而代价太大。当然,罪刑法定主义也并不是刻意追求刑法典的刚性,它仍然允许为适应社会生活,创设一些概括性的规定,采取空白罪状等立法技术,以强化法典的适应性。但这里存在

---

① 参见高道蕴等编:《美国学者论中国法律传统》,中国政法大学出版社 1994 年版,第 316 页。
② 《马克思恩格斯全集》(第 1 卷),人民出版社 1960 年版,第 71 页。

一个度的把握问题,这是一个难题,同时又是一个不能不解决的问题。

无论是类推制度还是概然条款,都建立在这样一种认识之上:一切事实上的犯罪,都应当处在刑罚权的管辖范围之内。当法条不能明定时,以类推制度与概然条款补充之。笔者认为这是一种绝对主义的认识论。绝对主义认识论曾经是自然法学派的哲学基础,它夸大人的理性能力,追求刑法典规范内容上的完整性。自然法的倡导者们认为,仅用理性的力量,人们能够发现一个理想的法律体系。因此很自然,他们都力图系统地规定出各种各样的自然法的规则和原则,并将它们全部纳入一部法典之中。① 显而易见,这只是一种法律乌托邦,在现实面前无可奈何地破灭了。因而,刑法典规范内容的不完整性,已经成为共识。刑法事实上不可能将所有应予刑罚制裁之不法行为,毫无遗漏地加以规范,因为犯罪之实质内涵并非一成不变,而是随着社会状况及价值观,相对地呈现浮动现象。② 但主张类推制度与概然条款的观点虽然承认刑法典规范内容的不完整性,但却追求刑罚权功能的完整性:一切犯罪都应当受到刑罚处罚,这本身也是一种绝对主义。事实上,不仅刑法的规范内容是不完整的,而且它的规范功能也是不完整的。刑法只是所有社会控制体系或社会规范体系中最具强制性的一种法律手段。刑事司法制度需与其他社会控制之机构,如家庭、学校、工厂、工会、商会、农会、宗教团体与社团等密切合作,始能有效维持社会共同生活所必需之法社会秩序。因此,刑法只不过是整个社会规范体系中之一大重要环节,其在规范功能上具有相当之不完整性,故在设置反犯罪政策与措施上,绝不可唯刑法是赖,而应在刑法手段之外,另配合其他社会控制手段。③ 这种刑法规范内容的不完整性与刑法规范功能的不完整性的统一,就是刑法的不完整性(fragmentarische Charackter)观念。刑法不仅具有不完整性,而且具有最后手段性(ultima ratio)。刑法规定之法律效果,乃所有法律规范中最具严厉性、强制性与痛苦性之法律手段。刑法乃以刑罚作为规范社会共同生活秩序之最后手段。若以刑罚之外的法律效果,亦能有效防制不法行为时,则应避免使用刑罚,唯有在

---

① 参见〔美〕博登海默:《法理学——法哲学及其方法》,邓正来译,华夏出版社1987年版,第67页。
② 参见林山田:《刑法通论》(第2版),台北三民书局1986年版,第14页。
③ 参见林山田:《刑法通论》(第2版),台北三民书局1986年版,第14页。

以其他法律效果未能有效防制不法行为时,始得以刑罚作为该行为之法律效果,此即刑法之最后手段性。① 应该说,在古代社会法律手段单一化,例如《唐律》将所有社会关系都纳入法典调整范围而事实上成为一部刑法典的历史背景下,对于违法行为,不处以刑罚,别无其他法律制裁方法可供选择。在这种情况下,采用类推制度与概然条款,使法律调整的触须伸向社会生活的各个领域和各个角落,尚存一定的历史合理性。那么,在法制发达的当代社会,法律调整方法丰富,刑法作为最后手段,实在应当有所节制。因此,罪刑法定主义所体现的限制机能,不仅是正义之所归,而且是法理之所至。

1855 年,智利总统向国会提交的一份要求制定民法典的咨文的开场白指出:"绝大多数文明的现代社会里,都有将它们的法律法典化的感性需求。我们可以说这是社会的一种周期性要求。"如果说,在 19 世纪的法典编纂运动中,人们对法典还具有神圣的崇敬心情的话,那么,现在我们对法典已经有了更为理智的认识。加拿大学者保罗-A.克雷波指出:法典编纂可被认为是一个社会的巨大成就,事实上它总是作为特定法律制度发展过程中的一个重大事件。克雷波对法典编纂的利弊作了客观分析:法典编纂最大的功绩之一,就是将一种法律制度隶属于立法制定的民主程序。由此,法律政策的表述结果被认为是立法机关而不是司法机关的作用。进一步说,法典编纂——特别是当一个国家的指导思想是制定"大众化"法典而不是"高深"法典时——提供了相当大程度的可预测性。当法典用具体规则或甚至一般标准允许公民预先知道他应如何行为时,情况就是如此。这样一种立法制定的法律制度对于调整社会成员之间日益复杂的关系愈来愈重要。然而,法典编纂自身的缺点也是确实存在的。缺点之一是法律"结晶化"的极端倾向,这种"结晶化"常常使政策"冻结"。这便导致珍藏于法典中的立法政策与法典旨在调整的社会现实之间产生"裂隙"的潜在危险。毫无疑义,当法律规范与社会现实和社会习俗脱节时,这种不一致的最好结果只能是产生对法律的不尊重,最坏的结果则是导致对法律的侵犯。② 尽管法典利弊兼具,但对于一

---

① 参见林山田:《刑法通论》(第 2 版),台北三民书局 1986 年版,第 15 页。
② 参见[加]克雷波:《比较法、法律改革与法典编纂——国内和国际透视》,载沈宗灵、王晨光编:《比较法学的新动向——国际比较法学会会议论文集》,北京大学出版社 1993 年版,第 100 页。

个现代社会来说,没有法典更是不可想象的,因而法典不会因其局限性而被废弃,只能通过法律改革使之完善。在刑法领域中,刑法典更是必不可少。尽管中国曾经 30 年(1949 年至 1979 年)没有刑法典也过来了,但无法可依不仅使普通百姓付出了沉重的代价,同时使执政者本身深受其害,社会也处于瓦解崩溃的边缘。痛定思痛,一部坚持罪刑法定主义的刑法典成为别无选择的选择。尽管在罪刑法定的建构中,刑法典会存在过于僵硬的缺陷,但这种缺陷是可以通过能动的司法活动得以一定程度上的弥补。退而言之,也是为保障个人自由与保护社会利益所作出的不得已的"必要的丧失"。因而,刑法典是人民正义的必然要求。它虽然会被修改补充,它的价值却是永存的,罪刑法定主义也将与刑法典同在。

四、罪刑法定的司法运作

如果说,刑事立法只是使罪刑法定主义法典化的话;那么,刑事司法就是罪刑法定主义的现实化。但是,绝不能由此得出结论:刑事司法天然地能够实现罪刑法定主义。事实上,刑事司法是一种适用法律的独立的实践活动,具有其内在规律性。它既可能使罪刑法定化的"死法"转化为"活法",实现刑法的人权保障与社会保护的双重机能;也可能破坏罪刑法定,使刑法成为具文。考察罪刑法定的当代命运,无法回避的一个问题就是:在罪刑法定的制度构造中,应当如何塑造刑事司法的品格?

梅因在考察古代法时揭示了这样一个事实:判决先于习惯,司法先于立法。梅因认为,所有对于人类原始状态的忠实观察者现在都能清楚地看到,在人类的初生时代,人们对于持续不变的或定期循环发生的一些活动只能假用一个有人格的代理人来加以说明。在荷马诗篇中,"地美士"(Themis)是指后期希腊万神庙中的"司法女神"(Goddess of Justice)。当国王用判决解决纠纷时,他的判决假设是直接灵感的结果。把司法审判权交给国王或上帝的神圣代理人,万王之中最伟大的国王,就是地美士。这个概念的特点,表现在这个字的复数用法:"地美士第"(Themistes),意指审判本身,是由神授予法官的。在古代社会的简单结构中,类似的情形可能比现在还要普遍,而在一系列的类似案件中,就有可能采用彼此近似的审判。我们由此就有了一种"习惯"的胚种或者雏形。梅因指出:由于我们的现代联想,我们就先天地倾向于以为一个"习惯"观念是先于一个司法判决的概念,以为一个判决必然是肯定一个"习惯",或是对于违反"习惯"的人加以处罚。但历史顺序却恰恰相反,"习惯"是"判决"之后的一种概念。由此可以得出结论:对于是或非唯一有权威性的说明是根据事实作出的司法判决,并不是由于违反了预先假定的一条法律。① 这一古代法的事实使我们想到:原始司法是无法司法。无法而又司法,这两个概念之间就是矛盾的,但如果我们不去咬文嚼字而是关注实际内容,那么可以说:原始司法,法官具有绝对的自由裁量权。这里的绝对自由是相对于有法司法而言的,它表明当时是或非的裁决标准还没有达到习惯的程度,它只是一种惯行。用一句法国谚语,它还只是一种"气氛",法官凭借自己对这种气氛的感受作出司法判决,因而法官具有更大的自由裁量权。

司法先于立法这一历史事实表明,司法具有独立于立法的品格。在一定意义上说,法是由法的实践者(法官)创造出来的:从成案到先例,从先例到规则,从规则到原则,这也许就是法典形成的过程,它符合从具体到抽象的思维逻辑。即使在成文法时代,司法仍然起着不可忽视的作用。美国学者霍贝尔指出:人们的思想往往满足于以成文法典这种消极的观念准则作为真正的法律的代表。成文法犹如一个法律的编织物,如果有编织者的话,它在任何程度上也不影响成文准则的变化形式,即使有也难以用案例来验证那些不成文是否符合于实际情况。② 因此,法律作为一个编织物,立法一旦完成,它就自在于编织者。法官是这一法律编织物的使用者,在使用过程中,这个编织物还会发生变形。在这个意义上,毋宁把法律视为一种未完成的作品,法官恰恰是这件作品的最后完成者。但是,法官在完成一件法律作品时,并非总是能够与立法者的意图保持和谐一致。因为司法并不像贝卡里亚所描述的那样,是一个简单的三段论式的逻辑推理。由于法律规定的粗疏乃至于缺漏,案件性质的复杂,法官的司法裁量是一个包括认知、心理、逻辑等各种因素的法律操作过程,因此,法官的一定程度的自由裁量权是必要的。例如,黑格尔提出了"法的偶然性"的观点,指出:法律和司法包含着偶然性,这本质

---

① 参见[英]梅因:《古代法》,沈景一译,商务印书馆1959年版,第2、3、5页。
② 参见[美]霍贝尔:《原始人的法》,严存生等译,贵州人民出版社1992年版,第26页。

上是它们的一个方面。其所以如此,乃由于法律是应用于个别事物的一种普遍规定。如果有人表示反对这种偶然性,那他是在谈一种抽象的东西。例如,刑罚的分量就不可能使之与任何概念的规定相适合,从这方面看,一切裁决终难免是一种任性。然而这种任性本身却是必然的。黑格尔这里所说的任性,指的就是司法裁量权。当然,这里的法官裁量,只能是在法律范围之内进行的。这主要是因为法律大抵对于现实所要求的这种最后规定性并不加肯定,而听由法官去裁决,它仅限定他在一个最高和最低限度之间。但这并不解决问题,因为这个最低和最高限度本身又各是一个整数,于是并不阻止法官作出这样一个有限的、纯肯定的规定;相反,这乃是必然属于法官职权范围内的事。[1] 显然,由于司法活动的性质,法官的自由裁量权是必要的,绝对罪刑法定主义否定这种裁量权违背了司法活动的内在规律,而相对罪刑法定主义能够为法官提供一定的自由裁量权。

司法运作中的罪刑法定不同于制度上的罪刑法定,后者是相对静态的,而前者却是动态的。从制度上的罪刑法定向司法运作中的罪刑法定的转换,表现为一个十分复杂的法的适用过程。法的适用是法律调整的重要内容之一,它以自己的行使权力的属性补充着法律规范的行使权力的属性,保证着法律规范的实现、贯彻,以个别法律的、从属于规范的方式积极保证对相应关系的调整,并使之继续进行和结束。在法理学中,法的适用可以分为三个基本的阶段:①确定事实情况(确定案件的事实根据)。这里包括对事实——证据、证明的过程等进行分析,即取得关于事实的信息的行为。②选择和分析法律规范(确定案件的法律根据)。这个阶段是指与法律规范本身有关的行为——查找规范性文件的确切文本、检查该文件的法律效力、解释文件等。这个阶段还包括与填补法中的漏洞有关的行为。③在适用法的文件中反映出的对案件的决定。这时,要在分析事实和法律规范的基础上,对法律案件作出决定,这个决定反映在适用法的文件中。该决定具有一定的形式,并应予实际贯彻执行。上述前两个阶段在很大程度上具有准备的性质。它们主要是反映法律认识,并构成适用法的根据——事实根据(第一阶段)和法律根据(第二阶段)。对本案作出决定,适用性的过程即告结束,这也就是真正

---

[1] 参见〔德〕黑格尔:《法哲学原理》,范扬、张企泰译,商务印书馆1961年版,第223页。

的法的适用。① 刑法的适用具有法的适用的一般性,又具有特殊性。因而,在司法运用中贯彻罪刑法定主义,既要考虑法的适用的一般性,又要兼顾刑法适用的特殊性。

首先,刑事司法是一个法的吸纳过程。司法运用中坚持罪刑法定主义,第一步就是完成"找法"任务。法只有在适用中才对社会生活产生作用,离开了法的适用,法只是一种纯粹的语言条文形态,是一种没有生命力的"死法"。法的适用,正是完成从"死法"向"活法"转化的前提。

法的吸纳,对立法提出了可操作性的要求。法的可吸纳性,实际上就是法的可操作性,"活法"应该是司法运作中的法。事实上,并非制定出来的一切法律都具有可操作性,不可操作的法律往往难以被吸纳,因而无法适用,导致法律虚置,亦即产生法律自动无效的结果。法的可操作性,是指法律在操作上的可能性或可行性,泛指法律适用的可能性。一般地,如果存在可行的方法,将某法律条文适用于具体案件,则称为该法律条文是可操作的。如果不存在可行的方法,将某法律规范适用于具体案件,则称该法律规范是不可操作的。不失一般性,法律概念和法律规范的不可操作性,统称为法律的不可操作性。② 法律的不可操作性,在刑法中主要是指法律条文内容的不明确因而难以判定性,从而无法在司法中适用,这种情况在刑事司法中时有发生。在这种情况下,法不能直接适用,而需要加以解释。实际上,不仅缺乏可操作性的法律需要解释,一切法律在适用中都需要解释。正如英美法系学者和法官所指出的那样:适用法律就意味着去"理解"和"解释"法律条款。③ 关键在于如何解释。在刑事司法中,这种解释不能不受到罪刑法定主义的限制。

如前所述,刑事古典学派坚持绝对罪刑法定,因而否认法官具有对法律解释的权力。但现在世界各国通行的相对罪刑法定主义,已经不再反对法官的解释,重要的是这种解释应当有一定的限度。关于法律解释,存在一种激进理论,认为所谓立法意图只是一个纯属虚构的概念。从否定立法意图开始,法官对法律的解释逐渐演变成在法律解释的名义下对法律的创造,即法

---

① 参见〔苏〕阿列克谢耶夫:《法的一般理论》(下册),黄良平、丁文琪译,法律出版社1991年版,第714页。
② 参见王洪:《论法律中的不可操作性》,载《比较法研究》1994年第1期。
③ 参见陈金钊:《成文法在适用中的命运》,载《法律科学》1992年第6期。

官造法。笔者认为,这种关于法律解释的激进理论有悖于解释一词的原意,混淆了立法与司法的界限,违背了罪刑法定原则。根据罪刑法定原则,法律解释只是法律意蕴的一种阐发,使之从隐到显。在解释过程中,当然会涉及对法律条文含义的限制或者扩张,但以不违背立法意蕴为限。正如英国丹宁勋爵形象地指出:如果立法者自己偶然遇到法律织物上的这种皱折,他们会怎样把它弄平呢?很简单,法官必须像立法者们那样去做。一个法官绝不可以改变法律织物的编织材料,但是他可以,也应该把皱折熨平。① 在刑法解释中,存在的一个重大问题是如何看待类推解释的性质。日本刑法学家牧野英一认为,刑法解释所依据的原则是:在形式上要有科学的逻辑,在实质上要符合社会的需要和时代的趋势。法律本身虽然是过去制定的,但也不能拘泥于立法者的意志,既然符合现阶段的具体情况是大家都承认的问题,那么,采用进化的解释和目的论的解释也应是理所当然的了。牧野英一由此推导出一个结论,类推解释实质上也属于社会的需要,作为解释,只要是使用逻辑的方法,它便和其他一般法规一样,在刑法中也应被容许。② 笔者认为,类推解释尽管可以扩张刑法的适用范围,但从根本上说,它是违反罪刑法定原则的,因而不应被允许。那么,不允许类推解释,会不会以扩张解释之名而行类推解释之实呢?这里涉及扩张解释与类推解释之间的界限。尽管扩张解释与类推解释的区分是一个难题,但两者并非不可区分。例如,日本刑法学家木村龟二认为,二者的区别在于是否超出法律的明文规定。扩张解释只以条文词句为形式界限,局限在由此决定的范围以内;相反,类推解释则超出法律的明文规定,甚至在法律未明文规定的领域扩充法律的精神。③ 应该说,扩张解释与类推解释的区分不仅在于字面上,更为重要的区分在于思路上相反:类推并不是对某个词句进行解释,看某种行为是否包括在此解释内,而是从国家、社会全体的立场来看某一行为的不可允许,然后再设法找出类似的法条以资适用。与此相反,扩张解释完全是从能否纳入法律条文解释的范围这一观点出发来考察社会生活中的各种行为。这种思路的不同,在权力与权利

---

① 参见〔英〕丹宁勋爵:《法律的训诫》,杨百揆等译,群众出版社1985年版,第10页。
② 参见〔日〕中山研一:《刑法的基本思想》,姜伟、毕英达译,国际文化出版公司1988年版,第9页。
③ 参见〔日〕中山研一:《刑法的基本思想》,姜伟、毕英达译,国际文化出版公司1988年版,第13页。

的紧张关系激化的场合,极有可能形成实质上的差异而表现出来。① 因此,扩张解释并不违反罪刑法定主义,而类推解释违反罪刑法定主义;前者应当允许,后者应当禁止。当然,如果是有利于被告人的类推解释,一般也认为不违背罪刑法定主义而被允许,这主要是由罪刑法定主义的限制机能所决定的。在这种情况下,罪刑法定原则成为有利于行为人之保护原则(Schutzprinzipien zugunsten des Täters)。与法律解释相关的是一个法律漏洞(Gestzeslucken)问题。法律漏洞是指现行法体系上存在影响法律功能且违反立法意图之不完全性。② 无论何种法律,都不可避免地存在着法律漏洞,十全十美的法典只是一种幻想。法律漏洞之所以存在,原因是十分复杂的,例如立法政策上的考虑、立法技术上的困难、犯罪现象的变化等,这些因素都使得立法者不可能在立法时对各种情况都作出毫无遗漏的规定。因此,法律漏洞的存在具有某种客观必然性。在司法活动中,为了准确地适用法律,就需要填补法律漏洞。在民法解释学中,法律漏洞的含义比刑法要广泛一些。因此,某些法律漏洞的填补具有一种造法的意蕴在内。尤其允许采用习惯补充方法与类推补充方法来填补漏洞,都可以视为对法律的一种发展形式,已经超出法定主义的范围。但在刑法中,由于刑法本身具有规范内容的不完整性,罪刑限于法定的范围之内。因此,法定范围之外的法律盲区尽管在一定意义上也可以说是一种法律漏洞,但法官却无权去填补。对于法内漏洞,则属于法律解释的范围,可以通过解释方法予以填补。所谓法内漏洞,是指须评价地予以补充的法律概念和法律标准。就法律概念而言,有确定与不确定之分。确定的法律概念内涵清楚,外延明确,无须更多解释而可以直接操作;而不确定的概念,或者内涵不确定或者外延不确定,都有待予以评价地补充,才能被适用到具体案件中去。就法律标准而言,也有确定与不确定之分。确定的法律标准可以直接遵循,而不确定的法律标准则只有经过填补使标准明确化才可被适用。例如刑法中常见的"应当预见""必要限度"等,都属于不确定的法律标准。在这种情况下,立法者只是规定一个认定原则,具体内容则授权司法机关予以补充。至于我国刑法中的"情节严重""情节较轻""数

---

① 参见〔日〕西原春夫:《罪刑法定主义与扩张解释、类推适用》,载苏惠渔、〔日〕西原春夫等:《中日刑事法若干问题——中日刑事法学术讨论会论文集》,上海人民出版社1992年版,第24页。
② 参见梁慧星:《民法解释学》,中国政法大学出版社1995年版,第251页。

额较大""罪大恶极"等,更是如此。在刑法中,还有一个专门问题值得讨论,就是空白罪状。空白罪状又称为参见罪状,在这种情况下,立法者对某一犯罪的构成特征未予具体描述,只是指明了为确定这一犯罪构成特征所要参照的法律或者法规。空白罪状具有稳定性、包容性与超前性等优点,因而在对法定犯的立法中往往受到立法者的青睐。应该说,空白罪状并不违反罪刑法定原则。只不过在空白罪状的情况下,罪并非由刑法直接规定,而是一种间接规定,也在法定范围之内。但空白罪状还是应当有所限制,不可滥用,因为过多地采用空白罪状,会降低刑法的明确性程度。对于空白罪状所形成的法律漏洞,应当通过进一步的找法活动或者司法解释加以填补。总之,在罪刑法定主义的制约下,刑法解释在原则上不得超出法条文字所容许之范围,而以条文之可能文义(möglicher Wortsinn),包括文字之自然意义、各文字间之相关意义,以及贯穿全部文字之整条意义等,作为解释之最大界限。① 通过刑法解释,完成法的吸纳过程,使条文上的法转变为司法运作中的法。

其次,刑事司法还是一个事实的识别过程。司法裁量是要解决法律规范对具体案件的适用问题,因此,案件事实的识别就具有十分重要的意义。在司法运作中坚持罪刑法定主义,就是要对事实在法定的范围内予以认定。

事实的识别,指的是案件事实的认定。因此,应当对认定的对象有所界定。在适用法律规范中,与法律案件有关的客观现实的一切事实都是真相判断的对象。客观现实的概念,不仅包括单纯的事实本身,而且包括事实的社会法律意义(特别是违法行为的社会危害性)。客观现实的事实,也包括法本身,包括主体的权利和义务。总之,我们认识中的构成适用法活动内容的理性方面的所有客观事实,在适用法时,都是真相判断的对象。② 在刑法中,需要认定的是定罪事实和量刑事实,即在法定的罪刑范围认定与定罪量刑有关的基本事实。定罪事实是指犯罪构成的事实,这种事实与犯罪构成本身有所不同。犯罪构成,又称为构成要件,是一种将社会生活中出现的事实加以类型化的观念形象,并且进而将其抽象为法律上的概念。如此一来,它就不

---

① 参见林山田:《刑法通论》(第2版),台北三民书局1986年版,第37页。
② 参见[苏]阿列克谢耶夫:《法的一般理论》(下册),黄良平、丁文琪译,法律出版社1991年版,第706页。

是具体的事实。① 因此,构成要件是法律规定的认定犯罪的规格或者标准,凡是符合构成要件的事实,就称为构成事实。在定罪过程中,事实的识别主要是正确地认定构成事实。量刑事实除了构成事实以外,还包括其他影响刑之轻重的情节。这些情节既可能是法定的,也可能是酌定的。无论是法定情节还是酌定情节,都应当是客观存在的案件事实,而且必须依法予以认定。

最后,刑事司法是一个法律规定与案件事实的耦合过程。这是刑事司法的最重要的一个阶段,在这一阶段坚持罪刑法定主义,就是要依法对案件事实作出定性与定量的评判,然后依法作出裁量。

在查清案件事实的基础上,需要对案件事实进行法律评价。评判表现的是:法律工作者关于事实情节和刑法法律规范之间的联系的观念。在哲学意义上,这一联系不是别的,正是个别与一般之间的联系。由一般规范引向具体事件,意味着承认具体事件中的那些要件和该规范中的要件相符合。② 由此可见,法律规定与案件事实的耦合实际上是一个使一般性的法律规范适用于个别性案件的过程。这个过程是司法权的具体运作,同时包含复杂的法律推理(legal reasoning)。罪刑法定原则,正是在这种法律推理中得以实现。在罪刑法定制约下的司法运作,法律推理的主要方法是演绎推理。一个由前提逻辑地推导出结论的推理称为演绎推理(deductive infererce)。在演绎推理中,前提是理由,而结论则是从理由逻辑地推导出的推断,这种推理是按照推导方向进行的。按照逻辑规律进行的推理保证演绎推理的必然性。任何给定的演绎推理的前提如果是真的,那么结论就一定是真的,演绎推理是属于不可错的推理类型。③ 正是因为演绎推理具有这种不可错性,因而能够保证刑法在适用中不至于被歪曲,也能够对司法活动起到规制作用。在贝卡里亚设定的绝对罪刑法定的司法框架中,演绎推理成为法律推理的唯一形式。这种传统的法律推理理论,常常将立法规则适用于某一具体案件的过程单纯地描绘为传统演绎推理。在其中,立法的规则或原则是大前提,案件中一致同意或确立的事实是小前提,而法院的判断就是结论。在这种推理中,如果大、

---

① 参见〔日〕小野清一郎:《犯罪构成要件理论》,王泰译,中国人民公安大学出版社1991年版,第6页以下。
② 参见〔苏〕库德里亚夫采夫:《定罪通论》,李益前译,中国展望出版社1989年版,第49页。
③ 参见〔波〕齐姆宾斯基:《法律应用逻辑》,刘圣恩等译,群众出版社1988年版,第196页。

小前提是严格地按照三段论的规则要求来进行的,那么法院所作出的判决显而易见是从大、小前提中所得出的无懈可击的逻辑结论。因此,为了保证绝对罪刑法定的实现,法官每审理一个案件,都要严格刻板地进行一次始自法条的演绎推理,以确保每一个判决结论的合法性。但是,尽管传统演绎推理的结论具有形式上的完全必然性,却不能对它的作用作过分夸大的理解。因为,事实上传统演绎推理在大多数情况下仅仅适用于简单案件,即那些立法规则或原则清楚明白、案件中的事实被一致同意或被认定的案件。[①] 在复杂的案件审理过程中,仅仅演绎推理是不够的,实际上必须以其他推理方法为补充,例如,在案件审理中,归纳推理也是同样重要的。在逻辑学中,归纳推理是从推断真到理由真的一种特殊的推理。根据陈述某类的个别对象具有某特征的若干前提,并且在没有相反陈述的情况下,得出该类每个对象都具有该特征的一般性结论,这样的推理就叫归纳推理(inductive inference)。[②] 如果说,演绎推理是从一般到个别,表现在司法活动中是从法条到个案的过程;那么,归纳推理就是从个别到一般,表现在司法活动中是从个案到法条的过程。在刑事司法活动中,刑法条文与案件事实的耦合就是加以认识上的同一化。在这同一化的过程中,存在着两个思维过程:一是由抽象到具体(或由一般到个别),即把刑事法律规定的犯罪落实到现实的某一犯罪中去;二是由具体到抽象(或由个别到一般),即把现实中某一具体犯罪抽象为刑事法律规定的犯罪。[③] 显然,在这同一化过程中,演绎推理与归纳推理都是必要的。在严格的成文法制度下,判例不起作用,因而没有必要采用类比推理法。但当代各国,即使是大陆法系,也都十分重视判例,以其作为成文法补充。在这种情况下,类比推理越来越重要。笔者认为,类比推理不同于类推推理。类推推理是指将一条法律规则扩大适用于一种并不为该规则的措辞所涉及的,但却被认为属于构成该规则基础的政策原则范围之内的事实情况。正如美国学者博登海默指出:在运用类推推理的情形下,构成最终判决基础扩大了的基本原理或扩展了的原则并不是以逻辑的必然性而强迫决策者接受的。[④]

[①] 参见王鸿貌:《论当代西方法学中的法律推理》,载《法律科学》1995 年第 5 期。
[②] 参见〔波〕齐姆宾斯基:《法律应用逻辑》,刘圣恩等译,群众出版社 1988 年版,第 242 页。
[③] 参见王勇:《定罪导论》,中国人民大学出版社 1990 年版,第 5、7 页。
[④] 参见〔美〕博登海默:《法理学——法哲学及其方法》,邓正来译,华夏出版社 1987 年版,第 475 页。

因此,类推推理之结论并非法条范围之内的,显然有悖于罪刑法定主义。而类比推理是建立在相似性的概念基础之上的,这类推理的根据是这样一种假定:我们考虑属性之间存在着某种本质的联系。① 美国学者波斯纳曾经对法律中的类比推理作了深刻分析:在为类比推理辩解时,一种诱人的辩解是指人类具有一种内在的对态势(pattern)进行识别的能力,一种内在的关于相似性的标准。将一个问题看做与另一个已经解决的问题相类似,事实上就将这个新问题置于通向解决的道路上。② 因而,类比推理是指在司法活动中,正在审理的案件事实与已经依法审结的案件事实具有相似性,因而以已经审结的案件处理结论作为类比对象和正在审理的案件处理的参照对象的情形。类比推理表明即使在成文法的制度之下,先前的判例仍然对司法活动具有可参照性,因而成为演绎推理的必要补充。由于类比推理不是司法活动中唯一的推理方法,而且被类比的判例是依法作出的,因而类比推理并不违背罪刑法定主义。

司法品格的塑造,始终是当代法制社会的一个难题。在绝对罪刑法定主义的司法制度下,法官是一个适用法律的工匠:刻板、毫无生气、严格地按照法律规定进行逻辑推理。美国霍姆斯法官语出惊人地提出了"法律的生命并不在于逻辑而在于经验"这一经典格言,司法机械主义受到了司法能动主义的有力抨击,罪刑法定主义也随之面临挑战。考察司法机械主义与司法能动主义,对于回答罪刑法定的当代命运这个问题具有重要意义。早在1748年,孟德斯鸠就提出了他对司法机构的作用的看法。他说,法官应当"只是法律的传声筒,处于无法减轻法律的力量或严格性的被动地位"。这种对法官作用的看法,在现代可以称为法学的机械理论。法官仅仅被看做精通法律的专家,他们熟悉一整套的法律条文,然后几乎是机械地把法律应用到具体的案件中去。从这个观点来看,法官是一个中立的工具,当他根据法律的一般条文处理实际问题时,不必提出自己个人的观点。③ 在这种司法机械主义的理论中,法官无个性化,似乎只要一穿上法官的黑色长袍,法官的个性就消失了。行为主义"发现"了法官的个性,他们试图分析法官的个人特点、他们的

---

① 参见〔波〕齐姆宾斯基:《法律应用逻辑》,刘圣恩等译,群众出版社1988年版,第475页。
② 参见〔美〕波斯纳:《法理学问题》,苏力译,中国政法大学出版社1994年版,第117页。
③ 参见〔美〕维尔:《美国政治》,王合等译,商务印书馆1981年版,第220页。

社会背景和受教育的情况,或者分析他们对政党的倾向性和思想态度,来解释司法行为,就像解释其他类型的政治行为一样。因此,行为主义撩开了蒙在法官头上的神圣面纱。在这种情况下,司法与立法关系被重新认识了,司法不再是立法的附庸,因而发展出一种司法能动主义的理论。根据这种理论,法官甚至被看做不过是穿着法官长袍的政治活动家,法官不仅仅是在司法,而且也在造法。格雷认为,法官们所立的法甚至要比立法者所立的法更具有决定性和权威性,因为法规是由法院解释的,而且这种解释决定了法规的真实含义,其重要意义要比其原文更大。① 笔者认为,司法机械主义过于贬低法官在司法活动中的作用,而司法能动主义则又过于夸大法官在司法活动中的作用,都具有一定的片面性。美国学者博登海默对法官行为的以下分析当是公允之论:既然法官的主要职责是裁定基于昔日的纠纷,那么作为一般原则,我们便不能分配他去承担一份建立未来法律制度的正式任务。从大体上来讲,他必须留在现存社会组织框架之中,并依靠过去与当今历史向他提供的资料进行工作。法官可以在一定的界限范围之内,为防止法律大厦或该大厦之大部分腐朽或崩溃而进行必要的修正与弥补工作。他可以扩大或缩小现行的补救方法,偶尔还可以创设一种新的补救方法或辩护,如果正义要求使这种措施成为必要。然而,就法律制度基本结构的改变而言,法官通常必须依赖于外界援助。他本人则不能拆毁法律大厦或该大厦之实质性部分,也不能用新的部分替代这些部分。② 因此,法官在司法活动中不是木偶与摆设,其能动性是应当承认的。但法官的司法权力又不是没有限制的,只能在法定范围之内行使这种权力。以此考察罪刑法定的当代命运,笔者认为绝对罪刑法定由于完全束缚了法官的手脚,违背司法活动的内在规律,因而已被历史所淘汰。而相对罪刑法定已经为法官的定罪量刑留下了足够的裁量余地,因而是具有生命力的,它能够与当代司法活动共存。

五、罪刑法定的中国命运

经过漫长的理论跋涉,我们终于触及罪刑法定在当代中国的命运这个具

---

① 参见〔美〕博登海默:《法哲学——法理学及其方法》,邓正来译,华夏出版社1987年版,第539页。
② 参见〔美〕博登海默:《法哲学——法理学及其方法》,邓正来译,华夏出版社1987年版,第543页。

有现实意义的重大问题。或者说,前面的讨论无非都是为回答这个问题而进行的必要的理论铺垫。

(一) 罪刑法定的价值取向

对于中国来说,罪刑法定主义是舶来品。清朝末年,罪刑法定思想由日本传入,光绪三十四年(1908年)颁布的《钦定宪法大纲》规定:"臣民非按照法律规定,不加以逮捕、监察、处罚。"此后在宣统二年(1910年)颁布的《大清新刑律》中规定:"法律无正条者,不问何种行为,不为罪。"1935年《中华民国刑法》第1条规定了罪刑法定主义,指出:"行为之处罚,以行为时之法律有明文规定者为限。"尽管在刑法中规定了罪刑法定主义,实际效果却并不理想。这不由使人想起这样一个典故:南橘北枳——"橘生淮南则为橘,生于淮北则为枳,叶徒相似,其实味不同,所以然者何? 水土异也"(《晏子春秋·杂下之十》)。在具有几千年比附援引法律传统的中国,可以说存在一个"类推情结"。在这种情况下,罪刑法定主义在中国因水土不服而难以生根开花应在情理之中。更何况,罪刑法定主义引入的不是一句法律格言,甚至也不仅仅是一套法律规则,而是蕴藏其后的价值观念。加拿大学者克雷波曾经正确地指出将具有某种社会价值的法律引入不存在这种价值的其他法律管辖区中的困难性。[①] 考察罪刑法定主义引入中国近一个世纪而近乎只是成为一句法律标语的历史,重要原因在于中国古代社会本位的价值观决定了以个人本位的价值观为基础的罪刑法定原则,难以成为我国法律文化的题中应有之义;而体现社会本位价值观的法律形式——刑事类推,则有着根深蒂固的思想基础。罪刑法定与刑事类推的矛盾,不仅是刑法的人权保障机能与社会保护机能的矛盾,而且也是西方法律文化与中国传统法律文化的矛盾。

我国学者梁治平通过考察中国法律文化中个人在社会中的地位,得出如下结论:中国传统文化完全不承认个人的存在。[②] 在这种社会(包括家族、集团)本位的法律文化中,个人是十分渺小和微不足道的,它融化在庞大而发达

[①] 参见[加]克雷波:《比较法、法律改革与法典编纂——国内和国际透视》,载沈宗灵、王晨光编:《比较法学的新动向——国际比较法学会会议论文集》,北京大学出版社1993年版,第102页。

[②] 参见梁治平:《寻求自然秩序中的和谐——中国传统法律文化研究》,上海人民出版社1991年版,第122页。

的以伦理为纽带的社会关系的汪洋大海之中,社会秩序对于个人自由永远具有终极意义。1840 年以后,中国传统社会受到强大的外部压力,开始了一个以现代化为目标的漫长而痛苦的嬗变过程。西方法律文化的引入,强烈地冲击着中国传统法律文化的根基。延续了数千年的中华法系在风雨飘摇中濒于消亡,中国法制开始了其现代化的艰难进程。在这个进程中,个人本位的价值观念得以倡导,但始终未能占据统治地位。我国学者夏勇从社会正义的角度分析了 20 世纪中国社会存在的抑制个人权利生长的各种因素,指出:社会正义以主张群体权利为核心,以致压倒并替代个人权利。由于深重的内忧外患,社会正义的核心可以说是民族的正义和阶级的正义,即群体的正义。从社会变迁的角度看,个人从家族的血缘纽带中分离出来,并非像西方社会变迁中所发生的情景那样,开始个人的"原子化",并由此形成市民社会。① 由于受到社会与政治的双重压抑,个人自由十分有限,得不到法律的有效保障。在这种情况下,体现个人自由的罪刑法定主义难以成为近代中国刑法的基本精神。

新中国成立以后经济上实行高度集中的计划体制;与之相适应,政治上实行中央集权制。因此,国家整体利益得以一再强调,个人对于国家的依附性越来越强。这种整体主义的价值观曾经在相当长的时间内支配着我国的社会生活,并且在 1979 年制定的第一部刑法中留下深刻的烙印。刑事类推制度的规定,就是一个典型的例子。例如,我国著名刑法学家高铭暄教授在论及刑事类推制度的立法理由时指出:为了使我们的司法机关能及时有效地同刑法虽无明文规定,但实际上确属危害社会的犯罪行为作斗争,以保卫国家和人民的利益,就必须允许类推。② 因此,刑事类推制度设立的主要根据就在于保卫国家和人民的利益。基于这种社会本位的价值观,刑事类推制度就有其存在的充足理由。

随着经济体制改革的实行,尤其是市场经济的推行,我国社会进入了一个转型期。在这个社会转型进程中,传统文化的观念最先受到挑战,进而涉及一系列更加广泛的相关观念,这意味着观念背后的基本准则、价值尺度失

---

① 参见夏勇主编:《走向权利的时代——中国公民权利发展研究》,中国政法大学出版社 1995 年版,第 26 页以下。
② 参见高铭暄:《中华人民共和国刑法的孕育和诞生》,法律出版社 1981 年版,第 126 页。

去了吸引力,开始被怀疑、被抛弃。① 在这种情况下,社会本位的传统价值观受到挑战,个人本位的价值观受到肯定,中国进入一个"走向权利的时代"。在法理学中,引发了权利本位与义务本位之争。例如我国学者张文显指出:由于法律的价值取向不同,权利与义务何者为本位,是历史地变化着的;现代法制是或应当是权利本位。② 权利本位论虽然也受到来自义务本位论的质疑和诘难,但大体上成为我国法理学的主流观点。权利本位论尽管在其内部理解上还存在某种分歧,有些观点也还值得辨正,但它的确立表明在权利与权力的关系上,已经发生了某种变动,人们的权利意识正在觉醒,以权利限制权力并要求权力以保障权利为使命。正如我国学者指出:权利本位论的理论意义不在于它确立了一种新的法学体系,而在于它的分析时时蕴涵着一种精神——一种与时代息息相关的民主精神。权利本位论的命题已经超出了它的法律含义,它表明的是人作为自然界和社会的主体摆脱了对外界物的依附,而作为理性动物的存在物。权利本位作为一个命题,它标志着人在社会中的自主地位并非完全是一种抽象的哲学意义上的价值判断,一种对应然的期待,而是在一定的价值判断基础上形成的可证实的具体命题。③ 在这种法律文化的氛围下,我国刑法学界对罪刑法定与刑事类推的关系进行了广泛而深入的讨论,其中不乏激烈而尖锐的争论。尤其是在当前刑法修改已经提到立法部门的议事日程的情况下,争论的焦点也十分明确,这就是在将来的新刑法典中是继续保留刑事类推制度还是予以废弃而明文规定罪刑法定原则。尽管在这场讨论中,还存在着对罪刑法定只作制度考察而缺乏观念反省的局限。④ 但不管我们是已经意识到还是没有意识到,这场讨论正在重塑我国当代刑法理论的文化品格。它对我国刑法理论的深远影响,随着时间的推移必将日益显现出来。

历史有着惊人的相似之处,而这种相似性又不是可以机械比较的。因为从否定之否定的历史辩证法来看,尽管两个否定或者两个肯定是相似的,但

---

① 参见陆学艺等主编:《转型中的中国社会》,黑龙江人民出版社1994年版,第239页。
② 参见张文显:《法学基本范畴研究》,中国政法大学出版社1993年版,第87页。
③ 参见程燎原、王人博:《赢得神圣——权力及其救济通论》,山东人民出版社1993年版,第301页。
④ 参见宗建文:《刑罚正义论——罪刑法定的价值分析》,载赵炳寿主编:《刑罚专论》,四川大学出版社1995年版,第69页。

它们处于螺旋式上升的历史发展的不同序列。事实已经证明,迟发展社会尽管可以借鉴与吸收早发展社会的价值、制度与技术,从而加速发展进程,但历史阶段又是不可超越的:早发展社会的昨天才是迟发展社会的今天,而早发展社会的今天则是迟发展社会的明天。如果不考虑各个社会历史发展阶段上的差别,而盲目地坐井观天、管窥蠡测,只能得出荒谬的结论。以上这些感想,也许大而失当,但这不是空话,实在是有感而发。我国刑法学界在关于罪刑法定与刑事类推的讨论中,就存在这个问题。类推论者主张保留刑事类推有一个重要理由(其他理由另当别论)是西方国家已经否定罪刑法定主义。例如,我国学者侯国云指出,从19世纪末20世纪初起,罪刑法定已度过它的隆盛期而开始走向衰亡。所谓"法无明文规定不为罪"已不复存在,罪刑法定在事实上正在走向衰亡。既然如此,我们又何必去步他人后尘,搞那个形式上的、名不副实的罪刑法定呢?① 这里首先有一个事实的把握问题:西方国家是否已经废弃罪刑法定主义?作为肯定说的一个根据是,西方国家在不同程度上已从罪刑法定主义绝对禁止类推的束缚中解脱了出来,允许有限制地类推或者是类推解释。其实,这里允许有限制的类推或者类推解释,其所谓限制就是指允许有利于被告人的类推或者类推解释,而不利于被告人的类推或者类推解释则仍然是确然禁止的。由于罪刑法定主义体现的是刑法的限制机能,因而有利于被告人的类推或者类推解释并不违背罪刑法定主义保障个人自由的精神实质。由此而引出的西方国家的罪刑法定主义已是徒有虚名仅剩一个美丽的外壳的结论,很难说是精当之论。不可否认,西方国家在19世纪末20世纪初,确实发生了从绝对罪刑法定主义到相对罪刑法定主义的演变,在理论上也产生了对罪刑法定主义的动摇、怀疑乃至于否定的观点,但最终罪刑法定主义仍然不可撼动,其从绝对到相对的变化也不过是罪刑法定主义的自我完善。而我国由于深受传统法律文化的影响,刑事类推观念根深蒂固。在这种情况下,正在经历的是以罪刑法定主义取代刑事类推制度这样一个西方在19世纪就已经完成的历史进程。因此,即使西方国家现在已经否定罪刑法定主义(更何况并未否定,而是进一步完善),也不能作为

---

① 参见侯国云:《市场经济下罪刑法定与刑事类推的价值取向》,载《法学研究》1995年第3期。

我国现在应当否定罪刑法定主义的根据。因为这是两个不同的历史发展阶段,不能简单地类比;否则,就是以并未出现的明天来否定自己的今天。显然,这是令人难以接受的。如果我们抛开具体制度不谈,分析这种制度变迁背后的价值观的嬗变,那么,如同我们在前面所述的那样,从绝对罪刑法定主义到相对罪刑法定主义的演化,是由价值观的变化而引起的。绝对罪刑法定主义过于强调个人自由,在社会秩序的保障上有所缺憾。伴随着生产社会化的加剧,社会本位取代个人本位而占据优势地位。但这一价值观的转变绝不可以理解为是以社会本位否定了个人本位,而只是为适应社会发展的需要,适当地调整个人与社会的关系。事实上,在 20 世纪以后,个人自由在西方的价值观中仍然具有十分重要的优先地位。而在我国,由于传统文化的影响和现实结构的决定,社会本位的价值观一直占据主导地位。随着市场经济的发展,个人自由越来越被摆到一个重要的位置。在这种情况下,个人与社会的关系应当向个人倾斜。因此,个人本位的价值观在当代中国具有历史进步的现实意义。体现个人自由价值观念的罪刑法定主义是当代中国的必然选择。当然,矫枉容易过正。为此,有必要借鉴与吸收西方国家相对罪刑法定主义,在保障个人自由的同时保护社会秩序,使刑法的双重机能并重,兼顾个人自由与社会秩序。由此观之,罪刑法定主义在当代中国,正是如同旭日东升,具有蓬勃的生命力。

(二) 罪刑法定的制度保证

我国学者在界定罪刑法定的含义时,曾经把罪刑法定区分为观念意义上的罪刑法定、原则意义上的罪刑法定、制度意义上的罪刑法定与司法运作上的罪刑法定。[①] 这一区分具有十分积极的意义,因而值得肯定。观念意义上的罪刑法定是罪刑法定之形而上,指蕴涵在罪刑法定之中的价值内容,可以称之为"道"。原则、制度与司法运作上的罪刑法定是罪刑法定之形而下,指罪刑法定的制度保证,可以称之为"器"。就我国当前对罪刑法定主义的认识现状而言,轻"道"重"器"是一种值得注意的倾向。因此,我们首先应当揭示罪刑法定的价值蕴涵,以此肯定罪刑法定主义在当代中国必将有着美好的发展前途。但同样值得注意的是,也不能重"道"轻"器",走向另一个极端。

---

① 参见宗建文:《罪刑法定含义溯源》,载《法律科学》1995 年第 3 期。

因为,如果没有具体制度的保证,罪刑法定主义也有落空的危险。因此,考察罪刑法定在当代中国的命运,不能不着眼于制度保证问题。

德国著名学者马克斯·韦伯曾经对中国的儒教与西方的清教塑造的两种不同的法律制度进行过比较,指出:中国的家产政体,在帝国统一之后,既没有考虑到强而有力且不可抑制的资本主义利益,也没有估计到一个自主的法学家阶层。然而,它必须考虑到能保证其合法性的传统的神圣性,同时也必须顾及其统治组织的强度界限(Intensitätsgrenze)。因此,不仅形式的法学未能发展,而且它从未试图建立一套系统的、实在的、彻底理性化的法律。总的看来,司法保持着神权政治的神学司法所特有的那种性质。就这样,不仅哲学的和神学的(Theologisch)"逻辑学"(Logik),而且法学的"逻辑学"(法逻辑:Rechtslogik——引者注),都无法发展起来。而西方现代法律的理性化是两股同时起作用的力量的产物,一方面是资本主义的力量,它关心严格的形式法与司法程序,倾向于使法律在一种可计算的方式下运作,最好就像一台机器一样;另一方面是专制主义国家权力的官吏理性主义的力量,它所关心的是系统地制定法典和使法律趋于一致,并主张将法律交由一个力争公平、地方均等之升迁机会的、受过合理训练的官僚体系来执行。只要这两股力量缺少其中之一,便无法产生现代的法律体系。[①] 经过比较,韦伯指出了中国法与西方法之间的一个明显差别:中国法基于信念伦理而注重对事物的主观价值判断,因而是一种价值合理性的实质伦理法——追求道德上的正义性而非规范的法律。西方法基于责任伦理而强调一个行为的伦理价值只能在于行为的后果,因而是一种工具合理性的形式法。中西法律在文化品格上的这种差别决定了中国法尽管有一套完备的规范体系,但由于宗教家族伦理被视为法的最高价值,伦理凌驾于法律之上,伦理价值代替法律价值,伦理评价统率法律评价,立法与司法都以伦理为转移,由伦理决定其取舍。正如韦伯所说,十分重要的是立法的内在性质;以伦理为取向的家产制,无论是在中国还是在其他各地,所寻求的总是实际的公道,而不是形式法律。[②] 正是由于对形式法律的排斥,决定了中国传统法律文化中不存在容纳罪刑法定主义的文

[①] 参见〔德〕马克斯·韦伯:《儒教与道教》,洪天富译,江苏人民出版社1993年版,第174、175页。

[②] 参见〔德〕马克斯·韦伯:《儒教与道教》,洪天富译,江苏人民出版社1993年版,第122页。

化氛围。因为罪刑法定主义就是以形式理性为基础的,它来自从罗马法的形式主义原则中发展出来的现代西方的理性法律。D. M. 特鲁伯克对形式理性的含义解释为:法律思维的理性建立在超越具体问题的合理性之上,形式上达到那么一种程度,法律制度的内在因素是决定性尺度;其逻辑性也达到那么一种程度,法律具体规范和原则被有意识地建造在法学思维的特殊模式里,那种思维富于极高的逻辑系统性,因而只有从预先设定的法律规范或原则的特定逻辑演绎程序里,才能得出对具体问题的判断。① 这种形式理性要求法律的实质内容和程序状态是合理的。在这种合理的法律秩序中,个人的权利和义务是由某种普遍的并能被证实的原则决定的,这一点是必须和绝对的。取消合法秩序裁决判定,或使这些制度中适用于特殊场合和确认不是来自规定的可证实原则作出判定的合法性,都被看做是非理性的。② 在这个意义上,形式本身就意味着合理性。形式理性在追求价值理性的时候,尽管有所丧失,但这是为保证最大限度地实现价值理性所必不可少的代价。中国传统法律文化对实质伦理的追求,轻视形式理性,因此虽然近代引入了罪刑法定主义,但由于它与中国传统法律文化相抵牾,因而实际上并没有真正成为刑法的精神实质。

新中国成立以后,经济上追求绝对平等,政治上实行集中统一,法的地位始终没有在我国社会生活中树立起来。我国学者武树臣生动地把新中国成立以来的法律实践样式称为"政策法"。所谓政策法,是指在管理国家和社会生活的过程中,重视党和国家的政策,相对轻视法律的职能;视政策为法律的灵魂,以法律为政策的表现形式和辅助手段;以政策为最高的行为准则,以法律为次要的行为准则;当法律与政策发生矛盾冲突时,则完全依政策办事;在执法的过程中还要参照一系列政策。③ 这种政策法在刑法领域中的突出表现是:以政策指导刑事司法,可以30年在没有刑法典的无法状态下进行。即使在1979年制定刑法以后,刑事政策仍然对刑事立法与刑事司法产生着不可低估的影响。例如"从重从快"等刑事政策成为刑事司法的指导方针。

---

① 参见〔美〕艾伦·沃森:《民法法系的演变及形成》,李静冰、姚新华译,中国政法大学出版社1992年版,第29页。
② 参见苏国勋:《理性化及其限制——韦伯思想引论》,上海人民出版社1988年版,第220页。
③ 参见武树臣等:《中国传统法律文化》,北京大学出版社1994年版,第772页。

行文至此，我们不禁想到德国著名刑法学家李斯特的一句名言：罪刑法定是刑事政策不可逾越的樊篱。尽管李斯特十分重视刑事政策，首倡刑事政策学，但他仍然认为罪刑法定是刑事政策无法逾越的一道屏障，保护公民免受国家权威、多数人的权利、利维坦的侵害。①

  自从改革开放以来，法治日益受到重视。由于市场经济对于法治的天然要求，走向法治已经成为历史的必然。在这种情况下，法制现代化问题受到我国法理学界的极大关注，并成为探讨的热点问题之一。法治的核心价值意义就在于：确信法律能够提供可靠的手段来保障每个公民自由地、合法地享有属于自己的权利，而免受任何其他人专横意志的摆布。因此，以法治为关键性变项的法制现代化便蕴涵着一个判定标准，这就是实证标准。从实证意义上探讨法制现代化的标准，提出了法律形式化的必然要求。法律的形式化意味着确证法律权威的原则，意味着从立法到司法的每一个法律实践环节都必须遵循法定的程序，意味着将国家权力纳入法律设定的轨道并且不同机关的权力均由法律加以明文规定，也意味着社会主体在这一有序化的法律体系中获得最大限度的自由。因此，法律的形式化之实质乃是法治原则的确认与实现。② 在刑法领域中，从法制现代化的实证标准中引申出的必然结论就是要坚定不移地实行罪刑法定主义。那么，在市场经济条件下，怎么克服罪刑法定主义对罪刑范围的严格限定与随着经济关系的剧烈变动而产生的新型犯罪层出不穷之间的矛盾呢？笔者认为，市场经济的本性要求赋予个人更大的自由度，因而应该适当地调整以往在计划经济体制下形成的个人与国家的关系，以便形成一个有利于市场经济生长的较为宽松的社会环境。因此，国家对经济生活以及社会生活的刑事干预不是应当扩张与加强，而恰恰相反，应当有所收缩与限制，罪刑法定主义所具有的限制机能正好符合这一发展趋势。至于市场经济条件下出现的各种新型犯罪，应当经过慎重考虑纳入刑法典。更为重要的是，刑法的最后手段性决定了不能把刑法奉为治理经济与管理社会的圭臬。对于当前我国经济生活与社会生活中出现的各种失范现象，只有通过理顺经济关系，调整社会结构才能从根本上得以解决。因而，隐藏

---

  ① 参见〔日〕庄子邦雄：《刑罚制度的基础理论》，载《国外法学》1979 年第 3、4 期。
  ② 参见公丕祥主编：《中国法制现代化的进程》（上卷），中国人民公安大学出版社 1991 年版，第 85 页。

在否定罪刑法定主义观点背后的泛刑主义恰恰是与市场经济的内在要求背道而驰的。我们严密地关注,在当前我国刑事司法与刑法理论中存在着一种可能导致法律虚无主义的倾向,这就是在经济犯罪的认定标准中,提出所谓生产力标准,并以此冲击犯罪构成的法律标准。在这种情况下,个案处理虽然可能实现个别公正,但由此弥散蔓延开来的法律虚无主义却有可能摧毁整个法制大厦,从而使法制建设毁于一旦,社会公正无从实现。为此,有必要重申罪刑法定主义,建立一套严密的刑法规则体系,以形式合理性作为价值合理性的制度保证。严密的刑法规则体系的建构,是罪刑法定的制度保证之根本。这里涉及立法能力的问题,毫无疑问,罪刑法定的制度保证提出了更高的立法要求。因此,在罪刑法定主义是否可行的争论中,经常涉及的是一个立法经验的问题。否定论者认为,实行罪刑法定,必须制定一部十分完备的刑法典,但那是不切实际的。因为我国刑事立法经验不足,立法机关不可能把各种各样、甚至现在尚未出现但将来有可能出现的犯罪都包罗无遗地规定在一部刑法典中。① 而肯定论者则认为,在一个国家是否实行罪刑法定,与立法经验没有联系,而是一个价值取向和立法思路的问题。更何况,立法经验也是逐渐积累的,是一个相对的概念。② 笔者认为,立法经验归根到底是一个立法能力问题。刑事古典学派夸大立法者的理性建构能力,当然是有所缺憾的。但并不能由此而完全否认立法者的立法功能,在理性所及的范围之内,制定一部符合社会实际状况的刑法典,应该是可能的。至于说到立法经验,世界上第一部实行罪刑法定的刑法典是 1791 年《法国刑法典》,难道我们的立法经验还不如二百年前的立法者吗?事实上,立法不仅是一个经验积累的问题,更是一个理性建构的问题。如果我们坚持经验型的立法指导思想,刑事立法尾随司法实践,那么,一部完备的刑法典就永远可望而不可即。只有在立法中最大限度地发挥立法者的理性洞察力,才能制定出一部实行罪刑法定的刑法典。因此,我国刑法实行罪刑法定主义,不仅是价值取向之必然,而且还具有制度保证上的现实可能性。

---

① 参见侯国云:《市场经济下罪刑法定与刑事类推的价值取向》,载《法学研究》1995 年第 3 期。
② 参见胡云腾:《废除类推及刑法科学化》,载《法学研究》1995 年第 5 期。

(三) 罪刑法定的司法建构

罪刑法定的制度保证不能离开人,这里的人就是司法活动的主体——法官。因此,罪刑法定在当代中国的命运如何,在很大程度上取决于对法官行为的认识。美国学者 D. 布迪在考察中国古代刑法时指出:中华帝国的法律体制要求司法官吏严格地依法办事;实际上,任何一名司法官在任何一段时间,都在致力于理解并运用法律条款的真实含义(当然并不总是限于法律条款的文字本身)。与其他任何国家的法官一样,中国的司法官吏也非常注重依法判案,甚至有过之而无不及。中国的法典编纂者们并不强求制定一部包罗万象的法典,他们打算通过比照适用以及援引概括性禁律的方式,消除法律上的盲点。在司法官员们着手堵塞法律上的漏洞的时候,这个规定明确而详尽的法律体系本身,便是有益和有效的指南。① 因此,中国古代法官的司法行为是机械性与能动性并存的:在法律范围之内机械地司法,在法律范围之外能动地司法。我们关注的重点是中国古代司法的能动性,因为它带来了与罪刑法定主义相悖的司法文化传统的基因。韦伯认为中国古代的司法在很大程度上保持着"卡地"(Kadi,原指伊斯兰国家的审判官)司法的性质。这种司法的特征就在于,不是从普遍性的法规在实际事实的应用中得出判决,而是根据执行法官对"特定场合中公正的意义"的理解而进行裁决。韦伯指出,中国古代的司法尽管是传统主义,却没官方的判例搜集(Präjudizien-Sammlung),因为法律的形式主义的性质遭到拒斥,并且特别是因为有像英国那样的中央法庭。官吏在地方上的"牧人"(Hirte)是知道先前那些判例的。这些"牧人"向他们的主子官吏劝告,要按照行之有效的审判模式行事。这在外表上和我们西方的陪审推事引用"类似事件"(Similia)的裁判习惯相同。只是西方陪审推事的软弱无能,在中国却是无上的美德。② 尽管韦伯对中国古代司法制度的评价具有一定的独断性,但他还是正确地揭示了中国古代的司法依赖于一种实在的个体化与恣意专断。因为中国古代司法中,法官不限于适用成文法,还有更为强烈与沉重的伦理使命,使法无明文规定的各种行

---

① 参见〔美〕D. 布迪、C. 莫里斯:《中华帝国的法律》,朱勇译,江苏人民出版社 1993 年版,第 443 页。
② 参见〔德〕马克斯·韦伯:《儒教与道教》,洪天富译,江苏人民出版社 1993 年版,第 122 页。

为都应当得到合乎伦理正义的处理。我国清末在沈家本的主持下修订刑律，其中一大改进就是删除比附，克服传统"司法而兼立法"和"审判不能统一"的流弊，采用罪刑法定主义。但这一旨在限制司法权的改革由于与中国传统法律文化相抵触，受到保守派的攻击。例如江苏巡抚陈启泰对此批驳道：犹是司法之向例，与立法迥乎不同，岂得指比附为司法而兼立法，与三权分立之义不符，竟可删除不用。乃独于第10条著明，凡律例无正条者，不论何种行为，不得为罪，转似明导人以作奸趋避之路。此失于太疎者一。① 此后，虽然罪刑法定主义明定于刑法，囿于中国传统的司法观念，仍难有效地制约司法主体的行为。

新中国成立以后，在相当长的一个时期内法制阙如，以政策治理国家。司法活动也以政策为导向，成为贯彻政策的工具。在这种政策法的状态之下，司法运行难免陷入困境。当法律政策确定之后，由于种种原因，既没有通过立法渠道及时制定相应的法律、法规、条例，也没有通过司法渠道形成判例法体系。这就使国家的司法活动仅仅以十分抽象、笼统的法律政策、法律原则、法律精神作依据，从而给法官的个人主观因素留下广阔的用武之地。加之司法官员的政治、业务素质差别较大，不可避免地造成司法混乱。② 自1979年刑法颁行以后，司法工作开始进入一个基本上有法可依的法制轨道，但司法独立依然十分困难。为一个时期一个地区的中心工作服务，常常使司法活动难以正常开展。在刑事司法中，来自"打击不力"的压力，也往往使司法活动以运动式的节奏进入"严打"状态：一个战役接一个战役，一个专项斗争续一个专项斗争。在这种情况下，司法不自觉地或者说被迫地呈现出一种被动的态势，疲于奔命。而法官行为则表现出机械司法与能动司法的双重品格：在法律规定明确的情况下，存在法律教条主义；在法律规定不明确或者法无明文规定的情况下，则由于司法行为的工具性所决定，存在缺乏有效限制的自由裁量权。为避免打击不力的责难，不利被告的越权司法解释时有发生，刑罚趋重的审理结果也在所难免。这在一定程度上增加了法官行为的任意性和随机性，个人自由难以受到切实保障。当社会上发生危害社会的行为

---

① 参见张培田：《中西近代法文化冲突》，中国广播电视出版社1994年版，第171、178页。
② 参见武树臣等：《中国传统法律文化》，北京大学出版社1994年版，第778页。

时,缺乏"法无明文规定不为罪,法无明文规定不处罚"的罪刑法定意识,而是千方百计、绞尽脑汁地寻找所谓法律根据,似乎不将其入罪就是法官的失职。在市场经济大潮的冲击下,传统的刑事司法模式和法官的行为品格受到严重的挑战。随着人权意识的觉醒,要求司法行为法定化的呼声日益高涨。在刑法领域中,就是要实行罪刑法定主义,在授予法官必要的自由裁量权的同时又应依法限制法官的自由裁量权。为此,我国学者提出了"改造法官行为"的命题,从法官活动的正义性出发,法官应该有节制地运用刑罚权。① 笔者认为,应当以罪刑法定主义的观念、制度、原则改造法官行为,使刑事司法运作遵循罪刑法定主义的精神。只有这样,才能重塑我国法官行为的品格。因此,对于我国刑事司法来说,罪刑法定主义所昭示的价值蕴涵是它的内在要求。

改造法官行为的基本内容是以罪刑法定规范法官行为。在我国刑法学界,无论是主张罪刑法定还是主张刑事类推的学者,都肯定了这样一个事实,虽然我国刑法规定了类推制度,但在司法实践中适用类推的案件十分有限。但对这一事实学界却得出截然不同的结论:主张罪刑法定的学者以此为根据,认为类推制度形同虚设,实无继续保留之必要;而主张刑事类推的学者则认为,导致类推数量极少的原因,并非因为需要类推的案件少,而是其他人为的因素造成的。这些因素主要是:有些本应类推定罪的案件未以类推定罪,或者不以犯罪论处,或者直接适用有关刑法条文定罪,或者通过司法解释使司法机关直接适用某个刑法条文定罪。因此,不能以此否定刑事类推。② 笔者认为,确如主张刑事类推的学者所言,当前司法实践中大量需要类推的案件因为有些司法机关嫌费事费时而未适用类推,而是直接援引有关刑法条文定罪,甚至最高司法机关也以司法解释的形式确认了这一点。应该说,这是极不正常的。主张罪刑法定的学者以类推案件少为理由否定刑事类推,确有简单化之嫌,难以令人信服。但如果我们进一步考察这种现象产生的原因,就会发现:它的存在还是由类推制度造成的。正因为刑法规定了刑事类推,司法机关才敢于对法无明文规定的行为直接援引最相类似的刑法条文未经

---

① 参见宗建文:《刑罚正义论——罪刑法定的价值分析》,载赵炳寿主编:《刑罚专论》,四川大学出版社1995年版,第97页。
② 参见侯国云:《市场经济下罪刑法定与刑事类推的价值取向》,载《法学研究》1995年第3期。

类推程序而予以定罪。因为在类推制度的司法建构中,法官头脑中缺乏"法无明文规定不为罪"的观念。如果刑法废除类推制度,明文规定罪刑法定,并以此规范法官行为,那么司法上的恣意性就会受到严格限制。因此,类推制度存在本身,就对法官具有"法无明文规定可以入罪"的引导与示范的效应。当然,我们也承认严格限制的刑事类推与罪刑擅断不可同日而语,但我国个别学者由此得出结论,认为我国的具有严格限制条件的类推制度不但不会侵犯人权,反而能防止司法人员擅自对刑法条文作扩张解释,从而起到保护人权的作用。① 应该说,这一观点我们是绝对不能苟同的。这里涉及的问题是:在罪刑法定与刑事类推这两种司法建构中,到底在哪一种司法建构中的法官行为受到的控制更为严格?结论不言自明。类推定罪,即使具有严格限制,不说侵权人权,至少也可以说是对人权保障不力,岂谈得上保护人权。至于认为即使有恣意违法擅断,也是个别"执法人"本身的问题,而不是类推制度的问题。② 这种把人与制度截然分开的观点,也是不能成立的。事实上,只有在罪刑法定的司法建构中,法官行为才能在法制的范围内运作,人权才能得到更为切实的保障。

高铭暄教授指出:罪刑法定原则是一项进步的原则。它既不妨碍统治阶级根据自己的利益制定法律规定"罪"和"刑",同时对于公民的权利来说是一种切实有效的保障。因为法律要求公民的是遵守法律的规定:明文授权做的他就有权做;明令要求做的他就有义务做;明令禁止做的他就有义务不做。特别是禁止事项,包括一切构成犯罪的行为,如果不是法律明文规定,公民将无所适从,因为他不知道这样做是法律所不容许的。高铭暄教授认为,在全面修改刑法时,应在刑法中明确规定罪刑法定原则,不再规定类推制度。③ 可以毫不夸张地说,罪刑法定主义已经成为我国刑法学界的共识,尽管对它的理解上可能存在一定程度的差异。笔者坚信,存活了数千年的刑事类推制度在中国行将寿终正寝,我们将迎来一部明文规定罪刑法定主义的新刑法典,从而使我国刑法进入一个罪刑法定主义的黄金时代。

---

① 参见侯国云:《市场经济下罪刑法定与刑事类推的价值取向》,载《法学研究》1995 年第 3 期。
② 参见甘雨沛、何鹏:《外国刑法学》(上册),北京大学出版社 1984 年版,第 225 页。
③ 参见高铭暄:《略论我国刑法对罪刑法定原则的确立》,载《中国法学》1995 年第 5 期。

罪刑均衡的理论建构*

刑事古典学派确立的罪刑均衡原则,在19世纪末,随着社会价值观念的嬗变,受到了来自刑事实证学派的有力挑战。在这种情况下,如何认识罪刑均衡的历史命运,就成为一个十分重大的理论问题。

一、罪刑均衡理论的演进

刑事实证学派是在否定刑事古典学派的基础上发展起来的一个刑事法学派。如果说,刑事古典学派是客观主义刑法理论,那么,刑事实证学派就是主观主义刑法理论;刑事古典学派与刑事实证学派在刑法一系列基本问题上存在着深刻的对立。由此导致刑事实证学派对刑事古典学派建立起来的罪刑均衡理论的解构。

(一) 犯罪观的变化

刑事古典学派的罪刑均衡,是建立在对犯罪的客观分析的基础上的。尽管报应刑论与预防刑论在对犯罪本质的认识上不尽一致,但在犯罪概念的客观建构这一点上却殊途同归。报应刑论,无论是康德的道义报应,还是黑格尔的法律报应,都认为应当以客观尺度来衡量犯罪。这里的客观尺度是指犯罪的行为特征。因为基于意志自由的假设,行为人在理性能力上是平等的,因而刑罚只能以犯罪行为表现出来的客观危害为尺度,这就是行为责任的原则。预防刑论,无论是贝卡里亚还是边沁也都具有明显的客观主义倾向,以行为为基石建构罪刑均衡的理论大厦。贝卡里亚明确指出衡量犯罪的真正标尺是犯罪对社会的危害,由于贝卡里亚反对以罪孽和意图作为衡量犯罪的尺度,因此这里的对社会的危害带有显见的客观意蕴。贝卡里亚认为,犯罪

---

* 本文原载《政治与法律》1996年第4期。

意图只是对客观对象的一时印象和头脑中的事先意念,而这些东西随着思想、欲望和环境的迅猛发展,在大家和每个人身上都各不相同。意图的这种可变性决定了它不能作为衡量犯罪的客观标准,而只有行为是客观存在的。

刑事实证学派从根本上改变了对犯罪的看法,完成了从犯罪行为到犯罪人的历史性转变。菲利指出:古典派把犯罪看成法律问题,集中注意犯罪的名称、定义以及进行法律分析,把罪犯在一定背景下形成的人格抛在一边。[①]因此刑事古典学派关注的是已经完成的犯罪事实,主要表现在行为上;而刑事实证学派重视的则是犯罪人的人身危险性,并以此作为犯罪的本质特征。正如刑事社会学派思想的拥护者普林斯指出:"这样一来,我们便把以前没有弄清楚的一个概念,即犯罪人的社会危险状态的概念,提到了首要的地位,用危险状态代替了被禁止的一定行为的专有概念。换句话说,孤立地来看,所犯的罪行可能比犯这种罪的主体的危险性小。如果不注意主体固有特征,而对犯这种违法行为的人加以惩罚,就可能是完全虚妄的方法。"[②]犯罪主体的危险状态,是一种主观的东西,因而刑事实证学派主张主观主义的刑法理论,由此否定以行为为中心的刑事古典学派的犯罪概念,这集中体现在李斯特的一句名言中:"应受惩罚的不是犯罪行为而是犯罪人。"因此,犯罪本质就从社会危害性转换到人身危险性。

(二) 刑罚观的变化

刑事古典学派的罪刑均衡,是以刑罚一般化为前提的。尽管报应刑论与预防刑论在对刑罚性质的认识上并非一致,但在刑罚一般化这一点上却完全相同。在报应刑论中,康德的等量报应,主张报应之刑与已然之罪的绝对等同,最终导致其刑罚理论向古代同态复仇的形式上的回归。在康德的报应观念中,之所以对罪行之间外在形式上的等同性不懈追求,主要就是基于他以一般化为意蕴的绝对公平的原则。黑格尔的等价报应,摒弃了康德同态报应的思想,主张报应之刑与已然之罪的相对等同,这是一种价值上的等同,而非外在性状上的等同。同样,黑格尔的报应观念也体现了对刑罚一般化的追

---

① 参见〔意〕菲利:《实证派犯罪学》,郭建安译,中国政法大学出版社1987年版,第24页。
② 〔苏〕特拉伊宁:《犯罪构成的一般学说》,王作富等译,中国人民大学出版社1958年版,第22—23页。

求。总之,无论是康德还是黑格尔,在他们的报应主义刑法理论中,都具有刑罚一般化的内涵,而这种一般化正是罪刑均衡的价值标准。在预防刑论中,贝卡里亚和费尔巴哈都主张刑罚不应该是对已然之罪的报应,而是为了预防犯罪的发生。因此,罪刑的均衡性表现在制止犯罪发生的必要刑罚与犯罪发生的可能性的相对称上。而犯罪发生的可能性,又是以已然之罪的社会危害性为标志的。贝卡里亚由此得出结论:犯罪对公共利益的危害越大,促使人们犯罪的力量越强,制止人们犯罪的手段就应该越强有力,这就需要刑罚与犯罪相对称。[①] 因而,在贝卡里亚看来,刑罚一般化是罪刑均衡的应有之义。

刑事实证学派从根本上改变了对刑罚的看法,完成了从刑罚一般化到刑罚个别化的历史性转变。刑罚个别化强调的是刑罚与犯罪人的人身危险性相适应,而这种人身危险性是通过犯罪人的各种人格因素表现出来的,因而具有个别性的特征。由于刑事实证学派倡导刑罚个别化而否定刑罚一般化,所以刑事古典学派所确立的罪刑均衡原则受到严峻的挑战。

二、标准的转换

从刑事古典学派到刑事实证学派,关于罪刑均衡的认识发生了重大的变化。那么,刑事实证学派是否从根本上否认了罪刑均衡原则呢?笔者认为,刑事实证学派只是摈弃了刑事古典学派所主张的罪刑均衡原则。确切地说,摈弃了报应刑论关于刑罚与已然之罪相均衡和预防刑论关于刑罚与初犯可能相均衡的内容,而主张刑罚与再犯可能相适应的罪刑均衡。概言之,刑事实证学派转换了罪刑均衡的标准,这是刑法的价值观念变换的必然结果。

刑事古典学派确立的罪刑均衡是一种客观标准,即刑罚与犯罪的客观因素(行为及其结果)相适应,这种客观标准强调的是行为的危险而非行为人的危险。在刑法理论上,行为危险与行为人危险是两种性质完全不同的危险。行为危险是一种客观危险,指其危险在于行为;而行为人危险是一种主观危险,指其危险在于行为人。确切地说,行为危险指实施之行为有发生结果之可能性;而行为人危险,乃指行为人有实施犯罪行为或反复为犯罪行为实施之可能性。根据刑事古典学派的观念,犯罪是行为人意志自由选择的结

---

① 参见〔意〕贝卡里亚:《论犯罪与刑罚》,黄风译,中国大百科全书出版社1993年版,第65页。

果,因而应对其行为所造成的危险结果承担道义责任。人的意志自由是相同的,所以责任的确立只能根据行为对社会造成的危害结果,这就是行为危险,也是客观危险,由于这种危险是可以对行为加以客观分析而确定的,这就为罪刑均衡提供了客观标准。刑事实证学派则否认人的意志自由,主张行为决定论,认为犯罪是由各种生理、心理和社会的因素造成的。之所以处罚犯罪人,是出于社会防卫的需要。而行为只是犯人状态的表征,应当受到处罚的不是行为本身而是行为人之状态。行为人之状态表现为人身危险性,这是一种主观危险,刑罚应当同犯罪人的人身危险相适应。由于人身危险性主要是指通过犯罪人的各种人身特征表现于外的再犯可能性,而这种再犯可能性不像行为危险那样可以直观地把握,具有根据犯罪的客观情形加以推断的意蕴,所以是罪刑均衡的主观标准。从刑事古典学派的客观标准到刑事实证学派的主观标准,它蕴涵着刑法价值观的重大变化。客观标准,强调罪刑均衡的客观性,有利于限制法官的权力,保障被告人的合法权益不受非法侵害,因而体现了个人本位的价值观念。而主观标准,虽然没有完全否定客观行为在定罪量刑中的意义,但更为注重犯罪人的人身危险性,赋予法官更大的自由裁量权,以有效地保护社会不受犯罪侵害,因而体现了社会本位的价值观念。

三、原则的重构

刑事古典学派的罪刑均衡与刑事实证学派的罪刑均衡在内容上各有不同,由此产生了罪刑均衡的理论重构问题。

在我国刑法学界,如何正确认识与评价罪刑均衡是一个存在重大分歧的问题。由于将罪刑均衡理解为刑事古典学派所主张的行为中心论为基础的罪刑相适应论,因而我国刑法学界有人明确提出否定罪刑均衡,认为要实现中国刑法现代化,就必须进行刑法观念的更新,必须抛弃罪刑相适应的观念和原则,实行刑法"行为中心论"向"犯罪人中心论"的转轨,向刑罚个别化发展。① 显然,这种观点看到了刑事古典学派的罪刑均衡与刑事实证学派的刑罚个别化之间的对立性,但没有看到刑事实证学派的刑罚个别化实际上也具有罪刑均衡的意蕴,只不过它所主张的均衡标准——人身危险性,不同于刑

---

① 参见李华平:《罪刑相适应与中国刑法观念更新》,载《法学》1990 年第 2 期。

事古典学派的均衡标准——社会危害性,更没有看到这两种均衡不仅具有对立性,而且具有内在统一性。我国刑法学者对此作了正确的论述,指出:罪刑相适应原则并非不顾罪犯人身危险性情况,相反,它不仅要求考虑犯罪行为的客观社会危害性,而且也要求考虑罪犯的人格特征、主观人身危险性的大小。因此,罪刑相适应与刑罚个别化并不矛盾,不存在罪刑相适应向刑罚个别化发展转变的问题。如前所述,罪刑相适应已经考虑了每个案件的社会危害、情节、性质和罪犯的主观人身危险的大小,行为人罪过形式、目的、动机等情况,它本身已包含了刑罚个别化,它是在个别化基础上的罪刑相适应。而且,刑罚个别化也不是毫无边际的个别化,而是要遵从罪刑相适应的一般原则和基本指导,是相对的刑罚个别化,刑罚个别化也正是为了做到真正的罪刑相适应。① 毫无疑问,这一论述是可取的,在一定程度上理清了罪刑相适应与刑罚个别化的关系。当然,由于没有从刑事古典学派与刑事实证学派的理论对立上论述两者的对立统一关系,因而还缺乏必要的理论深度。

我国刑法学界还有学者将罪刑相适应与刑罚个别化并列为刑法原则,个别学者认为刑罚个别化是罪刑相适应的必要补充。例如,我国的刑罚个别化原则并不排斥罪刑相适应原则的存在,它们二者都是指导我国人民法院适用刑罚活动的基本原则,因此,在我国犯罪的社会危害性大小与犯罪人的人身危险性的大小都是决定刑罚轻重的重要因素。并且,还认为将罪刑相适应与刑罚个别化并列为适用刑罚的两项原则,并不意味着二者对人民法院适用刑罚活动的指导作用是等量齐观的,实际上,人民法院在适用刑罚时,首先考虑的应是刑罚的轻重与犯罪的社会危害性相适应,罪刑的轻重是刑罚轻重的决定性因素,然后才考虑刑罚的轻重与犯罪人的人身危险性相适应的问题。这种观点,将罪刑相适应与刑罚个别化分而论之,并列为刑法原则,较之那种以罪刑相适应否定刑罚个别化或者以刑罚个别化否定罪刑相适应的观点,显然更为科学。当然,这种观点也有可商榷之处。刑罚个别化的实质在于,要求对犯罪人处以与其人身危险性大小相当的刑罚。因此,在刑罚个别化中仍然体现着罪刑的均衡性,只不过这种均衡性不同于刑事古典学派所主张的罪刑

---

① 参见陈正云:《也谈罪刑相适应与中国刑法观念的更新——与李华平同志商榷》,载《法学》1991年第8期。

均衡而已。因此,笔者认为,罪刑相适应与刑罚个别化相并列,只是两者的外在统一,还没有达到内在统一。只有在罪刑均衡这一理论框架下,将社会危害性与人身危险性,从而也就是将刑罚一般化与刑罚个别化统一起来,才能将罪刑均衡建立在更为可靠的逻辑基础上,达到理论上的圆满与贯通。

正是看到了刑事古典学派的罪刑相适应与刑事实证学派的刑罚个别化之间存在着对立性,我国刑法学界力图消融这种对立性的一种理论努力是引入刑事责任这一范畴,这种努力得到了我国刑法学界的广泛回应。一时之间,刑事责任成为我国刑法理论中的一个热点问题。由于刑事责任理论涉及面十分广泛,观点颇为纷杂乃至尖锐对立,本文无意全面评价刑事责任问题,只是从罪刑均衡的角度略加分析。

在大陆法系刑法理论中,刑事责任的本质被看做是一种非难可能性(vorwerfbarkeit)。根据对非难对象的不同理解,在刑法理论上又分为以下四种责任理论:一是意思责任(willensschuld),认为非难之对象是犯意。二是行为责任(Tatschuld),认为非难之对象是行为。三是人格责任(charakterschuld),认为行为人之人格形成过程,乃其陷于犯罪之主要原因,对于此种危险之人格应予以非难,因而非难之对象是行为人之人格。四是生活决定责任(lebensgestal eungsschuld),认为非难之对象是行为人行为之生活。[①] 尽管在理论上对刑事责任的本质存在不同的理解,但在刑法理论体系中,一般都把刑事责任确立为有责性,视为犯罪成立的一个要件。按照"违法是客观的,责任是主观的"这样一种说法,有责性属于犯罪成立的主观要件。因此,责任问题在犯罪论中具有举足轻重的地位。责任不仅是犯罪成立的关键,也是刑罚适用的前提,从刑事责任中引申出来的责任原则(schuldprinzip),其内容包括:一是无责任则无刑罚,即科刑应受责任之限制,倘非先确定责任存在,不能科以刑罚,因而无责任则无刑罚(Mnlla poena sine culpa)。二是刑罚不能逾越责任之程度,责任不仅为科刑之前提更应成为科刑之标准,亦即责任轻则刑轻,责任重则刑重,刑罚之高低应以责任之高低为其范围,不可超越这一范围而科处刑罚。三是量刑考虑行为人之责任。[②] 由此可见,刑事责任问题

---

① 参见蔡墩铭:《刑法基本理论研究》,台北汉林出版社 1970 年版,第 132 页。
② 参见蔡墩铭:《刑法基本理论研究》,台北汉林出版社 1970 年版,第 123—124 页。

在大陆法系刑法理论中虽然属于犯罪论问题,但也与刑罚有关。但从根本上来说,仍然是犯罪论的问题。之所以被人理解为在犯罪与刑罚之间而发生其作用,主要是因为传统犯罪论只解决罪之有无问题,而将罪之大小问题视为刑罚论所要解决的量刑问题。责任问题,既存在责任有无问题,又存在责任大小问题。责任有无即责任性问题,被看做是犯罪论中的定罪问题,责任大小则被看做是刑罚论中的量刑问题。因此,刑事责任理论既与犯罪论有关,又与刑罚论有关。尽管如此,在大陆法系刑法理论中,刑法理论体系仍然是罪刑的逻辑结构。

在我国刑法学界,刑事责任被认为是依照刑事法律的规定,针对犯罪行为及其他影响犯罪社会危害性程度的案件事实,犯罪人应当承担而国家司法机关也强制犯罪人接受的刑法上的否定评价(即刑事责难),它是犯罪人应当承担而国家司法机关也应当强制犯罪人接受的刑法制裁(主要是刑罚处罚)的标准。① 由于刑事责任概念的引入,对于传统刑法的罪—刑逻辑结构予以否定,从而提出了以下三种新结构:一是罪—责—刑新结构。这种观点认为,刑事责任是介于犯罪和刑罚之间的桥梁和纽带,它对犯罪和刑罚的关系起着调节的作用。一个人实施刑法所规定的犯罪,只是这个人负刑事责任的基础;而只有当一个人对犯罪行为应当负刑事责任的时候,才能对他判处刑罚。受刑罚处罚的人,没有不负刑事责任的。可见,刑事责任既是犯罪的后果,又是刑罚的先导。罪—责—刑的逻辑结构,乃是整个刑法内容的缩影。认定犯罪—确定责任—决定刑罚,完整地反映了办理刑事案件的步骤和过程。② 这种刑法逻辑结构,改变了罪—刑的直接对应关系,引入刑事责任作为中介,主要根据在于:随着刑罚个别化的强调,人身危险性在量刑中的地位与作用得以确认。但人身危险性又不认为是犯罪的内容,由此出现罪—刑之间失衡,即同罪不一定同刑,刑罚轻重还取决于刑事责任的大小。所以,不应是罪刑相适应,而是责刑相适应。二是罪—责结构。这种观点认为,在确定刑法学总论体系时,必须把握罪是刑事责任的前提,刑事责任是犯罪的法律后果这一基本原理,同时应认识到刑罚、非刑罚处罚方法等是刑事责任的实

---

① 参见赵秉志、吴振兴主编:《刑法学通论》,高等教育出版社1993年版,第314页。
② 参见高铭暄主编:《刑法学原理》(第1卷),中国人民大学出版社1993年版,第418页。

现方式,属于刑事责任理论的内容。这样,犯罪论与刑事责任论在刑法学体系中就属于同等重要的地位,形成犯罪论—刑事责任论的体系。① 在这一刑法逻辑结构中,刑事责任取代了刑罚论,主要根据在于:刑罚只是刑事责任的基本实现方式,而不是刑事责任的唯一实现方式,刑事责任还有其他实现方式,例如非刑罚方式。在这种情况下,罪—刑之间不存在直接的对应关系,而应由刑事责任取而代之,因为刑罚与非刑罚方法都是刑事责任的下位概念,只有确立罪—责的结构,才能澄清犯罪与刑事责任的关系。这样一来,就不再是犯罪与刑罚相适应,而应当是刑事责任与犯罪相适应。刑罚与刑事责任相适应,是刑事责任论的内容,不是刑法的基本原则,可以说是刑事责任的原则。而刑事责任与犯罪相适应,则是为刑法所特有的、贯穿刑法全部的一个基本原则。因此,刑法基本原则之一的罪刑相适应原则,随着刑事责任理论的形成与发展,应改变为刑事责任与犯罪相适应的原则,即罪责相适应。三是责—罪—刑结构。这种观点认为,刑事责任作为统治阶级犯罪观和刑罚观的反映,它是由统治阶级设立的,实施了危害社会的行为并触犯了刑法规范的行为人所应承担的刑事法律负担,这种法律负担通过代表国家的司法机关依法追究并最终对其作出否定性评价而实现。而这种否定性评价又首先体现在对该行为性质的确认上(即定罪),其次才体现在对该行为程度的裁量上(即量刑)。所以从根本上说,刑事责任并不是联结犯罪与刑罚的中介器,而是包括犯罪与刑罚在内并以之为其核心内容的一个刑法的全局性概念。因此,应当建立责—罪—刑的刑法逻辑结构。② 我国学者张智辉指出:刑事责任论,虽然在理论体系上可以与犯罪论、刑罚论和罪刑各论相并列,但是在价值功能上,它具有基础理论的意义。刑事责任理论所揭示的刑法的基本原理,它的具体内容应当由犯罪论、刑罚论和罪刑各论来丰富。因此在体系上不能把刑事责任论作为犯罪之后果和刑罚之先导而插入犯罪论和刑罚论之间的部分,而应当作为刑法学的基础理论置于犯罪论之前,并作为刑法的基本原理来把握。③ 显然,这种观点与前两种观点存在较大区别,它基本上没

---

① 参见张明楷:《刑事责任论》,中国政法大学出版社1993年版,第155页。
② 参见梁华仁、刘仁文:《刑事责任新论——对罪·责·刑逻辑结构的反思》,载杨敦先主编:《刑法运用问题探讨》,法律出版社1992年版,第22页。
③ 参见张智辉:《刑事责任通论》,警官教育出版社1995年版,第15页。

有破坏传统刑法的罪—刑逻辑结构,只是把刑事责任作为法学范畴体系的最上位概念,由此建立刑法理论体系。

在以上三种观点中,笔者赞同第三种观点,对于以刑事责任为基石范畴建立刑法理论体系的努力表示赞许,这是刑法理论体系深入发展的一个标志,但对于前两种观点,以刑事责任介入罪刑之间或者取代刑罚的观点不敢苟同。将刑事责任作为改变犯罪与刑罚的直接对比关系,实际上是出于一种理论上的变通的需要。因为根据刑事古典学派的观点,犯罪只是已然之罪,刑罚或者是对已然之罪的报应(报应主义),或者是借助于对已然之罪的惩罚预防其他人犯罪(一般预防主义)。而根据刑事实证学派的观点,刑罚应当具有对犯罪人进行矫正的功能,是为防止犯罪人本人再犯(个别预防主义)。随着两派的渗透和融合,当今的刑法学理论都汲取两派之所长,建立新的理论体系,但在建立这种理论体系的时候,一方面把犯罪限定为已然之罪,而刑罚又不能全以已然之罪为转移,须照顾到预防犯罪的目的。因此,又应当考虑人身危险性的因素。那么,人身危险性到底属于犯罪的范畴还是属于刑罚的范畴呢?囿于刑事古典学派对犯罪的界定,显然难以归入犯罪的范畴,而它又不能视为刑罚的内容。为此,只能引入刑事责任这个范畴容纳人身危险性的内容,从而改变在犯罪论中讲社会危害性(已然之罪),在刑罚论中讲人身危险性(未然之罪)这样一个互相割裂的理论格局。笔者认为,这个问题的解决,不在于引入刑事责任的概念,而在于重新对犯罪与刑罚加以科学的界定。在笔者看来,犯罪本质是社会危害性与人身危险性的统一,这就是犯罪本质的二元论。关于人身危险性,笔者主张是初犯可能与再犯可能的统一。对于人身危险性包括再犯可能,一般没有异议,但人身危险性能否包括初犯可能,则在刑法理论上存在不同观点。例如我国刑法学者认为,若把初犯可能放在犯罪者的人身危险性之中,那么,犯罪者以外的其他人的人身危险性是大不一样的,这些人没有现实的已然犯罪事实,对他们的考察缺乏客观的事实根据,只能凭着司法人员的主观想象而定,何况初犯可能性既包括现实的可能性,也包括非现实的可能性,而刑法上的人身危险性仅指现实的可能性。如若把这种非现实的可能性也包括在人身危险性之中,自然是不能令人信服的。① 应该说,将初犯可能包含在人身危险性中确实有些勉强,但在量刑中,作为初犯可能表征的治安形势、民愤、犯罪率等都是应当考虑的因素,这些因素显然不属于已然之罪的社会危害性的内容。因为初犯可能性与再犯可能性一样,都是以一定形式表现出来的一种犯罪的现实可能性。因此,只能将之归入人身危险性,它与再犯可能相对应,构成人身危险性的两个方面的内容,并以此与构成社会危害性的主观恶性与客观危害相对应,共同组成二元论的犯罪概念。与这种犯罪本质二元论相对应的是刑罚目的二元论。刑罚目的是报应与预防的统一,报应是针对已然之罪而言的,预防是针对未然之罪而言的。犯罪的二元本质与刑罚的二元目的的有机统一,就是罪刑关系二元论。因此,在罪刑关系二元论的理论建构中,罪刑之间的均衡关系得以重新确立。

---

① 参见章惠萍:《量刑失衡及其抑制》,载赵炳寿主编:《刑罚专论》,四川大学出版社1995年版,第205页。

罪刑均衡的价值蕴涵*

罪刑均衡的基本含义体现在"罪当其罚,罚当其罪"这一古老的法律公式里,追求罪刑之间的价值(质与量)上的对称关系。但这种对称关系的内涵又不是这样一个简单的法律公式所能包容的,它折射出深广而雄厚的社会历史价值。本文拟对罪刑均衡的价值蕴涵加以揭示,以期我国刑法理论的进一步深入。

一、罪刑均衡价值的演变

人类具有一种天生的追求对等性(Recigocity)的本能,而这恰恰是公正的最原始最朴素的表现形式。在这个意义上,公正的对等性首先表现为"等价交换原则",即某人以某种方式对待他人,所以他人也以这种方式对他,或者某人以某种东西与他人交换与之等值的东西。① 原始社会的同态复仇就是这种对等性的一个典型,因而也反映了原始人粗俗的公正观念。可以说,同态复仇不是原始社会对于侵害行为的最初反映形式,它已经是原始人进化到一个较为文明的阶段的产物。犯罪行为,越是往前溯源,越具有暴力的性质。在野蛮时代,它表现为一种出自本能的攻击性。在当时的生存条件下,攻击成为一种手段,以控制珍贵的生活必需品、食物或栖息场所,或者控制在其生命周期的某一时刻变得珍贵的上述资源,因而是一种生存手段。② 随着人类的进化,生存不再以个人本能为手段,原始社会以血缘为纽带的组织形式被取而代之,建立了一种以习俗为主要内容的社会秩序,因而攻击本能受到抑制。当攻击行为侵害他人时,由于社会还不能提供足够的保障,血亲

---
* 本文原载《法律科学》1996 年第 4 期。
① 参见赵汀阳:《论可能生活》,生活·读书·新知三联书店 1994 年版,第 140 页。
② 参见〔美〕威尔逊:《论人的天性》,林利生等译,贵州人民出版社 1987 年版,第 98 页。

复仇就成为原始的反应形式。黑格尔指出:在无法官和无法律的社会状态中,刑罚经常具有复仇的形式,但由于它是主观意志的行为,从而与内容不相符合,所以始终是有缺点的。被害人看不到不法所具有的质和量的界限,而只把它看做一般的不法,因之复仇难免过分,重又导致新的不法。在未开化的民族,复仇永不止息。例如在阿拉伯人之间,只有采用更强大的暴力,或者实行复仇已不可能,才能把复仇压制下去。① 为了防止这种过分的复仇以及由此而引起的世仇,以限制复仇为目的的同态复仇就应运而生。例如,在伊斯兰教的习惯法之下,实行的是以报私仇为基本观念的粗俗的私人司法制度。损失一个部落成员要以犯罪者所在部落的相应损失作为报仇手段,而部落则要为它的成员的行为集体承担责任。除非所受损失得到满意的报仇,否则被害者的灵魂是不会安息的。因为一个部落往往夸大其成员的价值,损失一条人命常常要求以两条或三条人命作抵偿。在这种情况下,《古兰经》"以命偿命,以眼偿眼"的格言,规定了正当报复的标准。因此,《古兰经》的法律格言从根本上改变了杀人的法律后果。从此以后,需要为被害者偿命的,只有一条人命,即凶手本人的命;而这种区别的标志,则是专用语的改变——血亲复仇(塔尔)被正当报复(吉沙斯)所代替了。② 显然,相对于无节制的血亲复仇而言,同态复仇是对待侵害行为更为文明的形式。在同态复仇中,侵害行为与复仇行为之间具有对等性,从这种对等性中折射出原始社会朴素的公正观念。在古代刑法中,这种同态复仇的习俗残存下来,并被法律所认可。例如《汉穆拉比法典》(约公元前1792年—公元前1750年)第196条规定:"倘自由民毁损任何自由民之子之眼,则应毁其眼。"第197条规定:"倘折断自由民(之子)之骨,则应折其骨。"《十二铜表法》(公元前451年—公元前450年)第8表第2条规定:"如果故意伤人肢体,而又未与(受害人)和解者,则他本人亦应遭受同样的伤害。"这些规定都追求罪与刑之间形式上的对等性,是罪刑均衡的原始形态。

同态复仇由于形式上对等性的要求,必然受到一定的限制。只有在对人身的暴力侵害中,才有可能实行"以眼还眼,以牙还牙"。而在其他侵害行为

---

① 参见〔德〕黑格尔:《法哲学原理》,范扬、张企泰译,商务印书馆1961年版,第107页。
② 参见〔英〕诺·库尔森:《伊斯兰教法律史》,吴云贵译,中国社会科学出版社1986年版,第9页。

中,由于不存在对等物,因而无法贯彻同态复仇的原则。在这种情况下,对侵害行为的反应形式趋于多样化。尤其是私有财产的出现,经过和解交付一定数量的财物,这种赔偿制度逐步流行,成为同态复仇的补充并逐渐取而代之。美国学者摩尔根曾经描述了易洛魁人的情形:"在易洛魁人以及其他一般的印第安部落当中,为一个被杀害的亲属报仇是一项公认的义务。但是,在采取非常手段以前,杀人者和被杀者双方的氏族有责任使这种罪行设法得到调解。双方氏族的成员分别举行会议,为对杀人犯的行为从宽处理而提出一些条件。通常采取的方式是赔偿相当价值的礼物并道歉。如果罪行有辩护的理由或具备减轻罪行的条件,调解一般可达成协议;但如果被杀者氏族中的亲属不肯和解,则由本氏族从成员中指派一个或多个报仇者,他们负责追踪该杀人犯,直到发现了他并就地将他杀死才算了结。倘若他们完成了这一报仇行为,被报仇一方的氏族中任何成员不得有任何理由为此愤愤不平。杀人者现已偿命,公正的要求乃得到满足。"① 显然,以相当价值的财物作为赔偿与同态复仇一样,也是一种公正的处理。由于财物与生命(或者身体)具有形式上的不对等性,就需要寻求两者价值上的对等性,以满足公正的要求。而这种价值上的对等性往往是由当时社会的经济状况和公认习俗所决定的,并通行于一定的社会。例如美国学者霍贝尔指出:在确定赔偿金的分配中,中间人(指调解人——引者注)受牢固建立起来的价值原则的制约。每一种东西相异于它的固有价值,这是由在预先的经验交易中所支付于它的那些因素决定的。……对人的伤害是根据侵害程度和加害者的抚恤金的价值来衡量的。② 在我国少数民族地区,也在相当长的时期内通行这种赔偿制度。例如,藏族确立了赔命价,打死人后,被害者一方要出兵报复,杀人的一方则给对方送100元左右的牲畜作挡兵款,表示低头认罪,愿意谈判解决。命价因地区、死者的身份而有差异,一般为500—1 000元藏币。③ 因而,在这种同态复仇或者赔偿制度的情况下,具有一种"等价交换"的公正性。

在这种等价交换的公正性基础上形成的是报应观念。在汉语中,报,是指回报。例如《诗经·大雅·抑》云:"投我以桃、报之以李。"李和桃虽然没

---

① 〔美〕摩尔根:《古代社会》(上册),杨东莼等译,商务印书馆1977年版,第75页。
② 参见〔美〕霍贝尔:《原始人的法》,严存生等译,贵州人民出版社1992年版,第46页。
③ 参见高其才:《中国习惯法论》,湖南人民出版社1995年版,第359页。

有外在的同一性,但具有价值上的对等性。应,指反应,即对外部刺激的一种相应的反响。在佛教中,报应指种善因得善果,种恶因得恶果。约定成俗,报应更确切地是指恶恶相报。因此,报应往往是指两个事物之间具有因果关系:前者为因,后者为果,在因与果之间具有价值上的等同性。在英文中,报应一词为"Retribution",是指对所受损害之回复、回报或补偿,以满足受害者自然产生的报复或报仇的本能要求。① 日本学者认为,报应原则就是根据以恶报恶的法则,为复仇的正义限度奠定理论基础。这在原始未开化的社会规范中,曾经是正义观念的原始表现,成为报应原则最露骨的形态,它具有在谋求加害与复仇之间取得均衡,使其满足于报复的正义感而结束私斗的意义,并从此不允许加害人进行再复仇。② 这种以恶报恶的正义观念,是古代刑法思想的集中表现,称为报应刑论(德文:Theorieder Vergeltungsstrafe)。

报应刑论是从人的复仇本能中发展起来的,是一种以动来对付反动的本能主义,但应对同一物报之以同一物而言,又体现了平均的正义观念。这种报应的思想,为确定罪刑之间的均衡性提供了一定的标准。当然,在具体标准的确定上,又有事实说与价值说之分。

事实说为康德所主张,又称为等量说,注重刑罚与犯罪之间外在形态(事实)上的同一性。康德把刑罚看做是一种报复的权利,这种权利的行使应当具有公正性,这种公正性就是尽可能地追求犯罪与刑罚之间外在形态上的同一性。康德指出:公共的正义可以作为它的原则和标准的惩罚方式与尺度是什么? 这只能是平等的权利。根据这个原则,在公正的天平上,指针就不会偏向一边,换句话说,任何一个人对别人所作的恶行,可以看做是他对自己作恶。因此,也可以这样说:"如果你诽谤别人,你就是诽谤了自己;如果你偷了别人的东西,你就是偷了你自己的东西;如果你打了别人,你就是打了你自己;如果你杀了别人,你就是杀了你自己。"这就是报复的权利。它是支配公共法庭的唯一原则,根据此原则可以明确地决定在质和量两方面都公正的刑罚。③ 由此可见,康德主张在确定刑罚的质和量的时候,应当尽可能地与犯

---

① 参见〔英〕沃克:《牛津法律大辞典》,邓正来等译,光明日报出版社1989年版,第772页。
② 参见〔日〕我妻荣主编:《新法律学辞典》,董舆等译,中国政法大学出版社1991年版,第636页。
③ 参见〔德〕康德:《法的形而上学原理——权利的科学》,沈叔平译,商务印书馆1991年版,第165页。

罪的质和量相适应,只有这样才能实现刑法的正义。黑格尔虽然也主张报应刑论,但却不同意康德的这种观点,认为根据等量报应的观点,很容易得出刑罚上同态复仇的荒诞不经的结论,例如以眼还眼,以牙还牙,同样我们可以设想行为人是个独眼龙或者全口牙齿都已脱落等情况。① 实际上,尽管康德追求犯罪与刑罚之间外在形态上的同一性,但却并非主张它们的绝对同一,它和同态复仇不可同日而语,毋宁把它视为一种伦理正义的理论表述。当然,在谋杀犯必须处以死刑这一点上,康德坚持同态复仇。其理由在于:谋杀人者必须处死,在这种情况下,没有什么法律和替换或代替物能够用它们的增或减来满足正义的原则。没有类似生命的东西,也不能在生命之间进行比较,不管如何痛苦,只有死。因此,在谋杀罪与谋杀的报复之间没有平等问题,只有依法对犯人执行死刑。②

价值说为黑格尔所主张,又称等价说,注重刑罚与犯罪之间内在性质(价值)上的同一性。黑格尔认为,报复(指报应——引者注)只是指犯罪所采取的形态回头来反对它自己。黑格尔指出,就刑罚的本性来说,它是一种报应,但作为刑罚的报应与作为报应的刑罚是有所不同的:作为刑罚的报应是原始社会的复仇,这种报应从内容上说它是正义的,但从形式上说复仇是主观意志的行为,主观意志在每一次侵害中都可以体现它的无限性,所以它是否合乎正义,一般说来,事属偶然,而且对他人来说,也不过是一种特殊意志。复仇由于它是特殊意志的肯定行为,所以是一种新的侵害。作为这种矛盾,它陷于无限进程,世代相传以至无穷,而作为报应的刑罚,它体现的是刑罚的正义,这种报应就是具有不同现象和互不相同的外在实存的两个规定之间的内在联系和同一性。但这种同一性不是侵害行为特种性状的等同,而是侵害行为自在地存在的性状的等同,即价值的等同。等同这一规定,给报应的观念带来一个重大难题:刑罚在质和量的性状方面的规定是合乎正义的这一问题,诚然比起事物本身实体性的东西来是发生在后的。报应观念给予刑罚的这个规定正是上述犯罪和刑罚的必然联系,即犯罪,作为自在地虚无地意志,当然包含着自我否定在其自身中,而这种否定就表现为刑罚。正是这一种内

---

① 参见〔德〕黑格尔:《法哲学原理》,范扬、张企泰译,商务印书馆1961年版,第106页。
② 参见〔德〕康德:《法的形而上学原理——权利的科学》,沈叔平译,商务印书馆1991年版,第166页。

在同一性在外界的反映,对理智来说显得是等同的。黑格尔认为,犯罪与刑罚之间的种的等同性是不可能的。因为犯罪的基本规定在于行为的无限性,所以单纯外在的种的性状消失得更为明显,而等同性则依然是唯一的根本规则,以调整本质的东西,即罪犯应该受到什么刑罚,但并不规定这种科罚的外在的种的形态。单从这种外在的种的形态看来,一方面盗窃和强盗;他方面罚金和徒刑等之间存在着显著的不等同,可是从它们的价值即侵害这种它们普遍的性质看来,彼此之间是可以比较的。寻求刑罚和犯罪接近于这种价值上的等同,是属于理智范围内的事。① 黑格尔这种关于犯罪与刑罚之间内在联系以及两者可按价值进行比较的思想,确实为寻求罪刑之间的均衡性奠定了基础。

报应刑论追求的是刑罚的公正性,这种公正性就是通过犯罪与刑罚的价值上的等同性表现出来的。因此,罪刑均衡的基本价值蕴涵就在于公正。

二、罪刑均衡原则的确立

罪刑均衡作为刑法基本原则的确立,来自于贝卡里亚的罪刑阶梯的天才设计。贝卡里亚认为,刑罚的目的在于制止犯罪,只有罪刑均衡才能实现这一目的。因为,犯罪对公共利益的危害越大,促使人们犯罪的力量越强,制止人们犯罪的手段应该越强有力。这就需要刑罚与犯罪相对称。② 如果说,报应主义是立足于公正而主张罪刑均衡,那么,贝卡里亚、边沁的预防主义就是着眼于功利而推崇罪刑的均衡。

贝卡里亚虽然是一个理性主义者,但他对人性的认识,带有强烈的感性色彩,因而可以说是一种感性的理性主义,以区别于康德、黑格尔先验的理性主义。贝卡里亚认为,人是受快乐和痛苦这两种动机支配的感知物,立法者为了实现社会正义,推动人们追求与从事最卓越的事业,向善避恶,就应当适当地安排奖赏和刑罚这两种动力。由此,贝卡里亚提出了一个分配公正的问题,指出:刑罚上的分配不当就会引起一种越普遍反而越被人忽略的矛盾,即刑罚的对象是它自己造成的犯罪。如果对两种不同程度的侵犯社会的犯罪

---

① 参见〔德〕黑格尔:《法哲学原理》,范扬、张企泰译,商务印书馆 1961 年版,第 106 页。
② 参见〔意〕贝卡里亚:《论犯罪与刑罚》,黄风译,中国大百科全书出版社 1993 年版,第 65 页。

处以同等的刑罚，那么人们就找不到更有力的手段去制止实施能带来较大好处的较大犯罪了。因此，对于犯罪应当根据其对社会的危害程度加以区分，并根据这种犯罪的危害程度分配轻重不等的刑罚，这不仅是制止犯罪的客观需要，也是道德情感的必然要求。

贝卡里亚关于罪刑阶梯的设计，集中表现在以下这段精辟的论述中：既然存在着人们联合起来的必要性，既然存在着作为私人利益相互斗争的必然产物的契约，人们就能找到一个由一系列越轨行为构成的阶梯，它的最高一级就是那些直接毁灭社会的行为，最低一级就是对于作为社会成员的个人所可能犯下的、最轻微的非正义的行为。在这两极之间，包括了所有侵害公共利益的，我们称之为犯罪的行为。这些行为都沿着这无形的阶梯，从高到低顺序排列。如果说，对于无穷无尽、暗淡模糊的人类行为组合可以应用几何学的话，那么也很需要有一个相应的、由最强到最弱的刑罚阶梯。有了这种精确的、普遍的犯罪与刑罚的阶梯，我们就有了一把衡量自由和暴政程度的潜在的共同标尺，它显示着各个国家的人道程度和败坏程度。然而，对于明智的立法者来说，只要标出这一尺度的基本点，不打乱其次序，不使最高一级的犯罪受到最低一级的刑罚，就足够了。[①] 根据这一构想，贝卡里亚把犯罪分成以下三类：第一类是直接地毁伤社会或社会的代表的犯罪，这就是叛逆罪，这种犯罪的危害性较大，因而是最严重的犯罪。第二类是侵犯私人安全的犯罪，其中一部分是侵犯人身，一部分是损害名誉，另一部分是侵犯财物。第三类是扰乱公共秩序和公民安宁的犯罪行为。这既是一种犯罪的分类，也是一个犯罪的阶梯，凡是没有列入这一阶梯的行为，都不得认为是犯罪，这就为犯罪圈定了一个明确的范围。与此相适应，贝卡里亚还设定了刑罚阶梯。在刑罚阶梯的建构中，主要包含了以下三个原则：

（一）刑罚与犯罪在性质上的相似性

贝卡里亚指出：刑罚应尽量符合犯罪的本性，这条原则惊人地进一步密切了犯罪与刑罚之间的重要连接，这种相似性特别有利于人们把犯罪动机同刑罚的报应进行对比，当诱人侵犯法律的观念竭力追逐某一目标时，这种相

[①] 参见〔意〕贝卡里亚：《论犯罪与刑罚》，黄风译，中国大百科全书出版社1993年版，第66页。

似性能改变人的心灵,并把它引向相反的目标。① 罪刑在性质上的这种相似性,与康德的报应刑论有一定的共同之处。但康德是从道义报应上确立罪刑之间外在形态上的等同性,而贝卡里亚则主要是基于预防犯罪的目的。因为与犯罪性质上相似的刑罚更能令人感受到罪刑之间的因果联系,从而改变人的心灵,使之不再犯罪。关于犯罪与刑罚有性质上的相似性,贝卡里亚举出了一个十分贴切的例子,对于侮辱行为,应当处以侮辱刑。② 贝卡里亚指出:人身侮辱有损于人的名誉,也就是说,有损于一个公民有权从他人那里取得的那份正当的敬重,由于侮辱行为损害了他人的名誉,因而犯罪人应当被处以耻辱刑,以示自取其辱。

(二) 刑罚与犯罪在程度上的相当性

贝卡里亚认为,刑罚与犯罪在程度上应当具有相当性,衡量这种相当性的标准是:一种正确的刑罚,它的强度只要足以阻止人们犯罪就够了。③ 因此,较轻的犯罪,应以较轻的刑罚加以防止;较重的犯罪,则应以较重的刑罚加以阻止,从而形成犯罪与刑罚之间实质上的对应关系。例如,贝卡里亚分析了盗窃罪,认为应该根据盗窃罪的不同情节,规定与此相适应的刑罚。对于不牵涉暴力的盗窃,应处以财产刑。如果犯罪人没有财产,最恰当的刑罚是那种唯一可以说是正义的苦役,即在一定的时间内,使罪犯的劳作和人身受到公共社会的奴役,以其自身的完全被动来补偿他对社会公约任意的非正义的践踏。如果盗窃活动中加进了暴力,那么刑罚也应该是身体刑和劳役的结合。贝卡里亚认为,对暴力的盗窃和诡计的盗窃在刑罚上不加区别,荒谬地用一大笔钱来抵偿一个人的生命,会导致明显的混乱。因为这两种犯罪是具有本质区别的。④ 应该说,贝卡里亚的这一论述是极其精辟的,体现了他将力学原理引入刑法,建立所谓政治力学的思想。在贝卡里亚看来,参差的

---

① 参见〔意〕贝卡里亚:《论犯罪与刑罚》,黄风译,中国大百科全书出版社1993年版,第57页。
② 参见〔意〕贝卡里亚:《论犯罪与刑罚》,黄风译,中国大百科全书出版社1993年版,第75页。
③ 参见〔意〕贝卡里亚:《论犯罪与刑罚》,黄风译,中国大百科全书出版社1993年版,第47页。
④ 参见〔意〕贝卡里亚:《论犯罪与刑罚》,黄风译,中国大百科全书出版社1993年版,第78页。

数量之间存在着分解它们的无限量,这条数学公理在政治上也是极为确切的。因此,在犯罪与刑罚之间,也应当确立这种数量关系。

(三) 刑罚与犯罪在执行上的相称性

贝卡里亚指出:对那些罪行较轻的罪犯科处的刑罚通常是:或者将其关进黑暗的牢房,或者发配到遥远的地方,为一些他未曾侵害过的国家充当鉴戒,去服几乎无益的苦役。如果人们并不孤注一掷地去犯严重罪行,那么,公开惩罚重大犯罪的刑罚,将被大部分人看做是与己无关的和不可能对自己发生的。相反,公开惩罚那些容易打动人心的较轻犯罪的刑罚,则具有这样一种作用:它在阻止人们进行较轻犯罪的同时,更使他们不可能去进行重大的犯罪。所以,刑罚不但应该从强度上与犯罪相对称,也应从实施刑罚的方式上与犯罪相对称。① 贝卡里亚这里所说的是行刑方式,它虽然只是刑罚执行问题,但行刑方式本身与刑罚的内在性质具有密切的联系。因此,在刑罚阶梯的设计中,行刑方式也是贝卡里亚考虑的因素之一。

从功利意蕴上揭示罪刑均衡的价值内容的,除贝卡里亚以外,还有边沁。边沁指出:孟德斯鸠意识到了罪刑相称的必要性,贝卡里亚则强调它的重要性。然而,他们仅仅做了推荐,并未进行解释;他们未告诉我们相称性由什么构成。边沁从功利主义出发,提出了计算罪刑均衡的主要规则。② 这些规则是:

第一个规则:刑罚之苦必须超过犯罪之利。边沁认为,为预防一个犯罪,抑制动机的力量必须超过诱惑动机。作为一个恐惧的刑罚必须超过作为诱惑物的罪行。

第二个规则:刑罚的确定性越小,其严厉性就应该越大。边沁认为,刑罚越确定,所需严厉性越小。基于同样理由,刑罚应该尽可能紧随罪行而发生,因为它对人心理的效果将伴随时间间隔而减弱。此外,间隔通过提供逃脱制裁的新机会而增加了刑罚的不确定性。

第三个规则:当两个罪行相联系时,严重之罪应采用严厉之刑,从而使罪

---

① 参见〔意〕贝卡里亚:《论犯罪与刑罚》,黄风译,中国大百科全书出版社1993年版,第57—58页。

② 参见〔英〕边沁:《立法理论——刑法典原理》,孙力等译,中国人民公安大学出版社1993年版,第68页以下。

犯有可能在较轻阶段停止犯罪。边沁认为,当一个人有能力和愿望犯两个罪行时,可以说它们是相联系的。一个强盗可能仅仅满足于抢劫,也可能从谋杀开始,以抢劫结束。对谋杀的处罚应该比抢劫更严厉,以便威慑其不犯更重之罪。

第四个规则:罪行越重,适用严厉之刑以减少其发生的理由就越充足。边沁认为,刑罚的痛苦性是获取不确定好处的确定代价。对小罪适用重刑恰恰是为防止小恶而大量支出。

第五个规则:不应该对所有罪犯的相同之罪适用相同之刑,必须对可能影响感情的某些情节给予考虑。边沁认为,相同的名义之刑不是相同的实在之刑。年龄、性别、等级、命运和许多其他情节,应该调整对相同之罪的刑罚。

应该说,边沁对于罪刑对称的以上设计是十分精确并具有可操作性的。当然,边沁也敏锐地觉察到罪刑之间的这种对称性是相对的。因而,边沁指出:罪刑相称不应该是这样数学化的相称,从而避免法律的过分细微、复杂和模糊。简洁与明确应该是更重要的价值。有时,为了赋予刑罚更引人注目的效果,为了更好地鼓励人们对预备犯罪之恶的憎恨,可能牺牲彻底的相称性。①

无论是贝卡里亚还是边沁,作为预防论者,他们所追求的是刑法的功利性。因此,罪刑均衡只不过是实现这种功利性——阻止犯罪发生——的手段而已。

三、罪刑均衡内容的界定

在刑事古典学派中,报应刑论所主张的罪刑均衡与预防刑论所宣称的罪刑均衡在价值追求上有所不同:前者以实现公正为使命,后者以实现功利为目的。因此,在罪刑均衡的标准上也有所不同:前者以已然之罪为标准确立与之相均衡的刑罚;后者则以未然之罪(主要指初犯可能)为标准确立与之相均衡的刑罚。如果无视两者在上述问题上的区别,将之混为一谈,在理论上是难以成立的。

当然,无论是报应刑论的罪刑均衡还是预防刑论的罪刑均衡,在均衡这

---

① 参见〔英〕边沁:《立法理论——刑法典原理》,孙力等译,中国人民公安大学出版社1993年版,第70页。

一点上是相通的,而这恰恰体现了犯罪对于刑罚的制约性。由于犯罪是个人的反社会行为,而刑罚是具有法定惩罚权的国家以社会名义对犯罪的反应,因而罪刑均衡就含有限制刑罚权的意蕴。就此而言,罪刑均衡与罪刑法定具有共同的价值内容。

报应刑论的罪刑均衡表现的是犯罪对刑罚的本能制约,它要求刑罚应当以犯罪为限度,追求犯罪与刑罚之间的内在等同性,表现出对于具有意志自由的犯罪主体的理性的尊重。例如黑格尔指出:侵犯了具体意义上的自由的定在,侵犯了作为法的法,这就是犯罪,也就是十足意义的否定的无限判断。但作为具体犯罪来说,又存在定在上的差别,无视这种差别显然不是科学的态度。因此,黑格尔指出:斯多葛派的见解只知有一种德行和一种罪恶,德拉科的立法规定对一切犯罪都处以死刑,野蛮的、形式的荣誉法典把任何侵犯都看做对无限人格的损害——总之它们有一个共同点,即他们都停留在自由意志和人格的抽象思维上,而不在其具体而明确的定在中,来理解自由意志和人格,作为理念,它必须具有这种定在的。① 黑格尔以极其隐晦的语言表达了这样一种思想:刑罚是由犯罪的定在所决定的,而各种犯罪的定在各不相同,因此刑罚也就存在差别,这种差别来自犯罪本身。在这个意义上,刑罚的概念和尺度存在于犯罪人的行为之中。因此,像德拉科的立法规定那样,对一切犯罪都处以死刑,显然是一种野蛮的法律。所以,报应刑本能地要求限制刑罚权,使刑罚与犯罪相均衡。

预防刑论的罪刑均衡表现的是犯罪对刑罚的能动制约。应当指出,基于预防犯罪的功利要求,并不能得出罪刑均衡的必然结果。例如中国春秋时期的法家,从功利主义出发,主张"以刑去刑",其逻辑结果是反对罪刑相称而导致重刑主义。商鞅认为,要想"禁奸止过",不能"重重而轻轻"即罪刑相均衡。因为"行刑,重其重者,轻其轻者,轻者不止,则重者无从止矣"。所以"重重而轻轻,则刑至而事生,国削"。唯一有效的办法,就是加重轻罪的刑罚,理由在于:"行刑,重其轻者,轻者不生,则重者无从至矣。"这样,就可以"以刑去刑,刑去事成"。② 在这种"以刑去刑"的美好名义下,得出"虽重刑

---

① 参见〔德〕黑格尔:《法哲学原理》,范扬、张企泰译,商务印书馆1961年版,第98、99页。
② 《商君书》。

可也"的残酷结论。韩非也同样主张"重刑止罪",因为"所谓重刑者,奸之所利者细,而上之所加焉者大也。民不以小利蒙大罪,故奸必止者也"。① 在犯罪和刑罚的关系上,法家只看效果不看动机。因为他们认为人都是好利恶害的,动机用不着考虑。要想制止犯罪不能靠教化,只能靠加重刑罚,特别是加重轻罪的刑罚,使人们感到利少害多就不敢也不愿犯罪。② 因此,功利主义曾是严刑苛罚的理论基础,在预防犯罪的幌子之下,有过多少甚于犯罪的残暴以法律的名义施行。目的的正当,无论如何也不能证明手段的正当。贝卡里亚、边沁之所以能够从预防犯罪的功利要求中得出罪刑均衡的结论,与其人道主义思想是有一定关联的。在贝卡里亚看来,严酷的刑罚即使有助于预防犯罪,也是不可取的,因为它违背了公正和社会契约的本质。③ 因此,贝卡里亚主张通过罪刑均衡追求预防犯罪的功利目的;也唯有罪刑均衡,预防犯罪的功利目的才能实现。在这种情况下,就有必要以犯罪制约刑罚,保持两者之间的均衡。当然,预防刑论的制约不同于报应刑论。报应刑论是一种本能的,因而也是消极的制约;而预防刑论则是一种能动的,因而也是双向的制约。这种双向的制约表明,刑罚不是消极地被犯罪所决定的,它对于犯罪又有一种积极的阻止功能,在犯罪与刑罚的对立中求得罪刑均衡。

报应刑论与预防刑论所表现出来的犯罪对于刑罚的制约性,根源于刑事古典学派个人本位的价值观念。在报应刑中,犯罪对于刑罚的制约性体现的是人的自我决定性的理性价值。在康德那里,人是目的而不是单纯的手段是一个绝对命令。要求一切人都被当做自在的目的显然在某种意义上是对国家刑罚权的限制,由此引申出来的自律原则,把每个理性的人的意志都设想为一种普遍的立法,因而承认刑罚是由犯罪人的行为所遭致的这样一种报应关系。黑格尔则认为,犯罪行为是虚无的,犯罪者实施这种行为的意义当然不在于追求虚无,而是自觉地显现自己的人格的自由意志。那么相应的刑罚的实施就是以承认他的这种人格的自由意志为前提,并以外在的形式满足了他的要求。马克思对此评价道:"毫无疑问,这种说法有些地方好像是正确

---

① 《韩非子》。
② 参见张国华:《中国法律思想史新编》,北京大学出版社 1991 年版,第 125 页。
③ 参见〔意〕贝卡里亚:《论犯罪与刑罚》,黄风译,中国大百科全书出版社 1993 年版,第 11 页。

的,因为黑格尔不是把罪犯看成是单纯的客体,即司法的奴隶,而是把罪犯提高到一个自由的、自我决定的人的地位。"①至于贝卡里亚、边沁的预防刑论,虽然肯定在刑罚面前,犯罪处于被威慑与阻止的这样一种被动地位,但他们仍然十分强调对个人的意志自由的尊重。贝卡里亚用在逻辑上先于社会而存在的个人利益和需要来论证组建社会的必要性,并基于个人不可剥夺的自然权利与自由作为限制国家刑罚权的根据。

---

① 《马克思恩格斯全集》(第8卷),人民出版社1961年版,第579页。

刑法公正论*

公正性,是刑法的首要价值。刑法涉及公民的生杀予夺,因而公正性更是它的生命,更值得我们重视。本文立足于价值哲学的公正观,对刑法的公正性进行法理探讨。

公正,又称为正义,源于拉丁语 Justitia,系由 Jus 一词演化而来。从词源学上来说,具有正当、平等的含义。美国学者罗尔斯指出:正义是社会制度的首要价值,正如真理是思想体系的首要价值一样,一种理论,无论它多么精致和简洁,只要它不真实,就必须加以拒绝或修正;同样,某些法律和制度,不管它们如何有效率和有条理,只要它们不正义,就必须加以改造或废除。每个人都拥有一种基于正义的不可侵犯性,这种不可侵犯性即使以社会整体利益之名也不能逾越。因此,正义否认为了一些人分享更大利益而剥夺另一些人的自由是正当的,不承认许多人享受的较大利益能绰绰有余地补偿强加于少数人的牺牲。所以,在一个正义的社会里,平等的公民自由是确实的,正义所保障的权利绝不受制于政治的交易或社会利益的权衡。① 在此,罗尔斯充分强调了正义对于一个社会来说具有的重要意义。无疑,刑法是社会规则中的重要组成部分,刑法的正义性对于客观社会正义具有重要意义。

一、刑法的正当性

正当是指某一事物的存在具有合理的根据。因而,刑法的正当性涉及对刑法存在根据合理性的考察。正当是正义的首要意蕴,它引导我们对社会制度、法律制度,包括刑法制度的存在根基进行理性的反思。正如美国学者博

---

* 本文原载《法学研究》1997 年第 3 期。
① 参见〔美〕约翰·罗尔斯:《正义论》,何怀宏等译,中国社会科学出版社 1988 年版,第 1 页。

登海默指出的那样:正是正义概念,把我们的注意力集中到了作为规范大厦组成部分的规则、原则和标准的公正性与合理性之上。正义所关注的是法律规范与制度安排的内容,它对人类的影响,以及它们在人类幸福与文明建设中的价值。如果用最为广泛和最为一般的术语来谈论正义,人们就可能会说,正义所关注的是如何使一个群体的秩序或社会的制度适合于实现其基本目的和任务。如果我们并不是假装要提出一个全面的定义,那么我们就可能指出,满足了人的合理需要与要求,并与此同时促进生产进步和社会内聚性的程度——这是维持文明社会生活方式所必要的——就是正义的目标。①以往的刑法理论,大多囿于对刑法规范的阐释,而将刑法的正当性问题置于他们研究的范围之外,这显然是刑法理论之流于肤浅的重要原因之一。毫无疑问,刑法的正当性应该是刑法哲学考察的最根本也是最重要的问题之一。

刑法存在的合理性,是指刑罚的发动具有正当合理的根据。关于刑法存在的合理性的论证,主要存在报应与预防两种理论,下面我们分别加以考察。

(一)报应与刑法的正当根据

英国学者哈特指出:在可想象出的刑罚制度的正当目的中,报应可以有其一席之地。这里所说的报应,我们将它简单地定义为对在道德中有罪过的罪犯施加惩罚之苦。② 由此可见,报应对于论证刑法的正当性具有重要的意义。

根据报应论,刑法的正当性就在于对犯罪的一种回报。因此,按照报应论者的形象说法,罪犯对社会有一种"应偿付之债",社会则因犯罪的恶行而向其"回索"。正是在这个意义上,杀人偿命与欠债还钱一样,被认为是公正之常理。按照英国著名法学家斯蒂芬的看法,刑法调整、制裁,并为报复欲望提供一种合理的满足;刑法支持报复欲望正如婚姻之于性欲的关系一样。③因此,在报应论者看来,刑法作为报复的制度化,其合理性植根于人的道德情感,因而是不言而喻、无须证明的。中国古代的荀子则明确地说:这种报应观念不知所由来者也。应当注意,这里不是不去追究报应观念的由来,而是仅

---

① 参见〔美〕博登海默:《法理学——法哲学及其方法》,邓正来等译,华夏出版社1987年版,第238页。
② 参见〔英〕哈特:《惩罚与责任》,王勇等译,华夏出版社1989年版,第9页。
③ 参见〔英〕斯蒂芬:《英国刑法概观》(第2版),伦敦1890年版,第99页。

仅不必追究而已。

美国学者戈尔丁把报应论分为两种:最大限度论与最低限度论。由康德所表述的古典形式的报应论,坚持的是一种最大限度论的观点。这种观点认为,不仅罪行本身应受到惩罚,而且社会还有着对那些有罪和有过失的人施加惩罚的责任。这意味着,个人在一定条件下违反了法律,这种条件决定了他的违法行为或过失是应受谴责的——即他不具有正当性或免除惩罚的理由,这样,一个人就是应受到刑罚制裁的,而且社会有责任惩罚他,不应让一个罪犯逍遥法外。因此,最大限度论者坚持说,罪犯应当受到惩罚,不管犯罪是否因此而减少——哪怕推测说犯罪会由此而增加也罢! 当代报应论则支持一种最低限度论的观点。这种观点仅仅坚持说,除非一个人有某种罪行和过失,否则就不应受到惩罚。应受处罚的罪行是刑罚在道德上的一个必要条件,一个人只有当他应受惩罚时才应受到惩罚。然而,某人应受惩罚的事实并不意味着他必须得受惩罚。最低限度论者允许一个法官在特定的条件下部分或完全地使一个罪犯免受惩罚,例如,当这样做不会被作为恢复名誉或被用做(特定的或一般的)威慑时,方可行之。① 这两种报应论也可以称为绝对主义与相对主义。最大限度论是绝对主义,而最低限度论则是相对主义。无论是最大限度论还是最低限度论,报应论的基本意蕴在于:犯罪为一种最严重的罪恶,刑罚即为针对此种罪恶的报应,也即是对于犯罪的反应(Reaktionauf das Verbrechen)。因此,报应可谓社会对于犯罪人为恶的反应,以刑罚来报应犯罪,用刑罚的痛苦来衡平犯罪的恶害,一方面可以实现正义的观念,另一方面则可以增强"伦理的力量"(Die sittlichen kraffe),用以形成社会大众的"法意识"(Rechtsbewusstsein)以建立法社会赖以为存的法秩序。② 因此,报应论具有强烈的伦理性,以此论证刑法的正当性。

报应思想(Der Vergeltungsgedanke)来源于原始社会的复仇或者曰报复的观念,但两者又有所不同。这种差别主要在于:复仇具有强烈的主观性,而报应具有一定的客观性。正如戈尔丁指出的那样:复仇是一种发泄,非要使残暴的感情得到满足不可;而报应性刑罚则有一种可以推定的客观上限。更

---

① 参见〔美〕戈尔丁:《法律哲学》,齐海滨译,生活·读书·新知三联书店1987年版,第165页以下。
② 参见林山田:《刑罚学》(第2版),台北三民书局1983年版,第48页。

为主要的是,虽然复仇和刑罚,两者都可能包含有对作恶者的敌意,但是复仇的目的在于个人的满足,刑罚则至少部分地,也许是全部地表现在道德义愤。当然,两者都可能用之不当。但是报应论者在这里坚持的是,刑罚只应施加于有应受惩罚之罪的人,否则对受到这种罪行伤害的人太不公正了。尽管对恶劣行为作出反应时显然需要谨慎从事,对它的谴责性反应也还是能够与一种公认的道德态度联系起来的。① 正因为报应具有一定的客观性,因而它具有一定的节制性。因为报应兼指以恶报恶与以善报善。以恶害报以恶害是谓报应,以善果报以善行也为报应。因此,报应中的恶与恶、善与善务必成对等相称的关系。所以,报应是有节制的,而且有一定的限度,但是报复则常是放纵而漫无节制的。因此之故,报复者与被报复者并不能因为报复行为而言归于好,建立彼此的和平关系,这也就是何以报复行为通常是连绵不断,而难有终了之时的主要原因。当然偶然也会有漫无节制的刑罚,如极权政治下的刑事司法。但是这种情形毕竟是例外的情况,不足为据。因此,报应是一个"价值中介"(Wertneutral)或"价值自由"(Wertfrei)的用语,不容与报复一语相混淆。② 在一定意义上可以说,复仇也是一种原始的未经理性过滤的报复情感,虽然它孕育着报应的成分,但只是报应的粗俗形式,还不能视之为报应本身。

  报应论在其发展过程中,还得到了宗教神学的哺育,这就是所谓神意报应的观念。神意报应是万事皆求诸于神的古代社会中生产力低下、认识上愚昧无知的必然产物。神意报应的特点是以神意作为刑罚权的根据,由此论证刑法的正当性。在中国古代,尧、舜时代就有了"天罚"之说,如"天叙有典,勅我五典五惇哉"。③ 至夏商时期,天罚思想更是得到了进一步的发挥。如夏启在讨伐有扈氏时宣称:"今予唯恭行天之罚。"④成汤攻打夏桀时也说:"有夏多罪,天命殛之。"⑤神意报应的思想在西方中世纪发挥得更加淋漓尽致。例如圣安塞姆(1033—1109)在《上帝可以化身为人》(Cur Deus Hono)一书中指出:上帝为了永恒的荣耀而创造了人。这种荣耀要求人将其意志服从

---

  ① 参见〔美〕戈尔丁:《法律哲学》,齐海滨译,生活·读书·新知三联书店1987年版,第172页。
  ② 参见林山田:《刑罚学》(第2版),台北三民书局1983年版,第48页。
  ③ 《尚书·皋陶谟》。
  ④ 《尚书·甘誓》。
  ⑤ 《尚书·汤誓》。

上帝。不过,人却选择了不服从上帝的做法,并且这种不服从之罪孽通过遗传而给予了每个人。正义要求或者依据人的罪孽而对他加以惩罚,或者他应该因损害上帝荣耀的行为而进行补偿。就惩罚而言,任何惩罚都是不充分的;不管怎样,人必将丧失他所得以创造的荣耀,而这种结果将只能是再一次阻挠上帝的目的。说到补偿,人为上帝所做的任何事情都不具有足以恢复上帝荣耀的价值。因而,人不能够对他的罪孽进行救赎,虽然他应该这样做。而上帝却能够(因为他可以做任何事情),但是他又不应该这样做。由于只有上帝能够而只有人应该作出构成补偿的献祭,因此便必须由一位神——人(God-Man)来完成这一使命。这样,那位神——人,即耶稣基督便是必要的了。他能够并应该牺牲自己,从而偿付罪价,使人神和好,并使人的创造恢复其本来的目的。安塞姆的理论为新的社会关系奠定了基础。基础是通过回答这样的问题奠定的,即为什么补偿与惩罚都是重要的。为什么仁慈的上帝不能够作为一项恩典而自动地宽恕人的罪孽。答案是如果这样做将使由于罪孽而扰乱的宇宙秩序得不到恢复,由此产生的混乱将造成正义的缺乏。宇宙的正当秩序、上帝的正义或公正要求价款得到偿付。安塞姆的正义(justitia)标准实质上是道德标准而不是法律标准。在与关于罪与补赎或犯罪与惩罚的一种神法的专门事项相关的意义上,安塞姆不是墨守法律的。对于他来说,如同他的前辈一样,正义(justitia)是一个用来表示《圣经》术语的词,《圣经》术语是译作"公正性"(righteousness)的。安塞姆力图探究上帝的正义性的基本特征。在西方11世纪之前和该世纪,一项犯罪一般并不作为直接针对政治秩序或针对一般社会的侵犯,而是认作直接针对受害人及其同类——他的亲属、他的本地社会或他的封建阶层——的侵犯行为,这也是针对上帝的一项侵犯行为——一项罪。对于这种侵犯行为的一种正常的社会回应便是受害人或他的亲属(或其他)集团的复仇。与此同时,在6世纪至11世纪之间的部落法、地方法和封建法也都将更大的重心放在补偿、荣耀恢复以及和解方面,以作为对复仇的替代。此外,这段较早时期的王室法律和帝国法律也是建立在相似的概念基础之上的,并且大多数是由习惯法规则和程序组成的,这些规则和程序保护着王室和皇家成员以及处在它的保护之下的人们的权利。偶尔地,国王们也会颁布"法典",对习惯法予以重述和修订,但是整体来说,王室或皇家对于犯罪的管辖权是极其有限的。一种普遍适用的刑法相对缺乏——以及地方习惯的主导地位——只是强化了这样的事实,即犯罪在大多数情况下反被视为针对其他人的侵犯行为——同时也是针对上帝的侵犯行为——而不是针对某个包容广泛的政治单位(无论是国家还是教会)的侵犯行为。安塞姆认为,惩罚(不只是一项悔罪性补偿)是由神的正义所要求的,它并非针对原罪,或"自然之罪",而是针对由受过洗礼的基督徒所犯下的"本罪"(实际之罪)。在西方神学里,安塞姆及其后继者们所提出的主要的证明理由是正义的概念本身。正义要求每一项罪孽(犯罪)都要通过有期限的苦难而偿付;要求该苦难,亦即该刑罚与罪行相当;要求被违反的特定的法律得到恢复(复仇)。正如托马斯·阿奎那在安塞姆时代过去几乎两世纪之后所说,无论是刑事违法行为,还是民事违法行为,都需要对受害人付出赔偿;但是,因为与民事侵权相反,刑事犯罪是对法律本身的一种蔑视,所以不能仅仅作出赔偿,而必须科以刑罚,以作为违反法律的代价。

美国著名学者伯尔曼叙述了安塞姆救赎学说的法律含义,并将之视为西方刑事法律的神学渊源。在此基础上,伯尔曼指出:这种学说通常被称为正义的"报应"理论,因为它基于这样的前提,那就是必须付出一份"贡献",也就是一份代价,以"报偿"法律。历史地看,紧接着教皇革命,西方人便经历了一般报应(法律的报偿)取代具体报应(受害人荣誉和报偿)作为刑法的正当性基础的过程。① 伯尔曼这里所谓具体报应(受害人荣誉的报偿)指的就是复仇。由此可见,安塞姆的救赎学说为从复仇到报应的演变作出了卓越的贡献。尤其是救赎学说为报应观念增加了新内容:一方面,违反法律的罪人确实不仅仅是一个罪人,还是一个刑事罪犯,一个法律的破坏者,因此不仅要悔过,而且还要因为对法律的破坏而付出一份代价;但是在另一个方面,法律的破坏者,亦即刑事犯罪,也是一个罪人,他的罪过不只是由他破坏法律的事实构成,更重要的是由他故意地选择作恶这样的事实所构成。这样,便存在着一种对于他的行为的道德(或更确切地说,是不道德)性质的着力强调,也就是对当他犯罪时心灵的罪过状态的强调。② 因此,神意报应虽然披上了一

---

① 参见〔美〕伯尔曼:《法律与革命——西方法律传统的形成》,贺卫方等译,中国大百科全书出版社1993年版,第212页。

② 参见〔美〕伯尔曼:《法律与革命——西方法律传统的形成》,贺卫方等译,中国大百科全书出版社1993年版,第223页。

层神秘的面纱,但它并不是无稽之谈,而是在当时情况下刑法正当的有力证明。应当指出,神意报应的观念增强了犯罪人赎罪的思想,因而报应与赎罪(Sühne)往往相提并论。我国台湾学者林山田指出:报应与赎罪是一体的两面,报应通常又意味着赎罪;因之,报应与赎罪彼此之间也经常混淆不清。不但在理论上,而且在司法实务上也同样存在着这种混合的现象。德国刑法学者萨尔(W. Saver)曾试以"不法"(Unerecht)对报应,"罪责"(Schuld)对赎罪而把报应与赎罪分开,其获得了多数学者的赞同。事实上,报应与赎罪两者在基础上具有不同之处:报应系生自外力的强制,以此外力的强制,来确保法律不容破坏的权威,犯罪人系被迫而为,是被动而消极的。相反,赎罪系犯罪人生自内心的一种伦理上的自我谴责,是行为人自己的一个伦理行为,用以求得其"伦理上的自由"(Sittliche Freiheit)。因此,赎罪是单纯个人的自我表现,它只有在个人的伦理态度上达到一定高度时才会产生,不能经由法律命令的强迫而出现。并不是每个人都能达到这个伦理态度上的标准,有很多人唯有在他人的诱导之下,才会产生赎罪的心境,有些人则虽在他人诱导之下,依然未能达到这个伦理上的态度表现。因此,理想的刑罚,应能促成犯罪人产生赎罪感,在刑事矫治工作上务必促成受刑人的赎罪能力与赎罪的心理条件,使其真正出自内心的悔悟而得以改过自新,在此情况下,赎罪思想实际上也蕴涵着教育思想。如此的报应,才能具有刑事政策上的意义。① 由此可见,现代刑法的报应与原始社会的复仇,不仅仅存在是否有节制这样一个量的区分上,而且还表现在内容上的区别:现代报应论意味着通过对犯罪人的主观罪过的否定的伦理与法律的评价,而使犯罪人产生负罪的道德感,唤起犯罪人的良知。在这个意义上,报应确有教育思想的蕴涵在内。

神意报应虽然在西方刑法史上对于刑法根据的正当化起到了理论支撑的作用,但毕竟带有浓厚的宗教神秘色彩。在现代世俗社会,这种神意报应论已经没有市场。在近代西方刑法思想史上,是德国著名哲学家康德使报应论世俗化与哲理化,确立了道义报应论,成为报应理论的一个高峰。

道义报应论之报应,是一种道德义务的报应。换言之,道德义务是报应的根据,也是刑法正当性的根据。因此,道德义务是理解康德的道义报应论

---

① 参见林山田:《刑罚学》(第2版),台北三民书局1983年版,第49页。

的关键。

义务(duty)源自于拉丁语的债务和法语的责任一词,是指负有或应支付他人而又必须履行的一种法律上的不利条件。① 由此可见,义务与两个概念有关:债务和责任。债务是债务人对债权人所负的特定的给付义务。因此债务是一种特定的义务。从债务到义务,是从具体到抽象的转化过程。责任也与债务有一定的关联,指为债务不履行时所提供的一定财产的抵押(担保)。② 由此可见,责任与一定债务之不履行有关,侧重于所处的一种道德上或者法律上的不利地位。从债务与责任当中引申出来的义务,具有应当实施一定行为之含义。道德义务是指道德上的义务,是道德哲学中的一个重要概念。康德指出:义务是对任何这样一类行为的称呼,这类行为能够使任何人都受到一种责任的约束。因此,义务是一切责任的主要内容。义务,从与某一行为有关的角度看来,可能是一回事,但是,我们却可以根据不同的原因受这种义务所约束。③ 根据康德的看法,义务是对行为的一种约束。那么,这种义务源自何处呢? 这里涉及康德关于人的两重性的观点。康德认为,如同物具有两重性(现象与本体)一样,人亦具有两重性。即是说,作为万物之中的一种存在,人像物一样既有受知性之自然法则限制的一面,亦有不受限制的一面。前者是作为现象而存在的人,其行为举止无一不落入现象的范围,他不可能违反自然法则,因而是不自由的;但是另一方面他又有不受限制的一面,有能力自己规定自己的行为,在这个意义上,他又是自由的。但这种自由又不是人的任性,而表现在"人为自身立法",即对道德法则的遵守。道德法则对人表现为"应该"如何的"定言命令"。康德认为,道德原则必定是定言命令,而这命令所颁布的,不多不少恰好是自律性。因此,自律性是道德唯一原则。④ 这里的自律性(Automomie)就是理性的自己向自己颁布命令。所以,当一个人遵从道德法则而行动时,他的行为并不出于任何外在的条件,而只是出于理性自身,亦即出于自身内在的必然性,这样的法则就是无条件的

---

① 参见〔英〕沃克:《牛津法律大辞典》,邓正来等译,光明日报出版社1989年版,第276页。
② 参见〔日〕我妻荣主编:《新法律学辞典》,董舆等译,中国政法大学出版社1991年版,第560页。
③ 参见〔德〕康德:《法的形而上学原理——权利的科学》,沈叔平译,商务印书馆1991年版,第25页。
④ 参见〔德〕康德:《道德形而上学原理》,苗力田译,上海人民出版社1986年版,第94页。

绝对命令。因此道德法则要求每一个有理性的人将其行动的主观准则同时能够上升或符合普遍立法原则,即要求每个人都出自理性自身的普遍法则而行动,因而道德法则是自律性法律。① 由此可见,康德否定了以往那种从人的本质以外的原因中引申出道德原则的他律的道德学,认为这种他律伦理学说,都没有真正找到道德价值的根据,因而也都没有找到行为的普遍必然性的法则,没有揭示自由的规律。要找到行为普遍必然性的法则,找到道德价值的根据,只有从人的理性本质出发,承认理性存在着作为目的本身的价值。因此,康德建立的是一种自律的道德学。根据这种伦理学说,人的道德义务既不是来自外部经验的世界,也不是来自社会法规和政治权威;不是来自人的自然要求,更不是来自上帝的意志。人的道德义务植根于人的理性本身。唯此才能得到道德义务的正当性的证明。康德认为,由于绝对命令表明去做某些行为是一种责任,绝对命令便是道德上的实践法则。但是,由于责任在这样一种法则中所表明的,不仅仅包含实践上的必要性,而且还表明确实的强迫性,所以,绝对命令就是法则,绝对命令表现为一种义务。凡是与义务相违背的行为叫做违犯。这种违背义务的行为就引起责任。从道德含义上看,责难是一种判断,任何人通过这个判断就宣布他是一种行为的作者,或者是一种行为的自由动机的承担者,这个行为于是被认为是他的道德表现或德行,并且受到法则的约束。因此,违反道德义务行为的责任及其惩罚,是建立在人的意志自由基础之上的,这种惩罚具有道义根据。康德正是从道德义务的自律性与必然性中引申出报应的正当性。正如美国学者戈尔丁指出:根据康德的理论,每个人都可以被迫——即被强迫——服从法律。但是每个人也都有一种服从法律的义务。这被康德看做是欠了他人的债。法律保障权利;我的自由受到限制是为了你的自由的缘故,而你的自由受到限制则是出于我的自由的缘故。所以,这种义务或债务是相互的。人们相互都有自己的权利,同时也互相都负有服从法律的义务。因此也应存在着相互强制的可能性,因为法律、正义和权利意味着与一种"使用强制的权威"同样的事情。然而,这并不意味着当个人的权利受到威胁时,他必然会被授权以使用强制。这种"分配性合法正义"的情形,即法律下的权利,只能在文明社会中才有;

---

① 参见张志伟:《康德的道德世界观》,中国人民大学出版社 1995 年版,第 127 页。

否则每个人都会成为自身事务的法官。只有按照法律构成的权威才可以实际上使用这种强制,这种权威大体是按照法律规则运行的。康德坚持说有一种道德义务进入到文明社会里,因为我们有一种用行动来证明正义和尊重权利的责任。① 正是基于这种道义的神圣不可违抗性,违反道义的犯罪才获得了道德罪过性,因而对于道德罪过的惩罚也就是具有了刑法正当性。

康德的道义报应论确实为刑罚的内在正确性提供了理由。但是,由道义报应而产生的道义责任到底是一种道德责任还是一种法律责任?这里存在一个道德与法律的关系问题。世界上不存在道德刑法,人不能因为犯有道德过错而受到法律的惩罚。在这个意义上,康德确有将道德责任与法律责任混为一谈之嫌。但康德的道义报应论可以看成是一种对刑罚的道德论证,或者说是对刑罚公正性的道德论证。当然,道德与法律还是应当区别的,报应不仅应该是道义的,也应该是法律的。这种法律报应论为德国著名哲学家黑格尔所主张,并成为报应理论最极致的形态。

如果说康德的道义报应论是对刑法正当性的道德论证,那么,黑格尔的法律报应论则从法的辩证运动的视角论证了刑法的正当性。黑格尔的论证始于道德与法律的区分。在黑格尔看来,法和道德是存在明显区别的:在道德的东西中,即当我在自身中反思时,也有着两重性,善是我的目的,我应该按照这个理念来规定自己。善在我的决定中达到定在,我使善在我自身中实现。但是这种定在完全是内心的东西,人们对它不能加以任何强制。所以国家的法律不可能想要及到人的心意,因为在道德的领域中,我是对我本身存在的,在这里暴力是没有什么意义的。② 因此,只有法才具有强制性,道德则不具有这种强制性。正因为如此,法的正当性不能由道德来论证,而只能从法本身得以论证。黑格尔认为,法是自由意志的定在,首先表现为抽象法。"法",德文为 Recht,具有法、权利、正当三个不同的意思。而抽象的权利是人人都一般地、自在地享有的权利。抽象法以禁令为基础,命令每个人均不得否定他人的人格。犯罪就是违反了这种禁令。侵犯了具体意义上的自由的定在,侵犯了

---

① 参见〔美〕戈尔丁:《法律哲学》,齐海滨译,生活・读书・新知三联书店 1987 年版,第 178 页以下。

② 参见〔德〕黑格尔:《法哲学原理》,范扬、张企泰译,商务印书馆 1961 年版,第 97—98 页。

作为法的法,也就是十足意义的否定的无限判断……这就是刑法的领域。① 因而,自由人所实施的作为暴力行为的犯罪就构成了第一种强制。而抽象法是强制法,这是第二种强制,对犯罪强制之刑罚强制。按照黑格尔的说法,关于强制在它的概念中自己破坏自己这一点,在强制被强制所扬弃中获得其实在的表现。所以强制不仅是附条件的、合法的,而且是必然的,它是作为扬弃第一种强制的第二种强制。② 因此,刑法的正当性来自于法的自我实现,是作为自由之定在的法的自我辩证运动的必然结果。刑法的这种政治性不仅从法的辩证运动中得以证明,而且从具有意志自由的犯人的行为中得到支持。对此,黑格尔指出:加于犯人的侵害不但是自在的、正义的,因为这种侵害同时是他自在地存在的意志,是他的自由的定在,是他的法,所以是正义的;不仅如此,而且它是在犯人自身中立定的法,也就是说,在他的达到了定在的意志中,在他的行为中立定的法。其实,他的行为,作为具有理性的人的行为,所包含的是:它是某种普遍物,同时通过这种行为犯人定下了一条法律,他在他的行为中自为地承认它,因此他应该从属于它,像从属于自己的法一样。③ 自在地正义与自为地正义,这就是黑格尔的法律报应论对刑法的正当性所提供的法理论证。

(二) 预防与刑法的正当根据

预防理论完全不同于报应理论,它以刑法通过惩罚犯罪所追求的功利价值来论证刑法的正当性。预防理论中又可以分为威慑论与矫正论。威慑论,也就是把惩罚当做对犯罪或其他不道德行为的一种威慑,这种观念具有悠久的历史。美国学者戈尔丁指出,威慑论的最早表述是在柏拉图的《法律篇》中给出的:"刑罚并不是对过去的报应,因为已经做了的事是不能再勾销的,它的实施是为了将来的缘故,它保证惩罚的个人和那些看到他受惩罚的人既可以学会彻底憎恶犯罪,还至少可以大大减少他们的旧习。"戈尔丁认为,这段话是威慑论关于法律惩罚的正当性问题的集中表现,我们注意到这一理论具有目的论特征。惩罚本身不是一件好事,它是根据有可能带来的好结果

---

① 参见〔德〕黑格尔:《法哲学原理》,范扬、张企泰译,商务印书馆1961年版,第98页。
② 参见〔德〕黑格尔:《法哲学原理》,范扬、张企泰译,商务印书馆1961年版,第96页。
③ 参见〔德〕黑格尔:《法哲学原理》,范扬、张企泰译,商务印书馆1961年版,第103页。

(减少犯罪)而具有正当性的。这也就构成了正当性目标或目的,而惩罚则成了手段。① 由此可见,预防论的特点是以目的的正当性证明手段的正当性。

在19世纪后半叶,西方法学曾经出现目的法学,其代表人物是德国著名法学家耶林。在《法学的目的》(Der Zweckim Recht)一书中,耶林指出:目的,是所有"法"的创造者。在这个原理下,他分析了"目的法则""报偿""强制""伦理"等社会性运动的主要因素,从而建立了"目的法学"的基础。目的法学在一定程度上为预防论提供了法理根据。例如,德国学者包尔生曾经把报应论归结为一种"溯往的"惩罚理论,认为以此论证惩罚的权力是不够的。由于惩罚的实施是因为已经犯下的罪行,可是这个因为不是真正的理由,只是惩罚的近因。理由应当从后果中去寻找,而后果不在过去而在将来之中:惩罚是为了使犯罪者将来不再犯罪而由国家当局施行在犯罪者身上的一种痛苦。在包尔生看来,"因为"与"为了"是完全不同的:"因为"不足以论证刑法的正当性,只有"为了"才能论证刑法的正当性。正如包尔生所指出的那样:假如不是由于这个为了,那个因为也就不会推动他们按照上述的方式去行动。这里的"为了",就是惩罚的目的,即预防犯罪。包尔生指出:目的论理论,已经被耶林在他的著作《法律目的论》(即《法学的目的》——引者注)中应用到整个法学领域,尤其是已经被弗·冯·李斯特在他的《刑法手册》中应用到刑法领域。这种理论一方面提请人们注意犯罪的原因,另一方面又让人们注意惩罚的效果;人们可以指望这种理论将在对付犯罪方面表现得更为成功。② 建立在目的理论之上的预防论,改变了报应论的因果机械性,强调惩罚的目的性,从更为广阔的社会背景去理解刑法的正当根据,使刑法具有一定的主观能动性。

如果说目的理论只是强调了刑法的目的,由此成为预防论对刑法正当性论证的一个方面;那么,功利主义强调刑法的效果,为预防论对刑法正当性的论证提供了更为有力的根据。美国学者戈尔丁指出:威慑论之正当性的最热忱的支持者曾是享乐主义的功利论者。享乐主义功利论是一种伦理学说,它

---

① 参见[美]戈尔丁:《法律哲学》,齐海滨译,生活·读书·新知三联书店1987年版,第141页。
② 参见[德]包尔生:《伦理学体系》,何怀宏等译,中国社会科学出版社1988年版,第525页。

认为(只有)快乐才是真正的好事,而(只有)痛苦才是真正的坏事。一个特定行为的正确与否——或者按照某种说法——一种行为类型的正确与否,取决于它倾向于维持或者增加该社会中快乐对痛苦的有利平衡。遭受痛苦的唯一正当理由是,若非如此,社会将会有更多的痛苦或更少的快乐。刑罚虽然本身是不愉快的,因而本质上是坏事,但只要它通过遏止有害的(产生痛苦)行为而维持或增加了快乐对痛苦的有利平衡,它就可以是正当的。这就是古典的功利主义威慑理论。简而言之,个人受惩罚是为了社会的利(普遍幸福)。① 功利主义是否有效(能给人带来幸福、快乐、利益、好处就是有效,否则就是无效),作为衡量一种行为是与非的准则,进而,作为衡量一种制度好与坏的标准,最终成为公正性的根据。例如西季威克指出:"公正",休谟这样说,"对社会是有用的,这是无需去证明的"。他想详细证明的是"社会功利是公正的唯一起源",这个起源的问题也是 J. S. 密尔关注的重要问题。然而在这里,我们所关心的与其说是公正情操从功利经验的产生过程,不如说是这个成熟概念的功利主义基础。休谟所说的公正毋宁说是秩序(在它的最宽泛的意义上),即对于这样的一种纯粹法律的或习惯的现实规则体系的服从:它把社会不同成员结合为一个有机整体,抵制着恶毒及相反的有害冲动,分配着人们相互冲突的欲望的不同对象,并要求着公认为应当出于习惯的或出于契约的积极帮助。虽然柏拉图引述的那个革命的反论——"法律是为着统治者的利益的"——从来不缺乏合理的经验论据,但是秩序或守法习惯有利于社会幸福的一般性质却是——如休谟所说——明白而无需证明的。的确,这种习惯对于一个社会是如此重要,以致当具体的法律显然有害时,遵守它们也通常是有利于社会的,不利的仅仅是违法行为会使个人受到惩罚。然而,我们看到:常识有时要我们拒绝服从坏法律,因为"我们应当服从上帝而不是服从人"。常识还在特殊的紧急情况下允许我们违反一般是好的规则,因为"必要性没有法",而且"公众的利益高于法律"(Salus prouli suprema lex)。② 西季威克这里所说的常识,指的是人的利益感,即对某一事物或者行

---

① 参见〔美〕戈尔丁:《法律哲学》,齐海滨译,生活·读书·新知三联书店 1987 年版,第 146 页。
② 参见〔德〕亨利·西季威克:《伦理学方法》,廖申白译,中国社会科学出版社 1993 年版,第 452 页。

为直观的价值判断,它构成公正性的重要内容。刑罚的适用必然会给人造成一定的痛苦,它之所以必要,就在它能够避免更大的害处,包括预防犯罪。这里的预防犯罪可以分为一般预防与个别预防。贝卡里亚以强调一般预防著称,由此论证刑法的公正性。例如贝卡里亚指出:什么是刑罚的政治目的呢?是对其他人的威慑。当恶果已成为无可挽回的事实之后,只是为了不使他人产生犯罪不受惩罚的幻想,才能由政治社会对之科处刑罚。① 因此,在贝卡里亚看来,一般威慑是刑罚的政治目的,也就是对一个人科处刑罚的唯一正当根据。菲利以重视个别预防闻名,并由此论证刑法的正当性。应当指出,菲利所说的预防完全不同于贝卡里亚的预防。贝卡里亚的预防基本上可与威慑等同,也就是费尔巴哈所谓的心理强制。而菲利的预防基本上是矫正或者救治的同义语,并提出"预防比制裁好"的观点。由此出发,菲利主张对刑罚进行改革,将其改造为矫正罪犯的措施,甚至指出:为了预防犯罪,我们必须求助于我曾称之为"刑罚的替代措施"的那些措施,其所以能够防止犯罪的发展,因为它们深究了犯罪原因,并力求消除这些原因。② 因此,菲利将刑法惩罚的正义转换为矫正的正义。尽管一般预防论(威慑论)与个别预防论(矫正论)关于刑法公正的标准有所不同,但从刑法的功利效果上证明刑法的正当性却是共同的。

(三) 刑法正当根据:报应与预防的统一

报应与预防各执一词,分别自认为是刑法唯一的正当根据。对此,英国学者哈特颇不以为然。哈特指出:那种认为只存在一种可以据以回答有关刑罚之正当根据所有问题的最高价值或目的(如:遏制、报应或改造)的观点,多多少少地存在一定的错误。哈特认为,在我们谈论或思考刑罚的传统方式中,很可能存在某种由来已久的倾向,即将需要分别考虑的多重性问题过分简单化。要反对这一倾向,最需要的不是简单地承认,而是应该将作为对与刑罚的正当根据有关的某一单个问题的相关解答提出来;不是某一单个的价值或目的(遏制、报应、履行或任一其他价值),而是多种不同的价值或目的。所需要的是,应该认识到不同的原理(其中每一项都可称为一种"政治根

---

① 参见〔意〕贝卡里亚:《论犯罪与刑罚》,黄风译,中国大百科全书出版1993年版,第131页。
② 参见〔意〕菲利:《实证派犯罪学》,郭建安译,中国政法大学出版社1987年版,第55页。

据")在从道德上讲得通的任何说明中,不同程度地彼此相关。我们所寻求的是对诸如此类问题的解答:刑罚的一般措施的正当性由什么来证明?刑罚可以施加于何人?刑罚的分量应多重?在解决刑罚的这些问题或其他问题时,我们应该牢记,正如在其他绝大部分社会制度中一样,在刑罚制度中,对一个目的的追求可能受到不应错过的追求其他目的的机会的限制或可能提供这种机会。只有当我们对刑罚的这种复杂性有了这样的意识时,我们才能恰当地估计到整个刑罚制度已被关于人类心理的新信念所渗透的范围或它必须适应这些新信念的范围。① 因此,笔者认为刑法的正当性的根据应当是报应与预防的统一。如果仅从报应或仅从预防一个方面来论证刑法的正当性,都是跛足的。只有从报应与预防的统一上,才能全面而科学地揭示刑法的正当性根据。

美国学者彼彻姆曾经把义务论理论与效果论理论加以比较,指出:"义务论者认为,当行为与相应的义务原则相符合时,该行为是正确的。义务论者坚持,过去履行的行为产生了现在的责任。义务论者受到这种推理的引导,从而强调行为的价值在于动机而不在于效果。义务论者深信,履行义务是符合法律要求或他人需要的事,而义务是根据可以应用的道德规则或道德要求来决定的。诺言之所以必须遵守,债务之所以必须清偿,是因为这些行为是人们的义务——而不是因为这些行为的效果。在义务论者看来,功利主义在作道德判断时没有对已往的事情给予足够的重视,因为功利主义推理主要应用于现在和将来,效果论者则根据内在价值和达到目的之手段的推理来构造道德生活。一个行为或一条规则,只要它能产生或导致最大的效果,它便是正确的。"② 从这一对比中可以看出,作为报应论理论基础的义务理论,是基于以往的行为推导出现在的义务和责任,是一种回顾性的理论。在刑法中,这种理论强调犯罪的道德罪过和客观危害对于刑法正当性的决定意义。而作为预防论理论基础的效果理论,也就是功利主义,则是根据一种行为所可能产生的效果来评价这一行为,是一种前瞻性的理论。在刑法中,这种理论强调对犯罪的惩罚不在于满足人的正义感,而在于这种惩罚能够带来预防犯

---

① 参见〔英〕哈特:《惩罚与责任》,王勇等译,华夏出版社 1989 年版,第 2 页。
② 〔美〕汤姆·L.彼彻姆:《哲学的伦理学》,雷克勤等译,中国社会科学出版社 1990 年版,第 161 页。

罪发生的效果。应该说,这两种说法有各自的逻辑推理,似乎都能自圆其说。但是,对于刑法正当性的论证来说,两者又都存在片面性。

对于报应论来说,根据既存的犯罪决定对这一犯罪的惩罚,无疑具有一定的真理性,它使刑法的正当根据建立在坚实的事实基础之上。但是,一种不考虑任何社会效果的刑法又在多大程度上具有科学性呢?尽管报应论也有一些社会效益,因为我们以制度化的复仇满足了犯罪行为受害者的愿望,从而减少了他们自己很可能要寻求的报复。但是,正如美国学者劳伦斯·泰勒所指出的那样:建立在报应论基础上的惩罚,其意义相当有限。它除了满足当代的杀戮欲,几乎再也没有什么社会效益。报应既未改变犯罪人,也未阻止犯罪人或任何其他犯罪人将来可能进行的伤害。[①] 尽管这种指责有些言过其实,但还是一针见血地击中了报应论的要害。更有一位学者形象地说:报应论就像一个小孩被门槛碰疼了,然后用被门槛碰疼了的脚去踢门槛一样。用语未免尖刻,批评却有道理。总之,报应论为单纯地满足社会正义感而确立惩罚,不考虑刑法的社会效果,在很大程度上贬低了刑法的社会意义。

对于预防论来说,威慑论把刑法的正当根据建立在刑法的威慑之上,矫正论则把刑法的正当根据建立在刑法的矫正性之上,意在通过刑法的适用获取预防犯罪的社会效果。但是,正如黑格尔所指出的那样:如果把犯罪及其扬弃(随后被确定为刑罚)仅仅视为是一般祸害,于是单单因为已有另一个祸害存在,所以要采用这一祸害,这种说法当然不能认为是合理的。关于祸害的这种性格,在有关刑罚的各种不同理论中,如预防说、警戒说、威吓说、矫正说等,都被假定为首要的东西;而刑罚所产生的东西,也同样肤浅地被规定为善。但是问题既不仅仅在于恶,也不在于这个或那个善,而肯定地在于不法和正义。如果采取了上述肤浅的观点,就会把对正义的客观考察搁置在一边,然而这正是在考察犯罪时首要的和实体性的观点。黑格尔还针对费尔巴哈的心理强制说指出:威吓固然终于会激发人们,表明他们的自由以对抗威吓,然而威吓毕竟把正义摔在一旁。心理的强制仅仅跟犯罪在质和量上的差别有关,而与犯罪本身的本性无关,所以根据这种学说所制定的法典,就缺乏

[①] 参见[美]劳伦斯·泰勒:《遗传与犯罪》,孙力、贾宇译,群众出版社1986年版,第7页以下。

真正的基础。①

应该说,黑格尔的评论是极为深刻的。如果没有报应为基础,单纯地从预防犯罪的功利目的出发,首先涉及的一个问题是:如果惩罚一个无辜者能够取得更大的社会效益,那么,在功利主义看来,这种惩罚是否具有正当性呢? H. J. 麦克洛斯基在《对功利主义惩罚的评论》一文中考虑了这样的事例:假设一个小镇上的法官只有"诬陷"一个作为替罪羊的无辜者,才能阻止一场严重的骚乱。在骚乱中,成百上千的人将被杀死。在这种情况下,行为功利主义者通常能赞成对待此事的日常道德感情。他可能指出,法官的不诚实有可能被发现,其后果会削弱人们对共同体的法律程序的忠诚和尊重,这种效果甚至比成百上千的人痛苦地死去更坏。然而,麦克洛斯基马上会指出,他能指出一种这些反对法官的行为的理由都不适应的事例。例如,可以想象这个法官有最充分的事实证明他这么做不会被发现。因此,反对法官这种行为的理由是不可靠的。类似于麦克洛斯基的某些人能够一直修改他的故事,其结果是迫使我们只好承认,如果功利主义是正确的,这个法官就必须诬陷无辜者。麦克洛斯基也令人信服地证明,准则功利主义也包含相似的结论,即一个非正义的惩罚体系比一个正义的惩罚体系更有效。② 功利主义者也许会以麦克洛斯基所说的这种非正义的效果只是一种逻辑的可能性而不是一种现实的可能性作为辩解。当然,这种辩解是苍白无力的。威慑论的这种非正义效果虽然只是一种逻辑可能性,但这种可能会罚及无辜的危险性却潜在于其他理论之中。至于矫正论,按照黑格尔的话来说,是把犯人看做应使变成无害的有害动物。那么,国家与社会,严格地说,是国家统治者或者社会中的某一部分人为什么有权去矫正犯人,犯人的理性尊严又何在? 在这种矫正与被矫正的刑法模式中,如果把矫正者的价值观绝对化,并将其强加于一切与之相悖的人,由此作为控制社会的终极方案,那么,结局也将会是十分可怕而可悲的。哈耶克将那种由"超人"重新安排社会的思维方式称之为"工程师式的心态"(engineering type of mind)。这种"心态"来自一种"天真的理性主义"(naine rationalism),即认为人类社会完全可凭借某种理性的"蓝

---

① 参见〔德〕黑格尔:《法哲学原理》,范扬、张企泰译,商务印书馆1961年版,第101、102页。
② 参见〔澳〕斯马特、〔英〕威廉斯:《功利主义:赞成与反对》,牟斌译,中国社会科学出版社1992年版,第67页。

图"来建构、重组,因此又可称为"理性建构主义"(rationalistin consiructivism)。正是人类这种"致命的自负",成为人类社会的祸源之一。① 如果刑法成为这种致命的、自负的祭品,那么,后果更是不堪设想。而功利主义的预防论确实潜藏着这种危险,这已经不是逻辑上的可能性,甚至也不是现实的可能性,而是一种血淋淋的现实。例如,作为矫正论者,实证主义刑法学家菲利和加罗法洛在以后的生涯中都顺应了墨索里尼的法西斯统治制度。乔治·B.沃尔德指出:实证主义的总倾向是与极权主义相一致的,菲利在后半生赞同法西斯主义,显著表明了实证主义理论的用意之一,即它易于适应极权主义政府。他根据其研究,判断其同代人中犯罪的是些什么样的人;并根据其知识和科学洞察力,规定适当的治疗而无须得到受到这种诊断的人(即罪犯)的同意,在实证主义和无视民主舆论的政府官僚集中控制公民生活的政治现实之间,就社会中的权力控制公民生活的政治现实之间,就社会中的权力控制观念来说存在着明显的相似。美国犯罪学家理查德·昆尼、约翰·威尔德曼也明确指出:龙勃罗梭的理论之所以得到承认的原因之一是,对个人劣等的强调支持了国家的政治建筑。实证主义和生物学的倾向利于国家找到加强对社会控制的借口。② 显然,矫正论本身所蕴涵的某种特征是这种理论成为法西斯主义加强刑事镇压的工具的内在根源。

　　由于报应论和预防论都不足以独自对刑法的正当性作出完整的论证,因而一体论应运而生。即使在报应论与预防论中,也出现了所谓变相报应论与修正功利(预防)论。由此表明,极端的报应论与极端的预防论已明显失势。一体论的特点是把报应论和预防论融为一体。因此,一体论最基本的立论就是:报应与预防都是刑法赖以存在的正当根据。一体论具有折中的性质,但这种折中又是必要的,它可以克服报应论和预防论各自的片面性,也能避免两者在论战中的两败俱伤。正如哈特所指出的那样:"正是由于对某个单一的社会目的的追求总是有其限制因素,我们的主要的社会制度才总是具有许多特点,而这些特点又只能理解为是某些部分的相矛盾的原理的折中。"③尽

---

① 参见雷颐:《警惕"真理"》,载《读书》1995 年第 12 期。
② 参见[美]理查德·昆尼等:《新犯罪学》,陈兴良等译,中国国际广播出版社 1988 年版,第 53 页。
③ [英]哈特:《惩罚与责任》,王勇等译,华夏出版社 1989 年版,第 10 页。

管一体论都从报应与预防的统一上论证刑法的正当性,但由于理解的差别,在一体论内部又存在以下派系:①以美国学者帕克为代表的一体论者认为,刑罚具有报应与功利两方面的目的,这是从既存刑法规范所必然得出的结论。对杀人、抢劫、盗窃之类传统犯罪的惩罚,其根据在于它们严重违背了社会道德。刑罚之于此类犯罪,目的主要是表达社会谴责,道义报应是其渊源所在。而严格责任罪、非法停车等非传统犯罪,并未违背社会道德,即便违背了道德,道德罪过的程度也相当轻。刑罚之于它们,纯系出于社会功利观念的要求,即仅仅是因为社会试图阻止此类行为的发生,才用刑罚惩罚它们。因此,对此类犯罪的刑罚,不能从报应而只能从功利的角度寻找其根据。②以美国学者赫希为代表的一体论者认为,刑罚既蕴涵有痛苦,也潜藏着谴责。刑罚给人以痛苦的属性产生于威吓的需要,其根据是预防犯罪,即以痛苦相威吓,使犯罪保持在可以容忍的范围内。而刑罚的谴责性则有着独立于预防犯罪之外的根据,它不是针对犯罪人将来的行为,而是针对其已经实施的犯罪本身,也就是说,无论犯罪是否具有道德罪过,它们至少是错误行为,而按照道德的要求,对于错误行为,必须予以谴责,刑罚的谴责性便由此而生。因此,刑罚的痛苦性以功利为根据,其谴责性则以报应为根据。③以英国学者哈特为代表的一体论者认为,刑罚的正当性根据应视刑事活动的阶段性而定。刑事活动分为立法、裁判与行刑三个阶段,与此相适应,刑罚的正当性根据也表现为三个方面。刑罚之在立法上的确定,即规定什么样的行为受刑罚以及应受多重的惩罚,主要取决于一般预防的需要,即是说,只有社会希望遏制其发生的行为才应受刑罚惩罚,而具体犯罪应受惩罚的分量,也以遏制其发生的实际需要为转移。在审判阶段,刑罚的裁量则以报应为根据,即只有对已犯罪的人才能适应刑罚,对具体犯罪人所处的刑罚的分量应该与其犯罪的严重性程度相适应。至于行刑阶段,占主导地位的是个别预防。对犯罪人是否实际执行已判处的刑罚,实际执行刑罚的方式,以及实际执行的刑罚的分量,均应以个别预防为根据,即应与教育改善犯罪人的需要相适应。④以日本学者福田平、大塚仁为代表的一体论者认为,刑罚之于刑法中的存在,是出于报应的需要。对犯罪人执行刑罚则以教育改造犯罪人即个别预防为宗旨。至于刑罚的适用,实际上是起着过渡的作用。一方面,它是对于立法上根据报应而确立的刑罚的适用,而且只能适用于犯罪人,不能适用于具体的犯罪人,不能适用于无辜者,因而仍是以报应为基础;另一方面,刑罚又是适用于具体的犯罪人的,它应该考虑教育改造犯罪人的需要,因此也是为个别预防提供前提条件。可见,审判上对刑罚的适用,奠基于报应与预防犯罪的共同需要。① 应该说,以上关于一体论的观点,都有一定的道理,尤其是哈特的阶段论。但这些一体论对于报应与预防的统一都不够彻底,因而缺乏理论上的贯穿性与透彻性。笔者认为,报应与预防作为刑法正当性的根据,植根于社会结构之中,任何脱离社会结构抽象地谈论报应与预防或者两者统一的观点,都是肤浅的。因此,只有从社会正义论出发,才能对刑法的正当性根据作出科学的论证。

美国学者罗尔斯指出:对我们来说,正义的主要问题是社会的基本结构,或准确地说,是社会主要制度分配基本权利和义务,决定由社会合作产生的利益之划分的方式。社会基本结构之所以是正义的主要问题,是因为它的影响十分深刻并自始至终。② 因此,对于正义问题,首先要从社会结构的角度出发加以考察。刑法属于社会制度的范畴,刑法的正当性是社会制度的正义性的重要内容。由社会正义的观点出发,笔者认为报应与预防都应当是刑法的正当根据。报应是从原始社会复仇演化而来的,复仇是个人行为,从对于侵害行为的报复这一点上来说,它区别于侵害行为,因而具有一定的正当性。但复仇既属个人行为,完全凭个人感情行事,缺乏客观标准,从而容易引起新的报复,形成世仇,这就是所谓"恶的无限性",正义也就变成不义。此后出现的同态复仇,即以其人之道还治其人之身,形成一个客观标准,使复仇有所节制。但同态复仇仍然是个人行为,而且除人身伤害、财产损害等少数情况以外,同态性难以掌握。这样,就出现了由社会出面的和解、赔偿等制度,社会介入了个人之间的冲突,成为调停人。在国家权力扩大之后,个人不再具有复仇权,而由国家直接行使刑罚权。由于国家刑罚权在很大程度上来自于个人的复仇权,因此报应论就成为刑法正当性的重要根据。报应论把刑法视为一种社会复仇,是社会公正感的满足。在一个社会里,如果有罪可以不罚,无罪可以惩罚,那么,刑罚也就丧失了其正当性。从这个意义上说,报应是正当性题中应有之义:它既满足了被害人的复仇愿望,又将刑罚限制在犯罪人

---

① 参见邱兴隆、许章润:《刑罚学》,群众出版社1988年版,第49页。
② 参见〔美〕约翰·罗尔斯:《正义论》,何怀宏等译,中国社会科学出版社1988年版,第5页。

犯罪行为的范围之内,从而达到被害人与加害人之间利益与心理上的平衡。在这中间,社会除了满足正义感以外,别无所求。报应虽然是刑法正当性的根据,但只有报应,刑法又会成为一种复仇本能的反映,不能反映出刑法存在的社会价值,这种社会价值不仅仅是社会正义感的满足这样一种消极的存在价值,而且是要使社会别有所获的积极价值。以功利主义为基础的预防论,从预防犯罪出发论证刑法存在的正当根据。在这种情况下,刑法的存在具有了积极意义,这就是它的目的性价值。预防论摆脱了报应论所具有的直觉性与情绪性,将刑法置于功利的天平之上,进行利弊权衡与苦乐计算,形成理性化的刑法制度。但是,如果预防论不受报应论的制约,就会走向完全从"目的证明手段"的非道德主义。这里就涉及报应与预防如何调和的问题。这也是刑法根据二元论所面临的一个理论难题。我国学者何怀宏曾经根据如何处理"善"(道义)与"好"(目的)的关系,排列出以下观点:①彻底的道义论。正当独立于"好",支配着"善"。一个人的善性依赖于其行为的正当,一个行为的正当无需考虑它的结果、它的效益、它的内容、它的目标,而只需按其本性或准则是合乎某种标准,纯然出自某种动机,甚至"善"可以被看做唯一真正的"好",被看做唯一值得追求的价值,从而非道德的"好"甚至可以在最高尚者那里被取消。②温和的道义观。正当与"好"存在着某种关系,实践中的正当行为需要考虑结果、效益,否则就很难说它是正当的,但是,正当并非依赖于"好",正当并非是达到"好"的目标的手段,它本身即为自在的目的,本身即自有价值,自有标准,"善"主要是由它决定的。"善"是一种最重要的"好",而且,定义"好"时不能脱离正当,它强调在伦理学领域中,正当优于"好"。③温和的目的论。"好"确实不能完全脱离正当,但"好"还是更为根本,更为优先的,道德是为了人的,而非人为了道德。正当要参照"好"来确定,它常常是作为较次要的原则来活动。"善"是一种价值,但并非是一种最高价值,或者它只是最高的价值的一部分。温和的目的论以一种更广阔的眼光来观察道德,认为"好"优先于正当。④彻底的目标论。"好"完全独立于正当,支配着善和正当。正当纯粹是一种达到"好"的最大值的手段,甚至只是一种名义。在此意义上,"好"就包括了正当,"好"的东西总是正当的,它自身会自动给出正当的理由。"好"的目的可以证明一切手段。因此,也可以说"好"完全与正当无关,可以全然脱离正当。① 如果把报应论视为上述道义论,那么"善"就是其价值追求与正当根据;如果把预防论视为上述目的论,则"好"就是其价值追求与正当根据。极端报应论,例如,康德的道义报应论,完全排斥刑法的功利性,将刑法立足于公正等,把功利与公正对立起来,存在一定的缺陷。同样,极端预防论,如菲利的矫正论,完全否定刑法的道义性,将刑法立足于目的性,把道义与目标对立起来,也存在一定的缺陷。相对来说,黑格尔的法律报应说可以视为一种温和的报应论,他虽然力主刑法以报应为主,但摒弃了康德的极端报应论,主张罪与罪之间价值上的等同。贝卡里亚的一般预防论则可以视为一种温和的预防论,他虽追求刑法的功利目的,但同时又认为这种功利追求应当在一定程度上受到道德的限制。正因为黑格尔与贝卡里亚之间具有这种理论上的接近性,以至于美国学者戴维指出:"在这一点上,我们可以看出,贝卡里亚与黑格尔是一致的,他们都认为,对各种具体犯罪可能施以不同的刑罚,是因为在社会条件不同的情况下,各种犯罪给社会造成的危害后果不同。"②由此出发,戴维得出结论:贝卡里亚始终将功利主义和报应主义冶于一炉,只不过更强调前者。③ 我国学者黄风和谢勇也有类似观点。④ 应该说,这种观点看到了贝卡里亚刑法理论中的功利主义具有相对性,因而在一定程度上与报应论相通,这种判断是有一定根据的,它与刑事实证学派的预防论确实有所不同。但据此认为贝卡里亚是功利主义与报应主义的统一论者,似乎并不确切,从刑法正当性的论证上来说,贝卡里亚虽然提到正义,但在其看来,只有有益和必要的刑罚才是正义的,虽然这是一种功利标准而非报应尺度。

笔者认为,刑法的正当性根据是报应与预防的有机统一。确定某一行为是否是犯罪,并非仅仅考虑报应的因素,同样要考虑功利的因素,即对这一行为惩罚是否能够预防这一行为的发生。例如,精神病人的危害行为,从报应

---

① 参见何怀宏:《契约伦理与社会正义——罗尔斯正义论中的历史与理性》,中国人民大学出版社1993年版,第148页。
② 〔美〕戴维:《论贝卡里亚的刑法思想》,载《法学译丛》1984年第5期。
③ 参见〔美〕戴维:《切萨雷·贝卡里亚是功利主义还是报应主义》,载《法学译丛》1985年第5期。
④ 参见黄风:《贝卡里亚及其刑法思想》,中国政法大学出版社1987年版,第89页;谢勇:《犯罪学研究导论》,湖南出版社1992年版,第82页。

的角度来说,将之作为犯罪予以惩罚是不公正的;从功利的观点来看,这种惩罚是无效的,不可能防止其发生。因此,从报应与预防的统一上看,都不能将这种行为作为犯罪予以惩罚。不仅如此,而且报应与预防还有互相制约的意义;预防追求刑法的功利性,可以得出惩罚无辜是正当的这种极端结论;但受到报应的节制,将刑罚限于罪犯是构成刑法之正当性的无条件的前提。因此,在发动刑罚的时候,面临着报应与预防的双重考虑,也是双重限制,刑法的正当性也由此得以说明。

二、刑法的公平性

公平是正义的应有之义,美国学者罗尔斯将其正义论称之为"公平的正义"(Justice as fairness)。所谓"公平的正义",即意味着正义原则是在一种公平的原初状态中被一致同意的,或者说,是意味着社会合作条件是在公平的条件下为所有社会成员一致同意的,他们所达到的是公平的契约,所产生的也将是公平的结果,即条件公平、契约公平、结果公平。正义的原则是在公平的条件下产生的,它本身就是公平的契约,而它的实行将使社会趋向最大可能的公平,此即所谓"公平的正义"。[①] 由此可见,在罗尔斯的正义论中,公平是核心。这种公平主要涉及在一个社会制度中,权利义务分配的合理性。刑法的公平性,也与分配有关,这就是刑罚分配的合理性。因此,如果说,刑法的正当性是要解决刑罚发动的正义性问题,那么,刑法的公平性就是要解决刑罚分配的正义性问题。前者是刑法的质的公正性,后者是刑法的量的公正性。

英国学者哈特曾经将刑罚权与所有权相比较,由此引申出刑罚的分配问题。哈特指出:在刑罚权的概念与所有权的概念之间有着值得考虑的相似之处。就所有权而言,我们应该把所有权的定义问题、为什么以及在什么样的情况下它是一种应该维护的好制度的问题,与个人通过什么样的方式才能变得有资格获得财产以及应该允许他们获得多少财产的问题区分开来。我们可以将此称之为定义问题、总的正当目的问题以及分配问题。其中,分配问题题又可细分为资格问题与分量问题。由此,哈特提出这样一个概念:分配中

---

① 参见何怀宏:《契约伦理与社会正义——罗尔斯正义论中的历史与理性》,中国人民大学出版社1993年版,第129页。

的报应,并以此与总目的中的报应相区别。总目的中的报应是指:刑罚制度的正当根据在于这样的事实,即当违法包含有道德罪过时,对罪犯所施加的痛苦本身便是一种有价值的东西。分配中的报应主张,对刑法总目的的追求因服从要求刑罚只因某一犯罪而施加于某一罪犯的分配原则,而应受到限制或限定。因此,分配中的报应既不允许也不要求超出遏制或其他功利标准的需要而施加更严厉的惩罚。① 无疑,哈特所谓刑法总目的中的报应,是要解决刑罚发动的正当性问题,而分配中的报应则是要解决刑罚分配的公平性问题。

刑罚分配的公平性,首先涉及的是分配标准问题。笔者在《刑法哲学》一书中指出,在刑法中,存在两种公平:按照已然之罪确定刑罚,即报应,相当于按劳分配;按照未然之罪确定刑罚,即预防,相当于按需分配。② 那么,在刑罚的分析中,到底是按劳分配,还是按需分配呢?这确是一个重大问题,它只能在公平的基础上加以解决。

(一) 报应与刑法的公平标准

按劳分配是指按等量劳动领取等量产品。在按劳分配的社会结构中,劳动是前提。但这种劳动又是通过对财物的占有而获得收入的,因此涉及所有权问题。哈特在论及所有权观念时举出了洛克的经典解释。那么,洛克又是怎样解释的呢? 洛克指出:土地和一切低等动物为一切人所共有,但是每人对他自己的人身享有一种所有权,除他以外任何人都没有这种权利。他的身体所从事的劳动和他的双手所进行的工作,我们可以说,是正当地属于他们。所以只要他使任何东西脱离自然所提供的那个东西所处的状态,他就已经掺进他的劳动,在这上面掺加他自己所有的某些东西,因而使它成为他的财产。既然是由他来使这件东西脱离自然所安排给它的一般状态,那么在这上面就由他的劳动加了一些东西,从而排斥了其他人的共同权利。③ 根据洛克的观点,所有权来自于劳动,正是劳动界定了本人与他人之间权利上的区分。因此,按照劳动分配财产,也就是根据权利取得这种财产,是合法的,也是唯一

---

① 参见〔美〕哈特:《惩罚与责任》,王勇等译,华夏出版社1989年版,第3页。
② 参见陈兴良:《刑法哲学》,中国政法大学出版社1992年版,第4页。
③ 参见〔英〕洛克:《政府论》(下篇),瞿菊农、叶启芳译,商务印书馆1964年版,第19页。

公正的。我们说刑罚按劳分配,指的是根据犯罪本身确定刑罚;犯多重的罪判多重的刑罚,重罪重判,轻罪轻判,刑罚的分量以犯罪大小为转移。因此,实际上是把犯罪比喻为劳动,把刑罚权比喻为所有权。这种思想正是刑法中的报应论所坚持的正义观。

尽管报应论都主张按劳分配,但在分配的量上,又存在等量论与等价论之分。美国学者戈尔丁指出:报应论中的一个基本的分歧点是关于量刑,这也关系着刑罚体系中的判决政策。报应论者假定可以把错误行为和危害按照它们在道德上的严重性加以排列,也可以把刑罚按照它们的严厉程度加以排列。尽管他们接受了在刑罚与侵害行为之间有着道德相适应性这一概念,但是他们仍然对如何度量这种相应性意见不一。对此主要有两种观点:一是刑罚的严厉程度等同于行为或危害的严重程度。例如,施加于侵害人的损失应等同于受害人所遭受的损失。但这并不必然意味着侵害人应遭受完全同样的危害。二是刑罚严厉程度的确定应参照已实施行为或危害的可比较的严重性,而不是必然要在量上等同于后者。这意味着同样严重的侵害行为所受惩罚的严厉程度应量上相等,而不同严重性的侵害行为所受惩罚应在量上不等,较严重的侵害行为应受到严厉的惩罚。[①] 戈尔丁所说报应论中的关于刑罚的量上的这种分歧,在康德与黑格尔那里表现得最为充分。康德主张等量报应,指出:任何一个人对人民当中的某个个别人所作的恶行,可以看做是他对自己作恶。因此,也可以这样说:"如果你诽谤别人,你就是诽谤了自己;如果你偷了别人的东西,你就是偷了你自己的东西;如果你打了别人,你就是打了你自己;如果你杀了别人,你就是杀了你自己。"康德认为这是报复的权利。[②] 康德的这种报应论,就是戈尔丁所称的最大限度的报应论。根据康德的报应论,刑罚量的分配绝不应考虑威慑效果,而只能考虑正义问题。公正的量刑就是由于侵害行为的性质而应当的、值得的量。在康德看来,公正的刑罚手段是相等:刑罚的严重性应当相等于侵害行为的道德严重性(表面上它是非法行为和侵害人当罚性程度两者的作用)。这符合于 Lex tationis(以

[①] 参见〔美〕戈尔丁:《法律哲学》,齐海滨译,生活·读书·新知三联书店 1987 年版,第 167 页。
[②] 参见〔德〕康德:《法的形而上学原理——权利与科学》,沈叔平译,商务印书馆 1991 年版,第 165 页。

牙还牙)的"精神"这种等量化观点的一个权威性论据,是诉诸关于普遍正义和世界的道德统治的古老观念。一个美德与幸福相结合的世界要比邪恶与幸福相结合的世界具有更高的价值。在一个公正完美的世界里,幸福会按照个人道德价值的精确比例加以分配。于是当一个人做了错事而造成道德上的过失时,他的价值就该与此相符,他的账目就该重新结算一下。也就是说,这时他就该受到与其过失等量的损害。对他的刑罚类似一种"否定性报酬",即那种当他有功时有资格获得奖赏的反面。实际上,作恶者体验到痛苦或剥夺,这本身是好事。因为"贬低了和扣除了的邪恶"总比"成功了和胜利了的邪恶"要好些。当一个作恶者受到与他的行为的严重性等量的损害时,他所受到的刑罚就不仅对他来说是公正的,而且也恢复了其错误行为之前的道德平衡。① 由于康德的绝对道德义务论,使他得出了犯罪的侵害与刑罚的损害相等这样一个简单的刑法公平的公式。黑格尔主张等价报应,不同意康德那种犯罪和刑罚之间量的等同性的主张,而主张犯罪和刑罚之间价值上的等同。② 黑格尔的这种报应就是戈尔丁所称的最小限度的报应论。应该说,无论是康德的等量论还是黑格尔的等价论,都没有很好地解决可操作的分配标准问题。康德的等量论,在"以眼还眼,以牙还牙"的场合,等同性十分明显。但不能排除黑格尔所说的行为人是个独眼龙或者满口牙齿都已脱落等情况。至于以窃还窃,以盗还盗,只是一种蹩脚的比喻而已,实际上是无法实施的。黑格尔等价论虽然提出犯罪的侵害与刑罚的损害是可以比较的,但并未具体论述两者如何比较,正如戈尔丁所指出的那样:我们应当用什么标准来度量一种违法行为的错误性呢?我们应当用什么标准来度量一个犯罪的当罚性呢?这些标准度量的是同一种东西吗?如果我们有必要的话应当怎样把他们结合起来?我们应当用什么标准来度量一种刑罚的严厉性,而且这些标准能与度量犯罪严重性的量级相比较呢?对这些问题的回答并非轻而易举。③ 尽管如此,我们还是可以把报应论的刑罚分配原则归结为以下这样一句俗语:"罪有应得。"也就是说,刑罚是其所实施的犯罪所"应当"得到的

---

① 参见〔美〕戈尔丁:《法律哲学》,齐海滨译,生活·读书·新知三联书店1987年版,第189页。
② 参见〔德〕黑格尔:《法哲学原理》,范扬、张企泰译,商务印书馆1961年版,第106页。
③ 参见〔美〕戈尔丁:《法律哲学》,齐海滨译,生活·读书·新知三联书店1987年版,第191页以下。

报偿。至于具体标准,则要在一定的公平原则下得以解决。如果存在两个犯罪,那么对于较重的犯罪应当判处较重的刑罚;对于较轻的犯罪应当判处较轻的刑罚。这也就是所谓:重罪重判,轻罪轻判。只要做到这一点,就被认为大致地符合刑罚分配的公平原则。

报应论的刑罚分配原则,如前所述是按劳分配。这在一定意义上表明对于犯罪人的意志的尊重。对于犯罪人来说,犯多大的罪判多重的刑,也许是最公平合理的。但是报应论在分配刑罚的时候,只考虑犯罪人的道德罪过与侵害结果,而不顾及适用刑法的社会效果。因此,单纯地以报应作为刑罚分配的原则,只是一种形式上的公平。

(二) 预防与刑法的公平标准

按需分配是指按照需要分配相应的产品。按需分配是以劳动成为人的自觉行为和财富的充分涌现为前提的,因而被设想为是理想中的共产主义社会的分配原则。在刑法中,如果把报应视为按劳分配,那么,预防就是按需分配。这里的按需分配,是指根据预防犯罪这样一种功利需要分配刑罚。由于预防论中有威慑论与矫正论之分,因此按需分配在这两种理论中具有不同的意蕴。

威慑论主张根据一般预防的需要分配刑罚。例如,贝卡里亚指出:一种正确的刑罚,它的强度只要足以阻止人们犯罪就够了。基于这一思路,贝卡里亚主张:犯罪对公共利益的危害越大,促使人们犯罪的力量越强,制止人们犯罪的手段就应该越强有力。这就需要刑罚与犯罪相对称。[①] 贝卡里亚这里所说的刑罚与犯罪相对称,即根据犯罪的危害性程度分配刑罚,并由此确立罪刑阶梯,与报应论确实存在着外在的相似性,这就难怪有些学者认为报应论是贝卡里亚刑法思想的理论基础之一。但是,如果我们仔细分析,就可以发现贝卡里亚的思想与报应有本质上的区别。贝卡里亚是以通过刑罚威慑预防犯罪为其理论的逻辑起点,因此,在考虑刑罚分配的时候,需要多少分量的刑罚才足以威慑犯罪就成为理论的出发点。由于在贝卡里亚看来,犯罪人是具有意志自由的理性人,受趋利避害的功利原则支配,因此,如果刑罚使

---

① 参见〔意〕贝卡里亚:《论犯罪与刑罚》,黄风译,中国大百科全书出版社 1993 年版,第 65 页。

犯罪人之所失大于犯罪之所得,犯罪人就会因为得不偿失而放弃犯罪。在这种情况下,刑罚分配的公式就被确立为:刑足制罪,即一种足以遏制犯罪的刑罚是公平的刑罚。因此,罪刑相均衡之刑,在报应论中是报应之刑,它的根据在于已然之罪;在预防论中是预防之刑,它的根据在于未然之罪。只是因为未然之罪是已然之罪的翻版,因此在确立刑罚的时候往往是根据已然之罪来衡量,但其价值意蕴根本不同于报应刑。报应论之刑罚分配完全受制于已然之罪,而威慑论则不然。贝卡里亚的作为一种温和的预防论,基于人道性的考虑,反对残酷的刑罚,主张罪刑之间的均衡,边沁也是如此。按照边沁的原则,我们就应当用不多于也不少于必要限度的刑罚来预防一种侵害行为(且假定所说的侵害行为是可以有效预防的)。这就是边沁对罪刑相适应问题的解决办法,而不是采用任何报应论所谓"道德上适于"罪行严重性与应受谴责性。刑罚超过必要限度就是对犯罪人的残酷;刑罚达不到必要限度则是对未受到保护的公众的残酷,也是对已遭受的痛苦的浪费。边沁坚持要尽可能以"最低的代价"来预防犯罪这一向前看的目标。[①] 应该说,贝卡里亚和边沁这种有限度的威慑论还是在刑罚的分配上坚持了一定的公平性。但是,威慑论是以具有一个理性的与人道的立法者与统治者为前提,否则,从威慑论中就会引申出严刑苛刑的必然结论。这就是说,以威慑犯罪的必要限度作为确立刑罚分配的标准,只要为威慑犯罪所必需的刑罚分量,都可以说是公平的。例如,中国古代法家是功利主义者,在刑法上提出了"以刑去刑"这一充满功利意蕴的命题,具有预防犯罪的刑罚目的观。但商鞅由此引申出的结论是"行罚,重其轻者,轻其重者,轻者不至,重者不来。此谓以刑去刑,刑去事成"[②];进而提出"以杀去杀,虽杀可也;以刑去刑,虽重刑可也"的重刑主义主张。法家韩非还反驳当时儒家攻击法家"重刑伤民,轻刑可以止奸,何必于重刑哉"的论点,其理由是"夫以重止者,未必以轻止也;以轻止者,必以重止矣",认为并非"重刑伤民",反而"轻刑伤民"。因为"今轻刑罚,民必易之。犯而不诛,是驱国而弃之也;犯而诛之,是为民设陷也"。应该说,这是一种极端的威慑论,并且似是而非,成为重刑主义的口实。由此可见,脱离报应因素

[①] 参见〔美〕戈尔丁:《法律哲学》,齐海滨译,生活・读书・新知三联书店1987年版,第151页。

[②] 《商君书・靳令》。

的制约,非道德化的威慑论潜藏着重刑化的危险。

矫正论主张根据个别预防的需要分配刑罚。这里所谓个别预防的需要,主要是指再犯可能性,亦即刑事实证学派所说的人身危险性。因此,矫正论之按需分配刑罚也不同于威慑论。例如,菲利主张,对于天生的或由于疾病引起犯罪的罪犯,不能随便把他们关上一个时期,而应当关到他们能适应正常的社会生活为止。① 在这种情况下,刑罚分配不仅不是根据已然之罪,也不是根据威慑的需要,而是根据矫正的需要,即把犯罪人关到矫正好为止,对于不能矫正的罪犯,则应予长期关押,由此提出不定期刑的思想。不定期刑是建立在矫正论基础之上的,矫正的核心是复归社会的理论。不定期刑复归社会思想清晰可鉴的结果,是复归社会哲学的逻辑展开。使罪犯复归社会是一种个别化的工作,是一个复杂过程,正像对所有具体的犯罪很难有一个抽象普遍的刑罚公式一样,对犯人的思想改造、行为矫正更难有一个统一固定的进程或时刻表。人类科学至今还未达到准确预见个人思想改造所需时间的水平,或许这种精确对应的规律根本不存在。如果事先规定一个固定的刑期,就是不科学的、形而上学的。因此,为了便于罪犯复归社会,达到保卫社会的目的,刑期不能预先确定,必须以实际改善为转移,决定何时矫正,何时释放。判断罪犯是否得到改善和改善程度,是一个涉及医学、心理学、行为科学和社会价值观等复杂的问题,需要与罪犯朝夕相处、熟悉情况的专家技术人员、社会工作者和行刑官员,依据对犯人科学的审核考察,综合个人和社会各方面的情况,具体地决定何时达到要求,可以复归社会,这就是刑罚上的不定期刑,也可以称为不定期刑政策。② 由此可见,这种不定期刑最能体现矫正论刑罚上的按需分配思想。通过矫正使罪犯复归,复归之日就是刑满之时。因此,不能事先确立一个固定的刑期,而是随用随取,用足为止。在这里,矫正论似乎完全破坏了罪与刑之间的均衡。实际上,矫正论认为再犯可能性是罪之本质,刑应当与之适应。因此,在再犯可能与矫正之刑这两者之间,我们仍然可以发现一种均衡关系。矫正论所主张的刑罚的按需分配,是一个充满想象力也是充满诱惑力的思想。但它的实现,和威慑论一样,首先

---

① 参见〔意〕菲利:《实证派犯罪学》,郭建安译,中国政法大学出版社1987年版,第51页。
② 参见丁建祥:《论西方国家的不定期刑》,载甘雨沛等主编:《犯罪与刑罚新论》,北京大学出版社1991年版,第468页以下。

要有一个仁慈而人道的立法者与司法者,他们完全出于公心地确定为复归社会所必要的刑罚;而且还必须有一套科学地测定再犯可能性的手段。在不具备这些条件的情况下,贸然采用这种矫正论,谁能够保证它不成为侵犯人权的借口呢?

(三) 刑法的公平标准:报应与预防的统一

美国学者戈尔丁指出:在我看来,除最低限度的报应论以外,我们已经考虑的那些理论,功利主义、威慑论、最大限度的报应论,也都不能独自成立。我们需要某种多元化的刑罚理论,但是我们并不是指这样一种理论,例如说,这种理论只是认为:①功利主义——威慑论是对"为什么完全需要刑罚"的回答;②报应仅仅是对"我们应当对谁施用刑罚"的某些回答;③对"在多大程度上施用刑罚"的某种报应论的(或功利主义——威慑论的)回答。我们需要一种更复杂的多元论。因为笔者认为,两种报应论的和威慑论的考虑都与所有这些论点有关。无论如何,尚没有人为多元论做过像边沁曾为提出古典威慑理论而做的那种细致的工作。一种在伦理上坚实一致的多元论是否有可能成立,这一前景仍然不清楚。① 我们充分理解戈尔丁对于报应与预防一体论所建立的悲观态度,毕竟报应论与预防论以及两种理论内部的对立与分歧由来已久,不是很快能够消弭的。但是,戈尔丁至少认为在刑罚分配上,即"在多大程度上施用刑罚",既不能单纯以报应为基础,也不能单纯以预防为根据。事实上,刑罚分配上纯然的按劳分配与纯然的按需分配都不足取。因此,一种公平的刑罚分配,应当是在报应所限定的范围内,依据威慑或者矫正的需要来予以分配。因此,总起来说,应当是以按劳分配为主、按需分配为辅。随着社会的进步与文明的发展,也许刑罚分配的标准会向按需分配倾斜,加重按需分配的分量。但在目前情况下,报应仍然是决定公平的一个不可或缺的重要因素。

三、刑法的平等性

平等是一个十分复杂的概念,它有多义性的特点。尽管如此,平等与公

---

① 参见〔美〕戈尔丁:《法律哲学》,齐海滨译,生活·读书·新知三联书店1987年版,第201页。

正具有某种天然的联系,这是一个不争的事实。美国学者乔·萨托利指出:平等可以用非常实在的方法加以简单化的表述,但也可以用高度复杂而又无从捉摸的方法加以表述。一方面,平等表达了相同性概念;另一方面,平等又包含着公正。两个或更多的人或客体,只要在某些或所有方面处于同样的或相似的状态,那就可以说他们是平等的。不过公正也要求平等观念。像中世纪的作家们常做的那样,布鲁尼托·拉蒂尼直言不讳地说道:"一如公正是个平等问题一样,不公正就是不平等;因而希望建立公正的人就在试图变不平等为平等。"布鲁尼托·拉蒂尼并没有提出什么新奇的思想,不过是在他自己置身的环境中重复了亚里士多德的说法:"不公正即不平等,公正即平等。"①笔者认为,刑法的公正性必然要求平等。这里的平等可以以下面这句格言表示:"同样情况同样对待"(Treat like cases alike)。当然还可以补上:"不同情况不同对待"(Treat different cases differently)。② 因此,相同是平等应有之义。可以说,刑法的平等性是法律面前人人平等这一原则在刑法中的直接体现。

法律平等是对政治平等的一种确认,因此,不能离开政治社会结构谈论法律平等。在一个社会里,存在不同的阶级与阶层,在这一阶级或阶层内部也许通行平等原则,但对不同阶级或者不同阶层就实行不平等的差别原则。在这种情况下,平等总是有限的,只能是指一定阶级或者阶层内部的平等。而在不同的阶级或阶层之间则是不平等的,并且由法律公开确认这种不平等。例如,在古巴比伦社会中存在着奴隶主、自由民与奴隶的阶级差别,同时也存在着自由民内部等级差别,在法律面前当然不平等。在《汉谟拉比法典》中提到自由民的两个等级是:阿维鲁和穆什钦努,前者是享有完全权利的自由民,后者是指失去公社社员身份在公社以外的人,他们或从王室、神庙领取份地,以纳贡者的身份同王室或神庙发生经济联系,或以手工业者身份为王室服务。根据《汉谟拉比法典》的规定,在同等的人之间,由于侵害人身致残,一般适用同态复仇主义,"以牙还牙,以眼还眼",或者采用赔偿金制。在不平等的人之间,造成死亡,则视其身份高低,肇事者一方所受惩罚自然就有很大差别。如自由人打自由人之颊,则应赔银10舍客勒;如奴隶打自由人之

---

① 〔美〕乔·萨托利:《民主新论》,冯克利等译,东方出版社1993年版,第340页。
② 参见〔英〕哈特:《法律的概念》,王勇等译,中国大百科全书出版社1996年版,第157页。

子之颊,则割其一手。阿维鲁侵害了穆什钦努,与之相反情形致残程度相似,而惩处就不一样。① 因此,《汉谟拉比法典》维护的是巴比伦社会的等级制,存在明显的法律上的不平等。这种不平等在中国古代法律中也同样存在,并且具有宗法等级制的特点。中国古代刑法的不平等充分体现在"礼不下庶人,刑不上大夫"②这一原则之中。对于"礼不下庶人,刑不上大夫",我国法学界存在不同理解:第一种观点认为,"礼不下庶人"主要指礼赋予各级贵族的权利,特别是世袭特权,平民和奴隶一律不得享受;"刑不上大夫"主要指刑罚的锋芒不是针对大夫以上贵族而指向广大劳动人民。当然,所谓"刑不上大夫"并不是说大夫一类贵族犯有严重危害宗法等级秩序的罪行概不用刑。但即便用刑,通常也能享受各种特殊照顾。因此,这种礼、刑的分野,充分说明西周实行的是一种公开不平等的特权法。③ 第二种观点则认为,对"礼""刑"关系的理解,关键在于从行为规范体系的意义上认识"礼"与"刑"。"礼"即礼制行为规范体系,并有具体礼仪,它是适用于有完整血缘组织的氏族成员内部的法律规范;"刑"即"刑书"而并非"刑罚",主要适用于完整血缘组织的社会成员。因此,"礼不下庶人,刑不上大夫"是一个法律管辖原则,即两种独立的行为规范体系,分施于两类不同的社会成员。由于奴隶制社会奴隶主阶级维持着完整的宗法血缘组织,因此,"礼"主要规定奴隶主阶级的行为准则,而奴隶阶级的一部分,被"夷其宗庙""焚其彝器",遂成为"刑书"的管辖对象。于是,"礼不下庶人,刑不上大夫",在奴隶制社会,又表现为阶级专政和等级制度。④ 尽管以上两种理解不同,但"礼不下庶人,刑不上大夫"体现了法律的不平等,这是一种共识。到了春秋时期,商鞅提出了"壹刑"的主张,包含着法律平等的蕴涵。商鞅指出:"所谓壹刑者,刑无等级。自卿相、将军以至大夫、庶人,有不从王令、犯国禁、乱上制者,罪死不赦。"⑤后来,韩非更是指出了"法不阿贵""刑过不避大夫"⑥这样一些平等的思想。尽管如此,商鞅、韩非等人主张的平等还是具有局限性的,因为他们都

---

① 参见由嵘主编:《外国法制史》,北京大学出版社1996年版,第31页以下。
② 《礼记·曲礼上》。
③ 参见张国华:《中国法律思想史新编》,北京大学出版社1991年版,第31页。
④ 参见陈晓枫主编:《法律文化研究》,河南人民出版社1993年版,第120页。
⑤ 《商君书·赏刑》。
⑥ 《韩非子·有度》。

把君主排除在法律范围之外,这种平等仍然具有封建等级色彩,是为君主专制服务的。因此,在整个封建法制中,从来没有实行真正的平等。例如,在中国封建社会存在良贱之等级上的区分。瞿同祖指出:历代立法都采用同一原则——良犯贱,其处分较常人相犯为轻;贱犯良,其处分则较常人为重。① 不仅如此,中国封建社会还形成法律特权,在刑法上就表现为八议制度。封建刑法中的八议,就是关于保护贵族官僚的特权而在他们违法犯罪时减免其刑罚的一种规定。《唐律疏议》中有,周礼云:"八辟丽邦法。"今之八议,周之八辟也。礼云:"刑不上大夫。"犯法则在八议,轻重不在刑书也。其应议之人,或分液天潢,或宿侍旒扆,或多才多艺,或立事立功,简在帝心,勋书王府,若犯死罪,议定奏裁,皆须取决宸衷,曹司不敢与夺。此谓重亲贤、敦故旧、尊宾贵、尚功能也。以此八议之人犯死罪,皆须奏请,议其所犯,故曰"八议"。② 由此可见,凡是八议之人犯死罪,一般的司法机关不能审理判决,皆须将其所犯的罪行及应议的理由奏明皇帝,由皇帝来决定处理的办法。因此,八议制度所包含的法律特权既有实体法上的,也有程序法上的,这明显是一种法律上的不平等。

  平等的要求,在人类历史上始终存在,并成为社会进步的重要概念之一。近代启蒙运动更是将平等提高到与自由、人权相并列的重要地位,并从政治平等开始向法律平等转化。美国学者包尔生指出,平等的原则似乎表明它自己是最直接、最自然的原则:每一个人将作为一个人;每一个人的利益与所有其他人的利益同样重要。这就是自然权利的鼓吹者们用以对抗流行于17世纪和18世纪的成文的古历史的法律制度的原则。从各个个人的自然平等和假设出发,他们要求一切人平等的权利。③ 由此可见,平等曾经是启蒙时期用来反对封建专制的有力思想武器。例如,法国著名启蒙思想家卢梭通过考察人类不平等的起源和基础,指出:我们可以断言,在自然状态中,不平等几乎是不存在的。由于人类能力的发展和人类智慧的进步,不平等才获得了它的力量并成长起来。由于私有制和法律的建立,不平等终于变得根深蒂固而

---

  ① 参见瞿同祖:《中国法律与中国社会》,中华书局1981年版,第222页。
  ② 参见刘俊文:《唐律疏议》,法律出版社1999年版,第17页。
  ③ 参见〔德〕包尔生:《伦理学体系》,何怀宏、廖申白译,中国社会科学出版社1988年版,第540页。

成为合法。① 启蒙学家对于不平等的专制制度都进行了猛烈的抨击。孟德斯鸠指出:在君主和专制的国家里,没有人渴慕平等。平等的观念根本就不进入人们的头脑里去。而在民主政治之下,真正的平等是国家的灵魂,尽管建立这种真正的平等十分困难。② 在启蒙思想的影响下,贝卡里亚明确提出了刑法的平等性原则,指出:"对于贵族和平民的刑罚应该是一致的。因为法律认为:所有臣民都平等地依存于它,任何名誉和财产上的差别要想成为合理的,就得把这种基于法律的先天平等作为前提。"贝卡里亚还批评了以下观点,即从教育上的差别以及一个富贵家庭将蒙受的耻辱来看,对贵族和平民处以同等的处罚,实际上是不平等的。对此,贝卡里亚回答说:"量刑的标尺并不是犯罪的感受,而是他对社会的危害,一个人受到优待越多,他的犯罪行为造成的公共危害也就越大。刑罚的平等只能是表面的,实际上则是因人而异。"③ 应该说,贝卡里亚关于刑法平等的思想是极为重要的。尤其难能可贵的是,贝卡里亚将平等的标准统一于犯罪的社会危害性,从而确立了平等的客观性。而且,贝卡里亚还认为平等是相对的,人们对相同的刑罚主观感受可能各异,但不能以此作为平等的标准。因而,在一定意义上说,刑罚只能实现形式上的平等。法国大革命胜利以后,1789 年《人权宣言》第 6 条确立了"一切公民在法律面前一律平等"的原则。为了贯彻这一原则,1790 年 1 月 21 日在制宪议会的法令中宣布:犯罪和刑罚必须公平划一,不论犯罪者的等级身份如何,同属同一种犯罪,均处同一种刑罚。④

刑法的平等存在实体平等与程序平等之分。从正义观来看,大陆法系强调的是实体正义,英美法系则更加注重程序正义。在平等问题上亦如此。如果说,大陆法系的平等更大程度上意味着实体平等,那么,英美法系则更大程度上体现为程序平等。当然,无论是实体平等还是程序平等,都是为了最终实现刑法的公正性。在笔者看来,实体平等是实质性的,程序平等是形式性的,两者相比,前者更为根本。正如美国学者戈尔丁所指出的那样:程序正义

---

① 参见〔法〕卢梭:《论人类不平等的起源和基础》,李常山译,商务印书馆 1962 年版,第 145 页。
② 参见〔法〕孟德斯鸠:《论法的精神》(上册),张雁深译,商务印书馆 1961 年版,第 145 页。
③ 〔意〕贝卡里亚:《论犯罪与刑罚》,黄风译,中国大百科全书出版社 1993 年版,第 73 页。
④ 参见由嵘主编:《外国法制史》,北京大学出版社 1996 年版,第 326 页。自此以后,刑法的平等性原则终于得以确立。

似乎是一种次要的正义。因为除了遵从它们便能导致正义的裁决和结果这一点之外,无法设计出正义程序的标准或规则。如果实体法是不正义的,也就谈不上程序规则有多少公正性。① 当然,我们说实体平等高于程序平等,并非是说程序平等轻于实体平等,更不是说可以离开程序平等获得实体平等,而是仅就两者关系相对而言的。应该说,程序具有独立的存在价值。在具有大陆法系传统的国家,重视程序平等是十分必要的。我国亦如此。

最后,应当指出,刑法的平等并不意味着否定任何差别。正如英国学者所指出的那样:一视同仁的原则必须有一些例外。区别对待首先是有利于那些有特殊需要的人的。在这种情况下,区别对待就成为补偿相对于其他社会阶层而言居于更有利地位的那些人的不利条件的手段。确实,如果社会公平原则包括物质财富的再分配和平等化,那么,就必须对具有特殊需要的人实行特殊对待。② 在刑法中,法律面前人人平等并不是说,对所有人都要判处相同的刑罚。事实上,根据某些特殊的人的身份,区别对待同样也是一种公正。例如,对于未成年人犯罪应当从轻处罚,对于公职人员犯罪应当从重处罚,这都已经成为各国刑法的共同原则。

---

① 参见〔美〕戈尔丁:《法律哲学》,齐海滨译,生活·读书·新知三联书店1987年版,第235页。
② 参见〔英〕彼得·斯坦、约翰·香德:《西方社会的法律价值》,王献平译,中国人民公安大学出版社1990年版,第85页。

犯罪价值论*

如果说,犯罪存在论是以行为决定论为基础的;那么,犯罪价值论就是以意志自由论为前提的。犯罪存在论着眼于对客观存在的犯罪现象的描述性分析;而犯罪价值论则立足于对犯罪人及其犯罪行为的价值性判断。犯罪价值论是刑法学的重要内容之一,它的研究对于推进刑法理论具有重大意义。

一、犯罪价值论的理论根基

犯罪是一种社会现象,同时,犯罪又是一种法律现象。犯罪作为一种法律现象,是立法者对危害行为予以否定的法律评价而加以认可的结果。因此,犯罪价值论应当从刑法出发对犯罪行为作出否定性的评价。那么,犯罪作为一种社会现象与作为一种法律现象,两者之间具有什么样的关系呢?这是一个涉及犯罪的社会性与法律性以及刑法评价的客观基础的重要问题,有必要从理论上加以探讨。

刑法是法的重要表现形式之一。因此,对法的性质的理解制约着对刑法性质的认识。关于法的性质,在历史上存在各种不同的理解。归纳起来,较为著名的是以下两种观点:一是客观法的概念。例如,孟德斯鸠提出:从最广泛的意义来说,法是由事物的性质产生出来的必然关系。在这个意义上,一切存在物都有它们的法。由此可见,是有一个根本理性存在着的。法就是这个根本理性和各种存在物之间的关系,同时也是存在物彼此之间的关系。[①]这就是孟德斯鸠所说的"一般的法"。这种一般的法,实际上是在客观规律的意义上使用的,因而孟德斯鸠把法与规律视同一体。毫无疑问这是典型的客观法的概念。二是主观法的概念。例如,黑格尔指出:法的基地一般说来

---

* 本文原载《法制与社会发展》1995 年第 6 期。
① 参见〔法〕孟德斯鸠:《论法的精神》(上册),张雁深译,商务印书馆 1961 年版,第 1 页。

是精神的东西,它的确定的地位和出发点是意志。意志是自由的,所以自由就构成法的实体和规定性。至于法的体系是实现了的自由的王国,是从精神自身产生出来的,作为第二天性的那精神的世界。① 由此可见,黑格尔强调的是法的主观意志性,因而是典型的主观法的概念。笔者认为,法是客观规律性与主观意志性的统一。首先,法所体现的是客观规律。也就是说,法不是立法者的主观臆断,也不是法学家的幻想,而是以社会现实的客观规律性为前提的。根据唯物论的观点,法所体现的是社会物质生活条件。法只能确认或者记载某种经济关系,而不可能对这种经济关系发号施令。其次,法又有主观意志的属性。因为法是以立法的形式体现出来的,立法者通过对客观规律的认识并将其上升为法律规范,因而这种法律规范必然打上立法者主观意志的烙印。最后,法的这种客观规律性与主观意志性具有辩证的统一关系。立法者的主观意志只有符合客观规律,才能在社会生活中发挥作用。如果与客观规律相抵触,即使制定了,也必将在客观上归于无效。同时,客观规律也只有通过立法上升为法律规范,才能使之成为社会普遍遵守的行为规则,从自在之物走向自为之物,在生活中发挥更大的作用。刑法作为法的一个部门,也同样具有这种客观规律性与主观意志性,并在与犯罪的关系上得以体现。

犯罪,作为一种社会现象是先于法律而存在的,它与法产生于同样的物质生活条件。同时,犯罪作为一种法律现象又是立法者通过法律的形式加以确立的,因而具有违法性的特征。正如马克思所指出的那样:违法行为通常是由不以立法者意志为转移的经济因素造成的,但是,正如实施少年犯处治法所证明的,判定某种违反由官方制定的法律的行为是犯罪还是过失,在一定程度上则取决于官方。这种名词上的区别远不是无关紧要的,因为它决定着成千上万人的命运,也决定着社会的道德面貌。法律本身不仅能够惩治罪行,而且也能捏造罪行,尤其是在职业律师手中,法律更加具有这方面的作用。例如,一位卓越的历史学家曾经正确指出,在中世纪,天主教僧侣由于对人的本性有阴暗的看法,就依靠自己的影响把这种观点搬到刑事立法中去了,因而他们制定的罪行比他们宽恕的过错还要多。② 在这里马克思深刻指

---

① 参见〔德〕黑格尔:《法哲学原理》,范扬、张企泰译,商务印书馆1961年版,第10页。
② 参见《马克思恩格斯全集》(第13卷),人民出版社1962年版,第552页。

出了犯罪的双重性:它是由社会物质生活条件所决定的,因而具有客观规律性;它又是由立法者以法律形式确认的,因而具有主观意志性。当立法者不是正确地反映客观规律的时候,他们往往在捏造犯罪。因此,根据马克思的观点,立法机关,甚至执法机关的法律评价可以把普通的过错行为变成应受刑事惩罚的行为,可以臆造犯罪。问题只在于确定:立法者这种自由扩展到什么限度?①

犯罪存在的客观性,是刑法禁止的客观基础。犯罪行为的客观标准只能是行为在客观上所具有的社会危害性。刑法的禁止评价只是确定对社会秩序与社会关系的侵害所造成的实际社会危害。因此,苏俄刑法学家斯皮里多诺夫指出:犯罪活动(和犯罪现象)是客观存在——不依立法者如何评价为转移。它的客观社会实质,是它能给社会带来实际危害,所以,与这个实质相应的能引起危害行为的法的本质,使犯罪活动、行政过失和公民违法行为等危害被官方法律禁止成为必要和可能。社会机体在法律禁止方面的实际要求,体现在社会对行为的客观态度方面,形成了像马克思所说的"真正的法"。这种法在自然历史发展过程中形成,立法者只需要揭示并以法律的形式拟定出来即可。② 因此,在犯罪学理论中,那种"烙印论"或者"标签论"的观点是不能成立的。这种理论重视反应,并且突出地把人视为受到外界决定的被动的社会目标。该理论把相互作用论和权力冲突论相混合,认为越轨行为是一种社会定义的结果,而定义是由资本主义社会内部力量对比决定的。监督机构为了维护统治阶级的权力,对社会下层进行有选择的制裁,从而产生违法和犯罪问题。③ 根据这种理论,犯罪是由刑事法律产生的,罪犯是被打上犯罪烙印的人。这种烙印理论的根据是社会作用理论,根据这种理论,社会是人们相互作用的结果。而人的集体为了维护自己与环境的平衡("原状稳定"),就规定行为规范,并期望人们能始终不渝地遵循。假如这些期望证明无效,制裁就会发生——这是一个新的"相互作用"形式(interaction)。因此,烙印理论也被叫做相互作用的方式。④ 应该说,这种烙印理论对于揭

---

① 参见〔苏〕斯皮里多诺夫:《刑法社会学》,陈明华等译,群众出版社1989年版,第84页。
② 参见〔苏〕斯皮里多诺夫:《刑法社会学》,陈明华等译,群众出版社1989年版,第85页。
③ 参见〔德〕施奈德:《犯罪学》,吴鑫涛、马君玉译,中国人民公安大学出版社1990年版,第571页。
④ 参见〔苏〕斯皮里多诺夫:《刑法社会学》,陈明华等译,群众出版社1989年版,第81页。

露资本主义社会刑法禁止评价的主观随意性是有一定意义的,但由此得出只有消灭资本主义法律及其制度才能消灭犯罪现象的结论是革命的与激进的,因此,这种理论是一种比较彻底的自由主义犯罪学理论。它把法定犯罪定义的产生原因问题纳入犯罪原因研究的范畴。① 当然,烙印理论过于夸大立法对犯罪的评价作用,把犯罪完全纳入主观范畴加以说明,在一定程度上否认犯罪作为社会存在的客观性,因而具有片面性。

犯罪存在的主观性,是指犯罪虽然是一种社会现象,但毕竟只有通过立法的形式才能加以禁止性评价,因而违法性是犯罪的一个重要特征。在犯罪学理论中,批判犯罪学否认犯罪的法律概念而主张犯罪的社会学概念。例如,美国犯罪学家昆尼和威尔德曼指出:对于某些犯罪学家来说,虽然一种墨守成规的犯罪概念使他们至少可以开始研究现存法律制度的作用,但是,现在仍然需要一种不为官方的、既定的犯罪定义所束缚的批判犯罪学。这种犯罪学被要求服务于所有人的需要,而不是我们社会中极少部分人的利益,这一部分人即是指那些对国家政策和立法权力拥有控制权的上层分子。这种犯罪学,不仅不为少数人服务,而且还被要求能揭露我们基本制度中的矛盾。正是这些矛盾,在这个国家(指美国——引者注)里已经产生并继续产生野蛮的、有犯罪基因的结构。这样一种犯罪学,需要的是我们最基本的人类尊严感,满足的是我们人类基本的需要。因此,批判犯罪学将犯罪定义为:危害社会的侵犯人类基本权利的行为。② 批判犯罪学坚持犯罪的社会学概念,而不是拘泥于犯罪的法律概念,对于深刻地研究社会犯罪现象具有一定的意义。但这种理论完全摆脱犯罪的法律概念,对于强调犯罪的客观性,在一定程度上否认了立法者对于犯罪的禁止性评价作用,因而同样具有片面性。

笔者认为,犯罪是客观性与主观性的统一,犯罪概念也是社会学概念与刑法学概念的统一。在犯罪学研究中如此,在刑法学中同样如此。犯罪价值论,考察的是立法者对于犯罪的评价作用,这种评价是建立在客观存在的犯罪现象基础之上的,任何片面强调或者彻底否认法律对犯罪的评价作用的观点都是不可取的。这一点通过对自然犯与法定犯的分析可以明显地看出来。

---

① 参见白建军:《犯罪学原理》,现代出版社1992年版,第91页。
② 参见〔美〕理查德·昆尼等:《新犯罪学》,陈兴良等译,中国国际广播出版社1988年版,第6—11页。

在罗马法中存在"自体恶"(malainse)与"禁止恶"(malaprohibita)之别。自体恶是指某些不法行为本身即具恶性,此等恶性系与生俱来的,而不待法律之规定,即已存在于行为之本质中。相对地,另一些不法行为的恶性系源自法律的禁止规定,而非行为与生俱来的或行为本身所具有的。因此,有些不法行为,尽管法律对它不加规定,但根据伦理道德的观点,依然是应予非难的行为。相反,有些不法行为在伦理道德上是无关紧要的,它之所以成为不法行为,纯系因法律的规定。至今,在刑法中往往利用这种理论来解释刑事不法(自然犯)与行政不法(法定犯)的区别。① 自然犯是一种自体恶,这种犯罪具有强烈的伦理性。它显然是先于法律评价而存在的,具有一定的客观性与普遍性。但自体恶作为犯罪进入刑法领域,仍然有待于刑法规定,只有将这种伦理上的可非难性上升为刑法的禁止性评价,才能正式确认为刑法上的犯罪。因此,对于自然犯来说,仍然不能缺少刑法的评价作用。当然,与法定犯相比,自然犯的刑法评价所起的作用小一些。法定犯是一种禁止恶,某一行为只是由于法律的禁止规定才确认为犯罪。但绝不能由此否认法定犯的客观性,更不能将法定犯视为纯意志的产物。事实上,立法者之所以将此一行为而不将彼一行为规定为犯罪,仍然是由一定的社会生活条件决定的。只有立足于社会现实,才能真正揭示法定犯的客观性。

从犯罪的客观性与主观性,可以引申出刑法中犯罪的实质概念与形式概念。在大陆法系刑法理论中,存在犯罪的实质概念与形式概念之分。犯罪的实质概念实际上是犯罪的社会学概念,而形式概念则是指犯罪的刑法学概念。前者注重揭示犯罪的社会实质内容,后者主要揭示犯罪的法律形式特征。例如,日本刑法学家大塚仁指出:犯罪分为实质意义的犯罪和形式意义的犯罪。实质意义的犯罪,是指广泛的反社会的行为,即是指侵害社会生活利益(法益)的人的行为。在此意义上的犯罪,不论是精神病人所实行的杀人,或是幼童实行的放火,都可以理解为广泛地包含在侵害社会共同生活秩序的人的行为中。形式意义上的犯罪,是指在实质意义的犯罪中具有可罚性的行为,即在法律中被科以刑罚的行为。② 在刑法理论上,也涉及实质意义

---

① 参见林山田:《经济犯罪与经济刑法》(修订版),台北三民书局1980年版,第112页。
② 参见〔日〕木村龟二主编:《刑法学词典》,顾肖荣等译,上海翻译出版公司1991年版,第98页。

上的犯罪概念,但主要以形式意义上的犯罪概念为主。在刑事立法中,大陆法系各国一般都规定犯罪的形式概念,即把犯罪规定为违反刑法应受刑罚处罚的行为。但是,苏俄刑法学家将大陆法系刑法典中的犯罪形式概念一概斥之为形式主义法学,而主张在刑法典中采用犯罪的实质概念,这一主张在1919年《苏俄刑法指导原则》、1922年《苏俄刑法典》以及1926年《苏俄刑法典》中得以体现。例如,苏俄刑法学家切利佐夫-别布托夫指出:资产阶级刑法典是从形式上规定犯罪的定义,把犯罪看成是实施时即为法律所禁止,并应受惩罚的行为。苏维埃立法则与此不同,它是从实质上,也就是从对法律秩序的损害上、危害上来规定犯罪的定义。此外,T. H. 沃尔科夫甚至断言:由于苏维埃刑事立法是从实质上理解犯罪,必然得出不要规定具体犯罪行为的刑事责任制度。① 这里显然表现出一种法律虚无主义的观念。这种思想在苏俄20世纪20年代曾经盛行一时,主要表现在把法律形式与社会内容对立起来。例如,当时苏俄著名法学家帕舒卡尼斯断言法律形式不从属于它的社会内容,因而主张以行政规章取代法律。法律虚无主义导致对法制的极大破坏,从而发生了肃反扩大化中成千上万人头落地的悲惨后果。美国法学家对帕舒卡尼斯的观点作了最好的评论:现在这位教授离开我们了。随着俄国现政府计划的确立,需要对理论进行变革。他还来不及在自己的教学中迎合新秩序的这一变化。如果俄国有法律而不只是有行政命令,那么他就有可能失去工作,却不会丧命。② 鉴于这一血的教训,苏俄法学家杜尔曼诺夫最早开始把犯罪的实质特征同形式特征结合起来研究,这一研究得到其他苏俄法学家的肯定。1958年《苏联和各加盟共和国刑事立法纲要》把苏俄学者经过多年创造性讨论而制定的犯罪定义从立法上确定下来。该纲要第七章反映出犯罪的两个基本特征——社会危害性和刑事违法性。③ 这个犯罪概念被认为是实质概念与形式概念的统一。笔者认为,刑法典中的犯罪形式概念是从罪刑法定主义中引申出来的。根据罪刑法定主义,犯罪是由刑法分则明文

---

① 参见〔苏〕皮昂特科夫斯基等:《苏联刑法科学史》,曹子丹等译,法律出版社1984年版,第19—20页。
② 参见〔美〕伯纳德·施瓦茨:《美国法律史》,王军等译,中国政法大学出版社1989年版,第285页。
③ 参见〔苏〕皮昂特科夫斯基等:《苏联刑法科学史》,曹子丹等译,法律出版社1984年版,第21页。

规定的,法无明文规定不为罪。因此,罪之法定化,就表现为刑法典应当确立犯罪的形式概念。犯罪的实质概念,否定了犯罪的形式特征,必然导致法制的破坏与罪刑法定的否定,为司法擅断大开绿灯。而犯罪的实质概念与形式概念的统一,貌似全面,但在犯罪的实质特征与形式特征发生冲突的情况下,到底以何者作为认定犯罪的标准? 如果以实质特征为准,仍然会导致司法擅断。若以形式特征为准,那么犯罪的实质概念就纯属多余。因此,笔者主张从罪刑法定主义出发,在刑事立法中应当确立犯罪的形式概念。

犯罪的实质概念在刑法理论研究中具有积极的意义。因为刑法理论研究不仅是机械地注释法律的规定,而且包含着对法律规范的价值评价,因而不能满足于犯罪的形式概念。在这里,涉及对犯罪本质的认识。日本刑法学家大塚仁指出:围绕犯罪的观念,存在着古典学派的行为主义、客观主义与近代学派的行为人主义、主观主义的对立,此乃周知的事实。古典学派认为犯罪是客观上表现出的犯人的各个具体行为;近代学派则不然,正像其口号"应受处罚的不是行为,而是行为人"所表明的,认为处罚的对象应该是行为人所具有的社会危险性。上述对立进而导致了在把握犯罪行为意义上的现实主义与征表主义的对立。现实主义以古典学派的客观主义为基础,认为现实表现于外界的犯人的行为本身是犯罪;征表主义则以近代学派的主观主义为前提,认为行为人的社会危险性表现在行为人所实施的行为之中。作为一种观念,近代学派虽然提出了所谓行为人的危险性,但实际上怎样认定这种危险性却是至难的问题。以今日之科学尚不能完全解明行为人犯罪的危险性,一百多年以前的当时的科学就更是难以解明了。因此,近代学派的学者们不得不解释道,犯人所实施的犯罪行为是该犯人本身具有的危险性的表现,犯罪行为是认识行为人危险性的基础。① 在这里,刑事古典学派与刑事实证学派的分歧,就表现为社会危害性与人身危险性之间的对立。刑事古典学派认为,犯罪人基于意志自由而实施的危害社会行为,应当归责于犯罪人,这就是道义责任论。而刑事实证学派则认为,犯罪人不存在意志自由。其犯罪行为是由生理的、社会的、心理的诸因素决定的,人身危险性就是犯罪人的根本特

---

① 参见〔日〕大塚仁:《犯罪论的基本问题》,冯军译,中国政法大学出版社1993年版,第1—2页。

征,因而出于社会防卫之必要,应当对犯罪人进行惩罚,这就是社会责任论。在《刑法哲学》一书中,笔者提出了犯罪本质二元论的观点,提出:社会危害性与人身危险性相并列,都是犯罪的本质特征,这就是犯罪本质的二元论。①在犯罪本质二元论的基础上,我们还应当进一步指出,刑事实证学派的行为决定论对于犯罪学研究是具有积极意义的,因为犯罪学是犯罪存在论。而刑法学中的犯罪论,不能以行为决定论为基础,而只能以刑事古典学派的意志自由论为前提,因为它是一种犯罪价值论,主要涉及犯罪的刑法评价问题。当然,在刑法学研究中,应当汲取刑事实证学派的研究成果,例如人身危险性的理论,以弥补与充实刑事古典学派之不足。

二、犯罪存在的社会评价

犯罪存在的社会评价,是指从社会意义上评价犯罪,阐明犯罪的社会危害性,从而为刑事责任提供社会基础。犯罪存在的社会评价,不同于对犯罪存在的社会解释。根据对犯罪存在的社会解释,犯罪作为一种社会现象,其存在具有一定的社会原因。这种社会原因不依立法者的意志为转移,它决定于一定的社会生活条件。而犯罪存在的社会评价,则是在对犯罪社会原因的正确认识的基础之上,揭示犯罪行为的社会意义。犯罪虽然是个人的一种行为,但任何个人无不生活在一定的社会生活之中,因而其行为都具有一定的社会意义。犯罪的这种社会意义,就表现为一定的社会危害性。

社会危害性的评价,是一个历史的范畴。在最初的时候,犯罪行为与民事侵权行为之间并不存在严格的界限,只是随着国家权力的加强,犯罪才成为一个独立的范畴。英国刑法学家特纳指出:就英国法制史著书立说的人们而言,在古代法中,刑事的和民事的违法行为之间并无明显的区别。两者被称为"黏合物"。任何损害个人的行为,达到一定程度便是损害社会,因为社会是由个人组成的。因此,说犯罪是一种危害社会的违法行为,这固然不错,但并未把犯罪与侵权行为区别开来。两者的区别仅在于程度不同。普通法的古代史表明了现在意指真正的区别的用语,起初为何不是作为科学的分类术语,而是作为感情的标志。正是如此,"重罪"一词原来是指某种残酷、凶

---

① 参见陈兴良:《刑法哲学》,中国政法大学出版社 1992 年版,第 152 页。

暴、邪恶或卑鄙的东西。特纳还论述了犯罪的原始状态,指出:犯罪一词最早出现于14世纪,从重罪一词原来的含义中,能再精确不过地找到犯罪的含义:它给人们的印象是某种不名誉、邪恶或卑鄙的东西。任何行为,只要任何特定社会的某一具有足够权力的部门感到有害于其自身的利益,如危及其安全、稳定或舒适,该部门便通常将其视为特别邪恶,并力图以相应严厉的措施加以镇压。而且,只要可行,它便确保将国家主权所能支配的强制力用于防止危害或惩罚造成危害的任何人。这种危害行为便被称为犯罪。① 由此可见,尽管在历史上犯罪曾经具有浓厚的伦理非难色彩,但之所以将某一种行为确认为犯罪,仍然在于这一行为侵害了社会利益,因而具有社会危害性。

　　社会危害性这个概念,最早是由贝卡里亚提出来的,贝卡里亚认为犯罪对社会的危害是衡量犯罪的真正标尺。他还根据犯罪对社会危害的性质,把犯罪分为三类:有些犯罪直接地毁伤社会或社会的代表;有些犯罪从生命、财产或名誉上侵犯公民的个人安全;还有些犯罪则属于同公共利益要求每个公民应做和不应做的事情相违背的行为。② 在此,贝卡里亚实际上是把犯罪的社会危害性分成三种类型:一是对国家利益的侵犯;二是对个人利益的侵犯;三是对社会利益的侵犯。贝卡里亚从国家、个人、社会三个角度对犯罪进行社会评价,深刻地揭示了社会危害性的内涵,具有十分重大的意义。此后,德国刑法学家费尔巴哈提出了权利侵害论,认为犯罪的本质和犯罪的侵害方面在于对主观权利的损害,刑法的任务乃是对主观权利进行保护,并相应保障公民的自由。应该指出,费尔巴哈的权利侵害说是从罪刑法定主义中引申出来的,它具有限定被扩张的犯罪概念的作用。而且,费尔巴哈的权利侵害说抛弃了中世纪将犯罪视为邪恶,将道德责任与法律责任混为一谈的犯罪观念,从法律上严格界定犯罪的范围,具有一定的历史进步意义。当然,费尔巴哈的权利侵害说也存在一定的缺陷,权利侵害只能涵括侵犯个人利益的犯罪,而难以包括侵犯国家利益与社会利益的犯罪。正如日本刑法学家大塚仁所指出的那样:这种权利侵害说当然也把握了犯罪的一方面,但是,在犯罪中

---

① 参见〔英〕塞西尔·特纳:《肯尼刑法原理》,王国庆等译,华夏出版社1989年版,第1—2页。
② 参见〔意〕贝卡里亚:《论犯罪与刑罚》,黄风译,中国大百科全书出版社1993年版,第69页。

也包含着很多难以明确是权利侵害的部分。① 因此,费尔巴哈的权利侵害说很快被毕伦巴姆的法益侵害说所取代。毕伦巴姆倡导"财"(Gut)之理论,认为各种之财,一部分系自然所赋予,另一部分系人类社会的发展与市民的结合之成果,国家应本其权力对于生存在国家中的一切人加以同样的保障,基于理性以限定犯罪的概念,因而成为法益论的开拓者。法益论认为,犯罪所侵害的是各种之财。从事物的本性观察,犯罪之所以应受处罚,是因为国家权力同样保障的财为归责于人类意思之侵害或危险。② 法益的概念提出以后,其内容由物质化,进而精神化。毕伦巴姆基于法律所保护之财,与侵害概念之相关关系,倾向于法益之具有具体的、有形的对象之性格,因而认为在法益中包括生命、名誉、人格的自由、财产、宗教的伦理的全部观念。关于犯罪的本质,除法益侵害说以外,德国刑法学家还提出义务违反说,认为犯罪的本质不是法益的侵害,而是义务的违反。但义务违反的观念,正如日本刑法学家大塚仁评价的那样,乍见把握了所有犯罪共通的性质,但是,它过于模糊,与法益侵害的观念相比,缺乏具体性,不能充分发挥作为认识各个罪的具体性质的机能。只是在刑法科于行为人以特别的义务、违反该义务而实施的行为受到刑法的特别评价时,我们不能不承认义务违反的观念所具有的作用。因此,大塚仁认为,关于犯罪的本质,基本上要根据法益侵害说,并且考虑到各个罪中法益侵害的样态来认识。但是,对以行为主体一定的义务违反为中心要素的犯罪,为了补充法益侵害说,有必要并用义务违反说。而且,那些只有考虑到行为人的义务违反方面才能正确把握其性质的犯罪,可以称其为义务犯。③ 当前,在大陆法系的刑法理论中,法益侵害说是通说,它从法益侵害的角度揭示了犯罪的本质特征,从而为犯罪的评价提供了基础。

　　法益是法律所保护的利益,这种利益是指一个主体具有与之有关系的一种对象或者状态的价值。因此,法益本身是一个价值评判的概念。①国家法益。国家法益是指国家专属的法益,因而与社会法益与个人法益有所不同。由于对犯罪评价是以国家立法形式出现的,国家为维护自己的生存基础,必然将侵犯

---

① 参见〔日〕大塚仁:《犯罪论的基本问题》,冯军译,中国政法大学出版社1993年版,第4页。
② 参见陈朴生:《刑法专题研究》,台北三民书局1988年版,第62页。
③ 参见〔日〕大塚仁:《犯罪论的基本问题》,冯军译,中国政法大学出版社1993年版,第7页。

国家法益的行为宣布为犯罪。对国家法益的保障,是以限制个人的自由为代价的。但在现代社会,国家是基本的社会组织,一切政治生活与经济生活都是在国家组织下进行的。因此,确保国家权力的安全行使,具有重要意义。②社会法益。社会法益是一种公共利益,它有别于国家法益和个人法益,但与国家法益和个人法益又具有密切的联系。以社会法益与国家法益的关系而言,维护社会秩序是国家的重要职能之一,没有稳定的社会秩序就不会有稳定的国家统治,因为国家统治建立在社会秩序的基础之上。就社会法益和个人法益的关系而论,社会法益能还原成个人法益。日本刑法学家西原春夫指出:社会利益脱离个人利益而成为单独的利益,其方法与国家利益的情况有所不同。这里,社会性的道义秩序成为独自的保护利益,国民有遵守这种道义秩序的义务,违反该义务,也就被认为其中有违法性。依据上述观点,如发行、销售以及公开得到淫秽的书刊和画册的行为,因其违反道义秩序,是违法的,构成犯罪。即使在密室给成人看黄色电影,也因有损于性道义秩序而成为犯罪。①③个人法益。对个人利益的侵害为什么具有社会意义?这个问题涉及对犯罪性质与价值的理解。在古罗马法中,犯罪(delitto)是指一切受刑罚打击的非法行为。同一般非法行为一样,犯罪要求具备两个要件:对某一权利的侵害的严重性和主观愿(即罪过)。具体的后果是较严重的,因为,犯罪行为对秩序造成侵害的严重性使得犯罪人不仅应承担赔偿责任,而且要受到刑罚。犯罪被区分为公犯(delicta publica)和私犯(delicta privata),对于前一类犯罪,刑罚具有公共特点,即由国家科处刑罚(poena publica),无论对它们是否提起公共诉讼;对于第二类犯罪,即我们在这里论述的犯罪,人们为个人而接受刑罚,在早期历史时代,这种刑罚导致以钱赎罪。② 在这里,私犯当然归之于犯罪的范畴,但和真正意义上的犯罪——公犯,还是存在重大区别的。正如我国罗马法学家周枏指出:私犯是侵害人的财产或人身,这在当时被认为是对公共秩序影响不大的行为,行为人一般仅负损害赔偿责任,对被害人给付金钱,原则上也只有被害人才有权起诉。被害人也可放弃请求赔偿的权利。所以,罗马的私

---

① 参见〔日〕西原春夫:《刑法的根基与哲学》,顾肖荣等译,上海三联书店1991年版,第46—47页。
② 参见〔意〕彼德罗·彭梵得:《罗马法教科书》,黄风译,中国政法大学出版社1992年版,第401页。

犯与近现代民法上的侵权行为虽在范围上有所不同,但在性质上并无区别。① 根据《法学阶梯》的分类,当时的私犯有以下四种:一是盗窃;二是抢劫;三是财产上损害;四是人身伤害。② 对此,英国著名法学家梅因指出:"在罗马法所承认的民事不法行为的开头有窃盗罪(Furtum)。我们在习惯上认为专属于犯罪的罪行被完全认为是不法行为,并且不仅窃盗,甚至凌辱和强盗,也被法学专家把它们和扰害、文字诽谤及口头诽谤联系在一起。所有这一切都产生了'债'或者法锁,并都可以用金钱支付以为补偿。"③罗马法对犯罪与不法行为的这种划分,表明古代罗马人的犯罪概念中包括对国家、社会、集体所加损害的内容。④ 这时犯罪的危害性仅仅被看做是对国家或社会的危害,对个人的侵害仅是私人之间的关系,通过民事诉讼的方式加以解决。这种观念反映了早期罗马人对于犯罪价值认识上的肤浅。随着社会的发展,罗马人对犯罪危害性的认识不断深化,终于出现了一个被梅因称为从"不法行为"改变为"犯罪"的过程:起初,罗马立法机关对于比较凶暴的罪行并没有废止民事救济,它给被害人提供了他一定愿意选择的一种赔偿。但是,即在奥古斯丁完成其立法以后,有几种罪行仍继续被视为"不法行为",而这些罪行在现代社会看起来,是应该作为犯罪的,直到后来,在一个不能确定的时期,当法律开始注意到一种在"法学汇纂"中称为非常犯罪(crimina extraordinaria)的新的罪行时,它们才成为刑事上可以处罚的罪行。无疑,这一类行为,罗马法律学理论是单纯地把它们看做不法行为的;但是社会的尊严心日益提高,反对对这些行为的犯罪者在给付金钱赔偿损失以外不加其他较重的处罚,因此,如果被害人愿意时,准许把它们作非常(extraordinem)犯罪而起诉,即通过一种在某些方面和普通程度不同的救济方式而起诉。从这些非常犯罪第一次被承认的时期起,罗马法国家的犯罪表一定和现代世界任何社会中所有的同样的长。⑤ 也正是从这个时候开始,对于侵害个人法益的不法行为才真正从社会意义上评价为犯罪。

社会危害性作为对犯罪的社会评价的基础,不仅应当从法律角度理解,

---

① 参见周枏:《罗马法原论》(下册),商务印书馆1994年版,第781页。
② 参见〔罗马〕查士丁尼:《法学总论——法学阶梯》,张企泰译,商务印书馆1989年版,第190页。
③ 〔英〕梅因:《古代法》,沈景一译,商务印书馆1959年版,第208页。
④ 参见〔英〕梅因:《古代法》,沈景一译,商务印书馆1959年版,第217页。
⑤ 参见〔英〕梅因:《古代法》,沈景一译,商务印书馆1959年版,第222页。

更为重要的是从社会角度认识。从社会学上来说,社会危害性的集中表现就是对一定的社会关系的侵犯。可以说,社会关系是揭示犯罪本质的关键。因此,首先要对社会关系这个概念进行社会学分析。苏俄刑法学家斯皮里多诺夫指出,社会关系是社会成员之间的关系,而不是作为物种(homo sapiens)代表的人们之间的关系;个人所有的社会特性,都是从社会上获得的;社会关系具有无个性的特点,因为对社会来说,重要的与其说是个人对幻想代替某种社会地位的描述,不如说是履行职能的能力;人们的个人行为不是别的,而是社会职能;等等。由此可以得出,除了社会关系的直接参与者——成为社会职能化身的人以外,同时参加社会关系的还有一个最有权威的当事者——社会。这就意味着,社会关系实际上在任何时候都不只是那种按"鲁宾逊——星期五"类型建立起来的两个社会作用之间的联系。就像整体在两部分之间的关系中一样,社会经常存在于具有社会特性的人们之间的关系中。① 社会关系理论为我们评判个人的行为提供了一种社会学的标准。犯罪对社会关系的侵害,往往是通过人和物得以实现的。人是一定社会关系的主体,这就表明人不是孤立的存在,而是存在于一定的社会关系的网络系统之中,他在社会劳动分工系统中有着自己的地位,同其他社会成员存在着有机联系。因而,犯罪人对个人的侵害,实际上是对社会造成损害。这样,就使只是对个别社会成员造成损害的犯罪成为社会性的,具有社会意义的现象。不仅如此,个人在社会关系中的不同地位,还决定着对其侵害的社会犯罪行为的社会危害性程度。在一定社会中,虽然法律面前人人平等,没有高低贵贱之分,但个人在社会关系中实际所处的地位是有所不同的,因而其所体现的社会关系也就存在区别。正是犯罪所侵害的关系的不同性质,决定着犯罪的社会危害性程度。物是一定社会关系的客体,离开了人不存在社会关系;同样,离开了物也不存在社会关系。但是,在人与物发生关系的场合,体现的都是人与人之间的关系。马克思指出:在盗窃林木时,犯罪行为的实质,并不在于侵害了作为某种物质的林木,而在于侵犯了林木的国家神经——所有权本身。② 不仅从主体与客体可以看出社会关系对于评价社会危害性的重要意义,而且从行为意

---

① 参见〔苏〕斯皮里多诺夫:《刑法社会学》,陈明华等译,群众出版社1989年版,第27—28页。

② 参见《马克思恩格斯全集》(第1卷),人民出版社1960年版,第168页。

的认定上社会关系也发挥着重要作用。在刑法理论上,存在自然行为论与社会行为论之分。自然行为论是在19世纪占据刑法学主流的思想,即把刑法中的行为与从自然科学的,特别是从物理的角度所认识的行为同等看待。挥动拳头殴打人的头部,此种表现于外界、属于人的身体活动的积极性动作或者同时其结果导致被害人头部发肿的事实是行为,可以说是极容易理解的行为论。作为属于自然行为论的例子,可以举出李斯特的见解。李斯特认为行为是由有意的(willkürlich)举动引起的外界变更。因此,自然行为论关注的是行为的物理性,它以发动于外界的身体活动及随之而引起的外界的变更为中心阐述行为的意义。社会行为论是在否定自然行为论的基础上,由德国刑法学家谢密特首倡的。根据社会行为论,行为价值不在于个人的恣意行为而在于社会的规范性。人的行为要素,一是记述要素的恣意性,二是规范要素的社会性。恣意性要受社会性的制约。因社会要素具有规范性,此规范性来自千百万的个人恣意行为在社会要素的规范性的约束下,并经过大调整而凝结为一个大的目的行为整体。而这一整体性的无限扩大即成为目的性的宇宙。因此,目的行为重要不在于个人的恣意,而在于社会的规范性,即每个个人的恣意行为必须受社会规范的约束。社会人群的恣意行为千式万样,若无社会规范之约束性的存在,就不会有社会历史的存在,以至于不会有人类文明史的存在。针对这样的严峻事实,就显示出社会性规范的重要性,同时又显示出法律强制的必要性。法律的强制规范基于社会性规范。人的行为,在刑法评价之前,已有社会规范评价。因此,人的行为归根到底是在社会性规范约束之下的社会意义的,即具有社会价值的行为。在刑法理论中,所谓犯罪构成的行为事实的中性、无颜色的论点是不全面的。因为一切行为在未经法律规范评价之前已经经过社会性规范的评价。有条文记叙的罪状的行为,实非中性、无颜色。显然,社会行为论立足于社会性,揭示了犯罪行为的本质特征。自然行为论与社会行为论相比较,前者的物理性难以说明不作为的行为性,只有根据后者的社会性才能阐明不作为的行为性。不作为犯罪的行为性,必须也只能从一定的社会关系中得以洞察。同样,价值的观念,也只有在社会关系中找到实际的内容。行为之所以具有社会危害性,归根到底也只在于它侵害了一定的社会关系。因此,无论是作为还是不作为,其否定的价值只有在一定的社会关系中才能得以说明。在一定的社会,人与人结成一定的社会关系,这种社会关系通过法律加以确立,这就形成以权利义务关系为核心的法律关系。权利义务是同一法律关系的两个不同的侧面,两者互相依赖、互相转化。承担一定法律义务实际上就是他人的权利得以实现的前提,而行使本人的权利也必须以他人履行一定义务为基础。因此,公然侵害他人的权利(作为)是一种具有社会危害性的行为,不履行自己应当并且能够履行的义务(不作为),同样是侵害他人的权利因而具有社会危害性的行为。在这个意义上说,不作为与作为具有等价性,即在否定的价值上是相同的,而这种等价性就是由其所侵害的社会关系的性质所决定的。从一定的社会关系出发,就可以确定无疑地阐述不作为的行为性。

　　社会危害性作为对犯罪存在的社会评价,具有丰富的社会政治内容,它是与社会生活息息相关的。因此,社会危害性作为评价标准,它是犯罪行为客观存在的社会属性。同时,这种社会危害性又是由立法加以确认的,因而犯罪行为具有违法的特征。如何正确地理解社会危害性的客观现实性与主观确认性之间的关系,具有重要意义。苏俄刑法学家斯皮里多诺夫指出:危害社会秩序的行为多样性和每个行为客观造成的损害程度的历史变异性,把评价犯罪的危害性的标准问题提到了首位。如果没有这样的标准,要社会对犯罪作出自觉的或公正的反映,这基本上可以说是不可思议的。从社会学的理论观点来看,行为同社会发展的客观规律相适应的程度,是评价人的行为标准。① 这里的社会发展的客观规律是对人的行为评价的终极标准,对法与犯罪最终都应当以此为标准而作出评价。对于犯罪来说,只有那些与社会发展规律相抵触的行为,在终极的意义上才能被认为是具有社会危害性的,因而在刑法上应当予以禁止性的否定评价。但是,社会发展的客观规律是不以人的意志为转移的客观存在。它不会主动发生对人的行为的评价作用。只有在认识这种社会发展的客观规律的基础上,以法律的形式加以确认,才能使之上升为对人的行为的评价标准。但法律标准是否真实地反映了社会发展的客观规律以及反映的好坏,又是一个有待评判的问题。在这种情况下,刑法标准的形成就具有重大意义。苏俄刑法学家斯皮里多诺夫指出:社会发展规律,其中包括法律形式的发展所依赖的规律的可能性,决定着法在形成

---

① 参见[苏]斯皮里多诺夫:《刑法社会学》,陈明华等译,群众出版社1989年版,第48页。

过程中受到其他许多因素的影响。法正是以这样的、而不是以其他的规范和法律关系的形态而存在,这一点是许多经济的、政治的和社会—文化的因素相互作用的最终结果。在说明把社会关系转变为法律关系结构的性质时,不能忽视这样一种情况,即法对经济制度的反映不是对现存社会制度消极的"镜式"反映。相反,上层建筑,其中包括法,是积极的,它本身不仅对自己反映的事物,而且对它自身的形成和发展都有影响。这就使法变成一种相对独立的社会现象。法作为相对独立的社会特殊现象,它的进一步演变可以巩固和发展它的这种独立性。① 法的这种相对独立性,使得在认定社会危害性的时候成为独立的评价标准。但法的这种评价标准在具体适用中,又受到社会评价标准的制约与补充。在大陆法系刑法理论中,存在社会相当性的理论。日本刑法学家福田平指出:社会的相当性以及社会相当行为这个词,最近在刑法学上常常使用。其主要倡导者之一威尔泽尔对此下了一个定义:"所谓社会的相当行为,是指在社会生活中,历史上所形成的社会伦理性的秩序范围里,由这种秩序所允许的行为。"根据威尔泽尔的观点,如果凡是侵害了社会生活上的一切权益,就以违法而加以禁止的话,那我们在社会生活环境中只好静止不动。因此,我们为了要在社会生活的一切礼法中生活,并不把侵害一切权益都算违法而加以禁止。有秩序的社会生活必须发挥生气勃勃的机能,法益超过了必要和不得已的程度时,才能作为违法而加以禁止。所以,在社会生活中历史上所形成的范围内,机动的活动行为,也就是社会的相当行为,并不违法,只有超越了社会的相当性行为才算违法。② 社会相当性的理论对于社会危害性的评判具有一定的意义。

三、犯罪存在的个体评价

犯罪存在的个体评价,是指通过对犯罪存在的社会评价阐明了犯罪的社会性的基础上,进一步从个体意义上评价犯罪,阐明犯罪的人身危险性,从而为刑事责任提供理论基础。犯罪存在的个体评价,不同于对犯罪存在

---

① 参见〔苏〕斯皮里多诺夫:《刑法社会学》,陈明华等译,群众出版社1989年版,第66—67页。
② 参见〔日〕木村龟二主编:《刑法学词典》,顾肖荣等译,上海翻译出版公司1991年版,第177—178页。

的个体解释,根据对犯罪存在的个体解释,犯罪作为人的一种行为,具有其人格根据。犯罪行为是由犯罪人格所制约的,具有行为模式的一贯性。而犯罪存在的个体评价是以犯罪存在的个体解释为基础,确定主体的责任问题。犯罪存在的个体评价也不同于对犯罪存在的社会评价。犯罪存在的社会评价是个体评价的基础和前提,从社会意义上评价犯罪的危害性。而个体评价则是针对犯罪人的一种主体性评价,其落脚点是主体的责任性。责任是由一定的个人来承担的,虽然从犯罪的产生来看,与社会有着密切联系,但社会不可能直接承担这种责任。当然,这里所说的是法律责任,事实上,社会也必然对犯罪付出代价。德国哲学家包尔生就曾经指出,我们在此发现一种双重的责任:首先,我们坚持个人本身有责任,然后是塑造他的集体即他的家庭、社会阶级、民族乃至一般人类也有责任,最后是全人类本身也有责任。下述情况实际上是到处发生的,即我们总是通过一个团体的个别成员的善恶来判断这一团体的价值。但这并不是说我们就没有必要评价个人;相反,对个人的评价依然是其他范围较大的评价的基本前提。个人是一个点,我们的感情和判断从这个点向他所属的整体扩展。包尔生还指出:理论家们,由于不断地沉思形而上学自由的问题,或者惶惶然地凝视统计数字,才不断陷入各种各样奇怪的困惑和疑问之中。比方说社会是否有权利惩罚,它自身是否就是有罪的和应负责任的。同样的犯罪的比例不断地以一种自然事件的规律性重复出现,像假誓、凶杀和其他不道德的罪恶,看来就像有一种必然性在起作用,那些特殊的罪犯就像是牺牲品一样,被选出来犯罪,以完成社会的犯罪指标。对此我们回答道:这是相当真实的;社会是有罪的,因而也应受惩罚,它产生具有犯罪倾向的个人,也为犯罪提供诱惑和机会。但社会难道就没有受到惩罚吗?首先,犯罪本身不就是对它的惩罚吗?被侵犯的人跟罪犯一样都是社会的成员。由犯罪引起的畏惧不安的感觉是对社会的进一步惩罚。那加于罪犯的惩罚本身又是对它的一个外加的惩罚;罪犯是作为社会的一个成员受的,因为社会通过这个成员犯了罪。最后,社会作为一个整体也受到它自己施加的惩罚:一个民族把许多钱花在监狱和教养所上,提供看守、供养和雇用大批人的开支,这不就是对它的一个惩罚吗?① 应当说,这种对问题的考虑是深刻的,犯罪确实不仅仅是个人责任的问题,而且是一个社会问题。但从法律上来说,追究的只能是个人的责任。

那么,个人承担刑事责任的根据是什么呢?对于这个问题,刑事古典学派与刑事实证学派存在着不同的观点。刑事古典学派以道义责任论著称。道义责任论是认为刑事责任的根据存在于道义上的非难可能性中的理论。该理论以自由意思论作为前提,认为具有自由意思的人虽然可按其自由意思实施合法行为,但结果导致违法行为时,就有道义上非难的可能性。也就是说,能够意识到道义上的规范并能按意识决定自己行动的具有精神能力的人(责任能力者)虽然意识到行为的违法却仍然实施了该行为(故意),或者至少可能意识到这一点却因不注意而实施了该行为(过失)时,那么,对此所施加的道义上的非难就是责任的核心。该理论是以自由意思论作为前提的,因此行为者不是被作为自由意思主体的因素,问题的核心是有关各个行为的责任(个别行为责任)。该理论认为,各个行为中的坏意思里就有非难的依据(意思责任)。这样,在对外部表现出来的行为加以处罚这一点上,该理论反映了客观主义的观点,从而成为古典学派的刑事责任论。道义责任论是在反对封建刑法罪刑擅断的基础上提出的,它对于限制刑法机能的扩张从而实现人权保障具有积极的意义。同时,它将责任理解为道义非难性,以意志自由为前提作为归责的根据,具有一定的科学性。当然,道义责任论也存在不足之处,主要表现为:从抽象的理性人出发,形而上学地认识人的意志自由,没有看到人的行为的社会制约性,因而忽视了刑事责任的社会性,而且,将人的行为与行为的人予以割裂,个别地确定行为的责任。刑事实证学派主张社会责任论,该理论根据行为决定论,即犯罪必然取决于行为人的素质和环境的观点,批判了道义责任论。社会责任论指出,对于具体行为从道义上非难行为人是毫无意义的,因为犯罪人实施犯罪行为是由其本人的素质和环境所决定的,没有理由从道义上加以非难。然而,犯罪人一般是对社会实施危害行为的具有危险性格的人,社会必须摆脱具有这种危险性格的人的侵害以保护

---

① 参见〔德〕包尔生:《伦理学体系》,何怀宏、廖申白译,中国科学出版社 1988 年版,第 393—395 页。

自己。这就是刑罚的重要性,而这种必须承受刑罚的地位就称为刑事责任。该理论认为,构成责任的不是各个具体的行为,而是对社会造成危险的行为人的性格。那么,各个具体行为在社会责任论中是否被完全忽视了呢?事实上并非如此。社会责任论认为,应该以各个具体行为中所反映出来的行为人危害社会的性格(社会危害性)作为基础来论述责任。也就是说,各个行为只是证明了行为人性格的危险性。社会责任论从社会的角度出发研究刑事责任问题,认为刑事责任的本质是防卫社会。尤其是注重犯罪人的人身危险性,强调刑罚个别化,具有一定的科学性。但社会责任论从根本上否定人的意志自由,从行为决定论出发阐明责任根据,这就在一定意义上否定了责任本身所具有的非难性。正如日本刑法学家大塚仁所指出的那样:近代学派所提倡的社会责任论认为具有危险性的犯人应当被加以社会防卫处分的地位是责任。近代学派虽然也常使用"社会非难"等词,但是,既然以认为犯罪是由遗传和环境所产生的这种决定论的立场为前提,就不能对犯罪人进行真正意义上的非难。因为,如果在犯罪之外不曾有其他的可能性,如果不承认自由的存在,非难就不能成立。牧野博士率直地指出,与其称为社会责任论,不如称为"社会措施论"。① 这可以说极端地表明了社会责任论的本质。② 笔者认为,犯罪人的犯罪不是完全被决定的,而是根据本人的意愿选择的,当然这种意愿本身又不能脱离一定的社会物质生活条件。因此,犯罪人应当对本人危害社会的行为承担刑事责任。同时,人的行为又不是孤立的,而是具有行为模式的连续性与一贯性。这种行为模式的连续性与一贯性的基础就是犯罪人格。因此,刑事责任的根据不仅在于通过其行为表现出来的社会危害性,而且在于支配着这种行为的犯罪人格。由此可见,刑事责任是建立在犯罪人的社会危害性与人身危险性相统一的基础之上的。唯有如此,才能揭示刑事责任的本质。正是在这个意义上,笔者赞同人格责任论。人格责任论发端于第二次世界大战前在德意志展开的梅兹格的行状责任论和鲍凯尔曼的生活决定责任论等,在日本最早由安平政吉博士和不破武夫博士所采纳,在战后特别尽力于该理论之发展的是团藤重光博士。人受到素质和环境的制

---

① 〔日〕牧野英一:《刑法总论》(下卷)(全订版),有斐阁1959年版,第507页。
② 参见〔日〕大塚仁:《犯罪论的基本问题》,冯军译,中国政法大学出版社1993年版,第169页。

约,但在这种制约下具有行动的自由,同时在某种程度上也可以支配制约,这就是人格责任论所谓的人的基础。该理论认为,责任的基础不仅仅是具体的行为,而且是行为人内在的性格。人格责任论认为,犯罪行为是行为人人格具体化,并且也是主体的具体化。这就是说,犯罪行为并不是自然且必然地暴露了行为人一定的性格,而是行为人根据人格特性,在各种内在的和外在的条件下,有选择地排除其他可能性而实施的行为,因此行为只是人格动态中的一个方面而已。从这一点来看,必须首先承认行为本身就是刑事责任的基础,于是就提出了行为人对具体犯罪行为的人格态度问题。从这个意义上来说,人格责任论可以认为就是行为责任论。然而,由于在犯罪行为的背后可以预料存在着潜在的人格体系,因此不可能撇开这一点而只对行为进行论述。再则,其背后存在的这种人格也是在受素质和环境制约的同时形成的。因而在行为人能够独立自主地实施某行为的范围内,可向行为人对其人格形成施加非难。这种行为责任与人格形成责任,可以从概念上进行区别,前者一般是主要的即第一位的,后者为次要的即第二位的。但是,行为责任本身也是对行为中的人格态度进行理解并作责任判断的,因此它是具有人格性的责任。此外,如果脱离过去的人格形成的过程,一般不可能真正了解犯罪行为发生时的人格。因此要想把握行为中的人格态度,就必须要涉及过去的人格形成,两者应该结合起来加以考虑。像这样的行为责任与人格形成责任,总称为人格责任。日本刑法学家福田平认为,人格责任论在刑法理论上显示的实际意义有以下几点:首先,这是作为惯犯加重责任的依据,该理论认为习惯性是量刑时加重刑罚的根据。但是按照强调个别行为责任的道义责任论观点,加重刑罚的根据是规范意识,这样的话,违法性意识薄弱的惯犯就只存在轻微的责任。如果按照人格责任论的观点,只要在具有这种习惯性的人格形成上可对行为人非难,就可依此认定行为人责任重大。其次,关于违法性的认识问题,该理论认为只要对违法性有认识可能的即可成立故意。其根据是既然故意责任的本质可从人格态度的直接规范性中去了解,并由此来认识事实,那么由于行为人所面临的是有关规范的问题,这样,对违法性的认识与可能有意识之间,就完全不存在质的区别。另外,既然对事实有认识并且容认了,那么即便没有违法性的认识,但只要有此可能性,就认定是直接反规范的人格态度。因此,故意的成立只要是对违法性有认识可能性的即可。作为过失责任核心的不注意(对于危险的无意识、紧张程度不够)反映了无意识的人格态度。因此,正因为有了人格责任论,过失责任才有了正确的依据。此外,人格责任论还具有作为量刑、定刑标准的意义。① 由此可见,行为本身不是孤立的,而是受行为人的人格支配的,行为的反复性与规律性都可以在人格体系中找到合乎逻辑的根据。对犯罪行为也应作如是观。立足人格责任论,一方面肯定人对本人行为道义上的责任,因而具有非难可能性;另一方面又从受制于社会环境的人格上分析行为,从而纳入人身危险性的内容。

人格责任论既吸收了道义责任论建立在意志自由基础之上的可非难性观念,又汲取了社会责任论将具体行为视为是犯罪人性格的体现的人身危险性观念,形成了一种综合的责任论。人格责任论并不否认人的意志自由。日本刑法学家大塚仁提出:所谓相对的自由意思的思想,不仅在今日的哲学上得到广泛的支持,而且在犯罪学的领域里也得到了实证,应当作为刑法学的基础来采用。只有站在这一立场上,才可能就符合构成条件的违法的个别行为对实施它的行为主体性存在的行为人进行责任非难。② 从意志自由论出发,可以阐明责任的可非难性。行为的可非难性,与主观罪过、客观行为以及主体特征有着密切的联系。首先,人的主观罪过是以意志自由为前提的。在罪过心理中,包含着人的认识因素与意志因素。认识因素是指人的主观认识问题,它是意志自由的基础。意志因素是指人对其行为所造成的危害结果的一种主体倾向,显然,只有在意志自由的情况下,才能反映出主体的这种反社会倾向。如果行为人的行为完全是被决定了的,也就根本谈不上人的意志的问题。在犯罪故意中,犯罪人具有明显的违法认识,并且决定实施这一行为。因此,犯罪人在实施犯罪这一点上,其意志是自由的。正是这种意志自由,可以说明为什么犯罪人具有期待可能性,因而可以为刑事责任提供理论根据。那么,如何用意志自由解释犯罪过失呢? 例如,菲利就认为意志自由说不能解释为什么过失,尤其疏忽大意的过失应当负刑事责任。③ 在英美法系,有些法学家认为,纯属疏忽大意的人的心理状态似乎根本谈不上邪恶,并且可

---

① 参见〔日〕木村龟二主编:《刑法学词典》,顾肖荣等译,上海翻译出版公司1991年版,第222—223页。
② 参见〔日〕大塚仁:《犯罪论的基本问题》,冯军译,中国政法大学出版社1993年版,第170页。
③ 参见〔意〕菲利:《实证派犯罪学》,郭建安译,中国政法大学出版社1987年版,第12页。

以说未表现出任何报应理论可据以责难之处。① 笔者认为,这种观点是不能成立的。在过失犯罪的情况下,行为人在实施犯罪行为时,其意志似乎是不自由的,也就是说不自觉的。但是,这种不自由是以能够自由为前提的。因为在过失犯罪中,客观上具备了认识行为与结果间的必然联系的充分条件,能不能获得对客观必然性的认识完全取决于行为人愿不愿意发挥自己实际具有的主观能动性。② 在这个意义上说,过失犯罪的行为人在实施犯罪行为时所表现出来的不自由,只是一种现象,在这种现象的后面,包含着行为人的自由选择,尽管这是一种无意识的选择。哈特指出:在惩罚过失犯罪时,决定性的因素是,我们所惩罚的那些人应在其行为之时具备正常的实施法律行为和不实施法律禁止的行为的身体和心理上的能力以及发挥这些能力的公平机会。③ 因此,意志自由论完全可以解释过失犯罪的刑事责任的主观根据问题。其次,人的客观行为同样也是在其意志支配下实施的,缺乏意志自由条件下实施的行为,不认为是具有刑法意义的行为。由此可见,是否属于刑法意义上之行为,应以行为是否受主观意志支配为标准。在不可抗力的情况下,行为人虽然已经认识到危害结果的发生但意志上受外力的作用,失去了意志自由,其行为不能视为刑法意义上的危害行为,不能作为犯罪追究其刑事责任。最后,犯罪主体的确立也是以人的意志自由为基础的。犯罪主体的核心是刑事责任能力的问题。我国刑法中的刑事责任能力,是指行为人构成犯罪和承担刑事责任所必需的,行为人具备刑法意义上的辨认和控制自己行为的能力。刑事责任能力包括认识能力和意志能力。认识能力是指行为人具备对自己的行为在刑法上的意义、性质、作用、后果的辨别能力;意志能力是指行为人对自己是否实施为刑法所禁止的行为的控制能力。如果说,认识能力是对是非善恶的分辨能力;那么,意志能力就是对是非善恶的选择能力。由此可见,刑事责任能力的本质,是行为人实施危害社会行为时其相对的自由意志能力的存在。因此,在某种意义上说,刑事责任能力可以说是自由意志能力。人的意志自由不是与生俱来的,而是随着人的年龄增长而逐渐获得的。法律规定一定的年龄,在此年龄之前推定行为人不具备意志自由,因而不能成为

---

① 参见〔英〕哈特:《惩罚与责任》,王勇等译,华夏出版社1989年版,第126页。
② 参见张智辉:《试论过失犯罪负刑事责任的理论根据》,载《法学研究》1982年第2期。
③ 参见〔英〕哈特:《惩罚与责任》,王勇等译,华夏出版社1989年版,第145页。

犯罪主体,这种法定年龄就是刑事责任年龄。同时,人的意志自由又不是与生俱存的,它还会因为某种精神疾患而丧失。在这种情况下,行为人丧失了意志自由,因而不能成为犯罪主体。总之,意志自由是犯罪主体的前提。

人格责任论肯定人身危险性在刑事责任本质中的地位。那么,人身危险性与意志自由是否矛盾呢?笔者的回答是否定的。人身危险性是以一定的犯罪人格为基础的。尤其是惯犯的犯罪心理在多次犯罪活动中逐渐受到强化,形成了犯罪习癖,养成了犯罪人格,对其所犯罪行具有重复性和习惯性,难以控制本人的犯罪欲念。在这种情况下,犯罪人似乎丧失了意志自由。但在实际上,正如亚里士多德所指出的那样,行为人应对这种习性负责,因为这种习性的养成是行为人放任对自己欲望控制的结果,它是以意志自由为前提的。这就是所谓人格形成责任。在日本刑法学界,平野教授否定这种人格形成责任,认为不仅没有明确存在于行为背后的性格和环境是使责任变重,还是使责任变轻的问题,而且要明确能够就人格形成过程承担责任的存在于其背后的东西在现实上(恐怕在理论上也)是不可能的。对此,日本刑法学家大塚仁指出:的确,对人格形成的具体的意义和程度进行科学精密称量,至少在现时点上是不可能的。但是,对实施某犯罪行为的行为人的人格,其迄今为止的人格形成如何,根据该行为人的素质和所处的环境,是能够在今日的科学中进行相当程度的正确评价的,即使不完全,在通过努力能够认识的范围内把它作为责任判断的资料来使用,则无疑是必要的。不能脱离过去的人格形成来论及行为人的人格的意义。① 笔者认为,大塚仁的观点是正确的。至于犯罪人格形成是使责任变重还是变轻,笔者认为不可一概而论。惯犯与偶犯相比,因为其犯罪人格化,形成了犯罪习癖,易于重犯,难以矫正,所以应当从重处罚。而在具有同等犯罪人格的情况下,则要具体分析犯罪人格的形成过程,凡受外界环境因素影响较大,人的意志支配程度较小的,对犯罪人格形成的责任较小;反之,则责任较大。

---

① 参见〔日〕大塚仁:《犯罪论的基本问题》,冯军译,中国政法大学出版社1993年版,第170—171页。

论意志自由及其刑法意义*

意志自由首先是一个哲学问题,其次才是一个法学(包括刑法学)问题。在刑法学上,意志自由问题对于刑事责任的确认与承担具有重要意义,因而是刑法哲学的重要内容之一,并且也是刑法学流派之争的焦点。恩格斯指出:"如果不谈谈所谓自由意志、人的责任、必然和自由的关系等问题,就不能很好地讨论道德和法的问题。"① 为了深化我国刑法理论研究,本文拟在哲学意义上对意志自由进行一般性论述的基础上,对意志自由在定罪量刑中的意义加以探讨。

一、意志自由的哲学蕴含

意志自由,又称为自由意志(Free Will),是一个哲学命题,指人们在自己推理的基础上,在不完全受各种限制的支配的基础上,对各种事物进行选择以及在特定情况下从事活动的力量或能力。② 在西方哲学史上,关于人是否存在意志自由,历来存在意志自由论与行为决定论之争。

意志自由的争论,最初可以追溯到古希腊哲学。古希腊唯物主义哲学家德谟克利特认为,凡是受因果关系制约的一切都是必然的。因此,一切都是有原因的,一切都是必然的,都是被决定的。在这种情况下,自然没有意志自由可言。对此,亚里士多德评论道:"德谟克利特忽略了目的因,把自然界一切作用都归之于必然性。"③此后,斯多葛学派进一步发挥了行为决定论,并坚决否认人的意志自由。在斯多葛学派的哲学中,神、灵魂、命运、宇宙都是

---

* 本文原载《法律科学》1993年第5期。
① 《马克思恩格斯选集》(第3卷),人民出版社1956年版,第152—153页。
② 参见〔英〕沃克:《牛津法律大辞典》,邓正来等译,光明日报出版社1988年版,第351页。
③ 北京大学哲学系外国哲学史教研室编译:《古希腊罗马哲学》,生活·读书·新知三联书店1957年版,第99页。

同一的东西,它们所具有的无所不在、无所不能的力量和必然性规律,都是理性。这种理性是普遍存在的,它所表现出来的事物的秩序,就是受绝对规律和必然性所支配而趋向于一定目的的结果。因此,他们否认人有意志自由。对个人来说,没有什么机遇的偶然性和意志的自由。个人的生命与自然的必然性相一致的时候,就是好的;反之,就是不好的。① 与此相反,古希腊唯心主义哲学家柏拉图则认为,自由就其最高形式而言是天赋的,因而人们追求自由并服从个人的选择。同时,人在自己的行为中,自始至终又都是自由的,因为他是自己行为的主人。亚里士多德同样并不否认人具有意志自由,因而应对其行为承担责任。亚氏指出,一个人应该对自己自愿的行为负责,并因此被称赞或被指责。作恶者的性格是由于他们懈弛、放荡的生活养成的。他们由于一犯再犯,重复地做某一行为,因而养成一种特殊的习惯和性格,使他们成为不公正的或放荡的人。这种人对于他的习性应该自己负责,并且应当受到谴责。即使由于无知而作恶有时可以不负道德责任,但有些无知正是犯罪的根源,如酗酒而犯罪,喝酒是他无知的原因,但他本来可以不喝酒。再说,人人应当知道的社会规范,你不知道或疏忽,如若作恶犯罪,也应负道德的和法律的责任,也应当受谴责。因此,亚里士多德明确指出:"我们力所能及的恶,都要受到责备。"②这里所谓力所能及的恶,就是指基于个人意志自由而选择并实施的恶,因而应受谴责。

进入中世纪以后,意志自由成为一个神学教义的基本命题。古罗马著名哲学家奥古斯丁认为,亚当和夏娃在堕落以前,曾经是有过自由意志的。因为上帝在创造万物并创造亚当和夏娃的同时,就赋予了他们自由意志。正因为有这种自由意志,所以才使他们避免了犯罪。但是,也正是由于有了自由意志,所以在他们被蛇引诱偷了辨别善恶之树的智慧之果后,他们的道德便堕落了,并且这种堕落的道德还不断地传给后代子孙。人类之所以不断地犯罪,就是因为在他们的祖先那里失去了上帝所赋予的自由意志。由此可见,奥古斯丁认为人是没有意志自由的,只有上帝才能给人以自由选择的意志能

---

① 参见罗国杰、宋希仁:《西方伦理思想史》(上卷),中国人民大学出版社1985年版,第271页。
② 〔希腊〕亚里士多德:《尼各马科伦理学》,苗力田译,中国社会科学出版社1990年版,第51页。

力。中世纪的托马斯·阿奎那认为,人具有理智的灵魂和自由的意志。因此,人们能够自己选择自己的行为并对自己的行为负责。人们能够得出有关善与恶的正确观念,能够自觉地进行选择并做到操行善良。阿奎那承认人的自由和人选择行为的自由,这是非常重要的,这样才能解释人为什么要对自己的行为负责,为什么要对犯罪行为实行惩罚。当然,阿奎那关于意志自由的学说仍然具有宗教色彩。例如阿奎那宣称:人能够自己进行选择,但意志的完全自由,只有得到上帝支持时才会存在,是上帝促使人进行活动。所以,在阿奎那那里,自由的实际主体是上帝,而不是人。①

及至近代,关于意志自由的争论更加激烈。17世纪荷兰哲学家斯宾诺莎驳斥了阿奎那的观点,认为人的一切意图和愿望必然出自他的自然本性,超出了这范围就不可能有任何意志自由。在人们的心灵中没有无原因的愿望,一切都是受因果关系制约的,并且是按必然性实现的,人的意志也不例外。例如斯宾诺莎指出:"无论怎样理解意志,有限的也好,无限的也好,都有原因以决定它的存在与动作;所以意志不能说是自由的,只能说是必然的或被强迫的。"②18世纪法国哲学家霍尔巴赫则更为彻底地主张行为决定论,认为人的行为从来不是自由的,行为是人的气质、先人的思想、真的或假的关于幸福的概念,在教育、实例、日常影响下所形成的观念等之必然结果。因此,意志自由不过是一种幻想,产生这样一种幻想是由于人们不知道自己行为动机的真正原因。与此同时,德国著名哲学家康德则主张意志自由论,指出:"意志是有生命东西的一切因果性,如若这些东西是有理性的,那么,自由就是这种因果性所固有的性质,它不受外来原因的限制,而独立地起作用;正如自然必然性是一切无理性东西的因果性所固有的性质,它们的活动在外来原因影响下被规定。"③对于意志自由,德国著名哲学家黑格尔更是直截了当地予以肯定:"可以说,自由是意志的根本规定,正如重量是物体的根本规定一样……自由的东西就是意志。意志而没有自由,只是一句空话;同时,自由只有作为意志,作为主体,才是现实的。"④

---

① 参见〔苏〕戈卢宾科:《必然和自由》,苍道来译,北京大学出版社1984年版,第9页。
② 〔荷〕斯宾诺莎:《伦理学》,贺麟译,商务印书馆1983年版,第31页。
③ 〔德〕康德:《道德形而上学原理》,苗力田译,上海人民出版社1986年版,第100页。
④ 〔德〕黑格尔:《法哲学原理》,范扬、张企泰译,商务印书馆1961年版,第11、12页。

以上意志自由论与行为决定论互相对立,各执一词,争论绵延达千年之久。应该说,这两种观点都有一定的道理,但又都不无片面之处。马克思主义哲学不仅对于绝对的意志自由论持否定态度,而且对于行为决定论也同样予以断然否定。根据马克思主义的观点:"自由不在于幻想中摆脱自然规律而独立,而在于认识这些规律,从而能够有计划地使自然规律为一定的目的服务。"① 因此,人的活动是具有自觉能动性的,但这并不等于意志的绝对自由,人的认识和活动并不是随心所欲的,而是受客观存在和客观规律制约。人们只有在正确地认识和利用客观规律时才能获得意志自由。因此,人的意志既是自由的又是不自由的,不自由是就意志决定于客观必然性而言的,自由则指人的意志具有主观能动性。同样,行为是被决定的又是不被决定的,被决定是指人的行为受客观必然性的支配,不被决定是指人的行为具有一定的自主性。在这个意义上说,意志自由只是借助于对事物的认识来作出决定的那种能力。② 这就是马克思主义的意志自由论,又被称为相对的意志自由论。

二、意志自由的刑法分析

哲学上的意志自由论与行为决定论之争,对刑法学产生了重大影响。刑法涉及行为人的刑事责任问题,而刑事责任与人的意志自由具有密切联系。在近代刑法理论中,存在旧派(刑事古典学派)与新派(刑事人类学派与刑事社会学派)之争,反映在刑事责任上则有道义责任论与社会责任论之争。

道义责任论为旧派所主张,该论认为刑事责任的根据存在于道义上的非难可能性。道义责任论以自由意思论作为前提,认为具有自由意思的人虽然可按其自由意思实施合法行为,但结果导致违法行为时,就有道义上非难的可能性。这也就是说,能够意识到道义上的规范并能按该意识决定自己行动的具有精神能力的人(责任能力者)虽然意识到行为的违法性却仍然实施了该行为(故意),或者至少可能意识到这一点却因不注意而实施了该行为(过失)时,那么,对此所施加的道义上的非难就是责任的核心。③ 根据这种观

---

① 《马克思恩格斯全集》(第20卷),人民出版社1973年版,第125页。
② 参见《马克思恩格斯全集》(第20卷),人民出版社1973年版,第125页。
③ 参见〔日〕木村龟二主编:《刑法学词典》,顾肖荣等译,上海翻译出版公司1991年版,第221页。

点,犯罪人基于自由意志而选择了犯罪,由于每个人的自由意志都是同等的,因此,只能根据自由意志的外部现实行为及其后果为着眼点来确定犯罪行为并作为刑事责任的基础。因此,对犯罪承担刑事责任意味着这样一个假设,即个人有运用他的意志能避免去做他想做的事情。如果某人没有自由意志而认定他可以承担法律责任,这是不公平的。因此,一个头脑不健全或神志不清的人没有法律责任。刑事古典学派又可以分为以康德、黑格尔为代表的报应主义与以贝卡里亚、费尔巴哈为代表的功利主义两支,他们对意志自由的理解不完全相同。报应主义主张绝对的意志自由论,例如黑格尔指出,法的出发点,它的实体性就是意志。而意志的根本属性,是自由。意志而没有自由,就不能称其为意志。由此出发,黑格尔把犯罪视为犯罪人基于本人的意志自由选择的结果。在这个意义上,黑格尔认为:"刑罚既被包含着犯人自己的法,所以处罚他,正是尊敬他是理性的存在。"①功利主义则主张相对的意志自由论,例如费尔巴哈的心理强制说认为,人之违法精神动向的形成并非无中生有,而是受了潜在于违法行为中的快乐,以及不能得到该快乐所带来的不快所诱惑与驱使。人根据趋利避害的功利原则选择自己的行为,因而使违法行为中蕴涵着某种痛苦,已具有违法精神动向的人就不能不在违法行为可能带来的乐与苦之间进到细致的权衡,当违法行为所蕴涵的苦大于其中的乐时,主体便会基于舍小求大的本能,回避大于不违法之苦的苦,而追求大于违法之乐的乐,自然抑制违法的精神动向,使之不发展成为犯罪行为。显然,费尔巴哈虽然承认人的精神及其行为受功利原则支配,但同时肯定人具有一定限度的选择自由。关于贝卡里亚是否赞同意志自由,历来都认为贝卡里亚是一个意志自由论者,即使是作为新派的菲利也并不否认这一点。例如菲利指出:如果你们仔细观察贝卡里亚的思想对于中世纪刑事司法的重大改革,就会发现这一伟大的古典派的改革步伐甚小,因为其刑事司法的理论和实践基础仍然停留在中世纪和古代的个人道德责任的观念之上。② 这里所谓个人道德责任的观念就是指建立在意志自由基础之上的刑事责任论。但我国刑法学界有人认为,贝卡里亚并非是一个意志自由论者而是一个机械决

---

① 〔德〕黑格尔:《法哲学原理》,范扬、张企泰译,商务印书馆1961年版,第103页。
② 参见〔意〕菲利:《实证派犯罪学》,郭建安译,中国政法大学出版社1987年版,第10页。

定论者。根据这种观点,意志自由是指人的意志可以不受客观因果规律的支配,人可以按照一种超自然的或先验的善恶观念来决定自己的行为。但是我们在《论犯罪与刑罚》中找不到这样的论述。① 笔者认为,上述关于意志自由的定义是绝对的意志自由论,对此贝卡里亚当然是不赞同的,贝卡里亚确实十分注重感官的感受对人的意志的制约性。但贝卡里亚并没有从根本上否认人具有选择自己行为的自由,从而完全主张行为决定论。事实上,在贝卡里亚看来,作为理性的人,其意志自由是人人皆然的。当然,这里所谓意志自由不同于康德、黑格尔等人所主张的绝对的意志自由,而是受人的趋利避害的本性所支配的相对的意志自由。

社会责任论为新派所主张,该论根据行为决定论,即犯罪必然取决于行为者的素质和环境的观点,批判了道义责任论所主张的犯罪是因为具有意思自由者自由判断而造成的观点,认为这个观点是毫无意义的,否定了以道义责任论为基础的自由意思论。该理论又指出,对于具体作为从道义上非难行为者是毫无意义的,因为犯罪者实施犯罪行为是由其本人的素质和环境所决定的,没有理由从道义上加以非难。② 社会责任论是在批判意志自由论的基础上提出来的。例如菲利指出:"我们不能承认自由意志。因为如果自由意志仅为我们内心存在的幻想,则并非人类心理上存在的实际功能。"③在菲利看来,"自由意志的幻想,来自我们的内在意识,它的产生完全是由于我们不认识在作出决定时反映在我们心理上的各种动机以及各种内部和外部的条件"④。因此,菲利宣称:"实证派犯罪学主张,犯罪人犯罪并非出于自愿;一个人要成为罪犯,就必须使自己永久地或暂时地置身于这样一种人的物质和精神状态,并生活在从内部和外部促使他走向犯罪的那种因果关系链条的环境中。"⑤因此,根据社会责任论,犯罪行为根本不是犯罪人自由选择的结果,而是由人的生物基因(龙勃罗梭主张)或者社会环境(菲利、李斯特主张)所决定的。责任的根据不在于道义上的非难,而应立足于社会防卫。

---

① 参见黄风:《贝卡里亚及其刑法思想》,中国政法大学出版社1987年版,第41页。
② 参见〔日〕木村龟二主编:《刑法学词典》,顾肖荣等译,上海翻译出版公司1991年版,第221—222页。
③ 〔意〕菲利:《实证派犯罪学》,郭建安译,中国政法大学出版社1987年版,第14页。
④ 〔意〕菲利:《实证派犯罪学》,郭建安译,中国政法大学出版社1987年版,第16页。
⑤ 〔意〕菲利:《实证派犯罪学》,郭建安译,中国政法大学出版社1987年版,第9—10页。

笔者认为,上述道义责任论与社会责任论都有偏颇之处。在主张道义责任论的刑事古典学派中,康德、黑格尔主张绝对的意志自由,正如马克思所评价的那样,不是把罪犯看成是单纯的客体,即司法的奴隶,而是把罪犯提高到一个自由的、自我决定的人的地位,因而有其可取性。但同时,它荒谬地用人的"自由意志"这一特性,代替了特定人的行为的现实动机和受着各种社会条件影响而形成的全部特性,因而又有其不科学性。① 费尔巴哈、贝卡里亚主张的相对的意志自由,为刑事责任提供了归责可能性,但它仍然以人的趋利避害的本性作为其理论基础,否认人的现实存在对其意志的制约性,因而根本不同于马克思主义的相对意志自由论。从根本上来说,刑事古典学派的意志自由论把犯罪简单地归结为意志自由的结果,孤立地分析犯罪现象,没有看到犯罪与现实社会环境的联系,因此具有严重的法律形式主义倾向。在活生生的、千姿百态的犯罪面前,其解释显得乏力,其理论显得苍白。而主张社会责任论的刑事人类学派与刑事社会学派,虽然对犯罪的原因作了比较深刻的解释,尤其是刑事社会学派,能够立足于社会环境解释犯罪,具有一定的科学性,它为犯罪的社会治理提供了理论根据。同时,在刑法理论上社会责任论强调犯罪人的人身危险性,将这种人身危险性作为衡量犯罪与刑罚之间比例的尺度而加以确定,对于矫正犯人,防卫社会具有重要意义。但社会责任论完全否认人的意志自由,把人视为机械地受先天因素或者社会环境所决定的客体,甚至提出天生犯罪人之类的观点,缺乏对人的自由的应有尊重,将刑法视为社会防卫的工具,不利于有效地保障人权。笔者认为,犯罪人的犯罪不是完全被决定的,而是根据本人的意愿选择的,当然这种意愿本身又不能脱离一定的社会物质条件。因此,犯罪人应当对本人的危害社会的行为承担刑事责任,这种刑事责任乃是建立在犯罪人的社会危害性与人身危险性统一的基础之上的,这就是马克思主义相对意志自由论的必然结论。在这个意义上,笔者赞同人格责任论。人格责任论认为,人是受素质和环境的制约的,同时在一定程度上也能控制或支配素质与环境的影响。甚至这种抽象的人性,认为人的具体行为的背后还有个抽象的人格。人格是各个具体行为的抽象概念,各个具体行为亦寓于人格之中。两者是具体与一般的关系,是不可

---

① 参见吕世伦:《黑格尔法律思想研究》,中国人民公安大学出版社1989年版,第84页。

分割的。人格责任论不孤立地论人格责任,而是把行为责任与人格责任结合起来,得出一个综合的、整体的新型责任论。这一理论的基本特征是,具体行为的罪责取决于行为者的人格态度。这样,首先意识到的是人格责任论认为责任是犯罪行为人的人格暴露,据此又可称为行为责任论。但更为本质的是经推想到犯罪行为背后所潜在的行为人的人格体系,这一人格体系就是人格形成责任论的核心。① 由此可见,行为本身不是孤立的,而是受行为人的人格支配的,行为的反复性与规律性都可以在人格体系中找到合乎逻辑的根据。对犯罪行为也应作如是观。立足于人格责任论,一方面肯定人对本人行为的道义上的责任,因而具有非难可能性。另一方面又从受制于社会环境的人格上分析行为,从而纳入人身危险性的内容。

三、意志自由在定罪量刑中的作用

刑法中对犯罪人刑事责任的追究,主要解决确定刑事责任之有无与确定刑事责任之大小这两个问题,前者可以称之为定罪,后者可以称之为量刑。意志自由与这两个问题都具有密切关系,并且是解决这两个问题的理论根据。

(一) 意志自由在定罪中的意义

定罪主要解决刑事责任之有无问题。按照我国刑法理论,犯罪构成是刑事责任的根据。在犯罪构成四大要件中,除犯罪客体以外的其他三个要件都与意志自由问题有关。

首先,人的主观罪过是以意志自由为前提的。在罪过心理中,包含着人的认识因素与意志因素。认识因素是指人的主观认识问题,它是意志自由的基础。意志因素是指人对其行为所造成的危害结果的一种主体倾向,显然,只有在意志自由的情况下,才能反映出主体的这种反社会倾向。如果行为人的行为完全是被决定,也就根本谈不上人的意志问题。在犯罪故意中,犯罪人具有明确的违法认识,并且决意实施这一行为。因此,犯罪人在实施犯罪这一点上,其意志是自由的。正是这种相对的意志自由,可以说明为什么犯罪人具有期待可能性,因而可以为刑事责任提供理论根据。那么,如何用意

---

① 参见甘雨沛、何鹏:《外国刑法学》(上册),北京大学出版社1984年版,第350页。

志自由来解释犯罪过失呢？例如，菲利就认为意志自由说不能解释为什么过失，尤其是疏忽大意的过失应当负刑事责任。① 在英美法系，有些法学家认为，纯属疏忽大意的人的心理状态似乎根本说不上邪恶，并且可以说未表现出任何报应理论可据以责难之处。② 笔者认为，这种观点是不能成立的。在过失犯罪的情况下，行为人在实施犯罪行为时，其意志似乎不是自由的，也就是说不自觉。但是，正如我国刑法学者所指出的，这种不自由是以能够自由为前提的。因为在过失犯罪中，客观上已经具备了认识行为与结果间的必然联系的充分条件，能不能获得对客观必然性的认识完全取决于行为人愿不愿意发挥自己实际具有的主观能动性。③ 在这个意义上说，过失犯罪的行为人在实施犯罪行为时所表现出来的不自由，只是一种现象，在这种现象的后面，包含着行为人的自由选择，尽管这是一种无意识的选择。哈特指出：在惩罚过失犯罪时，决定性的因素是"我们所惩罚的那些人应在其行为之时具备正常的实施法律行为和不实施法律禁止的行为的身体和心理上的能力以及发挥这些能力的公平机会"。④ 因此，意志自由论完全可以解释过失犯罪的刑事责任的主观根据问题。

其次，人的客观行为同样也是在其意志支配下实施的，缺乏意志自由条件下实施的行为，不认为是具有刑法意义的行为。根据这一标准，下述行为非生于行为人之意思决定，因而并非刑法概念上之行为：①无意识参与作用之反射动作。②受他人暴力之直接强制，在完全无法抗拒，而其意思支配完全被排除之情况下的机械动作。③睡眠中或无意识中之行为与静止。④因病发作之抽搐，或因触电或神经反射而生之痉挛。⑤手脚被捆绑而欠缺行动可能性之静止等。而下述人类行为，仍系行为人之意思所支配之行为或静止，因而仍属于刑法上的行为：①日常生活上之自动化行为。②冲动行为。③受他人暴力之间接强制，致其意思受影响而为之特定行为。⑤《中华人民共和国刑法》(以下简称《刑法》)第13条规定，行为人在客观上虽然造成了损害结果，但是不是出于故意或者过失，而是由于不能抗拒的原因所引起的

---

① 参见〔意〕菲利：《实证派犯罪学》，郭建安译，中国政法大学出版社1987年版，第12页。
② 参见〔英〕哈特：《惩罚与责任》，王勇等译，华夏出版社1989年版，第126、145页。
③ 参见张智辉：《试论过失犯罪负刑事责任的理论根据》，载《法学研究》1982年第2期。
④ 〔英〕哈特：《惩罚与责任》，王勇等译，华夏出版社1989年版，第126、145页。
⑤ 参见林山田：《刑法通论》(第2版)，台北三民书局1986年版，第74页。

行为,不认为是犯罪。这种情况,在刑法理论上称为不可抗力。在不可抗力的情况下,行为人虽然已经认识到危害结果的发生但意志上受到外力的作用,失去了意志自由,其行为不能视为刑法意义上的危害行为,不能作为犯罪追究其刑事责任。

最后,犯罪主体的确立也是以人的意志自由为基础的。犯罪主体的核心是刑事责任能力的问题。我国刑法中的刑事责任能力,是指行为人构成犯罪和承担刑事责任所必需的,行为人具备刑法意义上辨认和控制自己行为的能力。刑事责任能力包括认识能力和意志能力。认识能力是指行为人具备对自己的行为在刑法上的意义、性质、作用、后果的辨别能力;意志能力是指行为人对自己是否实施为刑法所禁止的行为的控制能力。如果说,认识能力是对是非善恶的分辨能力;那么,意志能力就是对是非善恶的选择能力。由此可见,刑事责任能力的本质,是行为人实施危害社会行为时其相对的自由意志能力的存在。① 因此,在某种意义上说,刑事责任能力可以说是自由意志能力。人的意志自由不是与生俱来的,而是随着人的年龄增长而逐渐获得的。法律规定一定的年龄,在此年龄之前推定行为人不具备意志自由,因而不能成为犯罪主体,这种法定年龄就是刑事责任年龄。同时,人的意志自由还不是与生俱存的,它还会因为某种精神疾患而丧失。在这种情况下,行为人丧失了意志自由,因而不能成为犯罪主体。总之,意志自由是犯罪主体的前提。

(二) 意志自由在量刑中的意义

量刑主要解决刑事责任之大小问题。刑事责任的大小一方面决定于社会危害性程度,另一方面又决定于人身危险性程度,而这两者都与人的意志自由程度有关。

犯罪的社会危害性程度取决于主观恶性与客观危害两个方面。客观危害是犯罪人主观恶性的外化,因此,主观恶性更具有决定意义。主观恶性在很大程度上取决于犯罪人的意志自由程度。古典派犯罪学大师马里奥·帕加诺曾经指出:"一个人应对其所犯的罪行负责,如果在其犯罪之际,只有二分之一的意志自由,应当负二分之一的责任;如果只有三分之一的意志自由,

---

① 参见赵秉志:《犯罪主体论》,中国人民大学出版社 1989 年版,第 26 页。

则只负三分之一的责任。"①这一观点虽不无偏颇,但又不能不说还是具有一定道理的。在量刑的时候,确实应当考虑到犯罪之际,犯罪人的意志自由程度。以共同犯罪中的胁从犯而论,1979年《刑法》第25条规定对胁从犯应当按照他的犯罪情节,比照从犯减轻或者免除处罚。法律这一规定的根据就在于:胁从犯罪是被胁迫、被诱骗而参加犯罪,其意志自由虽然没有完全丧失,但受到一定程度的压抑,因而主观恶性较小。同时,在对胁从犯具体量定刑罚的时候,还应当考察被胁迫、被诱骗的程度。因为被胁迫、被诱骗的程度与其意志自由的程度是成反比例关系的,当然也与其行为的社会危害程度成反比例。被胁迫程度轻,说明他参加犯罪的自觉自愿程度大一些;相应的,其行为的社会危害性程度也要严重一些。反之,被胁迫、被诱骗的程度重,说明他参加犯罪的自觉自愿程度小一些;相应的,其行为的社会危害性程度也要小一些。由此可见,犯罪人的意志自由程度,对于胁从犯的量刑具有重要意义。另外,各国刑法大多都对在义愤情况下实施的犯罪予以宽大处理,例如《瑞士刑法典》第64条明确将行为人因不当之刺激或侮辱,而生重大愤怒及痛苦,因而犯罪者作为刑罚减轻的事由。我国刑法对此虽然没有明文规定,但在司法实践中往往还是予以考虑的,例如义愤杀人一般都视为情节较轻的杀人罪而适用较轻的法定刑。心理学研究表明,处于激情状态下,人的认识活动的范围往往会缩小,人被引起激情体验的认识对象所局限,理智分析能力受到抑制,控制自己的能力减轻,往往不能约束自己的行为,不能正确地评价自己的行动的意义及后果。②申言之,在激愤犯罪的情况下,犯罪人由于外部刺激而在一定程度上丧失了意志自由,从而表明犯罪人的主观恶性较小,应予从宽处理。总之,犯罪人的意志自由程度对于主观恶性的大小具有决定意义,因此制约着犯罪人的刑事责任大小,最终影响量刑。

犯罪人的人身危险性是对犯罪人量刑时应当考虑的另一个重要因素,是刑罚个别化的根据。意志自由与人身危险性的关系是一个复杂的问题,因为人身危险性理论往往是建立在否定意志自由的基础之上的,但笔者认为,意志自由与人身危险性还是具有紧密关联的,对此有必要从理论上加以论述。

---

① 〔意〕菲利:《实证派犯罪学》,郭建安译,中国政法大学出版社1987年版,第11页。
② 参见曹日昌主编:《普通心理学》(下册)(第2版),人民教育出版社1980年版,第69页。

根据我国刑法规定,累犯与惯犯都应从重处罚。刑法理论上一般认为,累犯与惯犯从重处罚的根据在于人身危险性较大,似乎与意志自由无关。尤其是在犯罪学上认为累犯、惯犯的犯罪心理在多次犯罪活动中逐渐受到强化,形成了犯罪习癖,养成了犯罪人格,对其所犯罪行具有重复性和习惯性,难以控制本人的犯罪欲念。在这种情况下,犯罪人似乎丧失了意志自由。但在实际上,正如亚里士多德所指出的那样,行为人应对这种习性负责,因为这种习性的养成是行为人放任对自己欲望控制的结果,它是以意志自由为前提的。同时,正因为犯罪人格化,形成了犯罪习癖,易于重犯,难以矫正,所以应当予以从重处罚。与此相反,根据我国刑法规定,中止与自首都应从轻处罚。犯罪中止是在犯罪过程中,犯罪人能够将犯罪进行到底而自动中止犯罪或者能够造成预期中的犯罪结果而自动有效地防止犯罪结果的发生。由此可见,自动性是犯罪中止的重要特征,而这种自动性就是指犯罪人基于意志自由的选择而中止了犯罪。我国刑法学者指出,在这种情况下,犯罪人是出于自己的自由意志而自动、彻底地放弃原来犯罪的意图,打消犯罪的念头。① 因此,中止犯的人身危险性较小,这就是对中止犯从宽处罚的根据。在自首的情况下也是如此,自首是指犯罪人在犯罪以后,自动投案,主动交代罪行,接受司法机关审查与裁判的行为。自首是一种自动投案,与被动归案有所不同。自动投案,正如我国刑法学者所指出的那样,无论情况有何差异,从根本上来说,都是犯罪人基于自己的自由意志选择的一项行为。② 因此,自首犯的人身危险性较小,这正是对自首犯从宽处罚的根据。由此可见,在累犯与惯犯的情况下,犯罪人形成犯罪人格,在一定程度上丧失了选择合法行为的意志自由,而这种情况的发生又是犯罪人自身意志自由的结果,因而表明犯罪人的人身危险性较大。而在中止与自首的情况下,犯罪人基于意志自由,自动停止犯罪或者自动投案,因而表明犯罪人的人身危险性较小。显然,意志自由对于考察人身危险性程度从而正确地对犯罪人量刑具有重要意义。

---

① 参见徐逸仁:《故意犯罪阶段形态论》,复旦大学出版社1992年版,第199页。
② 参见周振想:《自首制度的理论与实践》,人民法院出版社1988年版,第66页。

论人身危险性及其刑法意义*

人身危险性是刑法理论中的一个重要范畴,它的出现,标志着刑法理论的一场革命,因而具有十分重要的意义。在我国刑法学界,以往对人身危险性尚缺乏深入研究,虽然在论述刑罚个别化时偶有涉及,但给人以浅尝辄止之感,未能从犯罪本体的意义上予以把握,这不能不说是一种缺憾。本文拟对人身危险性问题进行一些理论上的探究,以此就正于我国刑法学界。

一、人身危险性理论的缘起

人身危险性是随着刑事实证学派的崛起而产生的一个概念。刑事古典学派关注的是犯罪行为而非犯罪人,只有刑事实证学派才将理论的触须伸向犯罪人,从而完成了由犯罪行为向犯罪人的划时代的转变。人身危险性,正是作为犯罪人的一种特征而被揭示的,并且建立在"应受惩罚的不是行为,而是行为人"这样一个命题上。1910年,国际刑法学家联合会的创始人之一、社会学派思想的拥护者普林斯指出:"这样一来,我们便把以前没有弄清楚的一个概念,即犯罪人的社会危险状态的概念,提到了首要的地位,用危险状态代替了被禁止的一定行为的专有概念。换句话说,孤立地来看,所犯的罪行可能比犯这种罪的主体的危险性小。如果不注意主体固有的特性,而对犯这种违法行为的人加以惩罚,就可能是完全虚妄的方法。"①这里所谓犯罪人的社会危险状态就是指人身危险性。

人身危险性作为犯罪人的人身特征,往往被理解为某种犯罪倾向性。意

---

* 本文原载《法学研究》1993年第2期。
① 〔苏〕特拉伊宁:《犯罪构成的一般学说》,王作富等译,中国人民大学出版社1958年版,第22—23页。

大利著名犯罪学家加罗法洛在《危险状态的标准》(1880年)一书中就把这种危险状态视为某人变化无常的、内心所固有的犯罪倾向。意大利著名犯罪学家龙勃罗梭则把这种具有犯罪倾向的人称为天生犯罪人,从生物学的角度阐述犯罪人的人身特征,认为这种人虽然尚未实施犯罪行为,但由于他们基于遗传或体态等方面的原因,而已经具有了犯罪的倾向。此后,菲利也用天生犯罪人的概念来表示这种具有犯罪倾向的人。菲利认为:"说一个人是天生犯罪人,是指他具有某种天生的退化现象,使其倾向于犯罪。"①但菲利同时认为:"一个人或许有天生的犯罪倾向,但他如果处在良好的环境之中,就有可能到死也不违犯任何刑法条文及道德信条。"②显然,菲利所称天生犯罪人,主要是就犯罪的生物学因素而言的,如果把纯生物学的内容从天生犯罪人这一概念中剔除,那么,所谓天生犯罪人无非就是指人身危险性较大的犯罪人而已。

由于刑事人类学派过分强调犯罪人的生物学特征,引起人们的指责与非难。后来,刑事社会学派注意从社会方面寻找犯罪人的犯罪原因,人身危险性的表征也由纯生物学而向社会学转变。例如菲利在《法国犯罪研究》(1881年)一书中,用三种自然类别对所有以前曾被以零碎、不完整的类别表述过的犯罪原因进行了分类,提出:"考虑到人类行为,无论是诚实的还是不诚实的,是社会性的还是反社会性的,都是一个人的自然心理机制和生理状况及其周围生活环境相互作用的结果,我特别注意犯罪的人类学因素或个人因素、自然因素和社会因素。"③作为这种犯罪原因的表征的是以下三个方面的因素:一是人类学因素。犯罪人个人所具有的人类学因素是犯罪的首要条件。如果对犯罪人从生理、自然和社会三个方面进行研究,我们可以将人类学因素分为三个次种类:①犯罪人的生理状况,包括颅骨异常、脑异常、主要器官异常、感觉能力异常、反应能力异常和相貌异常及人身等所有生理特征。②犯罪人的心理状况,包括智力和情感异常,尤其是道德情感异常,以及犯罪人的文字和行话等。③犯罪人的个人状况,包括种族、年龄、性别等生物学状况和公民地位、职业、住所、社会阶层、训练、教育等社会学状况。二是犯罪的

---

① 〔意〕菲利:《实证派犯罪学》,郭建安译,中国政法大学出版社1987年版,第40页。
② 〔意〕菲利:《实证派犯罪学》,郭建安译,中国政法大学出版社1987年版,第41页。
③ 〔意〕菲利:《犯罪社会学》,郭建安译,中国人民公安大学出版社1990年版,第41页。

自然因素。犯罪的自然因素是指气候、土壤状况、昼夜的相对长度、四季、平均温度和气象情况及农业状况。三是犯罪的社会因素。犯罪的社会因素包括人口密集、公共舆论、公共态度、宗教、家庭情况、教育制度、工业状况、酗酒情况、经济和政治状况、公共管理、司法、警察、一般立法情况、民事和刑事制度等。菲利对犯罪原因的这种三元论,在一定意义上可以认为是对犯罪人的人身危险性的表征的描述。

综上所述,人身危险性在刑事古典学派那里没有地位,它是刑事实证学派所竭力主张与推崇的一个概念,在某种意义上也可以说是刑事实证学派的中心思想。当然,人身危险性在刑事人类学派与刑事社会学派中的意蕴有所不同:刑事人类学派强调犯罪人的生物学因素,因而人身危险性更多的是奠基于犯罪人的生物学因素的基础之上的。刑事社会学派则强调犯罪人的社会学因素,因而人身危险性是建立在对犯罪人的生物学、社会学的综合分析之上的。尽管如此,刑事人类学派与刑事社会学派在人身危险性这一点上是一脉相承的,从而构成区别于刑事古典学派的根本标志。

二、人身危险性概念的界定

关于人身危险性的概念,我国刑法学界一般将其界定为再犯可能性。例如我国学者指出:"所谓人身危险性,指的是犯罪人的存在对社会所构成的威胁,即其再犯罪的可能性。"[①]还有学者指出:"什么是犯罪人的人身危险性?一般来说,就是指犯罪人再次犯罪的可能性(即再犯可能性),它所表现的是犯罪人主观上的反社会性格或危险倾向。"[②]毫无疑问,再犯可能应当涵括在人身危险性这一概念之内。但是笔者认为,人身危险性并非再犯可能的同义语,除再犯可能以外,人身危险性还包括初犯可能,在这个意义上说,人身危险性是再犯可能与初犯可能的统一。

为什么说人身危险性包括初犯可能? 人身危险性之所谓人身,是指犯罪人之人身,再犯可能的主体是犯罪人,因而把再犯可能视为犯罪人的人身危险性是完全应该的。而初犯可能的主体是犯罪人以外的其他人,这些人的犯罪可能性怎么能归结为犯罪人的人身危险性呢? 这里需要解释。菲利经常

---

① 邱兴隆、许章润:《刑罚学》,群众出版社1988年版,第259页。
② 王勇:《定罪导论》,中国人民大学出版社1990年版,第83页。

把防治犯罪与防治疾病相类比,指出:"我们可以说,在社会生活中,刑罚与犯罪的关系和医药与疾病的关系一样。"①菲利在抨击刑事古典学派时还指出:"这种否认一切基本常识的刑事司法制度,竟使聪明人得出这种结论,他们忘记了罪犯的人格,而仅把犯罪作为抽象的法律现象进行处理。这与旧医学不顾病人的人格,仅把疾病作为抽象的病理现象进行治疗一样。古代的医生并不考虑病人的营养状况好坏,年纪大小、身体强弱以及神经状况如何。他们把发烧当做发烧治,把胸膜炎当做胸膜炎治。但现代医学宣称,研究病症必须从研究病人入手。同样的疾病,如果病人的情况不同,可以用不同的方法进行治疗。"②根据菲利的这一类比,病人的人格,实际上是从治疗角度来说的,影响到治疗措施及其效果,因而应予考虑。否则,无法治愈。在这个意义上,我们可以把这种病人的人格视为再犯可能。但是,在治病的时候,不仅要考虑这种病人的人格,而且要考虑病患对其他人的影响,这就是有无传染之可能,对于传染病应当采取格外的隔离措施。这种病患的传染性可能导致他人生病,可以说是一种初犯可能。在犯罪问题上也是如此。一个人犯了罪,不仅本人具有再犯可能,而且犯罪人作为一种犯罪源,对于其他人也会发生这种罪之感染。在犯罪学中,有一种分化性联想(Differential Association)理论,是美国著名犯罪学家埃德温·H.萨瑟兰提出的,其核心命题是不良交往论。萨瑟兰认为,犯罪总与不良交往有关,它和任何复杂行为一样,在实施以前得有一个学习过程。萨瑟兰根据巴甫洛夫的经典条件反射原理,认为个体可以区别各种对他起作用的刺激;经过对区别出的某种刺激的多次尝试后,该种刺激便会与有机体的某种反应建立联想,形成分化性反应。所以,犯罪行为的学习过程,就是一种个体对某种刺激建立特定反应的过程;犯罪行为的学习,仅仅依赖于刺激和反应在时间和空间上的接近性。③ 萨瑟兰的研究,充分揭示了犯罪的习得性,因而表明了犯罪的传染性。初犯可能正是这种犯罪的传染性的表现,因此,它应该属于犯罪人的人身危险性的范畴。

我国刑法学界除把初犯可能排斥在人身危险性的范畴之外,在人身危险性的内容上认识也不尽一致。尽管都将人身危险性定义为犯罪人的再犯可

---

① 〔意〕菲利:《实证派犯罪学》,郭建安译,中国政法大学出版社1987年版,第47页。
② 〔意〕菲利:《实证派犯罪学》,郭建安译,中国政法大学出版社1987年版,第40页。
③ 参见沈政主编:《法律心理学》,北京大学出版社1986年版,第207页。

能性,但如何确定犯罪人的人身危险性的范围,存在两种观点:第一种观点认为,犯罪人的个人情况是测定犯罪人再犯可能性即人身危险性的根据,这里的犯罪人的个人情况主要包括犯前情况、犯中情况与犯后情况。[1] 还有人指出:"犯罪人的人身危险性并非像资产阶级人类学派所说的那样,是指某些人与生俱来的一种反社会的性格,而是指由犯罪人的年龄、心理、生理状况、个性气质、经历、道德观念、教育程度、犯罪前的表现、犯罪后的个人态度等一系列个人情况所决定的再次犯罪的可能性。所以,考察犯罪人人身危险性的有无与大小,必须从考察犯罪人的个人情况入手。"[2]第二种观点认为,犯罪者的个人情况,主要是那些能够对刑罚特殊预防作用的发挥产生影响的情况。根据我国刑事法律的规定,结合司法实践的经验,参照国外的立法情况,犯罪者的个人情况应包括以下四类:①人身危险性,即罪犯再次犯罪的可能性。犯罪行为是罪犯人身危险性的直接体现,但犯罪者的一些个人情况也能够反映其人身危险性的强弱,这主要包括罪犯是偶犯还是累犯,是一般累犯还是特殊危险累犯,对所犯罪行的认识和态度(是否坦白、悔罪、自首等),犯罪者的一贯表现等。②年龄和性别,据此可将罪犯分为未成年犯、青年犯、壮年犯、老年犯、男犯和女犯。③犯罪者的世界观和政治思想,知识和道德水平,人格(性格、气质、能力)和心理特点等。④犯罪者的犯罪原因、生活经历、社会家庭关系等。所有这些犯罪者个人情况,根据其对刑罚影响作用的不同,又可分为两大类,第一类是犯罪者人身危险性,主要对刑罚处罚的轻重起作用,其余三种情况为第二类,属于犯罪者个人的一般情况,主要对刑罚怎样具体教育改造罪犯起作用。[3] 此后,论者又将第二类犯罪者个人的一般情况称为犯罪人的个人中性特性,并且强调个人中性特性并不对刑事责任的轻重,从而对刑罚的轻重产生任何影响,但是在适用刑罚的过程中,犯罪人的个人中性特性,对于采取怎样的具体方式方法教育和改造犯罪人有着不可忽视的意义和作用。[4] 笔者认为,第二种观点在犯罪者个人情况中区分出个人中性特征,并非毫无道理。因为某些个人情况本身并不具有反社会性质,而只是

---

[1] 参见邱兴隆、许章润:《刑罚学》,群众出版社1988年版,第259页。
[2] 周振想:《刑罚适用论》,法律出版社1990年版,第194页。
[3] 参见曲新久:《试论刑罚个别化原则》,载《法学研究》1987年第5期。
[4] 参见曲新久:《试论刑法学的基本范畴》,载《法学研究》1991年第1期。

一种中性特征。但把这些因素与人身危险性并列起来,却难以苟同。因为这些因素正是作为测定人身危险性的根据而存在的,可以说是人身危险性的表征。离开了这些因素,人身危险性就成为一个空洞无物的概念。论者之所以将这些个人中性特征从人身危险性中剔除,究其原委大概就是因为这些个人特征是中性的,而人身危险性则是具有反社会性质的,因而两者难以相容。笔者认为,这是对人身危险性的一种误解。因为人身危险性不同于社会危害性,社会危害性是基于报应,是对已然之罪的一种否定政治与法律的评价,根据个人责任论,应当受到刑罚惩罚。而人身危险性是基于预防,是犯罪人的一种未然行为之可能性。已然的犯罪行为作为人身危险性的表征,固然含有反社会性,但个人中性特征作为人身危险性的表征,却未必含有反社会性。因为人身危险性是根据社会责任论,而成为刑罚的基础。而且,那种认为犯罪者个人中性特征只影响刑罚执行方法,而不影响刑罚轻重的观点也是不能成立的。由于这些所谓犯罪者个人中性特征是人身危险性的表征,而犯罪人人身危险性的大小,表明了犯罪人改造的难易程度。因此,犯罪人的人身危险性大,也就意味着改造起来比较困难,改造所需的时间就长,与之相适应,所处的刑罚也应重一些。反之,犯罪人的人身危险性小,也即意味着改造起来比较容易,改造所需时间就短,与之相适应,所处的刑罚也应轻一些。

总之,笔者认为人身危险性是指犯罪可能性,属于未然之罪。这里的犯罪可能性,既包括再犯可能性,即犯罪人本人再次实施犯罪的可能性,又包括初犯可能性,即犯罪人以外的其他人主要是指潜在的犯罪人的犯罪可能性。这一人身危险性的概念虽然与传统意义上的人身危险性有所不同,但笔者认为这一概念更能科学地反映未然之罪的本质,在通过对传统的人身危险性的概念进行重新定义的基础上完全可以使用。

三、人身危险性观点的评价

如何评价人身危险性,这是一个复杂的问题。苏俄刑法学界曾经对人身危险性理论持完全否定的态度。例如苏俄著名刑法学家特拉伊宁指出:"人类学者们把犯罪人置于时间和空间之外,把犯罪人看成是在任何时间和任何条件下都注定要犯罪的某种生物学上的个体。在这种理解下,犯罪行为就丧失了它的决定性的意义,就不再是犯罪的'核心'了。犯罪行为便只具有次要的意义,即证明人生来有犯罪天性的那种外部征候的意义。因此,人类学者们容许对没有实施具体犯罪的人适用刑事制裁。"①特拉伊宁对刑事人类学派的评价虽然不无道理,但也存在明显的偏颇,从而导致对人身危险性的彻底否定。苏俄刑法学界虽然肯定刑罚个别化原则,但对于作为刑罚个别化原则的根据的人身危险性却躲躲闪闪,羞于承认。苏俄刑法学家指出:刑罚个别化就其最基本的内容而言,是指在具体适用刑罚处罚犯罪人时,应根据犯罪人的个人情况,有针对性地适用相应的刑罚,以期更有效地教育改造罪犯,实现刑罚特殊预防之目的。② 这里所谓犯罪人的个人情况实际上就是犯罪人的人身危险性,有的苏俄刑法学家认为这些个人情况影响着犯罪和犯罪人的社会危害性质和程度。因此,在它们的总和中,不考虑这些特点和情况,就不可能正确解决关于犯罪人的性质和责任的范围问题。③ 在此,苏俄学者把个人情况界定为对犯罪和犯罪人的社会危害性质和程度具有影响的因素,实际上是把作为已然之罪的犯罪行为的社会危害性与作为未然之罪的犯罪人的人身危险性混为一谈了,在逻辑上给人以杂乱的感觉,理论的发展脉络也未理清。

在我国,人身危险性历来就遭受非难。例如,我国权威的刑法教科书指出:"刑事人类学派是以'天生犯罪人'来代替犯罪行为,刑事社会学派则是以人的'危险状态'来代替犯罪行为。他们就是这样把犯罪构成的学说变成了'犯罪人'的学说。他们拒绝和否认把法律确切规定的犯罪构成当做刑事责任的基础。不难看出,这样的理论是为帝国主义资产阶级破坏法制、加强镇压劳动人民服务的。这些理论为资产阶级法院的专横和任意制裁大开方便之门,为资产阶级施行恐怖政策提供理论根据。"④显然,这是一种贴政治标签的做法,其结论难免武断。后来,我国刑法学界在探讨刑罚个别化的过程中,提出了人身危险性问题,并予以肯定。例如我国学者指出:长期以来,我国刑法理论界未对刑罚个别化原则进行过专门探讨,究其原因,其中很重要的一点就是,认为刑罚个别化原则是以人身危险性为理论根据的刑罚原

---

① 〔苏〕特拉伊宁:《犯罪构成的一般学说》,王作富等译,中国人民大学出版社1958年版,第22页。
② 参见陈明华:《当代苏联东欧刑罚》,中国人民公安大学出版社1989年版,第237页。
③ 参见陈明华:《当代苏联东欧刑罚》,中国人民公安大学出版社1989年版,第236页。
④ 高铭暄主编:《刑法学》(第2版),法律出版社1984年版,第94页。

则,而我国刑法理论界长期以来对人身危险性问题讳莫如深,因而怀疑甚至于否定刑罚个别化原则。① 现在,人身危险性的概念已经得到我国刑法学界的普遍重视,问题是要对犯罪人的人身危险性作出恰当的评价。

笔者认为,犯罪人的人身危险性是客观存在的,它准确地揭示了犯罪人的特性,因而是科学的。那种否认犯罪人的人身危险性的观点是难以成立的。即使是不存在人身危险性这一概念,也是用诸如犯罪人的个人情况之类的概念表达着同一内容。当然,我们谈论犯罪人的人身危险性并不是要将其绝对化,尤其不能把它与犯罪行为的社会危害性割裂开来。如果离开犯罪行为的社会危害性谈人身危险性,确实会出现主观擅断与破坏法制的现象。因此,应当在社会危害性的前提下谈人身危险性,把社会危害性与人身危险性在一定的基础上统一起来。

四、人身危险性的刑法意义

人身危险性在刑法中的意义,以往多从量刑上考虑,其实这是片面的。笔者认为,人身危险性应当贯穿整个刑事法律活动的始终,在立法、定罪、量刑和行刑过程中同时予以重视。

从刑事立法上来说,确定犯罪的时候,主要考虑的是行为的社会危害性。只有那种社会危害性达到一定严重程度的行为,立法者才会将其规定为犯罪。但是,这并非意味着人身危险性在刑事立法中毫无意义。首先,刑事立法应当对人身危险性内容之一的再犯可能予以特别关注。这主要表现为对犯罪人的规定进一步类型化,从而加强刑事立法的针对性。《刑法》规定的累犯从重制度与自首从宽制度,其理论根据就是犯罪人的人身危险性。犯罪人在法定期限内又犯新罪,说明其人身危险性较大,因而应予从重处罚;犯罪人在犯罪以后投案自首,说明其人身危险性较小,因而应予从宽处罚。当然,在这方面,我国刑事立法也还存在不足之处。例如,在犯罪人中,除累犯具有较大的人身危险性以外,惯犯具有更大的人身危险性。但我国仅在《刑法》分则条文中的4个条款中规定了惯犯,在刑法理论中则将惯犯作为罪数问题进行研究。② 笔者认为,

---

① 参见曲新久:《试论刑罚个别化原则》,载《法学研究》1987年第5期。
② 这里的《刑法》是指1979年《刑法》,在1997年《刑法》中删除了关于惯犯的规定,在罪数理论中讨论惯犯也已表失法律意义。——2007年12月8日补注

惯犯应当作为一种犯罪人的类型,在《刑法》总则中加以规定,进一步明确惯犯的构成条件,加强与惯犯作斗争。在这一问题上,外国的一些立法例值得我们借鉴。其次,刑事立法还应当对人身危险性另一内容的初犯可能予以高度重视。这主要表现为刑法应当根据社会治安形势进行必要的调整。同时,在规定法定刑的时候,应当设置一定的幅度,以便在司法实践中考虑初犯可能的因素。总之,刑事立法虽然以考虑社会危害性为主,但必须同时兼顾犯罪人的人身危险性。

从定罪上来说,已然之罪的社会危害性是定罪的主要根据,但未然之罪的人身危险性也应是定罪的重要根据。关于人身危害性能否成为定罪根据,我国刑法学界存在两种观点:肯定说认为,组成犯罪构成要件的各因素都在一定程度上体现着犯罪的社会危害性和犯罪人的人身危险性,两者是相互统一的,不可予以绝对地分割。那种把社会危害性和人身危险性割裂开来,认为犯罪构成要件只体现犯罪的社会危害性,而不表现犯罪人的人身危险性,从而认为行为人人身危险性因素对定罪不发生作用的观点是不妥当的。不但作为犯罪构成要件的因素,如犯罪的故意等,体现了犯罪人的人身危险性,而且一般情况下不是犯罪的构成要件体现了行为人人身危险性的因素,如一贯表现、事后态度等,也可能在特定条件下影响犯罪构成的要件,从而对定罪发生作用。① 否定说则认为,按照"应惩罚的是行为,而惩罚的是行为人"的原理,"应受惩罚的是行为"是指定罪对象只能是行为,其评价的核心是社会危害性,刑事责任之所以能够产生,就在于行为的社会危害性达到了犯罪的程度。"惩罚的是行为人"是指适用刑罚的对象是犯罪人,犯罪人是刑罚的承担者,其评价的核心是人身危险性,适用刑罚的目的在于预防犯罪人再次犯罪。因此,人身危险性只能是量刑根据,而不能与社会危害性并列为定罪根据。② 在上述两种观点中,笔者同意肯定说。人身危险性作为定罪根据主要是通过犯罪构成的评价要件体现出来的。苏俄著名刑法学家库德里亚夫采夫指出:这些要件的内容在很大程度上决定着运用法律的法律工作者的法律意识,同时考虑刑法的要求和具体案件的情节。这些可变要件更接近于侦

---

① 参见王勇:《定罪导论》,中国人民大学出版社 1990 年版,第 89—90 页。
② 参见曲新久:《试论刑法学的基本范畴》,载《法学研究》1991 年第 1 期。

查机关、检察机关和法院所评价的变化着的情况。所以可有条件地称它们为评价要件。例如,在刑法典许多条文中使用"严重后果""重大损失""巨额"这些概念,都是评价的概念。① 应该说,这种评价要件在我国刑法中是广泛地存在着的,许多犯罪都以"情节严重"或者"情节恶劣"作为构成犯罪的条件,这就是十分典型的评价要件。在认定"情节严重"或者"情节恶劣"的时候,无疑应当考虑犯罪人的人身危险性。凡是犯罪人的人身危险性较大的,可以认为其行为属于"情节严重"或者"情节恶劣"因而构成犯罪,反之则不构成犯罪。更为重要的是,1979 年《刑法》第 10 条的但书规定:"但是情节显著轻微危害不大的,不认为是犯罪。"这是对犯罪的一个否定式的评价要件。我国刑法学界一般认为,应当根据行为的手段、后果、动机目的,以及行为人的个人情况等判断是否属于情节显著轻微危害不大。② 显然,这里的行为人的个人情况属于人身危险性的范畴,它对于犯罪的正确认定具有重要意义。

　　从量刑上来说,人身危险性更具有直接的现实意义。在某种意义上可以说,离开了对犯罪人的人身危险性的考察,就不可能对犯罪人正确地量定刑罚。在量刑时应当考虑犯罪人的人身危险性,这是各国刑法的通例。例如《德国刑法典》第 46 条规定:"犯罪人之责任为量刑之基础。刑罚对犯罪人未来社会生活所可期待发生之影响,并应斟酌及之。"这就要求法官量刑的时候,同时要考虑到"犯罪人之生活经历,其人身及经济的关系"等各种犯罪人的个人情况。《意大利刑法典》也明确规定,法官量刑在斟酌犯罪行为情状的同时,要斟酌犯罪人下列之个人情况:"一、犯罪之动机及行为人之性格;二、刑事及裁判上之前科及行为人犯罪前之行为及生活状况;三、犯罪时或犯罪后之态度;四、行为人个人、家庭或社会关系。"日本 1974 年《改正刑法草案》关于刑罚适用一般标准的第 2 项更明确地规定:"适用刑罚时,必须考虑到罪犯的年龄、性格、经历和环境、犯罪的动机、方法、后果和社会影响,罪犯在犯罪后的态度和其他情由,应该达到有利于遏制犯罪和使罪犯改过自新这个目的。"由此可见,上述各国对量刑原则的表述虽然有所不同,但在量刑时除考虑所犯罪行的社会危害性程度以外,都要参考能够反映犯罪人的人身危

---

① 参见〔苏〕库德里亚夫采夫:《定罪通论》,李益前译,中国展望出版社 1989 年版,第 141、144 页。
② 参见王作富主编:《中国刑法适用》,中国人民公安大学出版社 1987 年版,第 46 页。

险性程度的个人情况,这一点是共同的。在苏俄及东欧国家刑法中,也有类似规定。例如1986年修订的《苏俄刑法典》第37条中规定:"法院在量刑时,应当遵循社会主义法制意识,考虑实施犯罪的性质和社会危害程度、犯罪人的身份,以及减轻和加重责任的案件情节。"《捷克斯洛伐克刑法典》第9条规定:"法院在量定刑罚时,应当考虑犯罪行为的社会危害性的程度、有罪人的罪过程度、有罪人的个人特征。"这些规定都表明了犯罪人的人身危险性在量刑中的重要意义。至于《刑法》关于量刑原则的规定是否包含人身危险性的内容,我国刑法学界在理解上不完全一致,但在量刑时应当考虑犯罪人的人身危险性这一点上已经达成共识。因此,在量刑的过程中,除主要依据犯罪的社会危害性程度以外,还应当考虑作为犯罪人的人身危险性的表征的下述个人情况:年龄、性别、家庭、婚姻、职业、文化、气质、性格、道德等,同时参考犯罪人的犯前表现、犯中表现和犯后表现。由于犯罪人的表现不同,其人身危险性程度也有所不同,因而在量刑处遇上也应当体现出一定的差别。此外,治安形势、民愤等反映初犯可能的表征也应在量刑时一并加以考虑。

　　从行刑上来说,人身危险性具有举足轻重的意义。可以说,行刑就是以消除犯罪人的人身危险性为目的的,因而犯罪人的人身危险性的消长就成为考察行刑效果的根本指数之一。根据1979年《刑法》的规定,缓刑与假释的适用都不能离开对犯罪人的人身危险性的测定,第67条规定,只有对"确实不致再危害社会"的犯罪人才能适用缓刑。这里所谓"确实不致再危害社会",主要是指犯罪的人身危险性小。我国刑法学界一般认为,对此可以从以下三个方面考察:第一,考察其已然的犯罪状况,包括犯罪的原因、犯罪的动机、犯罪的手段、犯罪的后果等。第二,考察其犯罪前与犯罪后的表现,包括犯罪前是一贯遵纪守法还是染有劣迹,犯罪后是否具有认罪、悔罪表现,如自首、坦白、退赃等。第三,考察其回归社会后的客观生存环境,包括是否有家庭的关心,是否有稳定的工作,是否有一定机关监督等。[①] 在上述因素中,除第一个是社会危害性以外,其余两个都是反映犯罪人的人身危险性的指标。同样,根据1979年《刑法》第73条的规定,只有对"不致再危害社会"的犯罪人才能适用假释。至于如何确定"不致再危害社会",1988年11月25日召

[①] 参见周振想:《刑罚适用论》,法律出版社1989年版,第350—351页。

开的《全国法院减刑、假释工作座谈会纪要》认为是指,罪犯确已悔罪,劳改期间一贯表现好,不致重新犯罪的;老弱病残丧失作案能力的。这些因素也都是犯罪人的人身危险性小的外在表现,由此可见,犯罪人的人身危险性对于行刑过程中刑罚的变更具有重要意义。

主观恶性论*

一、主观恶性概念的嬗变

伦理学意义上的恶，滥觞于古希腊。在古希腊哲学家中，第一个将恶作为伦理学的基本范畴加以思考的是苏格拉底。苏格拉底是在与善的对应关系中界定恶的，并从善与恶的互相转化中深化了人们对恶的认识。苏格拉底认为，对于敌友的道德上的要求是不同的，道德的善恶、正邪是以对象的不同而各异的，由此阐述了善恶相对性的原理。①

如果说，苏格拉底之所谓恶，是指对某一行为或者事件的否定评价。那么，柏拉图之所谓恶性，就是指对某一行为人的人格或者人性的否定评价。柏拉图认为，在一个人的品性中，具有善与恶两种素质。人都有像兽性一样的恶性，当他对自己的善性放松控制时，兽性便活跃起来，即使是好人也难免如此。它表明，人们已经不是孤立地评价某一行为或者事件善恶，而是从人性的高度对某一行为人的人格善恶加以评价。当然，这里所说的恶性，指的是人人都有的而又不应该有的一些欲望②，而欲望本身并无所谓善恶之分，满足欲望的方式是否正当才能成为伦理评价的对象。但柏拉图从人性的意义上界定恶，从恶这一范畴中推衍出恶性的概念，是具有历史意义的发展。

古希腊著名哲学家亚里士多德进一步将恶与罪相联系，把恶性与法律责任相沟通，从而使恶性初具法律内涵。亚里士多德指出：就善与恶、正当与不正当的界限来说，它是一个与恶性相对立的极端，它是善，是正当，而不是在

---

* 本文原载《中国社会科学》1992年第2期。
① 参见罗国杰、宋希仁：《西方伦理思想史》（上卷），中国人民大学出版社1985年版，第150页。
② 参见张宏生主编：《西方法律思想史》，北京大学出版社1983年版，第30页。

善与恶、正当与不正当之间的中间状态。一切恶的、不正当的情感与行为,如恶意、无耻、嫉妒等情感,偷盗、奸淫、谋杀等行为,本身就是恶,就应当谴责。对于恶的、不正当的情感和行为来说,它们的恶性质,不在于是否在适当的时候,以适当的态度,施于适当的人,而是只要做了就是恶的。因此,在亚里士多德看来,犯罪是一种罪恶。将恶用来评价犯罪,这不能不说是亚里士多德的一大贡献。尤其值得注意的是,亚里士多德还从道德责任与法律责任的意义上论述了恶性的问题,他指出:一个人应该为自己自愿的行为负责,并因此被称赞或被指责……即使由于无知而作恶有时可以不负道德责任,但有些无知正是犯罪的根源,如酗酒而犯罪,喝酒是他无知的原因,但他本来可以不喝酒。再说,人人应当知道的社会规范,你不知道或疏忽,如若作恶犯罪,也应负道德的和法律的责任,也应当受谴责和处罚。① 亚里士多德关于恶与恶性的论述,对后世产生了深远的影响。

　　首先将恶性这一概念引入刑法领域的是古罗马法学家。在初期,罗马法中客观责任的色彩极为浓厚。后来由于受到古希腊伦理学的影响,开始采用恶性这个概念,这便是主观责任的肇始。例如,在罗马法中存在自体恶(mala in se)与禁止恶(mala prohibita)之别,就是将古希腊伦理学中的恶性理论运用于刑法研究的明证。自体恶是指某些不法行为本身即具恶性,此等恶性系与生俱来的,而不待法律之规定,即已存在于行为之本质中。相对的,禁止恶是指某些不法行为的恶性源自法律的禁止规定,而非行为与生俱来的或行为本身所具有的。根据上述观点,有些不法行为,尽管法律对于它不加规定,但根据伦理道德的观点,依然是应予非难的行为。而有些不法行为在伦理道德上是无关紧要的,则纯系法律的规定,就成为禁止的不法行为。这种理论迄今仍被有些学者用来解释刑事不法(自然犯)与行政不法(法定犯)的区别。② 尽管罗马法被称为是民法上的巨人而刑法上的侏儒,但就其将伦理学中的恶性引入刑法领域而言,却无疑是对刑法研究的不可磨灭的贡献。

　　在整个中世纪,由于教会与王权合一,恶性这一概念被深深地打上了宗教的烙印。根据宗教神学的意志自由论,上帝赋予人以灵魂,灵魂是一种独

---

　　① 参见罗国杰、宋希仁:《西方伦理思想史》(上卷),中国人民大学出版社1985年版,第197、201页。
　　② 参见林山田:《经济犯罪与经济刑法》(修订版),台北三民书局1980年版,第112页。

立并优越于肉体的精神实体,否认人的意志受社会物质生活条件的制约,将犯罪视为魔鬼诱惑人类心灵的结果,这种导致犯罪的意志是一种恶的意志。例如中世纪著名神学家奥古斯丁就明确地指出:"虽然坏的意志是坏的行动的动因,但坏的意志并没有什么事物是它的动因……唯有那还没有被其他意志所恶化,而本身就是恶的意志,才是第一个恶的意志。"①正因为如此,奥古斯丁认为法官的职责是"审判犯人的良心",对犯人着重追究思想动机,即强调犯罪的主观精神的作用,以心治心。在奥古斯丁这种思想的影响下,12世纪在教会法庭审理案件中出现了"应受谴责"的思想,它既作为测定有罪的标准,也用来区别罪行的轻重。基督教的这种思想可以归结为一句格言:"行为无罪,除非内心邪恶。"②因此,中世纪刑法充满主观归罪的意味。在当时的统治者看来,犯罪是人内心邪恶、道德堕落的表现,由于这种堕落触犯了上帝的永恒法则,犯罪者应当受到惩罚,以此涤除道德罪恶并平息上天的震怒。因此,犯罪的责任既是法律上的也是道德上的,而且它的基本根据是人内心的邪恶程度。由于人的内心邪恶程度没有客观尺度可以衡量,因此无数无辜者成为这种含义模糊并且可以任意解释的判断标准的牺牲品。甚至到了近代英国著名哲学家霍布斯那里,犯罪不同等级的衡量标准首先仍然是根源的邪恶性(malignity of the source)或者叫原因。③而根源的邪恶性则是一个含混不清的概念,以它作为衡量罪之轻重的标准,其后果是可想而知的。

及至意大利著名刑法学家贝卡里亚倡导的刑事古典学派的崛起,恶性这一概念及其所代表的中世纪以人的内心邪恶作为衡量刑罚轻重的刑法原则才受到严厉地批判,使社会遭受到的危害为衡量犯罪的唯一真正标准这一划时代的刑法学命题亦被明确提出。对此,贝卡里亚首先指出了以犯罪人的意图作为衡量犯罪的真正标准的不科学性,指出:"这种标尺(指以犯罪时怀有的意图作为衡量犯罪的真正标尺——引者注)所依据的只是对客观对象的一时印象和头脑中的事先意向,而这些东西随着思想、欲望和环境的迅速发展,在大家和每个人身上都各不相同。如果那样的话,就不仅需要为每个公民制定一部特殊的法典,而且需要为每次犯罪制定一条新的法律。有时候会出现

---

① 周辅成编:《西方伦理学名著选辑》,商务印书馆1961年版,第351—353页。
② 储槐植:《美国刑法》,北京大学出版社1987年版,第80页。
③ 参见〔英〕霍布斯:《利维坦》,1931年伦敦英文版,第161页。

这样的情况,最好的意图却对社会造成了最坏的恶果,或者,最坏的意图却给社会带来了最大的好处。"①这样,贝卡里亚从主观意图的差异性和变异性以及主观意图与客观效果的差别性方面,有说服力地得出了不能以主观意图作为衡量犯罪的标准的结论。同时,贝卡里亚还指出:"罪孽的轻重取决于叵测的内心堕落的程度,除了借助启迪之外,凡胎俗人是不可能了解它的,因而,怎么能以此作为惩罚犯罪的依据呢?如若这样做,就可能出现这种情况:当上帝宽恕的时候,人却予以惩罚;当上帝惩罚的时候,人却宽恕。如果说人们的侵害行为可能触犯上帝的无上权威的话,那么,人们的惩罚活动同样可能触犯这一权威。"②这就从罪孽的不可度量性上否定了以罪孽的轻重衡量犯罪的标准。贝卡里亚对犯罪完全采取一种客观的标准来衡量,这就是对社会造成的危害,而这种危害是可以采用外部标准来衡量的,一个人内心的邪恶也只能由表现为外部行为及其所造成的危害来测定。除此以外,离开人的外部行为的主观恶性是不可度量的,更不能作为衡量犯罪的标准。显然,贝卡里亚并不否认人的意志自由是构成犯罪的前提,但在贝卡里亚看来,作为理性的人,其意志自由是人人皆然的。所以,贝卡里亚非常小心翼翼地回避了以往刑法学家们津津乐道的犯罪的主观状态问题,强调法律不惩罚犯意,不过问行为的内在恶意。③ 这样,尽管贝卡里亚在其否认主观恶性的客观主义立场上不无偏颇,但他思想在当时所具有的历史进步意义则是十分明显的。

19世纪下半叶以后,随着社会的激烈动荡与变革之下犯罪的剧增,刑事古典学派的理论受到挑战,刑事人类学派和刑事社会学派应运而生,主观恶性这一概念又开始受到重视。刑事人类学派的代表人物加罗法洛在关于犯罪构成的论述中使用了恶性(Jemibitia)一词,加罗法洛有关对自然犯罪的界定,在一定程度上是古罗马法关于自体恶理论的复活。加罗法洛认为,按行为对两种原始的利他主义情感的这种或那种触犯,所有的犯罪可以分为两大类:一是触犯恻隐之心的犯罪;二是触犯正直之心的犯罪。在加罗法洛看来,犯罪是一种对社会有害并且侵害两种或其中一种最基本的情感——恻隐之心和正直之心的行为,罪犯必须是缺乏这两种情感或其中一种,在这些情感方面薄弱的

---

① 〔意〕贝卡里亚:《论犯罪与刑罚》,黄风译,中国大百科全书出版社1993年版,第67页。
② 〔意〕贝卡里亚:《论犯罪与刑罚》,黄风译,中国大百科全书出版社1993年版,第68页。
③ 参见黄风:《贝卡里亚及其刑法思想》,中国政法大学出版社1987年版,第69页。

人。这些正在被谈论的情感是所有道德的基础,缺乏这些情感的人就是不适应社会的有缺陷的人。加罗法洛在这里虽然论述的是犯罪的分类,但实际上是探讨犯罪人的主观因素,其落脚点就在于主观恶性,具体表现为犯罪人的恻隐之心与正直之心的缺乏,因而应当受到道德和法律的否定评价。

至此,恶性这一范畴从伦理学到刑法学的发展,在刑法学中地位的否定之否定的变化,经历了一个漫长的演变过程。历史在恶性这一范畴上既投下了愚昧而无知的阴影,又折射出理性而睿智的光芒。

二、主观恶性在刑法中的表现

在现代意义上,主观恶性在大陆法系与英美法系的刑法理论中具有各自不同的表现形态。在大陆法系刑法理论中,主观恶性集中体现在责任这一概念上,在有责任这一犯罪要件中加以论述。所谓(刑事)责任,是指能对行为人的犯罪行为进行谴责。这里的责任是一种主观责任,指在行为人具有责任能力和故意或者过失的情况下,才能对其进行谴责。[1] 责任的本质,实际上就是一个主观恶性的问题。在社会主义刑法理论中,主观恶性集中体现在罪过这一概念上,罪过是故意与过失的类概念。罪过的心理状态体现了犯罪人的主观恶性,正是在这个意义上,罪过一词在社会主义国家刑法理论中广泛使用,它在作为故意与过失的类概念使用的同时,还与意志自由的思想、正义报应的观念紧密地结合在一起[2],从而与大陆法系刑法理论中的责任这一概念相沟通。在英美法系国家,主观恶性集中体现在犯意(mens rea)这个概念上,犯罪必须要有犯意,这在英美刑法"没有犯罪意图的行为不能构成犯罪"(Actus non facit reum, nisi mens sit rea)的原则中得以体现。英国刑法学家特纳对犯意进行了极为充分的论述,指出:"犯罪意图是道德上的邪恶思想与法律上的犯罪思想的紧密结合。"[3]特纳还论述了检验犯意的客观标准与主观标准。客观标准,是指对每个案件的事实都要考察被告人的行为是否达到了在当时被普遍接受和认可的道德标准。如果事实查明被告人的行为没有像

---

[1] 参见〔日〕福田平、大塚仁编:《日本刑法总论讲义》,李乔等译,辽宁人民出版社1986年版,第110页。
[2] 参见〔苏〕皮昂特科夫斯基等:《苏联刑法科学史》,曹子丹等译,法律出版社1984年版,第66页。
[3] 〔英〕特纳:《肯尼刑法原理》,王国庆等译,华夏出版社1989年版,第28、29—30页。

一个遵从道德准则的人所应当实施的行为那样,这就证实他有犯罪意图。尽管采用公认的道德准则作为认定犯罪意图的标准实际上意味着法院客观地评价被告人的行为,然而,在相当程度上必须考虑被告人真实的心理活动,这就出现了主观标准。① 综上所述,无论是大陆法系国家刑法理论中的责任(有责性),还是社会主义刑法理论中的罪过,抑或是英美刑法理论中的犯意,就其本质而言,都是一个主观恶性的问题。

主观恶性的外在表现,在我国和苏俄刑法理论中称为罪过形式,在大陆法系刑法理论中称为责任形式,在英美法系刑法理论中称为犯罪心理模式。在罪过形式的确定上,先后曾经存在三种观点:一是认识主义,又称观念主义,它强调罪过的意识因素,认为行为人对构成犯罪的事实有认识,尤不顾而为之,即具有反社会性,应构成故意犯罪,至于行为人的意志因素则在所不问,也不是犯罪故意的构成因素。据此,过于自信的过失因为对于危害结果有认识,因而不被认为是过失,而被归入故意的范畴。二是希望主义,又称意思主义,它强调罪过的意志因素,认为构成犯罪故意,除了对构成犯罪的事实有认识外,还必须具有希望犯罪发生的意志因素。据此,间接故意因为对于危害结果没有希望其发生的心理态度,因而不被认为是故意,而被归入过失的范畴。三是折中主义,又称容忍主义,它在调和认识主义与希望主义的基础上,将对危害结果有认识虽不希望但却放任这种结果发生的心理状态归入犯罪故意,称为间接故意;将对危害结果有预见但因轻信能够避免而导致危害结果发生的心理状态归入犯罪过失,称为过于自信的过失。当今世界各国刑法,一般都采取折中主义。我国和苏俄以及大陆法系国家的刑法大都是将罪过形式分为犯罪故意与犯罪过失,犯罪故意又分为直接故意和间接故意,犯罪过失又分为疏忽大意的过失和过于自信的过失。英美法系国家刑法,虽在表示罪过形式的法律术语上不同于大陆法系,但其内容则大体相同。例如美国《模范刑法典》规定犯罪心理模式是以下四种:①目的(purpose 或 intention),就是自觉希望实施某种特定行为,或者自觉希望发生某种特定结果。这种罪过形式又称为目的故意,相当于大陆法系国家刑法中的直接故意。②明知(knowledge),就是认识到行为的性质并且自觉去实施这种行为。这种罪过形式又称为明知

---

① 参见〔英〕特纳:《肯尼刑法原理》,王国庆等译,华夏出版社 1989 年版,第 28、29—30 页。

故意,相当于大陆法系国家刑法中的间接故意。③轻率(recklessness),就是已经认识到并且自觉地漠视法律禁止的结果可能发生的危险,虽然主观上对此结果持否定态度,但还是冒险地实施了产生此结果的行为。这种罪过形式又称为轻率过失,相当于大陆法系国家刑法中的过于自信的过失。④疏忽(negligence),就是行为人在行为时没有认识到产生法律禁止的结果的危险,然而按照守法公民的通常标准是应当认识到这种危险的。这种罪过形式又称疏忽过失,相当于大陆法系国家刑法中的疏忽大意的过失。

三、故意犯罪中的主观恶性

犯罪故意是犯罪人明知故犯的一种主观心理状态,其内容表现为:明知自己的行为会发生危害社会的结果,希望或者放任这种结果发生。由此可见,犯罪故意中具有认识和意志两种因素。"明知"是认识,"希望"和"放任"是意志,犯罪故意就是这种认识因素与意志因素的有机统一。

犯罪故意中的认识因素,是指犯罪人对于自己的行为会造成危害社会的结果的一种认识状态,即所谓"明知"。单纯的认识并不能说明犯罪人的主观恶性,因为认识涉及的只是人对客观事物的主观关照。在这种情况下,客观事物被认知,但客观事物并未发生变化,因而认识本身无所谓善恶可言。不过我们并不能由此否认认识因素在构成犯罪故意中的重要意义。在犯罪故意中,认识因素对于意志因素具有一定的制约性,它主要体现在以下两个方面:

一是认识的有无决定着意志的有无,从而决定着主观恶性的有无。犯罪故意是以"明知"为条件的,是明知故犯。如果没有这种明知,就不可能构成犯罪故意,因而也就没有主观恶性。除了这种一般的"明知"以外,我国《刑法》分则①中还规定了特定的"明知",即以犯罪人明知某种情况作为构成条件,这样的条文共有4个,即第172条窝赃罪、销赃罪和第180条重婚罪、第181条破坏军婚罪。以窝赃罪为例,只有明知是犯罪所得的财物而代为保存的才构成窝赃罪。显然,如果不知其为犯罪所得的财物,则代为保存的主观意志没有恶性,不构成窝赃罪。应该指出,《刑法》总则第12条在犯罪故意的概念中已经明确规定"明知"这一构成条件,某些《刑法》分则条文之所以再

---

① 本文中《刑法》指1979年《刑法》,下同。

对"明知"加以规定,即不是无谓的重复,也不是再次的强调,而是因为总则中的"明知"与分则中的"明知"既相互联系又相互区别:前者是对自己的行为会造成危害社会的结果的明知,后者是对对象的某种特定情况的明知。在一般情况下,没有对对象的特定明知,并不影响对自己的行为会造成危害社会的结果的明知。例如,只要认识到对象是人而故意杀之,就是以明知自己的行为会造成危害社会的结果,而不要求对被害人的性别、年龄、身份的认识,甚至将物误认为人而故意杀之,虽然发生认识上的错误,对自己的行为会造成危害社会的结果仍然是明知的,只不过因对象不能犯构成犯罪未遂而已。但在特定情况下,如果没有对对象的特定明知,也就不存在对自己的行为会造成危害社会的结果的明知,因而不存在犯罪故意,例如上述窝赃罪就是如此。只有这样,才能充分理解《刑法》分则规定"明知"的立法意图。在此,有必要探讨奸淫幼女罪是否以明知被害人是不满 14 岁的幼女为条件的问题。① 我国《刑法》第 139 条第 2 款规定:"奸淫不满 14 岁幼女的,以强奸论,从重处罚。"那么,奸淫幼女罪是否以"明知"为条件呢?我国刑法学界曾对此发生过争议,并形成了多种观点。② 我国学者认为《刑法》第 11 条关于犯罪故意的概念中规定了"明知",因而包含了对幼女的明知。这种论证是缺乏说服力的,它不能说明《刑法》分则对有些犯罪规定有"明知"的意义。还有学者认为,不论行为人是否知道被害人是幼女,只要在客观上与不满 14 岁的幼女发生了性行为,就应以奸淫幼女定罪。如果这种观点能够成立,则会引申出我国刑法承认严格责任的结论。英国威廉姆斯教授认为,任何国家的刑法中都实际存在有绝对责任的情况,凡法律或事实错误实际上影响罪过,但立法不减免其罪责的均可被视为严格责任,例如强奸幼女案件的年龄错误就是一例。③ 我国刑法学界也有学者主张这种观点。④ 笔者认为,严格责任与我国刑事立法的精神是格格不入的,有悖于主客观相统一的刑事责任

---

① 根据 2002 年 3 月 15 日最高人民法院、最高人民检察院《关于执行〈中华人民共和国刑法〉确定罪名的补充规定》(自 2002 年 3 月 26 日起施行),《刑法》第 236 条罪名为强奸罪,取消奸淫幼女罪。——2007 年 12 月 8 日补注
② 参见高铭暄主编:《新中国刑法学研究综述(1949—1985)》,河南人民出版社 1986 年版,第 603—605 页。
③ 参见储槐植:《美国刑法》,北京大学出版社 1987 年版,第 83 页。
④ 参见刘生荣:《论刑法中的严格责任》,载《法学研究》1991 年第 1 期。

原则,因而这是不能成立的。而那种认为构成奸淫幼女罪,应当要求行为人明知对方是幼女(知道可能是幼女即可)或者根据情况作具体分析的观点,虽较为公正合理,但却没有法律根据。耐人寻味的是,1984年4月26日最高人民法院、最高人民检察院、公安部《关于当前办理强奸案件中具体应用法律的若干问题的解答》对这个问题只字未提,只是含糊地指出:"在办理奸淫幼女案件中出现的特殊问题,要具体分析,并总结经验,求得正确处理。"可见,司法解释对这个问题采取了明显的回避态度。笔者认为,从完善刑法角度来说,应当在《刑法》分则条文中明确规定对幼女年龄的明知。① 由于《刑法》分则规定的疏漏所引发的这场讨论进一步表明,在某些犯罪中,如果没有对对象的特定明知,就不存在犯罪的意志,因而没有主观恶性。

二是认识的程度决定着意志的程度,从而决定着主观恶性的程度。认识存在程度上的差别:高程度的认识是明知自己的行为必然会发生危害社会的结果,低程度的认识是明知自己的行为可能会发生危害社会的结果。在犯罪故意中,意志存在程度上的差别:高程度的意志是希望自己的行为发生危害社会的结果,低程度的意志是放任自己的行为发生危害社会的结果。"希望"这一意志既可以建立在明知必然性的认识基础之上,也可以建立在明知可能性的认识基础之上。而"放任"这一意志则只能建立在明知可能性的认识基础之上。换言之,如果是明知必然性,就不可能产生"放任"的犯罪意志,只能是"希望"的犯罪意志,这就是认识的程度决定着意志的程度。在刑法理论上,这是一个存在争论的问题。苏俄著名刑法学家特拉伊宁指出:"只要不希望发生,但有意识放任发生的结果必然发生,就不能再说是间接故意。"② 这种观点为我国刑法学界所接受,一个时期成为通说。例如,我国权威的刑法教科书指出:"行为人不希望危害结果的发生,但明知结果必然发

---

① 关于这个问题,2003年1月17日最高人民法院《关于行为人不明知是不满十四周岁的幼女,双方自愿发生性关系是否构成强奸罪问题的批复》规定:"行为人明知是不满十四周岁的幼女而与其发生性关系,不论幼女是否自愿,均应依照刑法第二百三十六条第二款的规定,以强奸罪定罪处罚;行为人确实不知对方是不满十四周岁的幼女,双方自愿发生性关系,未造成严重后果,情节显著轻微的,不认为是犯罪。"这一司法解释明确了奸淫幼女构成强奸罪应以明知幼女年龄为条件。——2007年12月8日补注
② 〔苏〕特拉伊宁:《犯罪构成的一般学说》,王作富等译,中国人民大学出版社1958年版,第167页。

生,则仍是直接故意。"①对于这个问题,我国刑法学界也存在否定说,并认为以人的认识程度来推论人的意志倾向是靠不住的。② 对此,在笔者看来,肯定说与否定说本身都有问题。肯定说犯了一个言不达意的语病:认识到结果必然发生,但又不希望发生而是有意识放任其发生,这种心理状态是直接故意而不是间接故意。这里的问题在于:认识到结果必然发生,还有没有可能产生放任的心理态度呢?放任是以存在两种可能性为前提的,只有存在可能发生也可能不发生这两种可能性的情况下,才谈得上放任的问题。正是在这个意义上,肯定说言不达意,因而产生了双重的自相矛盾:既然是放任,又怎么说不是间接故意;既然是不希望,又怎么说是直接故意?因此,笔者认为应当把这个问题表述为:在明知结果必然发生的情况下,还是否存在放任的心理态度?否定说认为人的认识程度不能决定人的意志倾向,这一命题的正确性也只是相对的。在某些情况下,人的认识程度恰恰能够决定人的意志倾向。例如过于自信的过失,只能建立在明知结果可能发生的认识基础之上。试问:明知结果必然发生,还有可能产生过于自信的意志倾向吗?回答当然是否定的。总之,笔者认为在明知结果必然发生的情况下,不可能产生放任的犯罪意志,而只能是希望的犯罪意志。从这个意义上说,认识的程度决定着意志的程度,从而决定着主观恶性的程度。

犯罪故意中的意志因素,是指犯罪人在明知自己的行为会发生危害社会的结果的基础上,决意实施这种行为的主观心理态度。意志因素在犯罪故意中具有决定性的意义。德国刑法学家克莱因指出:"决意实施法律禁止的行为,或者决意不履行法律命令的行为,就表明积极的恶的意志,就是故意。"③犯罪故意中的意志因素之所以是犯罪人的主观恶性的决定性因素,就在于意志是将犯罪行为付诸实施的一种主观意图,在这种主观意图中包含着危害社会的主体倾向。我国刑法将犯罪故意中的意志分为两种:一是"希望";二是"放任",前者构成直接故意,后者构成间接故意。关于这两种故意,英国著名哲学家边沁有一段极为精辟的论述:"当结果被意图的时候,它可以是直接的或间接的。当希望使它成为激励人的行为原因的链条关节之一的时候,它

---

① 高铭暄主编:《刑法学》(第 2 版),法律出版社 1984 年版,第 149 页。
② 参见夏卫民:《间接故意浅析》,载《法学季刊》1982 年第 3 期。
③ 〔日〕真锅毅:《现代刑事责任论序说》(日文版),法律文化社 1983 年版,第 66 页。

可以被称作直接故意;当尽管后果从外表上发生了并且它表现为被实行的行为可能的结果时,它可以被称作间接故意,但是期待引起这个结果没组成被谈到的链条的关节。"①"希望"和"放任"虽然同属犯罪故意的意志因素,但由于两者在意志内容上的差异而使其在主观恶性上也有所差别。"希望"是这样一种主观心理态度:犯罪人对于危害结果抱着积极追求的态度,换言之,这个结果的发生,就是犯罪人通过一系列犯罪活动所要达到的目的。而"放任"则有所不同,犯罪人不是追求这种结果的发生,但也没有明确表现出确实不希望甚至阻止它发生,而是有意地纵容其发生。由此可见,"希望"与"放任",在其意志程度上是存在明显区别的:"希望"的犯意明显而坚决,"放任"的犯意模糊而随意。正是在这一点上,体现出直接故意与间接故意之间主观恶性的差别。

四、过失犯罪中的主观恶性

应当预见自己的行为可能发生危害社会的结果,因为疏忽大意而没有预见,或者已经预见而轻信能够避免,以致发生这种结果的主观心理状态,是犯罪过失。犯罪过失,尤其是疏忽大意的过失的心理事实是一种潜意识心理。② 因此,犯罪过失中的认识因素与意志因素不像犯罪故意那样显现于外而容易认定,需要通过一定的外在标准作为认定犯罪人的过失的客观尺度。

疏忽大意的过失表现为"应当预见而没有预见"。如果说,"没有预见"是一种实际认识状态,"应当预见"是一种认识的可能性。那么,疏忽大意的过失就是以这种实际认识与认识能力相分离为特征的。因此,疏忽大意的过失的认定,主要就在于对这一特征的认定。

"没有预见"是指对危害社会的结果缺乏认识。在疏忽大意的过失中,"没有预见"是一种客观事实,似乎在理解上没有疑义。实际上,"没有预见"作为疏忽大意的过失的一种主观特征,要科学地认定还是相当复杂的。一般来说,在行为人不仅对危害结果没有预见,而且对行为本身也没有预见的情况下,"没有预见"含义明确。例如,司机喝醉了酒失去知觉,伏在驾驶盘上睡着了,导致正在行驶的汽车将人轧死。在这种情况下,过失行为是在无意

---

① 〔英〕边沁:《法与道德的基础引论》(英文版),第75—76页。
② 参见陈兴良:《论主观恶性中的心理事实》,载《中外法学》1991年第1期。

识状态中发生的,行为人对危害结果当然没有预见。但在行为人认识到自己所实施的行为的情况下,"没有预见"意在何指却会产生疑问。例如,高某潜入某粮食仓库盗窃,见到一些装满东西的麻袋,旁边还有些竹席。高某不知麻袋里装的是什么东西,就想用火柴在麻袋上烧一个小口,没想到把麻袋旁的竹席点着了,致使仓库烧毁,损失达数十万元。高某到底应定放火罪还是失火罪? 在本案中,定性的关键是高某对危害结果有无预见:有预见且故意为之,就是放火罪;无预见,则为失火罪。而判断高某有无预见,又不能脱离预见的内容。本案中,高某点火当然是故意的,但点火是为了烧一个小洞看看麻袋内所装何物。显然,这一内容不属于犯罪过失中的预见内容。而对于自己的点火行为可能产生危害结果,高某却是没有预见的,因此应定失火罪。由此可见,在过失行为是有意识地实施的情况下,尤其要注意正确地认定对于危害结果有没有预见。在这个意义上说,疏忽大意的过失是"不意误犯",这也是它与犯罪故意以及过于自信的过失的根本区别之所在。"应当预见"是预见义务与预见能力的统一。预见义务从客观意义上提供"应当预见"的法律根据;而预见能力则从主观意义上提供"应当预见"的事实根据。预见义务是构成疏忽大意的过失的前提之一,没有预见义务,也就不存在疏忽大意的过失。预见义务不是抽象的,而是根据社会生活领域内各种各样的具体情况来确定的,我国刑法学界有人将这种预见义务分为以下五类:①刑法强行要求主体承担的法律义务。②其他行政或业务管理法规规定的义务。③职务或业务要求的义务。④接受委托或契约的义务。⑤普通常识和习惯要求的义务。① 显然,这些义务对于认定疏忽大意的过失是十分重要的。预见能力是指是否可能预见,即预见可能性。一个人虽有预见义务,但没有预见能力,仍属缺乏"应当预见"这一要件,因而并不构成疏忽大意的过失。关于预见能力的衡量标准,历来存在三种学说:①主观说,亦称个人标准说,以行为人本人的注意能力为确定违反注意义务的过失标准。根据本人的注意能力对一定的构成事实能认识、应认识而竟未认识,产生了违法后果,依此确定违反注意义务,称为主观标准。②客观说,以社会一般或平均人的注意能

---

① 参见李靖选:《过失犯罪若干问题浅论》,载甘雨沛主编:《刑法学专论》,北京大学出版社1989年版,第93—95页。

力为标准,确定某具体人的违反注意义务的过失责任。具体人就是一定的行为者个人,一般人或平均人的标准是意味着社会上一般认为是相应的社会相当性的客观标准。③折中说,认为把具有相应情况的某些个人的注意能力加以抽象化,形成某种或某些类型标准,再以广泛意义的社会相当性对这样的某些类型标准加以抽象而形成一种一般的、普通的类型标准。以这个标准确定出来的注意能力,推论出违反注意义务的过失责任。在外国刑法学中,一般认为折中说较为妥当,客观说次之,持主观说者为少数①,而我国刑法学界通常则主张主观标准说,认为确定一个人是否有疏忽大意的过失,应该根据行为人的个人特征来判断他能不能预见到某种危害社会结果。② 近来,我国刑法学界出现了一种结合说,即坚持主、客观相结合的原则,把人的主观认识能力同客观存在的认识条件结合起来,进行全面辩证地分析:如果客观上存在着足够的相当预见条件,同时主观上具有能够预见的能力,就说明行为人具有应当预见义务,法律则要求他应当预见;如果主观上具有预见的能力,但客观上不具备预见的相当足够的条件,或者客观上显然具有相当足够的条件,主观上却不具有预见的能力,则说明行为人不具有预见的义务,法律上亦不要求应当预见。③ 但这种所谓主客观结合说,仍然不同于外国刑法学中的折中说,折中说实际上是客观说的变种。而我国刑法中的结合说,则是主观说的变种。因为客观条件是一个认定主观预见能力有无的问题,与以一般人作为标准的客观说是两个根本不同的概念。在我们看来,客观说以一般人的标准来衡量一个具体人有无预见能力,确有客观归罪之嫌。哈特指出:"法律制度在主观因素问题上所作的最重要的妥协包括采纳了被不适当地称之为'客观标准'的东西。这可能会导致这样的情况,即为定罪和惩罚而把一个人看做就算他具备了他实际并没有具备,而某一正常人或有理智的正常人具备并将发挥出的控制行为的能力。"④同时,客观标准还可能放任犯罪,一个人按一般人标准不具有预见能力,按本人的具体情况则具有预见能力。在这种情况下,按客观说就会使该人无罪。当然,主观说也有一定的不足,因为主

---

① 参见甘雨沛、何鹏:《外国刑法学》(上册),北京大学出版社1984年版,第368—369页。
② 参见高铭暄主编:《刑法学》(第2版),法律出版社1984年版,第152页。
③ 参见李靖选:《过失犯罪若干问题浅论》,载甘雨沛主编:《刑法学专论》,北京大学出版社1989年版,第95页。
④ [英]哈特:《惩罚与责任》,王勇等译,华夏出版社1989年版,第146页。

观说对于那些没有充分发挥和调动自己主观能动性的人实际上起到一种保护作用,客观上则可能打击了先进,鼓励了落后。例如,甲、乙二人同为工人,甲没有积极钻研,因此业务水平低。而乙则相反,勤奋钻研,自学成才,业务水平高。对于同一工作上的事故,按照甲的业务水平,没有预见能力,不以过失犯罪论处。而按照乙的业务水平,其有预见能力,应以过失犯罪论处。这里面显然包含着不合理的因素。如上所述,主观说与客观说各有缺陷,相比之下,笔者认为主观说的缺陷较小,应采用主观说。因为预见能力的有无关系到是否构成过失犯罪。在刑事责任问题上,客观归罪是绝对不允许的,是和我国刑法的性质相违背的。至于主观说的消极性,则是可以尽量加以减少的。

过于自信的过失表现为"应当避免而没有避免"。如果说,"没有避免"是所为行为,"应当避免"是当为行为,那么,过于自信的过失就是以这种所为行为与当为行为相分离为特征的。因此,过于自信的过失的认定,主要就在于对这一特征的认定。

"没有避免"是指行为人主观上具有避免危害结果发生的愿望,但这一愿望没有实现,危害结果不以行为人的意志为转移地发生了。因此,"没有避免"不仅是一种客观事实,而且还包含着行为人避免危害结果发生的主观愿望。在过于自信的过失中,行为人认为凭借自己熟练的技术、敏捷的动作、高超的技能、丰富的经验、有效的防范,完全可以避免危害结果的发生。但实际上是过高地估计了自己的力量,因此未能防止危害结果的发生。在行为人曾经采取一些避免措施的情况下,避免危害结果发生的主观愿望,在认定上不会发生困难。例如,某矿山坑道出现滑坡迹象,身为矿长的王某已经得到安全员的报告,并去看了现场,采取了些加固措施,仍照常派人下井采矿,结果发生事故。在本案中,矿长有避免事故发生的主观愿望,因而主观上具有过于自信的过失。但在行为人没有任何行动,避免危害结果发生的主观愿望纯属一种心理活动的情况下,就较难认定。例如,陈某正在打猎,见到猎物旁边有个小孩在玩耍,陈某不顾可能射中小孩而向猎物开枪,结果把小孩打死。在这种情况下,陈某是间接故意杀人还是过于自信的过失杀人?从理论上说,对危害结果放任的是间接故意,对危害结果轻信可以避免的是过于自信的过失。那么,在这种情况下如何判断呢?如果是过于自信的过失,陈某避免危害发生的主观愿望完全停留在心理活动上,判断起来不像采取过避免措施的情况那么容易,但仍然可以结合一些客观事实加以认定。例如,陈某枪法不错,猎物离小孩较远,射击的距离较近,可以认为行为人具有避免危害结果发生的主观愿望;反之,则不具有这种主观愿望。由此可见,避免危害结果发生的主观愿望是"没有避免"的题中应有之义。在这个意义上说,过于自信的过失是"事与愿违",这也是它与间接故意的根本区别之所在。

"应当避免"是避免义务与避免能力的统一;避免义务是从客观意义上提供"应当避免"的法律根据;而避免能力则从主观意义上提供"应当避免"的事实根据。避免义务是指在预见到危害结果可能发生的情况下,避免这种危害结果发生的义务。这种义务的内容虽然不同于疏忽大意的过失中的预见义务,其范围却与预见义务大体上相同,在此不作赘述。避免能力是指是否可能避免,即避免可能性。一个人虽有避免义务,但没有避免能力,仍属缺乏具备"应当避免"这一要件,因而不构成过于自信的过失。避免能力的标准也有客观说、主观说和折中说之分。笔者认为,在这个问题上仍然应当坚持主观说,即以行为人本身的情况作为认定有无避免能力的根据。行为人具有避免能力,预见到危害结果可能发生的情况下,已经具备避免危害结果发生的条件而竟然未能避免,因而行为人主观上是有过失的,应当承担刑事责任。

刑罚存在论*

刑罚是对犯罪的社会反应。刑罚可以从存在论与价值论两个方面进行研究。刑罚价值论是以犯罪价值论为基础，考察刑罚的各种功能与目的，这是一种刑法学的研究。而刑罚存在论，是以犯罪存在论为前提，把刑罚作为一种控制现象加以研究，这是一种刑罚学的研究。刑罚存在论立足于刑罚的现实存在，揭示刑罚的社会基础，对刑罚作出实证分析，其任务在于揭示刑罚现象存在的客观现实性，并为制定科学的刑事控制模式提供根据。在刑罚存在论的意义上，刑罚的存在是不以人的意志为转移的，因而是以行为决定论为前提而展开的刑罚学理论。本文对刑罚存在论的理论根基进行初步探究，以期建立刑罚学的理论框架。

一、刑罚学的产生

刑罚是作为犯罪的对应物而产生的，是社会对于犯罪的一种反应。在相当长的历史时期内，刑罚被视为是对付犯罪的唯一手段。随着刑事古典学派的勃兴，刑罚问题逐渐受到社会重视。但刑事古典学派主要关注的是刑罚的轻缓化。例如，贝卡里亚从刑罚人道主义出发，对封建社会的严刑苛罚进行了猛烈地抨击。贝卡里亚指出：纵观历史，目睹由那些自命不凡、冷酷无情的智者所设计和实施的野蛮而无益的酷刑，谁能不触目惊心呢？目睹帮助少数人，欺压多数人的法律容忍成千上万的人陷于不幸，从而使他们绝望地返回到原始的自然状态，谁能不毛骨悚然呢？目睹某些具有同样感官、因而也具有同样欲望的人在戏弄狂热的群众，他们采用刻意设置的手续和漫长残酷的刑讯，指控不幸的人们犯有不可能的或可怕的愚昧所罗织的犯罪，或者仅仅

---

* 本文原载《政治与法律》1995年第4期。

因为人们忠实于自己的原则,就将他们指为罪犯,谁能不浑身发抖呢?① 贝卡里亚虽然抨击了封建刑罚,尤其是提出了废除死刑的著名观点,但贝卡里亚刑事政策思想的中心是借助于刑罚的心理威慑作用预防犯罪。菲利引用埃莱罗的话:"古典派犯罪学者写了数卷关于死刑和酷刑的书,但有关预防犯罪方面的著述仅仅几页而已。"菲利接着评价道:古典派犯罪学的历史使命在于减轻刑罚。因为其诞生在代表个人主义和自然权利的法国大革命前夕,古典派是对中世纪野蛮刑罚进行的抗议。因此,古典派犯罪学实际的辉煌业绩在于宣传了废除中世纪最野蛮的刑罚,如死刑、严刑拷打和肢体刑等酷刑。② 刑事实证学派开始对犯罪原因进行研究,同时将刑罚基于预防与犯罪的基础之上。首先是龙勃罗梭提出治罪新方法,认为犯罪是体质上遗传的结果,而具有先天的倾向,几乎是不可救药的。教育与监狱,皆不足以救之,因此产生治罪的新方法。龙勃罗梭之所谓治罪新方法,就是在废除传统的镇压性刑罚体系并代之以纯粹预防性质的刑罚体系的同时,寻找出种种刑罚之代替物,并力求对传统的刑罚制度进行根本性变革。菲利则把刑事古典学派关于刑罚改革的使命称为减轻刑罚痛苦,而把刑事实证学派关于刑罚改革的使命定为减少犯罪数量,指出:我们将接过古典派犯罪学现实的和科学的使命,担负起一种更为高尚而又富有成效的任务——在减轻刑罚的同时减少犯罪。菲利认为,古典派犯罪学注意的仅仅是刑罚,注意犯罪发生之后借助于精神和物质方面的各种恐怖后果来确定镇压措施,而刑事实证学派则注意对犯罪人的矫正。菲利指出:我们可以得出一个历史的法则,在人类处于最野蛮的状态下,其刑法典都只有惩罚规定,而没有关于矫正犯罪的规定;随着人类文明的进步,则出现了与此相反的只有矫正而没有惩罚的观念。③ 因此,刑事实证学派开创了刑罚研究的新纪元。虽然刑事实证学派没有创立刑罚学这样一门学科。菲利在犯罪学或犯罪社会学的范畴内阐述刑罚学的内容,称之为犯罪对策。此后发展起来的刑事政策学及社会防卫运动,无不起源于刑事实证学派。正如美国刑法学家齐林指出:在刑罚学的一方面,菲利为意大利学

---

① 参见〔意〕贝卡里亚:《论犯罪与刑罚》,黄风译,中国大百科全书出版社1993年版,第42页。
② 参见〔意〕菲利:《实证派犯罪学》,郭建安译,中国政法大学出版社1987年版,第45页。
③ 参见〔意〕菲利:《实证派犯罪学》,郭建安译,中国政法大学出版社1987年版,第46页。

派或实证学派完成了一件同样的事业。他把与刑罚相当的资料,或是以代替刑罚的资料,收集一处,研究出一种司法的理论,并不采用古典派的罪犯自由意志学说。这种理论是社会应该负责的理论。在他的刑罚学大纲中,刑罚相当办法,或我们称为预防办法的,占了重要地位。① 笔者认为,刑事实证学派对于刑罚学的贡献主要在于以下几点:

(一) 刑罚观念的变革

刑事古典学派中,康德与黑格尔的报应主义,将刑罚完全视为一种报应,因而根本谈不上对刑罚的专门研究。贝卡里亚、边沁、费尔巴哈等人的功利主义,虽然提出了预防犯罪问题,但其思想核心是通过刑罚的层次性、及时性和不可避免性达到心理强制作用。在贝卡里亚的《论犯罪与刑罚》一书中,专门讨论了如何预防犯罪问题,但内容空泛,不具有专业特点,实际上难以操作。因此,从总体上说,刑事古典学派还是倚重于刑罚的惩罚性。刑事实证学派从刑罚的惩罚性走向刑罚的矫正性,把犯罪人作为犯罪预防的重点,通过各种矫正措施,使之不再犯罪。换言之,刑事实证学派从一般预防转向个别预防。由于犯罪人的特定性,因而刑罚的矫正功能可以得到切实的落实。从而使刑罚从空洞的心理强制发展为具体的矫正措施,为刑罚学奠定了理论基础。

(二) 科学方法的引入

关于刑罚的研究,刑事古典学派注重的是思辨方法,尤其是康德、黑格尔,醉心于犯罪与刑罚之间的因果报应关系,而没有科学地论证刑罚功能。从刑事实证学派开始,科学方法引入刑法领域,不仅用于研究犯罪,而且用于研究刑罚,大大地拓展了刑罚研究的范围,使之成为一个独立的研究领域。对此刑事政策之科学化贡献较大者,有以龙勃罗梭、菲利、加罗法洛等学者为代表的意大利各犯罪学者,以及李斯特、艾克斯纳、梅苑格、阿沙芬堡等学者为代表之德意志各犯罪学派诸学者。他们均分别从各实证科学的立场,如人类学、社会学、心理学、精神医学、生物学等立场,阐明犯罪人陷于犯罪之原因,为刑事政策提供科学的基础。尤其是李斯特强调刑事政策之科学性,认

---

① 参见[美]齐林:《犯罪学与刑罚学》(三),查良鉴译,商务印书馆1937年版,第503页。

为:刑事政策,如果缺乏科学的基础,则刑事政策家只能成为一好事家(Dilettant)。① 笔者认为,刑罚学的研究当然应当坚持人道主义的原则,但更为重要的是引入科学原则,以期以刑罚的实证分析,为控制犯罪提供理论根据。

（三）独特视角的确立

在刑罚的研究上,刑事古典学派所研究的只是刑法所规定的刑罚,因而这是一种规范的研究。刑事古典学派把刑罚视为镇压犯罪的唯一手段,而又简单地将刑罚归结为监禁,主要研究监禁期限的长短,根据犯罪人的法律责任,再处以事先规定好的相应程度的刑罚。正如菲利所说的那样,整个刑法典在其最后的分析中仅为一个计算刑罚的对数表而已。② 而刑事实证学派则从控制犯罪的角度把刑罚作为一种矫正措施加以研究,突破了规范的狭窄视角。在这种情况下,刑罚不再是简单的法律规定,而是控制犯罪,尤其是矫正犯罪人的一种手段,从而使刑罚的研究进入一个广阔的社会视野。

自从刑事实证学派的大力倡导以来,对刑罚的实证研究取得了重大的进展。但由于刑罚学未能像犯罪学那样自成一体,而是包含在犯罪学或者在刑事政策的名义下开展研究,因而与犯罪学相比较,这门学科极不成熟。在我国刑法学研究中,重犯罪论而轻刑罚论的情况同样影响了刑罚学的研究。为此,有必要确立刑罚学作为一门独立学科的理论根基。那么,刑罚学研究的理论根基是什么呢？这就是刑罚作为一种社会现象的存在,这里涉及刑罚学研究的内容、对象与方法界定。

二、刑罚学的界定

刑罚学一词,英文为 Penology,与刑事政策之意义较为接近。刑事政策一语,起源于德国,由德国刑法学家费尔巴哈在其所著刑法教科书中首先使用。尔后由李斯特等学者推广,逐渐被大陆法系国家或地区普遍采用,并最终成为一门科学——刑事政策学。在英美法系等国无刑事政策一语,现在使用德文 Kriminal Politik 的英译 Criminal Policy 一语,但并不普遍,也未形成独立学科,而是将刑事政策之研究并入犯罪学之中,或者另称刑罚学。严格地

---

① 参见张甘妹:《刑事政策》,台北三民书局1979年版,第12页。
② 参见〔意〕菲利:《实证派犯罪学》,郭建安译,中国政法大学出版社1987年版,第46页。

说,英美法系犯罪学中所谓刑事政策的内容与大陆法系犯罪学的刑事政策是有区别的,英美法系犯罪学中主要涉及的是刑事司法中对犯罪的审判与对犯罪人的处遇。一般地说,在英美法系国家,与大陆法系国家和地区中刑事政策学较为接近的还是刑罚学一词。例如《牛津法律大辞典》没有刑事政策一词,而有刑罚学(Penology)的条目,指出:刑罚学是研究在不同国度不同时代采用的惩罚和处置罪犯的原理和方法,以及这些方法的优劣,哪些目前仍在使用,哪些是值得推广的一门学科。① 此外,美国学者齐林(John Lewis Gillin)著有《犯罪学与刑罚学》一书,犯罪学是对犯罪原因的探讨,刑罚学是对犯罪处罚的研究。德国虽然是刑事政策一词的发源地,国内未见德国刑事政策学译本,但从施奈德《犯罪学》一书的内容来看,并不包含刑事政策的内容。在日本,犯罪学与刑事政策学混用,日本犯罪学家菊田幸一主张赋予包括狭义的犯罪学和刑事政策学在内的犯罪学。在苏俄,不存在专门的刑事政策学,在犯罪学中,虽是有预防犯罪的内容,但并非刑事政策研究。我国台湾地区,犯罪学、刑事政策学与刑罚学三个概念并用。台湾学者张甘妹主张将犯罪学之研究范围限于犯罪原因之研究,即狭义的犯罪学,而将犯罪防止对策之研究,归入刑事政策学之范围。② 因此,张甘妹所著的《犯罪学原理》与《刑事政策》两本书,基本上是作上述分工编写而成。但台湾学者林纪东认为,刑事政策可分为广义和狭义两说,广义说认为刑事政策是探求犯罪的原因,从而树立犯罪的对策。狭义说则认为刑事政策是探求犯罪的原因,批判现行的刑罚制度及各种有关制度,从而改善或运用现行刑罚制度及各种有关制度,以防止犯罪的对策。两说相对照,以探求犯罪的原因为刑事政策的起点,以防止犯罪为刑事政策的终极目标,是两说相同的地方。所不同者,狭义说以改善或用作现行刑罚制度等方面为范畴,广义说则不限于这个范围而已。因而,林纪东的刑事政策学内容与日本菊田幸一的犯罪学内容完全相同,我国台湾学者林山田著有《刑罚学》一书,林山田指出:刑罚就刑事法学、刑事政策学与犯罪学之观点,探讨刑事刑罚理论与保安处分理论以及刑事刑罚制度与保安处分制度之规范的与经验的科学。③ 因此,在林山田看来,刑

---

① 参见〔英〕沃克:《牛津法律大辞典》,邓正来等译,光明日报出版社1988年版,第684页。
② 参见张甘妹:《刑事政策》,台北三民书局1979年版,第2页。
③ 参见林山田:《刑罚学》(第2版),台北商务印书馆1983年版,第1页。

罚学与犯罪学、刑事政策学是不同的学科。在我国,犯罪学的内容大体上与苏俄相同,刑罚学一词也有专门采用的,例如邱兴隆、许章润所著《刑罚学》一书,该书把刑罚学界定为关于刑罚的哲理及其在刑事实践中之贯彻的科学。该书认为,犯罪学,即使是按照广义犯罪学理论,犯罪学也不是从总体上一般地研究刑罚问题,而是把研究的领域局限于刑罚对犯罪的预防作用以及刑罚同其他预防犯罪的措施的关系。① 因而把刑罚学与犯罪学相区别。近年来,我国又引入刑事政策这一概念,开展对刑事政策学的研究,并先后出版了刑事政策学的专著。马克昌教授认为,我国的刑事政策是指中国共产党和人民民主政权,为了预防犯罪,减少犯罪,以至消灭犯罪,以马克思主义、毛泽东思想为指导,根据我国的国情和一定时期的形势,而制定的与犯罪进行有效斗争的指导方针和对策。② 而这些刑事政策的具体内容主要是指:我国的基本刑事政策——惩办与宽大相结合的政策;对少数犯罪的政策——教育、感化、挽救的政策;对少数民族犯罪的政策——两少一宽的政策以及综合治理方针。又如杨春洗教授指出:刑事政策是国家或执政党依据犯罪态势对犯罪行为和犯罪人运用刑罚和有关措施以期有效地实现惩罚和预防犯罪目的的方略。我国刑事政策是指我们党和国家为有效地惩罚和预防犯罪,依据我国的犯罪状况和犯罪产生原因而确定的,对犯罪行为和犯罪人区别不同情况,运用刑罚或其他处遇手段的行动准则和方略。③ 据此,刑事政策学的主要内容也是论述社会治安综合治理方针、惩办与宽大相结合的政策、对罪犯的改造政策、对违法犯罪的未成年人的方针等内容。由此可见,我国刑事政策学与大陆法系国家的刑事政策学相比较,在内容上存在重大差别。这主要是因为政策这个词,在我国政治生活中广泛使用,并通常是指党的政策,这种政策往往是指政党为实现一定历史时期的路线和任务而规定的行动准则。在我国以往的刑法研究中,本来就论述了对于刑法具有指导意义的有关刑事政策,例如惩办与宽大相结合。而我国当前的刑事政策学基本上就是对这些现存的刑事政策的注释与解说。在这种情况下,所谓刑事政策学充其量不过是现行刑事政策之解释,而不能成为一门独立的理论学科。考虑到我国刑事

---

① 参见邱兴隆、许章润:《刑罚学》,群众出版社1988年版,第3页。
② 参见马克昌主编:《中国刑事政策学》,武汉大学出版社1992年版,第5页。
③ 参见杨春洗主编:《刑事政策论》,北京大学出版社1994年版,第5页。

政策一词特定的政治含义,即使采用了刑事政策学这一名称也无法与国际上的学术研究接轨。因此,笔者主张采用刑罚学这个术语,在与犯罪学相对应的意义上使用。

三、刑罚学的内容

那么,刑罚学的研究对象是什么呢?这里涉及对刑罚一词的理解。刑罚一词有以下几义:广义的刑罚,乃指一切具有刑罚性格的法律效果,包括刑事刑罚(Kriminalstrafe,criminal Punishment)与保安处分以及行政罚、秩序罚与纪律罚等;狭义的刑罚,仅指最具刑罚特性的刑事刑罚;折中的刑罚指犯罪行为的两大法律效果,即刑事刑罚与保安处分。① 刑法学研究的刑罚一般是指法定的刑罚,主要是对法定刑罚的规范分析。而刑罚学作为一门实证学科,它不以法定的刑罚为限,而是研究广义上的刑罚,即作为犯罪的法律效果的各种刑事措施。刑罚学的研究,离不开法定的刑罚。但法定的刑罚不是绝对的,而是相对的存在。刑罚化与非刑罚化的辩证运动是刑罚发展的一般规律。在历史上,死刑曾经是一种主要的刑罚方法,随着社会文明的进步与发展,死刑的残酷性与社会的文明性形成越来越大的反差,因而形成了世界性的废除死刑与限制死刑的国际潮流,已经有些国家废除了死刑。可以预想,在将来,死刑必将在刑罚体系中消失。与此相反,有些新的犯罪处置措施将会上升为刑罚,并会越来越引起人们的重视。不仅如此,从历史的观点来看,刑罚的观念也是处于不断变化之中的。古代关注的是刑罚的惩罚性,而近现代关注的是刑罚的矫正性。在理论上有一种观点,认为刑罚是一个惩罚性的概念,因而主张废除这一概念,而代之以社会防卫方法或者制裁、处遇等中性用语。但无论怎样变换名称,刑罚作为犯罪处置法,其特有的属性是难以抹杀的。在刑罚学中,主要从预防犯罪这样一个刑事政策观念出发,对刑罚进行事实与经验的分析。李斯特在说明刑事科学的任务时,曾对刑法学与刑罚学的任务作了如下区分:刑法学——为实践中揭露犯罪而训练刑法领域的专职人员;刑罚学——解释刑罚的原因。② 尽管李斯特没有对刑罚学作进一步的解释,但解释刑罚的原因这一别有深意的提法,值得我们深思。犯罪学虽

---

① 参见林山田:《刑罚学》(第2版),台北商务印书馆1983年版,第1页。
② 参见邱兴隆、许章润:《刑罚学》,群众出版社1988年版,第4页。

然与刑法学一样,都对犯罪进行研究。但犯罪学以犯罪原因为其研究对象,从而形成独立的学科;而刑法学则以犯罪的法定特征为其研究对象,有别于犯罪学,因而两者相安无事,互相促进。那么,刑罚学与刑法学一样,也都研究刑罚,在其具体内容上是否有区别呢?李斯特认为刑罚学研究刑罚原因,这与犯罪原因恰好相对应。但犯罪原因容易理解,刑罚原因则不易解释。笔者认为,所谓刑罚原因就是某种刑罚之所以为刑罚的原因。这就是从预防犯罪的目的出发,根据一定的刑事政策,考察什么样的犯罪处遇措施可以成为刑罚。而刑法学之研究刑罚,是以法定的刑罚为出发点,作出规范的解释。因此,刑罚学不同于刑法学,它具有不同于刑法学的特殊对象,因此,刑法学对刑罚是一种规范性研究,而刑罚学对刑罚则是一种对策性研究。在这个意义上,刑罚学与刑事政策学存在一定的相通之处。值得注意的是,在犯罪学研究中,往往把犯罪对策包括在内,并认为犯罪对策就是刑事政策。例如王牧教授认为,刑事政策就是犯罪对策的意思。刑事政策又可以分为刑事惩罚政策和社会预防政策。刑事惩罚政策是指国家机关运用刑事法律与违法犯罪斗争的一切手段、方法和措施。它涉及的主要内容有:刑事立法的政策原则和立法实践活动,揭露犯罪事实和犯罪人,追究、惩罚犯罪和刑罚的执行。而社会预防政策则是指消除和削弱形成人的消极个性的引起犯罪的原因、条件和因素,从而防止、减少和根除犯罪的社会活动。① 笔者认为,从我国对政策一词容易造成误解来看,刑事对策一词更能真实地表达大陆法系国家刑事政策学的内容。但在刑事对策中把社会预防政策包括进来则是值得商榷的。我们已经指出,犯罪学中不应包含犯罪预防,尤其是社会预防的内容。同样,在刑事政策学或者我们所说的刑罚学中,也不应包括社会预防的内容,刑事政策与社会政策是有所区别的。对刑事政策作过于广义的理解,实在难以把握。更为重要的是,犯罪总是发生在一定社会范围之内的,社会生态环境对于刑事法律活动来说具有制约性。刑事政策是在既定社会条件下遏制犯罪的一定措施,至于其他社会预防政策,实际上是很难对犯罪发生控制作用的。所以,笔者认为,可以把刑事政策理解为犯罪对策,而这里的犯罪对策只能是狭义上的犯罪的刑事对策,这就是在刑事司法中专门用来处置犯罪的种种措

---

① 参见王牧:《犯罪学》,吉林大学出版社1992年版,第383、391页。

施,这种措施可以称为广义的刑罚。所以,刑事政策学可以归结为刑罚学。在刑罚学的体系中,既包括宏观的刑事控制模式的研究,又包括微观的刑事矫正模式的探讨:前者在于刑事控制模式(刑罚体系、轻重)的建设性探讨,后者是刑事措施对于犯罪人矫正过程中具体作用的研究,两者成为刑罚学的专门研究对象。

  刑罚学的研究方法,在考察刑法学研究的理论根基时也是一个值得重视的问题。我国台湾学者林山田认为,刑罚学系以刑罚与保安处分的理论与制度为其研究客体。因此,其研究方法应该同时运用规范的方法(mormative Methohen)与实验的方法(empirische Methoden),以此两种方法同时并重而进行刑罚的研究。一方面就规范科学的观点,以演绎与归纳的方法探讨刑罚与保安处分有关的法学理论及有关的法条规定;另一方面应就经验科学(empirische Wissenschaft oder Erfahrung swissenschaft)的观点,以经验法则的实证法研究各种刑罚手段与保安处分在刑事政策上的功能。① 笔者认为,林山田先生在刑罚学的研究方法上兼采规范与经验两种方法,因而在内容上与刑法学很难区分。刑法学对刑罚的研究,完全是一种规范分析的方法。因此,刑罚学如欲成为一门独立学科,而不是简单地以刑罚为对象的综合研究,就应当具有不同于刑法学的规范方法的独特研究方法,这就是实证分析方法,也即经验的方法。所以,笔者认为,刑罚学是一门实证的学科,以不同于作为一门规范学科的刑法学。刑罚学的研究,主要就是在犯罪学提供的各种科学根据的基础上,对犯罪的刑事处置对策与方法的研究。

---

① 参见林山田:《刑罚学》(第2版),台北商务印书馆1983年版,第9页。

论刑罚权及其限制*

刑罚权是刑法哲学中的一个重要问题,历来受到刑法学家的重视,但在我国刑法学界,刑罚权的研究可以说是十分薄弱的。刑罚权关系到刑法之根本,是一个需要加以论证的问题。同样,刑罚权也不是绝对的和无限的,是一个需要加以限制并为其进行界定的问题。本文拟就刑罚权的基本内容作一初步探讨,就正于我国刑法学界。

一、刑罚权的起源

刑罚权是国家运用刑罚惩治犯罪的权力。因此,刑罚权属于国家权力的范畴。那么,刑罚权是如何产生的呢?对于刑罚权的起源,在刑法理论上主要存在神授论与契约论之争。

神授论以君权神授论为其理论基础,认为刑罚权亦为神授。应该说,这是一种曾经具有广泛影响的观点。中国古代刑法思想中,就充满了这种刑罚权神授的内容。如据古代史料记载,夏朝就产生了神权法的思想,将其统治神化,并将当时的法律美化为神意的体现。据此,把夏朝的统治说成是"受命于天",把镇压不服从其统治的活动说成是"行天之罚"。[①] 这就是基于"天命"而产生的"天罚"思想,是刑罚权神授论在中国古代刑法思想中的体现。在西方中世纪,由于受宗教神学思想的影响,刑罚权神授论也曾经盛行一时,如古罗马神学家奥古斯丁从教义出发,认为人类祖先犯了罪,留在人间生活是接受上帝的惩罚。[②] 因此,刑罚权来自上帝的授予。及至近代,西方还有些刑法学家秉承这种思想,如德国刑法学家斯塔尔在论及国家刑罚权时指

---

* 本文原载《中外法学》1994年第1期。
① 参见《尚书·汤誓》。
② 参见张宏生主编:《西方法律思想史》,北京大学出版社1983年版,第84页。

出:"神之秩序,发现于俗界,是为国家。身体健全,财产保护,家庭秩序,国家存立,寺院存续,莫非神明秩序之基础,有破坏此秩序者,曰犯罪。神明对此破坏秩序之犯罪人,命令俗界之权力代表者(即国家),加之以刑罚,是即国家刑罚权之所由来也。"①

契约论为启蒙学家所倡导,认为国家权力来自于社会契约所缔结者,刑罚权同样来源于此。意大利著名刑法学家贝卡里亚运用社会契约论阐述了刑罚权的起源。贝氏指出:离群索居的人们被连续的战争状态弄得筋疲力尽,也无力享受那种由于朝不保夕而变得空有其名的自由,法律就是把这些人联合成社会的条件。人们牺牲一部分自由是为了平安无忧地享受剩下的那份自由。为了切身利益而牺牲的这一份份自由总和起来,就形成了一个国家的君权。君主就是这一份份自由的合法保存者。因此,在贝卡里亚看来,刑罚权的渊源,只不过是人们所割让的自由权之一部分的总和而已。

显然,神授论与契约论对刑罚权的起源作出了完全不同的解释。神授论具有浓厚的宗教神学色彩,如果说在智识未开的远古尚有其存在的合理性;那么,在经过文明洗礼的现代已经令人难以置信。至于契约论,虽然在抨击神授论使刑罚论世俗化上具有一定的历史进步意义,但这一论点是建立在自然状态的假设基础之上的,缺乏确实的科学根据。

笔者认为,刑罚权作为国家权力的重要内容,它的产生离不开一定的社会物质生活条件,它是建立在一定的社会物质生活条件基础之上并受其制约的。从这个意义上说,刑罚不外是社会对付违犯它的生存条件(不管这是些什么样的条件)的行为的自卫手段。② 因而,刑罚权实质上是社会的防卫权,它起源于社会物质生活条件。

二、刑罚权的根据

在阐述了刑罚权起源的基础上,还应当进一步考察刑罚权的根据问题,即国家为什么具有运用刑罚惩治犯罪的权力? 应该说,这个问题对于刑罚权的理解更具有重大的理论意义。

刑罚权作为一种国家权力,表现为一种凌驾于个人之上的支配力量,它

---

① 王觐:《中华刑法论》,中华书局1933年版,第3页。
② 参见《马克思恩格斯全集》(第8卷),人民出版社1961年版,第579页。

是以国家暴力为后盾的,因而具有强制性。但这并不意味着国家凭借这种刑罚权,可以为所欲为。从应然的角度来说,刑罚权的行使表现为一种社会自律性。刑罚权之对于个别罪犯的行使,对于该罪犯来说是一种他律。换言之,罪犯本人并不愿意受到刑罚处罚,而予以刑罚处罚是不以罪犯本人的意志为转移的,是国家强加于他的。当然,由于犯罪本身是基于罪犯的意志自由选择的结果;就此而言,处以刑罚也应该是罪犯应当受到的社会报应。从根本上来说,刑罚之强加于罪犯,是一种他律。但从社会整体来说,刑罚权的行使又具有社会自律性。日本刑法学家西原春夫指出:某种行为被定为犯罪,实施了该行为,就得被迫接受刑罚。这就意味着国民的自由被限制在一定的范围内。所以,如果刑法没有国民的参与,而是直接由主权者制定,那么国民在该范围内就是不自由的。但是,如果这种不自由是由国民自己决定的,那还是保持了自律这一意义上的自由。① 在此,西原春夫只是从刑罚创制权的角度论述了刑法具有的社会自律性,但实际上更为重要的是应从刑罚权行使的内容与范围上考察刑法的社会自律性。从这个意义上说,只有当刑罚权的行使对社会发展起到了推动与促进作用,反映了社会发展的客观规律,这样的刑罚权行使才具有社会自律性。社会自律性反映了社会的自我约束与自我控制,它与个人自律性显然有所不同。个人自律性是以个人的主观能动与意志自由为前提的,反映了个人的自主性。而社会是由无数个人组成的,人们对于事物的认识并不都是一致的,基于不同的社会地位具有不同的认识。但这些个人具有共同的利益,为了实现这一共同利益而产生了公共权力,这种公共权力就成为社会共同利益实现的有效保障。为此,社会对违反社会共同利益的个别成员实行强制,表明了社会自律性。这一点,从古代社会的禁忌(taboo)中看得十分清楚。在远古时代,由于人类尚处在前文明阶段,生产力低下,智识未开化,人们在长期的生活过程中,经过世代人的共同经验,发现某些不可为之行为,如血亲相婚等,有碍于氏族的共同利益,因而予以禁止。违反者,受到一定的惩罚。显然,这种原始禁忌是原始社会自律性的体现。进入文明时代,人类对于自身的物质生活条件有了更为理智的认

---

① 参见〔日〕西原春夫:《刑法的根基与哲学》,顾肖荣等译,上海三联书店1991年版,第2页。

识,将违背社会生存条件的行为规定为犯罪,并予以刑罚处罚。因此,根据法国著名哲学家迪尔凯姆的说法,罪行仅仅是指集体意识所禁止的行为。因而,在涂尔干看来,刑事法能够揭示人们的集体意识,因为它通过惩罚增多这一事实本身,表现了集体情感的力量、这些情感的外延和特性。① 所以,在现代社会,刑罚权的行使具有社会自律性。

社会自律性从一个方面说明了刑罚权存在的根据。但刑罚权本身又是相对的。因为刑罚权的行使固然从根本上保护了社会的整体利益,但它是以牺牲某些公民个人的自由为代价的。西原春夫指出:刑罚保护了国家的利益,同时使自由的范围变得狭小,并侵犯了犯罪者的重大利益。② 就此而言,刑罚权的行使又具有社会他律性。这里的社会他律性是指刑罚权的行使受到一定的限制,它不以主权者的意志为转移。从一定意义上来说,犯罪是个人对社会的一种侵害,而刑罚是社会为防卫自身的生存条件而对罪犯的一种制裁。因此,什么是犯罪以及应处以何种刑罚,都是由立法者加以规定的。但是,根据马克思的观点,立法机关,甚至执法机关的法律评价可以把普通的过错行为变成应受刑事惩罚的行为,可以臆造犯罪。问题只在于确定:立法者这种自由扩展到什么限度?③ 也就是说,立法者这种自由是极其有限的,因为马克思认为,违法行为通常是不以立法者意志为转移的经济因素造成的。④ 同样,刑罚作为对犯罪的一种反应,在一定程度上取决于犯罪本身,刑罚权的行使受到社会及其他因素的制约。以死刑为例,在前资本主义社会,死刑曾经被广泛地滥用,国家对罪犯拥有死刑权被认为是天经地义的,从来没有人提出过疑问。贝卡里亚首次振聋发聩地提出死刑废除论。贝氏认为,人们最初在订立社会契约的时候,只交给公共当局一份尽量少的自由,这里当然不包含处置自己生命的生杀予夺大权。因此,贝卡里亚明确指出,死刑并不是一种权利,死刑既不是必要的也不是有益的。⑤ 死刑废除论一经提

---

① 参见〔法〕雷蒙·阿隆:《社会学主要思潮》,葛智强等译,上海译文出版社1988年版,第348页。
② 参见〔日〕西原春夫:《刑法的根基与哲学》,顾肖荣等译,上海三联书店1991年版,第34页。
③ 参见〔苏〕斯皮里多诺夫:《刑法社会学》,陈明华等译,群众出版社1988年版,第84页。
④ 参见《马克思恩格斯全集》(第8卷),人民出版社1961年版,第579页。
⑤ 参见〔意〕贝卡里亚:《论犯罪与刑罚》,黄风译,中国大百科全书出版社1993年版,第45页。

出,引起人们对国家死刑权的深刻思考,并引发了一场死刑存废之争,同时推动了世界上废除死刑的运动。死刑在一个国家的存废,决定于社会的政治、经济、文化、历史等诸种因素,不能作出野蛮抑或文明的简单评判。但至少说明,随着社会文明程度的发展,人权思想的广泛传播,死刑权已经从某些国家的刑罚权中排除出去。由此可见,刑罚权不是绝对的,它的存在及其范围是受一定的社会物质生活条件制约的。正是在这一点上,刑罚权的行使表现出一种社会他律性。

刑罚权的行使是社会自律性与社会他律性的统一,社会自律性说明了刑罚权行使的合理根据,而社会他律性则表明了刑罚权行使的应有限制。刑罚权行使的这种社会自律性与社会他律性的两重性,就是刑罚权根据之所在。

三、刑罚权的限度

孟德斯鸠说过,任何刑罚,只要它不是绝对必要的,都是专制的。显然,刑罚权的行使应当限制在绝对必要的范围之内。否则,为防卫社会而设置的刑罚,就会异化为社会进步的障碍。问题就在于:如何确定刑罚权的合理限度?关于这个问题,在刑法理论上存在报应主义与功利主义之争。

报应主义认为,刑罚在本质上是对犯罪的一种报应,因此,刑罚权的行使只能限于实现社会报应;否则,就是刑罚权的滥用。康德主张道义报应,认为惩罚的方式与尺度都应该以已然之罪为转移,只有这样,才能公正地行使刑罚权。黑格尔也认为,刑罚应当以已然之罪为转移,刑罚权的行使应该以报应为界。黑格尔这一观点,对早期马克思曾经产生了一定影响,马克思指出:"如果犯罪的概念要有惩罚,那么实际的罪行就要有一定的惩罚尺度。实际的罪行是有界限的。因此,就是为了使惩罚成为实际的,惩罚也应该有界限——要使惩罚成为合法的惩罚,它就应该受到法的原则的限制。任务就是要使惩罚成为真正的犯罪后果。惩罚在罪犯看来应该是他的行为的必然结果——因而也应该是他本身的行为。"[1]显然,马克思的这一论述带有黑格尔刑法思想的思辨痕迹。总之,报应主义从已然之罪中去寻求刑罚权的合理限度,关注的是刑罚权行使的社会公正性。

---

[1] 《马克思恩格斯全集》(第 13 卷),人民出版社 1962 年版,第 552 页。

功利主义认为,刑罚并非对犯罪的报应,而是为达到一定社会目的而采取的手段,因此,刑罚权的行使应该是为实现一定的社会功利价值。例如,贝卡里亚认为,刑罚应当是"必需的"和"尽量轻的",只有当公共福利确实遭到侵害时,才有动用刑罚的必要。而且,刑罚的强度只要使"犯罪的既得利益"丧失就够了。在贝卡里亚看来,"只要刑罚的恶果大于犯罪所带来的好处,刑罚就可以收到它的效果。除此之外的一切都是多余的,因而也就是蛮横的"①。由此可见,贝卡里亚虽然认为维护公共福利是刑罚权的根据,但并非为此可以不顾手段,刑罚作为实现社会功利的手段,同样受到功利原则的限制。在贝卡里亚的基础上,边沁进一步发挥了功利主义的刑罚观,指出:"所有惩罚都是损害,所有惩罚本身都是恶。根据功利原理,如果它应当被允许,那只是因为它有可能排除某种更大的恶。"②如果说,贝卡里亚、边沁所主张的是规范功利主义,那么,龙勃罗梭、菲利主张的就是行为功利主义。行为功利主义更为重视对罪犯的矫正,例如龙勃罗梭主张剥夺犯罪能力论,对于生来犯罪人,应该根据不同的情形,分别采取不同的措施。菲利指出,我们将实证刑罚制度建立在对罪犯实行不定期隔离原则的基础之上。这一原则认为,刑罚不应当是对犯罪的报应,而应当是社会用以防卫罪犯威胁的手段这样一种理论的必然结果。③ 因此,行为功利主义从对罪犯的矫正等个别处遇上论证刑罚权的合理限度。显然,行为功利主义是以社会为本位的,更强调对社会利益的保护,为此可以牺牲罪犯的个人利益,甚至可以成为对滥用刑罚的容忍,这与以个人为本位,强调对个人自由的保障的规范功利主义是有所不同的。尽管如此,规范功利主义与行为功利主义有一点是共同的,这就是从未然之罪中去寻求刑罚权的合理限度,关注的是刑罚权行使的社会功利性。

笔者认为,报应主义与功利主义分别以社会公正性与社会功利性作为追求的价值,不能不说都具有偏颇之处。应该说,社会公正性与社会功利性有形式上对立的一面,但从实质上说,又具有内容上相通的一面,因而两者应该在一定的基础上统一起来。换言之,刑罚权的合理限度分别受到社会公正性

---

① 〔意〕贝卡里亚:《论犯罪与刑罚》,黄风译,中国大百科全书出版社1997年版,第42—43页。
② 〔英〕边沁:《道德与立法原理导论》,孙力等译,商务印书馆2000年版,第216页。
③ 参见〔意〕菲利:《犯罪社会学》,郭建安译,中国人民公安大学出版社1990年版,第142页。

与社会功利性这两个因素的制约。刑罚权的行使不能无视社会公正性,因为社会公正性代表了一定社会的评价标准,只有满足这种社会公正性,刑罚权的行使才能具有坚实的社会基础,并与社会心理状态相吻合。但是,社会公正性的标准又不是一成不变的,它从一个民族到另一个民族,从一个阶段到另一个阶段,会随着社会物质生活条件的变化而发生剧烈的变动。正是从社会公正性的变化上,我们可以窥视到它与社会功利性的相通之处。因此,社会公正性不能完全脱离社会功利性而存在。在一定意义上说,社会功利性是社会公正性存在的基础,并对社会公正性具有制约作用。因为社会功利性是一定社会的价值尺度,一切社会事物的存在都必然具有功利根据,尽管功利的内容可以有所不同。毫无功利意义可言的事物,就没有其存在的合理根据。刑罚权的行使也是如此,它是维系社会关系的稳定性,保护社会利益与保障个人自由的法律工具。当然,尽管刑罚权的行使具有明显的社会功利性,但在实现这种社会功利性的时候,同样不能无视社会公正性,只有在社会公正性的范围之内,刑罚权才能正常行使。

总之,在确定刑罚权的合理限度的时候,应当兼顾社会公正性与社会功利性双重标准。

四、刑罚权的内容

刑罚权的限制是一个具有重要的现实意义与理论意义的问题,其内容涉及刑罚的各个方面。笔者认为,罚刑权应当严格限制,使之成为不得已而为之的最后法律手段,因而那种泛刑主义与重刑主义的观念都应当予以清除。刑罚权的限度可以分为立法限制与司法限制、实体限制与程序限制、范围限制与程序限制等。限于篇幅,本文仅根据刑罚权的具体内容,对刑罚权的限制问题略加探讨。在刑法理论上,以国家运用刑罚的刑事活动的特点与刑罚之运用的特有的逻辑为根据,刑罚权可以分为制刑权、求刑权、量刑权与行刑权四个方面的内容。[①] 因此,刑罚权的限制也应该从这四个方面着手。

制刑权,是指国家创制刑罚的权力。制刑权属于立法权的范畴,其内容包括刑罚的立、改、废。制刑权的限制,主要是从立法上对刑罚权加以限制。

[①] 参见邱兴隆、许章润:《刑罚学》,群众出版社1988年版,第61页。

这个问题的核心是:对什么样的行为应该动用刑罚以及刑罚的轻重应当如何确定。因此,这里既涉及刑罚的范围,又涉及刑罚量的程度。就刑罚的范围而言,笔者认为应当把刑罚限制在确属必要的范围之内。这里的确属必要应从以下两个方面来考察:其一,危害行为必须具有相当严重程度的社会危害性。只有其社会危害性达到相当严重程度,构成犯罪,才能动用刑罚。其二,作为对危害行为的反应,刑罚应当具有无可避免性。在这个意义上说,刑罚应该是不得已动用的最后手段,但只要未犯刑法所定之罪,并不涉及刑法之任何问题。① 从《中华人民共和国刑法》(以下简称《刑法》②)的规定来看,刑罚的范围基本上是合适的,随着市场经济体制的确立与发展,经济关系变动较大,经济领域中的失范行为大量增生,对此,有必要扩大刑罚力的范围。同时,随着从计划经济向市场经济的转轨,某些保护计划经济而与市场经济相抵触的刑法规范已经过时,应予删除,从而在这个意义上刑罚力的范围又有所缩小。总之,在刑罚力的范围上面临着一定的调整,这种调整表现为双向的犯罪化与非犯罪化,也就是刑罚化与非刑罚化。但就刑罚量的程度来看,我国《刑法》已经是一部重刑化的刑法,有必要加以限制。重刑化主要表现在死刑问题上。在《刑法》颁行以后,我国又颁布了一系列的单行刑法,对《刑法》的内容作了重要补充。这种补充的重要内容之一就是增补了死刑的规定。根据统计,《刑法》分则规定的死罪是 28 个,而截至 1991 年年底,十年来通过单行刑法增加的死罪是 42 个,平均每年增加 4.2 个,已经远远超过《刑法》分则中规定的死罪。难怪我国刑法学者发出"急剧膨胀的死刑立法"的惊呼,并且明确将其视为"危险的倾向"。③ 笔者认为,对死刑应当严格加以限制,大大地降低我国的刑罚量,从而适应市场经济与民主政治的发展。

求刑权,就是起诉权。现代国家,求刑权一般都表现为公诉与自诉两种形式,并且以公诉为主,自诉为辅。在我国,求刑权并非绝对的,而是公诉有免予起诉④、自诉有撤回自诉等起诉便宜的规定。因此,我国求刑权的规定基本上是合理的。

---

① 参见陶龙生:《论罪刑法定原则》,载蔡墩铭主编:《刑法总则论文选辑》(上),台北五南图书出版公司 1984 年版,第 112 页。
② 本文中《刑法》指 1979 年《刑法》。
③ 参见鲍遂献:《对我国死刑问题的深层思考》,载《法律科学》1993 年第 1 期。
④ 1996 年修订《中华人民共和国刑事诉讼法》时,取消免予起诉,将之纳入不起诉范畴。

量刑权,又称为刑罚裁量权,包括是否科处刑罚以及判处什么刑罚两个方面的内容。就是否判处刑罚而言,我国《刑法》有免除刑罚的规定。根据《刑法》第 32 条的规定,对于犯罪情节轻微不需要判处刑罚的,可以免予刑事处分。就判处什么刑罚而言,我国《刑法》规定了 5 种主刑、4 种附加刑,同时还规定了自首从宽、累犯从重等一系列从轻、减轻与从重、加重的量刑情节与量刑制度,从而做到罪刑相适应。当然,由于我国《刑法》规定过于粗疏,从而为法官的自由裁量留下了很大余地。例如死刑适用条件是"罪大恶极"①,就是一个极具弹性的规定,完全取决于法官的掌握。在这种情况下,出现量刑的偏颇失衡,也就是十分自然的。对此,我国刑法学界有人提出应当对法官的自由裁量予以合理限制,其根据在于:所有刑罚权,包括自由裁量权在内,都是由国家享有的,任何人都没有刑罚权。法官对具体案件判处刑罚,是作为国家的代表人来行使刑罚权,因此,他必须忠实地代表国家,使对每个罪犯的处理都能真正体现国家的意志,而不能渗入任何个人的因素。即使对法律赋予的"自由裁量权"的行使,也应遵循这一原则。自由不是任意的,必须以体现国家意志,真正罚当其罪为限制。② 笔者认为,这一意见是完全正确的,对量刑权应当加以限制。

行刑权,是指对罪犯执行刑罚的权力。行刑权是从量刑权派生出来的,它所执行的是法院判决所确定的刑罚。我国的行刑权主要由劳改机关行使,当然还有某些刑罚的执行权是由法院和公安机关行使。行刑权的行使主要应当受到法院判决的限制,只能在法院判决所确定的范围之内行使行刑权。

---

① 1997 年修订《刑法》时,将"罪大恶极"改为"罪行极其严重"。
② 参见张绍谦:《浅论法官量刑的"自由裁量权"》,中国人民公安大学出版社 1989 年版,第 262 页。

刑罚目的二元论*

刑罚目的是刑法理论中一个至关重要的问题。它对刑罚的创制、适用与执行都具有直接的指导意义。正因为刑罚目的如此重要,因此,有些国家不仅把它当做一个重要理论问题加以探讨,而且将它直接规定在刑法典中,以作为刑罚适用的指导原则。例如《苏俄刑法典》第20条、《罗马尼亚刑法典》第52条、《蒙古刑法典》第16条等,在我国刑法制定过程中也有人主张规定刑罚目的,只是由于刑罚的目的究竟如何表述在理论上还有争论,因而未予规定。① 目前,我国刑法学界还未就刑罚目的问题达成共识,分歧意见达七种之多。② 我国当前较为流行的观点是将刑罚目的表述为预防犯罪,然后又将预防分为特殊预防与一般预防。笔者认为,刑罚的目的应该是报应与预防的辩证统一,即刑罚目的的二元论。本文就此展开论述,以期引起对刑罚目的的深入研究。

一、刑罚目的的概念

人在进行任何一种活动、从事任何一项事业的时候,自始至终都有一个自觉的目的在驱使。恩格斯指出:"在社会历史领域内进行活动的,全是具有意识的、经过深思熟虑或凭激情行动的、追求某种目的的人;任何事情的发生都不是没有自觉的意图,没有预期的目的的。"③因此,人类实践是一个有目的的活动过程。任何实践在一开始就包含着主体对外部现实的某种需要,这种需要体现了主体对外部现实的关系。它们反映在主体的头脑中,被主体自

---

* 本文原载《中南政法学院学报》1991年第1期。
① 参见高铭暄:《中华人民共和国刑法的孕育和诞生》,法律出版社1981年版,第56页。
② 参见高铭暄主编:《新中国刑法学研究综述(1949—1985)》,河南人民出版社1986年版,第408页。
③ 《马克思恩格斯选集》(第4卷),人民出版社1972年版,第243页。

觉地意识到,就成为推动主体进行实践活动的一般动机。需要只能通过改造和创造某种具体的客体来满足,而某种具体客体的被改造和被创造,一开始是作为实践所将取得的结果事先建立于主体的观念之中的。一旦观念地建立起这种结果,它就作为实践的内在目的起作用,成为调节和控制主体同客体之间实际的相互作用的重要内部因素。由此可见,目的是调节和控制主体同客体之间的相互作用,并且支配、创造一定的手段以便将其客观化的一种主观动因。应该指出,目的虽然是人的需要的反映,属于主观的范畴,但它又是受客观制约的。列宁指出:"事实上,人的目的是客观世界所产生的,是以它为前提的——认定它是现存的、实在的。"①因此,必须强调从客观实际出发,依照客观规律来规定自己的目的和进行有目的的活动。

从马克思主义的目的观出发,我们可以科学地界定刑罚的目的。如果我们把统治者(立法者、司法者与行刑者)视为主体,把犯罪视为客体,那么,统治者通过刑罚惩治犯罪就是一种刑事法律的实践活动。在这一实践活动中,刑罚乃是手段,而统治者运用刑罚这一手段所要达到的客观效果,就是所谓刑罚的目的。刑罚的目的并不是统治者的主观臆想,它不能离开客观世界而存在,它一方面受到刑罚这一手段的制约;另一方面又以犯罪这一客体为转移。刑罚目的的确立,有赖于人们对犯罪与刑罚及其关系的深刻认识。

犯罪具有双重属性:作为已然之罪,它主要表现为主观恶性与客观危害相统一的社会危害性;作为未然之罪,它主要表现为再犯可能性与初犯可能性相统一的人身危险性。从这个意义上说,犯罪是社会危害性与人身危险性的统一。这就是犯罪本体的二元论。立足于此,刑罚作为犯罪的扬弃,其功能应当具有相应的二元性:刑罚之于已然之罪,表现为惩罚;刑罚之于未然之罪,表现为教育。从刑罚功能再推论出刑罚目的,当然也是二元论:惩罚之功能表现为报应,教育之功能表现为预防。

刑罚目的的二元论,是由运用刑罚惩治犯罪这一人类实践活动的复杂性所决定的。对此,英国著名刑法学家哈特曾经有过极为精辟的论述。哈特指出:"我们应该牢记,正如在其他绝大部分社会制度中一样,在刑罚制度中,对一个目的的追求可能受到不应错过的追求其他目的的机会的限制或可能提

---

① 《列宁全集》(第38卷),人民出版社1986年版,第201页。

供这种机会。只有当我们对刑罚的这种复杂性有了这样的意识时,我们才能恰当地估计到整个刑罚制度已被关于人类心理的新信念所渗透的范围或它必须适应这些新信念的范围。"[1]正因为如此,我们在确定刑罚目的的时候,不应把报应与预防对立起来,而是应当将两者统一起来。不可否认,在人类历史上,刑罚目的观有一个从报应到预防的转变过程,但这丝毫也不能否定报应与预防之间具有内在联系,两者都应当作为刑罚目的加以确立,关键在于如何协调两者之间的关系。

二、刑罚的报应目的

报应作为刑罚目的,是指对犯罪人之所以适用刑罚是因为他实施了危害社会的犯罪行为,通过惩治犯罪满足社会正义观念,恢复社会心理秩序。因此,社会正义观念是刑罚报应目的的理论基础。正义,英文表示为justice,与公正、平等属于同类范畴,主要是作为评价某一行为或者某一社会制度的道德标准而使用的。例如美国著名法学家罗尔斯指出:"正义是社会制度的首要价值……某些法律和制度,不管它们如何有效率和有条理,只要它们不正义,就必须加以改造或废除。"[2]应当指出,正义观念属于意识形态的范畴,归根到底它是由社会的经济基础决定的。正如恩格斯所指出的那样:"正义始终是现存经济关系在其保守方面或在其革命方面的观念化、神圣化的表现。"[3]因此,在不同的社会有不同的正义观念。在我国,犯罪行为不仅是危害国家和人民利益的行为,而且也是违反社会正义的邪恶作为,所以,从我国的社会正义观念出发,对于恶行应该作出否定评价,对于善行应予褒扬。同时,对恶行的否定评价程度应该以恶行的大小为转移;对善行褒扬的分量应该取决于善行的大小。在现实生活中,社会正义观念作为行为评价标准具有重要意义。我们在确立刑罚目的的时候,也不应无视社会正义观念的存在,而报应作为刑罚的目的,就是社会正义观念的最好体现。

我们主张将报应作为刑罚目的,根本不同于西方历史上的报应主义。报应主义先后经历了神意报应主义、道义报应主义和法律报应主义三种发展形

---

[1] 〔英〕哈特:《惩罚与责任》,王勇等译,华夏出版社1989年版,第3页。
[2] 〔美〕罗尔斯:《正义论》,何怀宏等译,中国社会科学出版社1988年版,第1页。
[3] 《马克思恩格斯选集》(第2卷),人民出版社1972年版,第539页。

态。在西方中世纪,神意报应主义占主导地位。神意报应主义以神的旨意作为报应的理由,认为犯罪是违反了神的命令或上天的旨意,国家对罪犯适用刑罚是秉承神意给予报应。神意报应主义用虚无缥缈的神的旨意来诠释世俗社会的刑罚目的,其荒诞性是不言而喻的。及至近代,德国著名哲学家康德创立了道义报应主义的刑罚哲学,将报应刑的思想推向了一个极端。康德认为人是现实上创造的最终目的,从尊重人作为目的的价值出发,对人的行为的反应便只能以其行为的性质为根据,而不能另立根据或另有所求,否则便是否定了人作为目的的价值。人受道德律的支配,不得侵害他人的权利。犯罪人侵害了他人的权利,违背了道德律,因而应受惩罚。康德指出:"违背道德上之原则,加害恶于他人者,须受害恶之报应(刑罚),此理所固然者也。"①只有这样,才能恢复他人作为目的的价值,恢复被犯罪所侵害的道德秩序。在否定康德的道义报应主义的基础上,黑格尔将其辩证法中的否定之否定规律运用于对犯罪与刑罚关系的考察,提出了著名的法律报应主义。黑格尔认为,犯罪是犯罪人基于自由意志而选择的危害社会的行为,因而是一种害恶。而善有善报、恶有恶报是社会常理,从这一社会报应观念出发,作为害恶的犯罪理所当然地应受恶的惩罚,刑罚只不过是这种恶的惩罚的有形的体现。因此,犯罪和刑罚之间只能是一种因果报应关系。黑格尔指出:"刑罚毕竟只是犯罪的显示,这就是说,它是以前一半为前提的后一半。"②西方历史上的报应主义,无论是神意报应主义、道义报应主义还是法律报应主义,都将报应视为刑罚的唯一目的,排斥刑罚的预防目的,因而是片面的,但其合理的内核却值得我们借鉴。

在理解刑罚的报应目的时,应当将报应与惩罚这两个概念加以区别。笔者认为,惩罚是刑罚的属性而不是刑罚的目的。在哲学上,属性是指事物本身所固有的一种性质,这是一种客观存在;而目的是对事物属性的自觉认识和运用,是指人们从事某一活动时所预期达到的结果,是一种主观愿望。显然,属性与目的不可混为一谈。关于惩罚是否是我国刑罚的目的,我国刑法学界存在争论,其中否定说认为,把惩罚视为刑罚目的,是将刑罚的属性与目

---

① 〔德〕黑格尔:《法哲学原理》,范扬、张企泰译,商务印书馆1961年版,第106页。
② 王觐:《中华刑法论》(上卷)(第7版),北平朝阳学院1933年版,第20—21页。

的混为一谈;而肯定说则认为,把惩罚视为刑罚目的是人们正义观念的必然要求。应当说,就惩罚是否是刑罚目的而言,否定说完全正确;但就刑罚目的应当反映人们正义观念而论,肯定说又无可厚非。关键问题是如何理解惩罚这个概念。惩罚一词,英文中是用"Punishment"一词表示的,而该词又可译为中文的"刑罚"。由此可见,惩罚与刑罚实为同义词,都是指享有合法惩罚权的人使他人遭受某种痛苦、折磨、损失、资格丧失或者其他损害。① 因此,说惩罚是刑罚的目的,无异于否定刑罚具有目的,将惩罚说成是刑罚的属性,倒是恰如其分的。那么,刑罚目的中的人们正义观念应当如何表达呢? 只有一个经历数千年至今仍然魅力不减的词汇,这就是"报应"。在英文中,报应一词为"Retribution",指对所受损害之回复、回报或补偿。有时它被视为惩罚的目的之一,如满足由受害者自然产生的报复或报仇的本能要求,但在相当大的社会范围内也可以适用,可以被看做是由社会强制进行的有节制的报复。② 显然,惩罚与报应是有所不同的,惩罚是刑罚的属性,而报应可以看做是刑罚的目的,即通过惩罚所要达到的主观效果。

  报应作为刑罚目的,有恶意报应与实害报应之分。恶意报应指根据犯罪人的主观恶性予以恶的报应;实害报应则是根据犯罪的客观危害予以报应。笔者认为,作为刑罚目的的报应,应当是恶意报应与实害报应的辩证统一。因为客观危害是主观恶性的外化,离开主观恶性谈客观危害,就会导致客观归罪。同时,客观危害又是主观恶性的表现,离开客观危害谈主观恶性,就会导致主观归罪。我国刑法坚持主观与客观相统一,因此,作为刑罚目的的报应,也应是恶意报应与实害报应的统一。

三、刑罚的预防目的

  预防作为刑罚目的,是指对犯罪人之所以适用刑罚,是为了预防犯罪,通过惩治犯罪实现社会功利观念,维护社会法律秩序。因此,社会功利观念,是刑罚预防目的的理论基础。功利,英文表示为"Utility",与价值、效益属于同类范畴,主要是作为评价某一行为或者某一社会制度的价值标准而使用的。根据社会功利观念,国家之所以设置刑罚这样一种惩罚人的措施,主要是因

---

① 参见[英]沃克:《牛津法律大辞典》,邓正来等译,光明日报出版社1989年版,第736页。
② 参见[英]沃克:《牛津法律大辞典》,邓正来等译,光明日报出版社1989年版,第772页。

为它蕴涵着的剥夺权益之苦可以使其存在成为犯罪的阻力,起到遏制犯罪发生的作用。社会主义社会仍然存在犯罪,这是一个有目共睹的客观事实。而且,多种犯罪原因在社会主义社会的存在又决定了犯罪有其再生的必然性。因此,为了保护社会不受犯罪的侵害,国家有必要采取一系列措施来遏制犯罪的发生,而刑罚便是必不可少的措施之一。因此,预防作为刑罚的目的,就是社会功利观念的最好体现。

笔者主张将预防作为刑罚的目的,也完全不同于西方历史上的预防主义。预防主义也有双面预防主义、一般预防主义和特殊预防主义三种发展形态。近代刑法学之父贝卡里亚《论犯罪与刑罚》一书在 1764 年出版,双面预防主义蔚然成为一家之说,后来由边沁进一步发挥而形成完整的体系。贝卡里亚从法律的唯一目的在于"使大多数人得到最大幸福"这一功利主义命题出发,指出:"刑罚的目的仅仅在于:阻止罪犯再重新侵害公民,并规诫其他人不要重蹈覆辙。"①这里所谓"阻止罪犯再重新侵害公民",就是指刑罚的特殊预防目的;而所谓"规诫其他人不要重蹈覆辙",则是指刑罚的一般预防目的。继贝卡里亚之后,边沁明确指出,刑罚的目的是预防犯罪:"所有惩罚都是损害,所有惩罚本身都是恶。根据功利原理,如果它应当被允许,那只是因为它有可能排除某种更大的恶。"②边沁首次将刑罚的目的划分为一般预防与特殊预防,认为实现刑罚一般预防目的的途径是借助于刑罚的威慑作用。至于刑罚特殊预防目的的实现,则主要取决于三个因素,即通过把犯罪人关押于一定的场所,使其丧失实施犯罪的身体能力;借助道德改造消除犯罪人的犯罪欲望;以及借助法律的威吓或恐怖而使犯罪人恐惧刑罚。一般预防主义以费尔巴哈为代表,认为犯罪人之所以犯罪,主要是受了潜在于违法行为中的快乐的诱惑与不能得到快乐时所潜在的痛苦的压迫。为此,必须以成文法的形式明确规定罪刑价目表,基于刑事立法的这种威慑作用,潜在犯罪人就不得不在心理上对犯罪的利弊得失根据趋利避害、舍小求大的功利原则进行仔细权衡,因恐怖铁窗之苦而舍弃犯罪之乐,自觉地抑制违法的精神动向,使之不外化为犯罪行为。特殊预防主义的代表人物是龙勃罗梭,他以天生犯

---

① 〔意〕贝卡里亚:《论犯罪与刑罚》,黄风译,中国大百科全书出版社 1993 年版,第 42 页。
② 〔英〕边沁:《道德与立法原理导论》,时殷弘译,商务印书馆 2000 年版,第 216 页。

罪人论著称,主张对生来犯罪人,应该根据不同的情形,分别采取如下措施:①对尚未犯罪但有犯罪倾向的人实行保安处分,即预先使之与社会相隔离;②对于具有犯罪生理特征者予以生理矫治,即通过医疗措施如切除前额、剥夺生殖机能等来消除犯罪的动因;③将危险性很大的人流放荒岛、终身监禁乃至处死。这三种措施的共同目标都是使犯罪人丧失犯罪或再犯罪的能力或条件,防止其再犯罪。因此,龙勃罗梭的这种理论被称为剥夺犯罪能力论。西方历史上的预防主义,无论是双面预防主义、一般预防主义还是特殊预防主义,都将预防视为刑罚的唯一目的,摒弃刑罚的报应目的,因而也是片面的,但其科学的成分却值得我们参考。

在理解刑罚的预防目的时,应当将预防与威慑这两个概念加以区别。我国刑法学界有人认为刑罚具有威慑目的,笔者认为这是把刑罚的功能与刑罚的目的混为一谈。实际上,威慑只是刑罚的功能,而统治者通过威慑所要达到的抑制犯罪意念从而防止犯罪发生的主观效果,才是刑罚的目的,这一目的被恰如其分地表述为预防。它与威慑是两个性质完全有别的概念,应当加以区别。

预防作为刑罚目的,有特殊预防与一般预防之别。特殊预防是指预防犯罪分子重新犯罪;一般预防是指通过惩罚犯罪,警戒社会上不稳定分子,防止他们走上犯罪的道路。笔者认为,作为刑罚目的的预防,应当是特殊预防与一般预防的辩证统一。因为特殊预防是以再犯可能性为前提的,而将刑罚限于罪犯是构成刑罚之正当目的的任何原理(报应或功利)的无条件的结果。①因此,离开特殊预防谈一般预防,会导致刑及无辜或者不适当地加重犯罪人的处罚。同时,一般预防是以初犯可能性为基础的,其作用范围远远大于特殊预防,可以在更大程度上实现刑罚预防犯罪之功效。因此,一般预防也是刑罚预防目的的重要内容,离开一般预防谈特殊预防,会大大地限制刑罚的社会效益。所以,作为刑罚目的的预防,应是特殊预防与一般预防的统一。

四、刑罚的报应目的与预防目的的统一

刑罚的报应目的与预防目的是辩证统一的,对两者关系的阐述,成为确

---

① 参见〔英〕哈特:《惩罚与责任》,王勇等译,华夏出版社1989年版,第11页。

立刑罚目的二元论的关键所在。

刑罚目的中的报应与预防具有对立统一的辩证关系。不可否认,报应与预防具有对立的一面。因为报应要求刑罚以已然之罪为根据,而预防要求刑罚以未然之罪为基础。但恰恰在罪刑关系上,报应与预防又展示出其内在的同一性。

报应体现了刑罚目的中的正当原则,正当原则要求某一事物的存在要有其内在的根据,表现在刑罚上,就是刑罚必须建立在罪有应得性的基础之上。罪有应得性作为刑罚根据与应受惩罚性作为犯罪特征存在一种对应关系。马克思指出:"如果犯罪的概念要有惩罚,那么实际的罪行就要有一定的惩罚尺度。实际的罪行是有界限的。因此,就是为了使惩罚成为实际的,刑罚也应该有界限,一要使惩罚成为合法的惩罚,它就应该受到法的原则的限制,任务就是要使惩罚成为真正的犯罪后果,惩罚在罪犯看来应该是他的行为的必然结果——因而也应该是他本身的行为。他受惩罚的界限应该是他的行为界限。"① 显然,马克思是从犯罪的应受惩罚性与刑罚的罪有应得性的统一上来论述罪刑关系的。离开了报应的制约,预防犯罪就会成为实行严刑苛罚的借口。所以,笔者认为报应是制约着刑罚正当性的目的,是刑法保障机能的体现。

预防体现了刑罚目的中的效率原则。效率原则认为,一种结构,当改变它以便使一些人(至少是一个)状况变好的同时不可能不使其他人(至少一个)状况变坏时,这种结构就是有效率的。这样,对于一批产品在某些个人中的某些分配来说,如果不存在如何改善这些人中至少一个人的状况而同时不损害到另一个人的再分配办法,那么,这种分配就是有效率的。② 效率原则是以"最大多数人的最大幸福"为目的的,因此,为实现这个目的,可以付出一定的代价,而不失其正当性。刑罚目的中的效率原则是以防卫社会为基础的,当社会受到犯罪的侵害时,为了保障大多数社会成员的生命、财产的安全,有权惩治犯罪。任何刑罚,都是因其具有预防犯罪的作用而存在的。对于那些不可能预防或者代价太大的行为,都不适用刑罚。对此,边沁有过极

---

① 《马克思恩格斯全集》(第1卷),人民出版社1960年版,第140—141页。
② 参见〔美〕罗尔斯:《正义论》,何怀宏等译,中国社会科学出版社1988年版,第63页。

为精彩的论述。边沁认为,所有的法律或应有的法律的一般目的都在于增加全民的幸福;因而,它首先应尽可能排除任何破坏幸福的事情。换句话说,排除伤害。根据这一功利主义原则,边沁认为下列情况应免予惩罚:①无根据,不存在什么伤害事件需要防止;该行为对社会整体没有伤害。②无效果,该伤害行为不能用惩罚去阻止。③无益或代价太昂贵,如果惩罚造成的伤害比它要防止的还要大。④无必要,即使没有惩罚,伤害也会被防止,或自行停止;这就是利用较低的代价。[①] 否定刑罚的效率原则,将刑罚视为对犯罪的消极反映,或者完全不考虑惩罚效果的绝对的报应,都是我们所摒弃的。根据刑罚目的的效率原则,赋予刑罚制裁以积极的内容:它不仅是单纯的对犯罪的回报,而且是为防止犯罪的发生,从而防卫社会。所以,笔者认为预防决定着刑罚效益性的目的,是刑法保护机能的反映。

刑法是保障机能与保护机能的统一。同样,刑罚目的是正当原则与效率原则的统一,也就是报应和预防的统一。这里所谓统一,是指在创制、适用、执行刑罚的时候,应当同时兼顾报应和预防这两个目的。当然,在不同的阶段,两者的关系是有所不同的,下面笔者分别加以论述。

刑罚创制阶段,实际是刑事立法的过程。在这一阶段,立法者考虑的是需要用多重的刑罚来遏制犯罪的发生,因此,刑罚的一般预防的目的显然处于主导地位。但在对不同犯罪规定轻重有别的刑罚的时候,又应当兼顾刑罚的报应目的,使两者统一起来。

刑罚适用阶段,主要是刑罚裁量的过程。在这一阶段,司法者面对的是具体的犯罪和犯罪人。在这种情况下,只能根据其所犯罪行的大小来决定刑罚的轻重,因而主要是追求刑罚的报应目的。由于刑事立法规定的是相对确定的法定刑,其间存在一定的幅度,在这一幅度内,可以兼顾刑罚的预防目的,从而使两者统一起来。

刑罚执行阶段,表现为对犯罪分子的改造过程。在这一阶段,行刑者面对的是一个已经被判处确定之刑的犯罪人。在这种情况下,根据犯罪分子的人身危险性以及具体犯罪事实,采取有效的改造措施,消除其再犯可能,成为

---

① 参见法律教材编辑部《西方法律思想史》编写组:《西方法律思想史资料选编》,北京大学出版社1983年版,第493—494页。

主要任务。因此,主宰行刑的是刑罚的个别预防目的。根据犯罪人改造表现,可以实行减刑、假释等制度,从而体现刑罚的预防目的。但根据刑法规定,减刑和假释都受原判刑罚的限制,这就是对刑罚的报应目的的兼顾,以免一味追求刑罚预防目的而有失公正。同时,对于那些没有改造好的人则不得实行加刑,除非在狱中重新犯罪则可以依法判处。这也表明报应这一刑罚目的在行刑过程中并非无足轻重。

刑事政策视野中的刑罚结构调整*

世纪之交,面临体制转轨与社会转型带来的巨大的犯罪压力,如何调整刑罚结构,以实现刑法的保障人权与保护社会的双重机能,这是摆在我们面前的一个重大课题。本文拟从刑事政策的基本理念出发,就刑罚结构调整问题略抒己见,求正于学界同仁。

一、刑事政策的概念界定

刑事政策意味着一种"选择"①,这种选择的结果将在极大程度上影响刑事立法,包括刑罚结构的构筑。

意大利著名刑法学家贝卡里亚指出:"刑罚的规模应该同本国的状况相适应。在刚刚摆脱野蛮状态的国家里,刑罚给予那些僵硬心灵的印象应该比较强烈和易感。为了打倒一头狂暴地扑向枪弹的狮子,必须使用闪击。但是,随着人的心灵在社会状态中柔化和感觉能力的增长,如果想保持客观与感受之间的稳定关系,就应该降低刑罚的强度。"②贝卡里亚这段话阐明了一个刑事政策的基本理念:刑罚的轻重不是一成不变的,而是以时间与地点为转移,尤其是犯罪的态势在很大程度上决定着刑罚的规模和强度。正因为如此,刑罚结构,即刑罚的规模和强度应当根据社会环境和犯罪态势的变动而及时进行调整。这种调整,就是一种选择:对刑罚规模与刑罚强度的选择。

---

* 本文原载《法学研究》1998年第6期。

① 法国刑法学家马克·安赛尔(Marc Ancel)曾言:"刑事政策是由社会,实际上也就是由立法者和法官在认定法律所要惩罚的犯罪,保护'高尚公民'时所作的选择。"(《社会防卫思想》,香港天地图书有限公司1988年版,第12页)。在安赛尔此言中,尽管关于刑事政策的内容尚可商榷,但将刑事政策视为一种"选择",确是精当之论。

② 参见〔意〕贝卡里亚:《论犯罪与刑罚》,黄风译,中国大百科全书出版社1993年版,第44页。

基于刑事政策而对刑罚结构的调整,涉及对犯罪与刑罚这两种社会现象本身的分析。因为作为刑事政策的选择,总是有所凭据的。而没有对犯罪与刑罚的深刻认识,就不可能在刑事政策上对刑罚结构作出科学的选择。

在刑事政策的视野中,犯罪是作为一种对象物而存在的,一切刑事政策均围绕犯罪而展开。因此,对犯罪现象的正确认识是确立科学的刑事政策的前提与基础。我国台湾学者张甘妹指出:"刑事政策乃达到犯罪预防目的之手段,而此手段要有效,须先对犯罪现象之各事实有确实之认识,如同医生的处方要有效,首先对疾病情况所为之诊断要正确。"[①]对于犯罪的认识,存在一个演变过程。古代社会,曾经把犯罪看做是魔怪作祟,以一种超自然的神学观点去理解犯罪。而在现代社会,犯罪越来越被看做是一种社会现象,它与一定的社会结构有着密切的联系。尤其是法国著名社会学家迪尔凯姆从社会学的观点出发,把犯罪视为一种正常的社会现象,它的存在及其变化都决定于一定的社会形态与社会结构。迪尔凯姆指出:犯罪不仅见于大多数社会,不管它是属于哪种社会,而且见于所有类型的所有社会。不存在没有犯罪行为的社会。虽然犯罪的形式有所不同,被认为是犯罪的行为也不是到处一样,但是,不论在什么地方和什么时代,总有一些人因其行为而使自身受到刑罚的镇压。如果随着社会由低级类型向高级类型发展,犯罪率(即每年的犯罪人数占居民人数的比例)呈下降趋势,则至少可以认为,犯罪虽然仍是一种正常现象,但它会越来越失去这种特性。然而,我们没有任何理由相信犯罪确实会减少。许多事实都在证明,好像情况正与此相反。自19世纪以来,统计资料为我们提供了观察犯罪行为的动向的手段,而实际上,犯罪行为到处都有增无减。迪尔凯姆由此得出结论:犯罪是一个社会的必然现象,它同整个社会生活的基本条件联系在一起,由此也就成为有益的,因为与犯罪有密切联系的这种基本条件本身是道德和法律的正常进化所必不可少的。[②]尽管犯罪是一种极为复杂的社会—生物—心理现象,尤其是犯罪的生物性、

---

① 张甘妹:《刑事政策》,台北三民书局1974年版,第11页。
② 参见〔法〕迪尔凯姆:《社会学方法的准则》,狄玉明译,商务印书馆1995年版,第83页以下、第87页以下。迪尔凯姆反对把犯罪看做是一种病态现象,肯定其是社会生活的正常成分。基于功能主义分析,迪尔凯姆甚至认为犯罪在一定条件下对社会是有利的。这种对犯罪的理性分析,是刑事政策的基础,也是人类对犯罪现象认识上所能达到的一个思想高峰。

心理性,即犯罪人的人身因素对于确立刑事政策也至关重要①,但刑罚结构的调整,主要是在对整体犯罪趋势预测的基础上,根据一定的刑事政策,对刑罚的规模和强度进行重新安排与定位。因此,作为一种社会现象的犯罪,更是我们关注的重点。

基于对犯罪现象的上述社会学分析,笔者可以得出结论:犯罪存在的客观必然性,决定了它只能被抑制在一定的限度之内,而不可能被彻底消灭。因此,刑事政策只是抑制犯罪,将其控制在社会所能容忍的限度之内的策略,而不应希冀消灭犯罪。同时,犯罪不是孤立的现象,而是由一定的社会形态与社会结构决定的社会现象。因此,犯罪问题仅依靠刑罚是难以解决的,只有消除导致犯罪产生与存在的社会条件,才是治本之道。

正由于犯罪现象的这种复杂性,决定了在此基础上形成的刑事政策界定上的歧义性。在学理上,刑事政策存在广义与狭义之分。广义说认为,刑事政策是指国家预防及镇压犯罪为目的的一切手段与方法。依广义说,刑事政策之防止犯罪目的不必是直接、积极的或主要的,而凡与犯罪之防止有间接或从属的目的之方法亦可属之。申言之,广义的刑事政策并不限于直接的以防止犯罪为目的之刑罚诸制度,而间接的与防止犯罪有关的各种社会政策,例如,居住政策、教育政策、劳动政策(失业政策)及其他的保护政策等亦均包括在内。狭义说认为,刑事政策是指国家以预防及镇压犯罪为目的,运用刑罚以及具有与刑罚类似作用之诸制度,对于犯罪人及有犯罪危险的人发生作用之刑事上之诸对策。狭义说的刑事政策之范围,不包括各种有关犯罪的社会政策在内,而仅限于直接的、以防止犯罪为主要目的的刑事上之对策。②

---

① 刑事政策究竟是建立在对犯罪的社会分析基础之上从而成为对犯罪的社会治理对策,还是建立在对犯罪人的人身分析基础之上,从而成为对犯罪人的人身矫正对策,刑事古典学派与刑事实证学派存在不同看法。贝卡里亚刑事政策思想的中心是借助刑罚的心理威慑作用预防犯罪,因而偏重于一般预防。参见黄风:《贝卡里亚及其刑法思想》,中国政法大学出版社1987年版,第124页。李斯特则认为,刑事政策并非对社会的,而是对个人的……是以个人的改善教育为其任务,因而偏重于个别预防。参见张甘妹:《刑事政策》,台北三民书局1974年版,第12页。其实,两者并不矛盾,前者可谓宏观刑事政策,后者可谓微观刑事政策。本文偏重于探讨宏观刑事政策。

② 参见张甘妹:《刑事政策》,台北三民书局1974年版,第2页以下。在学理上,还有广义刑事政策学派、狭义刑事政策学派及折中学派之分,这一区分的主要标准是刑事政策学研究范围的宽窄,但与刑事政策的广义与狭义理解存在一定联系。参见卢建平:《刑事政策学研究的几个基本问题》,载中国人民大学法学院刑法专业组织编写:《刑事法专论》(上卷),中国方正出版社1998年版,第228—229页。

笔者认为,刑事政策与社会政策是有所区别的,某些社会政策确有预防犯罪之作用,例如,英国著名经济学家亚当·斯密指出:"建立商业和制造业是防止犯罪的最好政策,因为商业和制造业有助于增进人们的自立能力。"① 但还是不能把这些社会政策混同于刑事政策。李斯特曾言:"最好的社会政策,就是最好的刑事政策。"这也说明,社会政策毕竟不能等同于刑事政策。两者的区别在于:刑事政策是在既定社会条件下为遏制犯罪而专门设置的刑事措施。而社会政策虽然会在无形中对犯罪发生抗制作用,但不是专门为遏制犯罪而存在的。换言之,其存在根据不在于遏制犯罪,而是另有其社会经济目标的追求。就此而言,笔者倾向于对刑事政策作狭义上的理解。

尽管在刑事政策的理解上,笔者赞同狭义说,但刑事政策的广义说仍有启发意义。这是因为,犯罪是一种复杂的社会现象,因而仅依赖专门的刑事措施是无法抗制的,刑罚只是治标之策。这就引起我们对刑罚功能有限性的思考。无疑,在刑事政策的视野中,刑罚具有十分重要的地位,它是刑事政策得以实现的必要手段。② 但刑罚的功效是极其有限的,而正是在这一点上,往往存在理解上的误区。对刑罚的迷信是当代各种迷信中根深蒂固者,其由来已久。古代社会,由于对犯罪缺乏正确认识,因而将抗制犯罪的希望完全维系在刑罚身上,甚至将刑罚视为一种美好的事物。在专制社会,刑罚的扩张与滥用司空见惯,成为专制的工具,不仅没有给人民带来福祉,而且其恶更甚于犯罪。换言之,刑罚不仅没有消灭犯罪,而且在制造犯罪。在刑事古典学派那里,刑罚的必要性与人道性得以一再地强调。但在刑罚威慑论的理论构造中,刑罚的效用还是被夸大了,以至于被认为是刑罚存在的主要根据。对此,意大利刑法学家加罗法洛指出:"威慑只不过是一种有助于社会自身的有益效果,这种效果伴随着对缺乏适应能力的被告需要采取全部或部分的排斥。如果威慑被认为是惩罚的主要目的,社会就可以处死那些仍可以适应社

---

① 〔英〕坎南编著:《亚当·斯密关于法律、警察、岁入及军备的演讲》,陈福生、陈振骅译,商务印书馆 1962 年版,第 173 页。
② 刑事政策的手段具有多样性,刑罚是重要手段,但不是唯一手段,还必须有一系列非刑罚处遇手段,诸如行政手段、经济手段、教育手段等相互配合。参见储槐植:《刑事政策的概念、结构和功能》,载储槐植:《刑事一体化与关系刑法论》,北京大学出版社 1997 年版,第 368 页。值得一提的是,在刑事政策的手段中,保安处分占有相当重要的地位。保安处分在刑法中的确立,被认为是刑法刑事政策化的主要标志之一。

会的被告,或者可以对他们实施无益的拷打;而且,侵犯被告权利所导致的损害小于被告违法行为所产生的自然结果。"①因此,加罗法洛认为,威慑只是作为一种反射性的效果而予以产生,不必特别关注这个问题。刑事实证学派在一定程度上破除了对刑罚功效的迷信,用一种较为科学的观点分析刑罚。菲利指出:刑罚的效力很有限这一结论是事实强加给我们的,并且就像边沁所说的,恰恰因为从前适用惩罚性法规没有能够成功地预防犯罪,所以每一个惩罚性法规的适用证明了这一点。不过,这一结论与公众舆论,甚至与法官和立法者的观点直接对立。在犯罪现象产生和增长的时候,立法者、法学家和公众只想到容易但引起错觉的补救办法,想到刑法典或新的镇压性法令。但是,即使这种方法有效(很可疑),它也难免具有使人忽视尽管更困难但更有效的预防性和社会性的补救办法。菲利强调指出,刑罚只是社会用以自卫的次要手段,医治犯罪疾患的手段应当适应导致犯罪产生的实际因素。而且,由于导致犯罪产生的社会因素最容易消除和改善,因此我们同意普林斯顿的观点:"对于社会弊病,我们要寻求社会的治疗方法。"②由此可见,刑罚的威慑力是有限的。刑法进化的一个重要特征就是从单纯的惩罚到预防的发展。而且,预防观念本身也有一个重要的变化,就是从刑罚威慑到刑罚矫正,从单纯依靠刑罚预防到采用多种措施进行社会预防。随着刑事政策概念的普遍推广,狭窄的刑法观念被突破了。换言之,出现了刑法刑事政策化的趋势。基于刑事政策一体化的考虑,刑法与其他制裁法,例如,侵权行为法、行政处罚法共同构筑防范犯罪的法律堤坝。在这一堤坝中,刑法是最后一道防线。在犯罪预防中,不再是单纯地依赖刑罚,而是与侵权行为法、行政处罚法互相协调,各显其能,以达到防范犯罪之目的。在这种情况下,刑罚表现出最后手段性的性质,即只有在侵权行为法与行政处罚法不足以抗制犯罪的情况下,才动用刑罚加以抗制。应当指出,刑罚的最后手段性并不是指在控制犯罪中居于次要地位。毫无疑问,刑罚仍然是抗制犯罪的主要法律手段。刑事政策的观念,使我们在动用刑罚的时候,更关注刑罚的社会效果,而

---

① 〔意〕加罗法洛:《犯罪学》,耿伟等译,中国大百科全书出版社1996年版,第222页。
② 〔意〕菲利:《犯罪社会学》,郭建安译,中国人民公安大学出版社1990年版,第70、71页。菲利以伪造货币的个例断然否定刑罚威吓在罪犯心理上的有效性,似有过激之嫌。参见〔意〕菲利:《实证派犯罪学》,郭建安译,中国政法大学出版社1987年版,第26页。

这一点离不开刑罚结构的合理配置。刑事政策始终是与刑罚的功利追求联系在一起的,因而具有明显的目的性。事实上,虽然刑罚古已有之,但合理运用刑罚以期实现一定的功利目的的刑事政策观念却产生在近代。尽管中国古代亦存"刑期于无刑"之类的带有一定目的性的刑罚观念,但还只是只言片语,不能视为刑事政策的原理。德国著名刑法学家李斯特曾经从目的刑出发,对刑罚的进化史作出以下描述:"在我们能够认识的最早的人类文化史时期的原始形态下,刑罚是对于从外部实施侵犯个人及个人的集团生活条件行为的盲目的、本能的、冲动的一种反动行为。它没有规定任何目的象征,而它的性质是逐渐演变的。即这种反动行为从当初的当事人集体转移至作为第三者的冷静的审判机关,客观地演化成刑罚,有了刑罚的机能才可能有公正的考察,有了经验才可能认识刑罚合乎目的性,通过观念目的理解了刑罚的分量和目的,使犯罪成为刑罚的前提和刑罚体系成为刑罚的内容,刑罚权力在这种观念目的下形成了刑法。那么以后的任务是把已经发展起来的进化在同一意义上向前发展,把盲目反动向完全有意识地保护法益方向改进。"①从盲目到目的,从机械到能动,从冲动到理性,这就是李斯特为刑罚的历史演进所勾勒的线索,同样也是刑事政策的发展轨迹。时至今日,刑法的刑事政策化,也就是合理化,已经成为一个基本理念。在这种情况下,刑事政策的价值取向,就成为一个十分重要的问题。

　　刑事政策的制定首先涉及的一个问题就是理性与情感的问题。换言之,刑事政策是基于对犯罪现象的理性认识的产物,还是对犯罪现象的朴素情感的反映?笔者认为应当是前者而非后者。在一定意义上说,刑事政策是建立在对犯罪发展规律的科学认识之上的。这种科学认识是排斥情感因素的,唯理性才能达到。对于犯罪的痛恨,是人皆有之的情感,这种情感的凝聚就成为民愤。民愤这种情感具有强烈的感情色彩。它虽然在个案的处理上具有一定的作用,但不能将刑事政策建立在民愤的基础之上。黑格尔曾经论述了原始社会的复仇与法律规定的刑罚之间的重要区别之一,就在于复仇具有主观任意性,而刑罚具有客观理智性。黑格尔指出:"在无法官和无法律的社会状态中,刑罚经常具有复仇的形式,但由于它是主观意志的行为,从而与内容

---

① 〔日〕木村龟二主编:《刑法学词典》,顾肖荣等译,上海翻译出版公司1991年版,第407页。

不相符合,所以始终是有缺点的。固然法官也是人,但是法官的意志是法律的普遍意志,他们不愿意把事物本性中不存在的东西加入刑罚之内。反之,被害人看不到不法所具有的质和量的界限,而只把它看做一般的不法,因之复仇难免过分,重又导致新的不法。"① 在此,黑格尔指出了原始社会的复仇是一种个人任性的主观意志,这种主观意志没有质与量的限制,在每一次侵害中都可体现它的无限性,因而是一种新的侵害。由此形成世仇,陷于无限进程,世代相传以至无穷。为使复仇转化为刑罚,根据黑格尔的观点,就要求解决在这里扬弃不法的方式和方法中所存在的这种矛盾;就是要求从主观利益和主观形态下,以及从威力的偶然性下解放出来的正义,这就是说,不是要求复仇的而是刑罚的正义。因此,黑格尔认为,要使复仇转化为刑罚,就要克服复仇的主观性与偶然性,使刑罚成为一种客观的扬弃犯罪的形式。刑事政策就是建立在对犯罪的客观性与必然性的理性认识之上的。唯有如此,才能实现其有效地制止犯罪的功利目的。在此,有一个如何对待民众对于犯罪的情绪的问题,实质上也就是如何对待民愤的问题。刑法作为在一定社会中发生作用的行为规范,不仅在于通过其强制性使人民遵从;更为重要的是,还要得到人民的内心认同,这种内心认同表明,刑法对于社会不是一种外力强加的规则,而且是从事物本身引申出来的规则,是得到人民确信的。这种内心认同是刑法的基础之一,也是刑事政策的制定不可忽视的一个因素。但刑事政策又不能完全以民众的情绪为转移,立法者应当从民众的刑法意识中分离出情感的、偶然的反映与理性的、客观的意志,而不是一味地顺从与迁就。事实上,立法本身就具有一种引导民意的作用,立法机关应当把民意向正确的方向上引导,这是立法机关义不容辞的任务。其他国家的经验充分说明了这一点。例如,在废止死刑之国家中,因凶恶犯罪增加而民众要求恢复死刑之声不断。例如,英国及加拿大的民意调查,赞同恢复死刑者恒达 50% 以上,但国会仍否决了死刑的恢复。议员认为民意代表之责任应是理性地指导民意尊重生命权,而非顺从情绪性报应诉求。人人应珍惜自己的生命,一样亦须尊重他人的生命。② 我国刑事政策(包括长期的与短期的)的制定,还带有

---

① 〔德〕黑格尔:《法哲学原理》,范扬、张企泰译,商务印书馆 1961 年版,第 104、107 页。
② 参见张甘妹:《死刑存废的国际趋向》,载《现代法律》1990 年第 8 期。

一定的盲目性。在很大程度上是基于对犯罪现象的本能反应,而不是对犯罪规律理性认识的结果。往往是出现一个犯罪高潮,只是想要通过刑事惩罚予以镇压。尤其具有典型意义的是,各地逢年过节执行死刑的习惯性做法,反映出将社会治安的维持在何种程度上寄托在刑罚之上,也表明我们对犯罪现象缺乏科学的防范措施。笔者认为,犯罪与刑罚具有一种互动关系。在这种互动关系中,犯罪是一种活跃的、变动的因素,刑罚是由犯罪而产生的并以遏止犯罪为使命的。相对于犯罪来说,刑罚是滞后的与消极的。犯罪的表现是无穷尽的,而刑罚的功能则是有限的。犯罪往往是无理性的、情绪性的产物,但刑罚却是立法者深思熟虑的结果。刑事政策作为刑罚运用的指导思想,必须立足于犯罪的规律性,而不能随着犯罪而盲动。

刑事立法是刑事政策的法律化,在创制刑法规范的时候是否基于理性分析,在很大程度上反映刑事立法是否受一种理性思维的指导。但恰恰在立法上,情绪的与想象的因素还在作祟。例如,设置某一犯罪的死刑,到底以什么为依据?在此,个案思维起到了重要的作用。我国学者储槐植在论及立法方式时,提出了典型立法与特例立法这两个概念。典型与特例是相对的两个概念。典型立法是,法定刑下限和上限均以典型为准,典型即在同类中最具代表性的意思。法定刑幅度的典型立法方式,有利于收到宏观合理的功效,但也可能出现个案不合理(主要是刑罚过轻)的现象。特例立法的思路是,法定刑上限的依据是生活中发生概率极小的案件,即特例决定刑罚上限。这样做的结果是,特例(个案)可能符合罪刑相适应原则,但由于上限提得很高,整体刑罚量必然增加。① 两相比较,特例立法是微观合理宏观不合理,典型立法是宏观合理微观不合理。权衡得失,典型立法优于特例立法。这种特例立法就是个案思维的产物。立法公正是立法者的必然追求,但公正又有个别公正与一般公正之分。那么,立法上能否实现每一个案件的公正呢?笔者认为是不可能的。立法只能提供一般公正的规则。立法如果追求个别公正,势必在无形之中提高法定刑。这里的个别,是指发生概率极小的个案。任何一种犯罪,都存在这种发生概率极小的个案或者可以设想会出现这种发生概率极小的情形。如果所有犯罪的法定刑都以这种个案的公正作为设置标准,那

---

① 参见储槐植:《刑事一体化与关系刑法论》,北京大学出版社1997年版,第480页。

么,个别公正就会以牺牲一般公正为代价,这显然是得不偿失的。因此,刑事政策应当以理性而不是情绪、以一般而不是个别为根据。

二、刑事政策的内容选择

刑事政策追求刑罚的社会效果,但这一刑罚效果的追求又不能滥用刑罚,侵夺公民个人的自由与权利。对此,李斯特曾言:罪刑法定原则是刑事政策不可逾越的樊篱。尽管李斯特十分重视刑事政策,首倡刑事政策学,但他仍然认为罪刑法定是刑事政策无法逾越的一道屏障,保护公民免受国家权威、多数人的权利、利维坦的侵害。① 由此可见,为实现刑事政策所预期的刑罚社会效果,在对刑罚结构进行调整的时候,受到功利性与人道性的双重制约。这里所谓功利性,是指刑法对犯罪的有效抑制,在调整刑罚结构的时候,应当使之适应遏制犯罪的需要。这里所谓人道性,是指刑法对人权的有效保障,在调整刑罚结构的时候,应尽可能地使刑罚轻缓。总而言之,刑罚结构应当是在功利性与人道性的双重制约下,轻重搭配,科学合理。

当前世界各国刑事政策的趋向是两极化,也就是所谓"轻轻重重"。日本学者森下忠指出:第二次世界大战后,世界各国的刑事政策朝着所谓"宽松的刑事政策"和"严厉的刑事政策"两个不同的方向发展,这种现象称为刑事政策的两极化。② 由于刑罚结构是受刑事政策影响的,因而两极化的刑事政策趋向对于刑罚结构的调整具有重要意义。

"轻轻"是指对轻微犯罪,包括偶犯、初犯、过失犯等主观恶性不重的犯罪,处罚更轻。采取这种宽松的刑事政策,一方面是为了改善犯罪者更生和重返社会的条件,另一方面也是为了减轻执法机关的负担,特别是避免刑事

---

① 参见〔日〕庄子邦雄:《刑罚制度的基础理论》,载《国外法学》1979 年第 3、4 期。日本学者曾经描述了一种二律背反的刑事政策的价值取向:一方面,强调受刑者、犯罪者的人权及作为人的尊严;另一方面,追求符合预防犯罪目的的犯罪对策。不难看出,这两个方面的政策要求在方向上是不能同一的。要达到预防犯罪、保卫社会的目的,牺牲某些个人利益是不可避免的,而强调受刑者的人权和尊严则必然要制约犯罪对策方向,两者形成二律背反式的紧张关系。但从日本现代整个社会政策的要求来说,刑事政策的这两方面的基本内容都不能放弃。因此,为调和两方面内容的关系,如何能够以最小限度的对犯罪者的侵害达到保全社会性利益的目的,就成了刑事政策的重要课题。参见何鹏主编:《现代日本刑法专题研究》,吉林大学出版社 1994 年版,第 219 页。

② 参见〔日〕森下忠:《犯罪者处遇》,白绿铉等译,中国纺织出版社 1994 年版,第 4 页。

设施和矫正设施人满为患的现象而采用微罪处分、缓刑起诉、保护观察等非拘禁的刑事处分来代替自由刑的开放性的处遇政策。这种宽松的刑事政策在有关国际会议中得以肯定并进一步推行。1955 年在日内瓦召开的第一届预防犯罪及罪犯待遇会议上通过了《囚犯待遇最低限度标准规则》(United Nations Standard Miniomnm Rules for the Treatment of the Prisoners),这一标准规则在各国提高被拘禁者的处遇方面作出了重大贡献。例如,标准第57、58、59 条的指导原则是:57. 监禁和使犯人同外界隔绝的其他措施因剥夺其自由、致不能享有自决权利,所以使囚犯感受折磨。因此,除非为合理隔离和维持纪律等缘故,不应加重此项情势所固有的痛苦。58. 判处监禁或剥夺自由的类似措施的目的和理由毕竟在保护社会,避免受犯罪之害。唯有利用监禁期间在可能范围内确使犯人返回社会时不仅愿意而且能够遵守法律,自食其力,才能达到这个目的。59. 为此,监所应该利用适当可用的改造、教育、道德精神和其他方面的力量及各种协助,并设法按照囚犯所需的个别待遇来运用这些力量和协助。① 尤其是经 1975 年第五届联合国预防犯罪和罪犯待遇大会通过并提交第三十届联合国大会以第 3452 号决议批准通过了《保护人不受酷刑和其他残忍、不人道或有辱人格的待遇或处罚宣言》,该宣言第 1 条明文规定:①为本宣言目的,酷刑是指政府官员或在他怂恿之下,对一个人故意施加的任何使他在肉体上或精神上极度痛苦或苦难,以谋从他或第三者取得情报或招认,或对他做过的或涉嫌做过的事加以处罚,或对他或别的人施加恐吓的行为。按照囚犯待遇最低限度标准规则施行合法处罚而引起的、必然产生的或随之而来的痛苦或苦难不在此列。②酷刑是过分严厉的、故意施加的、残忍的、不人道的或有辱人格的待遇或处罚。② 这些国际公约促进了罪犯处遇的人道化,推动了刑事政策向宽松方向发展。为此,各国采取了非刑罚化、非司法化等各种措施。尤其是非刑罚化的发展,使刑罚体系发生重要变动。因为非刑罚化的重要形式之一是非监禁化,也就是回避自由刑的执行,由此而大量采用缓刑、假释等行刑制度。此外,非司法化也是宽松的刑事

---

① 参见张燕玲编:《联合国预防犯罪领域活动概况及有关文件选编》,法律出版社 1985 年版,第 21 页。
② 参见张燕玲编:《联合国预防犯罪领域活动概况及有关文件选编》,法律出版社 1985 年版,第 146 页。

政策的重要表现,它表明单凭国家强制手段已不足以应付日趋严重的违法犯罪现象,而不得不求助于社会各界,求助于公众。例如,美国的"转处",就是争取公共的和私人的帮助以及利用协调和调解程序,并且通过某些非官方机构和团体的介入,避免使冲突诉诸刑事诉讼。

"重重"是指对严重犯罪更多地、更长期地适用监禁刑。之所以采用这种严厉的刑事政策,主要是由于当前各国犯罪问题突出,尤其是恐怖犯罪、毒品犯罪、经济犯罪严重地影响社会的稳定。在这种情况下,明知刑法不是对付犯罪唯一的,甚至不是主要的方法,刑法的作用是有限的,但在没有其他有效措施的情况下,国家只有通过加重刑事处罚对此作出反应。因此,"重重"倾向反映了一种无奈、一种困惑、一种现实与理想的冲突,这也显示出刑罚目的观的现实主义倾向在西方国家重新抬头。"重重"主要表现在对重罪的重罚,强调犯罪人的责任。既然没有其他方法来防止犯罪,既然刑罚的改造作用发挥不了,则退而求其次,利用刑罚的惩罚作用和隔离作用。[①] 不仅如此,有关西方国家甚至还出现了要求恢复死刑或者恢复死刑执行的公众要求。例如,美国从1967年7月起全国实际上停止了死刑执行,但在1977年2月犹他州对一名死刑犯执行了死刑。这样,结束了美国刑事司法史上连续10年不执行死刑的时期。死刑执行的恢复,主要原因是社会治安问题严重,犯罪率增长,特别是严重罪案直线上升。在治安形势恶化的情况下,有必要强调刑罚的威慑功能。一般认为,死刑是所有刑罚方法中威慑力最大的一种。民意调查也反映出这种动向。1966年盖洛甫民意测验表明,全美国赞成死刑的占42%,反对死刑的占47%。1981年又作了一次民意调查,赞成死刑的上升为70%,反对的下降为25%。治安情况和公众意向是立法机关制定法律和司法部门执行法律时必然关注的基本依据。近年来,美国死刑执行数有回升趋势,尽管增长的绝对数极为有限。[②] 应当说,刑罚的这种反弹是正常现象,它是对刑罚过度轻缓化的一种反应。因此,这种"重重"现象的出现并非是对刑法的人道性的否定与向重刑化的回归,而只是说明刑罚轻重受到各种因素的制约,人道性只是其中一个因素,不可将这种人道性予以绝对化。

---

① 参见杨春洗主编:《刑事政策论》,北京大学出版社1994年版,第398页以下。
② 参见储槐植:《美国刑法》,北京大学出版社1987年版,第358页。

在我国刑法学界,究竟应奉行何种刑事政策,重重抑或轻轻,还是重重轻轻,这是一个十分现实的问题。我国学者储槐植曾经提出"严而不厉"的政策思想:严指刑事法网严密,刑事责任严格;厉主要指刑罚苛厉,刑罚过重。① 因此,严而不厉,实际上是指,严:扩大犯罪圈(即犯罪化),从而增加刑罚规模;不厉:降低刑罚强度。应该说,在增加刑罚规模这一点上,争议不大,因为随着市场经济的发展,各种新型犯罪大量出现,而在1979年《中华人民共和国刑法》(以下简称《刑法》)中对此未能反映,因而亟待予以犯罪化,扩大刑罚的干预面。但在是否降低刑罚强度上,则存在轻刑化与重刑化之争。

我国1979年制定的《刑法》,基本上是一部较为轻缓的刑法。此后,随着社会变革的开展,犯罪态势发生了一定的变化,严重的刑事犯罪与经济犯罪大幅度上升,大案要案居高不下,治安形势十分严峻。在这种情况下,立法者通过单行刑法与附属刑法的立法方式加重了刑罚。在刑法修订过程中,对刑罚应当如何进行调整?对此,我国刑法学界主要存在三种观点:一是轻刑化。这种观点认为,我国现行刑事法律体系存在重刑化的倾向,其突出表现是挂有死刑、无期徒刑的条款过多,涉及罪名过广,适用对象过宽;而挂有罚金、缓刑、管制的条款过少,适用对象过窄,且多为选择刑种。同时,实践部门在刑种及量刑幅度的选择上偏重,依法判处死刑的人数较多。为此,有些学者主张刑罚应当向轻刑化方向发展,通过立法降低一些犯罪的法定刑幅度,从而达到整个刑事制裁体系的缓和化。其主要理由是:其一,轻刑化是历史发展的必然,也与我国国家性质、任务及文明发展的客观进程相一致。其二,轻刑化是商品经济的需要,它有利于创造一个适合社会主义商品经济发展的宽松环境。其三,轻刑化是社会主义民主的保障,从历史发展情况来看,重刑主义往往和专制主义是紧密联系的。其四,轻刑化是刑法科学化的要求,轻刑化的刑法就有可能促使人们在刑罚之外寻找更多的科学方法,以便从根本上治理犯罪。② 二是重刑化。这种观点认为,我国现行刑法中的刑罚体系并非重刑主义。为了适应同犯罪作斗争的需要,应当修改刑法,使刑罚更趋严厉。

---

① 参见储槐植:《严而不厉:为刑法修订设计政策思想》,载储槐植:《刑事一体化与关系刑法论》,北京大学出版社1997年版,第306页。

② 参见王勇:《轻刑化:中国刑法发展之路》,载赵秉志、张智辉、王勇:《中国刑法的运用与完善》,法律出版社1989年版,第323页。

其主要理由是:其一,就总体而言,我国刑法规定的刑罚种类还不够严厉。主要表现在还有拘役、管制等轻刑;并且,这些轻刑可适用于《刑法》分则规定的大多数犯罪。其二,有些犯罪的法定刑偏低。其三,刑罚应当充分发挥其威慑功能,稳定我国目前的治安情况,遏止经济犯罪的增长势头,创造一个安定的社会环境。其四,轻刑化作为刑罚发展的总趋势不能取代在某个国家的某个特定时期根据需要适当加重刑罚,以适应同犯罪作斗争的需要。①三是适度化。这种观点认为,重刑化与轻刑化是两个极端,是片面的观点,是不符合我国的立法与司法的实际的。任何国家的刑罚体系都是由性质不同、轻重不同的刑罚种类构成的,因为犯罪是一种复杂的社会现象,有的罪行重,有的罪行轻,决定对付犯罪的刑罚手段也必须有重有轻,一个科学的刑罚体系不能没有重刑与轻刑。从司法实践看,对犯罪一定要区别对待,有针对性地判处轻重不同的刑罚。因此,作为刑事立法与司法的指导思想,应该是宽严相济,轻重适当,既防止重刑化,又防止轻刑化。② 由上可知,我国刑法学界在刑罚的发展方向上还存在较大的分歧。

　　刑罚适度化的观点,既反对轻刑化又反对重刑化,态度折中,貌似有理,其实并非在同一个基础上探讨问题。轻刑化与重刑化是指刑罚轻重的发展趋势,涉及的是刑罚的整体调整。因此,轻刑化与重刑化是对刑罚的一种动态分析。而刑罚适度化的观点是对刑罚的一种静态分析,是指在一个已经确定的刑罚体系中,应该罪刑适度、相当,区别对待。显然,刑罚适度化的观点是正确的,但它不能代替轻刑化与重刑化的讨论,更不能以此作为否定轻刑化与重刑化的理由。因为无论在轻刑化还是在重刑化的刑罚体系中,同样都存在一个刑罚适度问题。例如,在一个废除死刑的国家,其刑罚体系可以说是轻刑化的,最重之罪只能判处无期徒刑,依照罪行轻重分配刑罚分量,形成罪刑均衡的刑罚体系。在一个重刑化的刑罚体系中,只要不是对所有犯罪一律判处死刑,同样还存在一个罪刑均衡的问题。因此,轻刑化与重刑化是就

---

① 参见何秉松:《我国犯罪趋势、原因与刑事政策》,载《政法论坛》1989 年第 6 期。
② 参见高格:《刑法思想与刑法修改完善》,载马克昌、丁慕英主编:《刑法的修改与完善》,人民法院出版社 1995 年版,第 21—22 页。类似的观点还见于刘华:《论调整法定刑的适度与协调原则》,载杨敦先、曹子丹主编:《改革开放与刑法发展》,中国检察出版社 1993 年版,第 157 页;赵国强:《我国刑罚改革的理论探讨》,载《法学》1989 年第 7 期;梁根林:《刑法改革的观念定向》,载陈兴良主编:《刑事法评论》(第 1 卷),中国政法大学出版社 1997 年版,第 137 页。

刑罚的基准而言的,而刑罚适度化则是在这一基准给定的情况下某一刑罚体系内部的罪刑协调问题,两者不能混为一谈。在这个意义上,如果有第三种折中观点的话,应该是认为现在的刑罚已经轻重适宜,既没有必要向轻刑化调整,也没有必要向重刑化调整。但到目前为止,笔者还没有发现这种观点。因此,在这个问题上只存在轻刑化与重刑化两种观点的对峙。

"刑罚世轻世重",这是中国古代刑法的一条重要原则。所谓"治乱世用重典,治平世用轻典",说明世之治乱决定刑之轻重,刑应当与世相宜。正如韩非所言:"法与时转则治,治与世宜则有功。"① 毫无疑问,刑罚的轻重不是一成不变的,而是随着社会生活的发展而变化的,应当及时调整。关键问题在于如何把握社会生活的变化,这对于轻刑化还是重刑化具有决定性意义。笔者主张轻刑化的观点,主要理由如下:

(一) 轻刑化的政治基础

法国著名启蒙学家孟德斯鸠曾经对政体的性质与刑罚的轻重之间的关系进行了研究,指出:严峻的刑罚比较适宜于以恐怖为原则的专制政体,而不适宜于以荣誉和品德为动力的君主政体和共和政体。在政治宽和的国家,爱国、知耻、畏惧责难,都是约束的力量,能够防止许多犯罪。对恶劣行为最大的惩罚就是被认定为有罪。因此,民事上的法律可以比较容易地纠正这种行为,不需要许多大的强力。在这些国家里,一个良好的立法者关心预防犯罪多于惩罚犯罪,注意激励良好的风俗,多于施用刑罚。在专制国家里,人民是很悲惨的,所以人们畏惧死亡甚于爱惜其生活。因此,刑罚便要严酷些。在政治宽和的国家里,人们害怕丧失其生活,甚于畏惧死亡,所以刑罚只要剥夺他们的生活就够了。② 由此可见,刑之轻重与政体的性质有着密切的联系。政治民主是一种承认少数服从多数的国家政权,与专制制度的国家相对立,它实行人民主权原则。只有在专制国家,由于少数人掌握国家政权,因而需要用严酷的刑罚维护其统治,重刑化是其必然结果。而在民主国家,法律体现人民的意志,因而实行轻刑化是可能的。我国政治民主化的程度越来越

---

① 《韩非子·心度》。
② 参见〔法〕孟德斯鸠:《论法的精神》(上册),张雁深译,商务印书馆1961年版,第82页以下。

高,这就为刑罚的轻缓化提供了政治条件。政治民主化的一个重要标志就是人民群众以各种形式广泛参与国家政治生活,国家各项政策的制定都在相当程度上考虑到人民群众的意愿。在这种情况下,社会的整合力得以加强,各种社会矛盾得以及时化解。目前我国处于社会转型时期,失范现象还较为严重,但随着社会转型的逐渐完成,社会结构的逐渐磨合,我国社会必将进入一个稳定发展时期。在这种情况下,刑罚不再是主要的,更不是唯一的调整社会矛盾的手段。刑罚的重要性日渐消退,从而为轻刑化创造一定的社会条件。

(二) 轻刑化的经济基础

市场经济是一种按照市场经济规则自律调节的国民经济。在市场经济条件下,一切经济生活都发生于市场上,市场是商品生产、流通、分配的自由场所,体现了市场经营者之间或经营者与消费者之间根据平等自愿原则而发生的经济关系。我国从计划经济向市场经济的转轨过程中,虽然由于市场经济的发展,各种新型经济关系的出现,刑事干预的范围有所扩大,但刑事干预的力度却应当有所节制。这里所谓刑事干预的力度的节制,主要就是指轻刑化。只有轻缓化的刑罚,才能为市场经济的发展提供宽松的社会法制环境。在市场经济以外的经济制度下,超经济的强制成为推动或者阻碍经济发展的手段,并且这种超经济的强制往往采取刑罚的形式。而在市场经济制度下,刑事调整虽然仍是必不可少的,但从根本上来说,各种经济关系与经济矛盾主要还是通过市场的自发调整得以解决。在这种情况下,过分严厉的刑罚与市场经济的内在逻辑本身是矛盾的,因此市场经济必然呼唤轻缓化的刑罚。

(三) 轻刑化的法律基础

刑事政策是刑法的灵魂与核心,刑法是刑事政策的条文化与定型化。因此,刑事政策对于刑法的发展具有直接的指导意义。刑事政策总是基于一定的犯罪态势提出来的,并且应当根据社会发展与犯罪变化的实际情况,及时地进行调整与校正,而不存在一成不变的刑事政策。我国当前抗制犯罪的主要刑事政策是20世纪80年代初提出的从重从快政策。应该说,这一刑事政策的提出有其特定的历史背景及其当时历史条件下的合理性。依法从重从快政策提出并实施,使我国刑法趋于重刑化,这对于维护当时的社会治安起到了一定的积极作用,使犯罪的发案率有所降低。但对于社会治安来说,刑事镇压毕竟只是治标的办法,而不能治本,即从根本上铲除犯罪产生的社会土壤。而且,在当时提出社会治安的根本好转这一目标,从现在来看也值得反思。事实上,社会治安应当争取的是一种动态的平衡。只要犯罪活动不造成社会动乱,社会变革与发展的活力仍然保持,社会治安就应当视为基本上正常。而根本好转缺乏量化的具体指标,同时不切实际,只是人们的一种主观愿望而已。实行依法从重从快的刑事政策已经十多年,现在应当从理论上反思这一刑事政策。笔者认为,依法从重从快的刑事政策虽取得一定效果,但并未达到理想的抗制犯罪的社会效果,应予适当调整。这种调整的方向应当是刑罚的轻缓化,通过切实有效的刑事法律活动,力求将犯罪控制在社会所能够容忍的限度之内。

最后应当指出,轻刑化是一个过程,一种趋势。在当前刑罚已经较重的情况下,不顾实际情况骤然大幅度降低刑罚分量,可能会产生一些消极的后果。因此,应当逐渐实行轻刑化。而且,轻刑化是一个相对的概念,并且是同一定的犯罪态势相适应的。如果不顾客观实际而追求轻刑化,必然使轻刑化归于无效,重刑化又卷土重来。更为重要的是,轻刑化只是指刑罚基准的趋轻发展态势,它与刑罚的适度性并不矛盾。因此,在轻刑化的情况下,仍然应该坚持区别对待这一原则,根据犯罪的严重程度适当地分配刑罚,以实现立法与司法的罪刑均衡。

三、刑罚结构的合理调整

根据刑事政策的理念,我国刑法的改革或曰现代化,一个重要的问题就是对刑罚结构进行合理调整。在调整刑罚结构的时候,应当注意以下问题:

(一) 重刑结构还将继续存在

我国学者曾经对刑罚结构的类型作过论述,指出:从过去到未来,刑罚结构可能有五种类型:死刑在诸刑罚中占主导地位;死刑和监禁共同在诸刑罚方法中为主导;监禁在诸刑罚方法中为主导;监禁和罚金共同在诸刑罚方法中为主导;监禁替代措施占主导地位。第一种已成为历史的过去,第五种尚未到来,中间三种在当今世界中存在。死刑和监禁占主导的可称重刑刑罚结构,监禁和罚金占主导的可称轻刑刑罚结构。监禁刑为主导的刑罚结构,法律上平均刑期在3年以上的归属重刑类,称次重刑;平均刑期在3年以下的归轻刑类。① 根据以上标准,我国当前的刑罚结构是以死刑和监禁刑为主导的,因而毫无疑问属于重刑结构。西方国家基本上是监禁和罚金占主导,甚至在这两种刑罚结构中,罚金又占主导地位,因而理所当然属于轻刑结构。中国之重与西方之轻,形成鲜明对照。但笔者认为,中国之重刑结构,有其存在的社会历史根源。尤其是中国当前处于经济转轨、社会转型的现代化发展初期,犯罪率猛然上涨,社会矛盾突出。在这种情势下,中国当前的重刑结构的存在是必然的,不必大惊小怪,更不能简单地以西方的轻刑结构来指责或否定中国的重刑结构。

(二) 防止刑罚继续趋重

我国当前的重刑结构虽然具有存在的客观必然性,但并不能由此认为越重越好或者重刑有理。重刑,是不得已的。在许可的情况下,刑尽量要轻。这是一个具有人道主义信念的刑法学家应当具有的理念。应该说,当前我国的刑罚结构已经有过重之嫌,更要提防继续趋重。因为刑罚存在一个攀比问题,过多过分地使用重刑,必将使重刑贬值,从而引起进一步趋重,这是十分危险的。对此,孟德斯鸠曾经提出:经验告诉我们,在刑罚从轻的国家里,公民的精神受到轻刑的影响,正像其他国家受到严刑的影响一样。人们对严刑峻法在思想上也习惯了,正如对宽法轻刑也会习惯一样;当人们对轻刑的畏惧减少了,政府不久便不能不事事都用严刑。有的国家时常发生拦路抢劫,为着消除这种祸害,他们便发明了车轮乱杀刑。这个刑罚的恐怖,使抢劫暂时停止。但是不久之后,在大路上拦路抢劫又和从前一样。由此,孟德斯鸠得出结论:治理人类不要用极端的方法,我们对于自然所给予我们领导人类的手段,应该谨慎地使用。② 孟德斯鸠的话应该引起我们深思,一味地使用重刑,其威慑力必然随着时间的推移而减损,而重刑化又是有限度的,不可能无限度地趋重。因此,防止刑罚攀比从而继续趋重,具有重要意义。

(三) 刑罚结构尽量科学合理

任何刑罚结构中,总有轻重刑种搭配,说是重刑结构,无非是指重刑占主

---

① 参见储槐植:《试论刑罚机制》,载杨敦先、曹子丹主编:《改革开放与刑法发展》,中国检察出版社1993年版,第148页。

② 参见〔法〕孟德斯鸠:《论法的精神》(上册),张雁深译,商务印书馆1961年版,第85页。

导地位或者比重较大而已,并非要否定轻刑,恰恰相反,更应当注重发挥轻刑的作用。为此,要使刑罚结构协调化。结构协调是指刑罚之间比例适度。例如,死刑(终身监禁)与监禁刑之间、监禁刑内部长期刑与短期刑之间、监禁刑与罚金刑之间的比例要适度。① 这里的适度,主要指应该轻重上互相衔接,不可畸轻畸重。从我国当前的刑罚结构来看,死刑与死缓及无期徒刑不够协调:一生一死,过于悬殊。死缓只相当于有期徒刑24年,无期徒刑则相当于有期徒刑22年,难以与死刑衔接。根据行刑实践,判处无期徒刑的罪犯往往经过2年可以减刑,一般减为有期徒刑15年至20年。因此,无期徒刑实际上相当于有期徒刑22年。死缓依法在2年期满以后减刑,即使减为无期徒刑,2年以后又减刑,因而相当于有期徒刑24年。② 为了限制死刑的适用,就有必要加强死缓与无期徒刑的严厉性。同时,对于3年以下有期徒刑等刑罚应进一步完善。虽然我国刑罚结构以重为主,但也应重重轻轻,合理配置。

(四) 为轻刑化创造条件

轻刑化是一种历史发展的趋势,也是刑法人道性的必然要求。我国当前不可能马上实现刑罚宽缓,并不是宽缓不好,而是我国尚不具备实现刑罚宽缓的社会条件。基于这种考虑,笔者认为,我国应当逐渐创造刑罚宽缓的氛围,为将来条件成熟的时候实现轻刑化奠定基础。

我国第一部刑法是1979年制定的,此后随着犯罪态势与社会生活的剧烈变动,立法机关通过颁行单行刑法与附属刑法对1979年《刑法》作了重大的修改、补充,其中重要内容之一就是提高了刑罚的惩治强度。在这种情况下,我国刑法形成了一种重刑结构。1997年3月14日,我国完成了《刑法》修订。从修订后的《刑法》来看,对刑罚结构虽然作了一定程度的调整,但调整力度不大,基本上属于"微调"的性质。在此,对修订后的《刑法》的刑罚结构作一评述:

1. 死刑的削减

在修订后的《刑法》的刑罚结构中,死刑占有十分重要的地位。在《刑

---

① 参见储槐植:《试论刑罚机制》,载杨敦先、曹子丹主编:《改革开放与刑法发展》,中国检察出版社1993年版,第149页。
② 参见陈兴良:《刑法哲学》(第2版),中国政法大学出版社1997年版,第402页。

法》修订中,死刑的削减始终是一个引人注目的问题。死刑是重刑的主要表现,它的存在将在相当大的程度上决定着一个国家刑罚结构的性质。一般认为,我国1979年《刑法》虽然有15个条文规定了28个死刑罪名,但总体上是一部比较宽和的刑法,是一部"不严不厉"的刑法。从80年代开始,为适应惩治严重刑事犯罪和经济犯罪的需要,增设了50多个死刑罪名。在这种情况下,我国《刑法》成为一部"厉而不严"的刑法。在《刑法》修订中,我国面临着一种选择:是制定一部"又严又厉"的刑法还是制定一部"严而不厉"的刑法?我国学者相当一致的观点是:应当大幅度地削减死刑。但从修订后的《刑法》关于死刑的规定来看,距离学者的期望还存在相当大的距离。立法机关明确表示:考虑到目前社会治安的形势严峻,经济犯罪的情况严重,还不具备减少死刑的条件。这次修订对现行法律规定的死刑,原则上不减少也不增加。① 由此可见,在1997年《刑法》修订中,对于死刑之所以维持现状而没有进行大幅度的削减,主要是考虑到以下因素:一是社会治安的形势严峻。当前我国社会上还存在严重的刑事犯罪,大案要案居高不下,社会治安遭受破坏,人民群众的安全感下降。尤其是车匪路霸十分猖獗,有些地方甚至出现了带有黑社会性质的犯罪组织为害一方,人民群众对此深恶痛绝。在这种社会治安形势没有根本好转的情势下对死刑作大幅度的削减,有可能使社会治安形势更趋恶化,不利于控制犯罪。二是经济犯罪的情况严重。在现行刑法中,经济犯罪的死刑罪名占有很大的比重,在刑法学界对于经济犯罪废除死刑的呼声也比较高。但经济犯罪往往与职务犯罪联系在一起,例如,贪污受贿等犯罪,其主体基本上是国家工作人员。随着我国经济体制上的转轨,经济犯罪的情况十分严重,尤其在当前惩治腐败的大背景下,过多地削减经济犯罪的死刑,难以被人民群众所认同。基于以上两点考虑,立法机关认为现在减少死刑的条件还不具备。由此可见,立法机关认为,并非死刑不应当削减,而仅仅是现在还不具备减少死刑的条件而已。

笔者认为,死刑问题既是一个理论问题又是一个现实问题。从理论上来说,死刑确实应当削减,否则与世界趋势背道而驰;但从现实上来说,死刑又

---

① 参见王汉斌1997年3月6日在第八届全国人民代表大会第五次会议上作《关于〈中华人民共和国刑法(修订草案)〉的说明》。

确实不能大幅度地削减,这里存在一个中国的国情问题。但是,在1997年《刑法》修订中,对死刑完全维持现状,又似有保守之嫌。应该说,社会治安形势严峻,经济犯罪情况严重,这是有目共睹的客观事实,这种社会现实也确实给死刑减少带来极大的困难。但是否说,死刑一点削减余地也没有呢?回答是否定的。实际上,有些死刑规定本来就是虚置的,予以适当削减,对于犯罪控制并无重大影响。其中最为典型的是修订后的《刑法》第295条规定的传授犯罪方法罪,这是1983年9月2日全国人民代表大会常务委员会《关于严惩严重危害社会治安的犯罪分子的决定》"二"新设的一个死刑罪名。传授犯罪方法罪在刑事审判中案件稀有,判处死刑更是十分罕见。而且,对于某些罪行严重的传授犯罪方法的犯罪分子按照共同犯罪中的教唆犯也能得到恰当的处理。在这种情况下,在修订后的《刑法》中,保留传授犯罪方法罪,并维持其死刑规定,纯属多余,是典型的法律虚置现象。又如,非法集资罪、金融票据诈骗罪、信用证诈骗罪等金融犯罪与虚开增值税专用发票或其他发票罪、伪造或出售伪造的增值税发票等税收犯罪都保留了死刑,而这些犯罪的发生和金融管理秩序混乱、税收管理体制缺陷存在极大关系,主要应当通过加强社会经济管理、填补漏洞来防止这些犯罪的发生,而不能简单地施以重刑,乃至于死刑作为管理不善的补偿。事实上,如果金融管理和税收管理的正常秩序没有建立并健全,犯罪就不可避免,死刑也无济于事。因此,这里存在一个思想上的认识问题:死刑对于解决犯罪问题是否就那么灵验。由于这个问题很难通过社会实验来加以检测,因而重刑论者与轻刑论者各执一词。重刑论者指出:现在刑罚这么重,死刑这么多,犯罪尚且这么严重,如果轻刑化,犯罪将更趋严重。其逻辑结论是:为控制犯罪,刑罚还要进一步趋重。而轻刑论者指出:现在刑罚这么重,死刑这么多,犯罪仍然如此严重,可见刑罚对于犯罪不是万能的。其逻辑结论是:应当轻刑化。由此可见,从犯罪形势严峻、刑罚已经很重这样同一个事实出发,重刑论者与轻刑论者却得出了截然不同的结论。问题就是这样复杂。笔者认为,限制死刑乃至于废除死刑,这是一个总趋势,中国也不例外。刑罚不是越重越好,死刑不是越多越好,这应当成为我们的一个基本信念。在此基础上,又不能不承认削减死刑是要具备一定条件的,而这种条件又是逐步具备并且是要人去认识的。在条件已经具备的情况下,我们要正确地认识这种条件,并转化为削减死刑的实际行动。

应当指出,修订后的《刑法》对死刑罪名虽然基本没有削减,但在适用死刑的条件上有所限制,主要表现在盗窃罪、故意伤害罪上。在《刑法》修订中,1996 年 10 月 10 日的《刑法》修订草案曾经取消了这两个罪的死刑,但受个案思维①的影响,最终盗窃罪和故意伤害罪还是保留了死刑。但在死刑适用条件上作了严格限制:盗窃罪适用死刑限于盗窃金融机构数额特别巨大和盗窃珍贵文物情节严重两种情形;故意伤害罪适用死刑限于致人死亡和以特别残忍手段致人重伤造成严重残疾两种情形。上述限制,尤其是盗窃罪的死刑,可谓"虽存犹废",将对死刑的实际适用产生重大影响。

2. 管制的存废

管制是限制自由刑。由于其不予关押的特点,使之显而易见地具有轻刑的性质。但在《刑法》修订中,对于是否保留管制刑却存在较大的争议。② 废除管制的主要理由之一是管制在司法实践中使用率很低,基本上是"名存实亡"。但大多数学者主张保留管制。从刑罚结构的合理构造上考虑,保留管制的好处是十分明显的③:一是保留管制适应了世界范围内刑罚体系发展变化的趋势。刑罚体系是一个动态结构,当代刑罚体系发展的趋势是以财产刑、资格刑、名誉刑代替剥夺自由刑,一种多层次、多中心的刑罚体系正在形成和建立。承认管制在我国未来刑罚体系中应有的地位,适当扩大管制的适用范围,以降低剥夺自由刑的使用量,是大势所趋,也是历史的必然。二是保留管制还符合刑罚方法发展变化的趋势。刑罚方法向开放性发展,是当今世界刑法变化发展的一个新趋势。这一趋势的实质是强调自由刑执行中注意发挥受刑人的主动性。自由刑既然以改造为目的,那么其执行便不能简单地依靠国家单方面、强制性地实施,也不能单纯要求罪犯无条件、全面地服从和接受。我国刑法中的管制与代表世界刑法发展趋势的开放性措施,在基本精神上是不谋而合的。而且,我国刑法规定的管制,吸收广大群众参加刑罚的

---

① 个案思维是指在立法中不是以一般公正为设置刑罚的标准,而是考虑个别案件的个别公正。例如,在盗窃罪死刑存废上,故宫盗宝案影响很大,在故意伤害罪死刑存废上,毁容致残案影响很大,由此影响立法上的取舍。

② 关于管制的存废之争参见陈兴良:《刑法哲学》(修订版),中国政法大学出版社 1997 年版,第 410 页。

③ 参见周道鸾等主编:《刑法的修改与适用》,人民法院出版社 1997 年版,第 135 页。

执行,这对刑罚功能的发挥极为重要,而这一点却是国外开放性措施所无法比拟的。三是管制属于轻刑,在我国刑法体系中,轻刑不是规定多了,而是规定少了。管制存废的争论本身足以引起我们的反思。从实践的情况来看,管制适用确实很少,但能否以此为理由取消管制?刑罚结构是一个具有内在逻辑的系统,轻重刑罚合理搭配,使之能够在较长时间内适应各个时期各种情况的需要。其中,难免有个别刑种是备而不用或少用的。就管制而言,目前由于犯罪形势严峻,需要重刑遏制,因而管制在一定程度上被虚置。但重刑不可能持久,轻刑化是必然趋势,管制作为轻刑在刑罚结构中的存在有其必要性。有鉴于此,立法机关最终还是站在存置论的立场,并根据管制刑的缺陷作了适当的修订。

3. 罚金的扩大

罚金作为一种附加刑,体现的是对犯罪人的经济制裁。在1979年《刑法》中,罚金的适用范围是极其狭窄的,主要适用于一些轻微的经济犯罪。随着经济犯罪的日益增多,罚金刑在刑罚体系中的地位与作用越来越受到重视。如果说,在其他刑种的修订上还存在这样或那样的分歧意见,那么,在扩大罚金适用范围这一点上可以说是几乎已是共识。我国著名刑法学家高铭暄对罚金的优越性作了以下论述:罚金刑适用规定的增加,反映了维护社会主义市场经济秩序和社会管理秩序的迫切需要,也表明罚金是对付经济犯罪、妨害社会管理秩序犯罪以及其中所包括的单位犯罪的有效方法。判处罚刑,对于国家来说无疑具有很佳的经济性;同时对于谋取非法经济利益的犯罪人也是一剂苦药,给予他们一定的金钱上的剥夺,可使他们在经济上不仅捞不到便宜,而且有可能丧失再犯罪的"资本"。因此,罚金也具有重要的预防犯罪的作用,对其价值不可低估。关于罚金刑适用范围的扩大,高铭暄教授建议,凡是挂拘役的法定刑,一般都可以考虑增设单处罚金,作为供选择的刑种,这样可以使拘役有所分流,既可以少关一些人,减少自由刑场所的开支,同时也可以避免在某些场合下短期自由刑所带来的交叉感染的弊端。①在《刑法》修订中,扩大罚金刑适用范围的意见为立法机关采纳。1979年《刑

---

① 参见高铭暄:《论我国刑法改革的几个问题》,载高铭暄主编:《刑法修改建议文集》,中国人民大学出版社1997年版,第10页。

法》规定适用罚金的条文只有 20 个，其中，可以单处适用罚金的有 5 条，并处的有 8 条，单处或者并处的有 7 条。《刑法》修订前，单行刑法新设可处罚金的条文已达 85 条之多。而 1997 年修订后的《刑法》中，挂罚金刑的条文达 139 个，使罚金刑的适用范围大为扩大。应该说，罚金刑适用范围的扩大，是《刑法》修订中较为成功之举，它对于刑罚结构合理化具有重要意义。

毫无疑问，修订后的《刑法》中的刑罚结构仍然属于重刑结构，而且，在相当长的时间内，这一重刑结构还将继续存在下去。在这种情况下，我们寄希望于刑事司法。在法律现存的刑罚结构下，司法机关的刑罚适用活动应当体现刑事政策的精神。唯有如此，才能通过卓有成效的刑事司法活动，使刑罚结构在动态中趋向合理化。